D0869619

COMER, VIAJAR, DESCUBRIR

COMER, VIAJAR, DESCUBRIR

una irreverente guía gastronómica

ANTHONY BOURDAIN

& Laurie Woolever

ILUSTRACIONES DE WESLEY ALLSBROOK

Traducción de Rocío Valero

ÍNDICE

COMER,
VIAJAR,
DESCUBRIR

INTRODUCCIÓN

Yo nunca he pretendido ser periodista, crítico ni defensor de nada. Ni dar al público «todo» lo que necesita saber sobre un lugar. Ni siquiera una visión general, equilibrada o exhaustiva. Yo soy un contador de historias. Voy a sitios y vuelvo de ellos. Y les cuento lo que me hicieron sentir. Por medio de herramientas tan potentes como una fotografía magnífica, un hábil trabajo de montaje, mezclas de sonido, corrección de color, una música en gran medida compuesta para la ocasión y unos productores excelentes, consigo –en el mejor de los casos– hacerles sentir lo mismo que yo sentí en ese momento. O eso espero, por lo menos. Es un proceso muy manipulativo.
Y también muy satisfactorio.

ANTHONY BOURDAIN, 2012

¿Necesitaba el mundo otra guía de viajes? ¿Y era necesario que nosotros la escribiéramos? En marzo de 2017, cuando Tony y yo empezamos a hablar de la idea de escribir este libro –un atlas del mundo visto a través de sus ojos (y del objetivo de la televisión)–, yo no tenía todas las de ganar. Tony estaba cada vez más ocupado, y cada vez se mostraba más prolífico: su sello editorial, su interés por un sitio web de viajes y varios proyectos personales de cine y literatura se sumaban a su absorbente carrera televisiva. Con tanto contenido publicado y en curso, yo a veces pensaba que nos encontrábamos próximos a alcanzar el «punto de saturación Bourdain».

Y mira que había disfrutado escribiendo con Tony el libro de cocina *Appetites* (publicado en 2016). Nosotros dos nos conocimos en 2002, cuando me contrataron para editar y probar las recetas de *La cocina de Les Halles*, la primera incursión de Tony en el género de los recetarios de cocina. Empecé a trabajar para él, como su asistente (o, como le gustaba decir a él, como su «lugarteniente») en 2009, y con los años sumé distintos proyectos de edición y literatura a las tareas más básicas de una asistente. Así que ¿cómo negarme cuando me preguntó si quería colaborar con él en otro libro?

Trabajábamos bien juntos. La relación epistolar diaria que había mantenido con Tony me había permitido empaparme de sus formas de expresión y del modo en que pautaba sus ritmos. Tony tenía una prosa casi impecable, pero en las pocas ocasiones en que era necesario retocarla o complementarla, creo que ahí yo podía hacer un trabajo que pasaba desapercibido.

Dada la naturaleza del negocio editorial y la inmanejable agenda de Tony, desde esa primera conversación hasta el momento en que realmente empezamos a trabajar en el libro pasó casi un año. Lo primero que hicimos fue sentarnos a decidir qué debíamos incluir: las ciudades, la gente, la gastronomía, los lugares de interés, los mercados, los hoteles y demás que Tony había retenido en su memoria, sin ayuda de notas ni videos, durante los casi veinte años que había estado recorriendo el mundo al servicio de la televisión.

Una tarde de la primavera de 2018, me senté frente a Tony en la mesa del comedor del departamento del rascacielos de Manhattan que él mismo había decorado con tanto esmero, convirtiéndolo en un razonable facsímil de una de las *suites* de su hotel favorito de Los Ángeles, el Chateau Marmont (véase página 124). Tony había vuelto a fumar, después de haberlo dejado hacía varios años; llevaba un tiempo hablando seriamente de un plan para abandonar el hábito, pero, mientras lo hacía, ante las quejas de sus vecinos había instalado un extractor de humos profesional, de la clase y calibre de los bares y casinos.

Yo no había acertado en la elección de mi sitio, bajo aquel artilugio colgado del techo: mientras Tony fumaba sin descanso y se entregaba a la asociación libre de ideas durante más de una hora, nombrando las recetas, hoteles y personas que recordaba con más cariño, el potente aspirador del extractor me pasaba el humo por la cara antes de engullirlo. Salí de aquel departamento oliendo como si hubiera participado en la más infernal de las rondas de bares de finales de los años noventa, pero en posesión de una grabación de audio de una hora de duración en la que habíamos establecido las líneas maestras del libro, un recorrido por la experiencia que había marcado su visión de –y su aprecio por– algunos de los lugares más interesantes del mundo, aquellos que él había explorado y documentado sin descanso.

Después de aquella conversación, Tony volvió a echarse al mundo con su programa de televisión *Parts Unknown* –Kenia, Texas, Lower East Side de Manhattan, Indonesia– y yo empecé a revisar episodios antiguos, a transcribir minuciosamente los pasajes relevantes y a redactar listas de preguntas. El plan era preparar unos cuantos resúmenes de capítulos y entregárselos a Tony, para asegurarme de que estábamos en sintonía, y para que él empezara a inyectar su propio combustible, el esencial toque Bourdain. Pero no pude hacerlo.

Si hubiera sabido que esa reunión iba a ser la única en la que íbamos a hablar de este libro, le habría pedido más concreción en aquellos puntos en que decía: «Esto ya lo veremos» o «A ver qué puedes sacar». Coescribir un libro sobre los prodigios que se descubren viajando por el mundo cuando tu coautor, el viajero en cuestión, ya no está viajando por ese mundo es una tarea solitaria y muy dura. Y si tengo que ser sincera, en los difíciles días y semanas que siguieron a la muerte de Tony, yo me pregunté a menudo: «¿Necesita el mundo este libro?».

En el periodo que siguió inmediatamente a la desaparición de Tony, y todavía ahora, tres años después, consuela mucho escuchar, llegadas desde muchos rincones del mundo, las constantes muestras de admiración por lo que hizo mientras estuvo entre nosotros y las expresiones de profundo dolor por su pérdida. Yo no percibí claramente la magnitud de la huella cultural que dejó Tony hasta que murió.

Quizá, después de todo, sí haya cabida en este mundo para otra guía de viajes, una repleta del ácido ingenio de Tony, de sus perspicaces observaciones, de algunas de las oblicuas revelaciones que hizo acerca de los misteriosos contornos de su corazón abatido, todo ello extraído e hilado a partir de los brillantes y divertidos comentarios que Tony nos dejó, de palabra o por escrito, sobre su visión del mundo.

El plan inicial consistía en que Tony escribiera una serie de artículos sobre algunos de los temas que más lo conmovían: su perdurable amor por Francia; los países en los que, por decreto de uno u otro gobierno irritado, ya no era bienvenido; las excentricidades de distintos paladares europeos; un onsen de las afueras de Kioto tan silencioso, opulento y refinado que seguía siendo su favorito.

Pero Tony se fue antes de tener oportunidad de escribir esos artículos, y lo que hice fue pedir a varios de sus amigos, familiares y colegas que compartieran con nosotros sus ideas y recuerdos de los lugares que conocieron junto a Tony. Aquí encontrarán los recuerdos del hermano de Tony, Christopher Bourdain, sobre sus viajes a Francia, Uruguay y la costa de Nueva Jersey; el relato de Nari Kye, productora y directora de Tony, sobre cómo se reconcilió con sus raíces coreanas durante una grabación en Seúl; las palabras del productor y músico Steve Albini sobre los lugares en los que le gustaría poder aún compartir una comida con Tony en Chicago, y mucho más.

Observarán que, aunque este libro incluye información básica sobre transporte, hoteles y esa clase de asuntos, esto no es, ni mucho menos, una guía exhaustiva sobre ciudad alguna. Los precios, los tipos de cambio, las rutas de viaje, la estabilidad geopolítica y la industria de la elaboración y venta de alimentos y bebidas son asuntos cambiantes y flexibles; quien busque la información más actualizada y detallada sobre cómo tomar un tren entre Ciudad Ho Chi Minh y Hanói, por ejemplo, o qué autobuses comunican el centro de Manhattan con el Bronx, deberá complementar este volumen con una gruesa guía a todo color dedicada a una sola ciudad o país. O ya saben: internet.

En algunos casos, y por mor de la claridad, algunos de los comentarios de Tony han sido condensados o alterados ligeramente. Estos comentarios están extraídos de distintas fuentes, sobre todo de las transcripciones de sus programas de televisión de los distintos artículos que escribió para acompañar algunos episodios, e incluso de algunas declaraciones que hizo a distintas publicaciones.

En la medida de lo posible he intentado seguir el plan que Tony trazó para este libro. En algunos casos, un restaurante o bar de los más queridos ha cerrado sus puertas definitivamente o ha cambiado de manos, con las consiguientes transformaciones en el producto, el ambiente o la actitud. Y, en otros casos, un negocio ha sucumbido al «efecto Bourdain», es decir: en el momento en que un restaurante, bar o puesto de salchichas poco conocido aparecía en el programa de televisión, a menudo veía cómo se disparaba su número de clientes. Peregrinos de la estela Bourdain acudían en masa a probar todo aquello que Tony se comía ante la cámara. En teoría, esto era positivo, aquello a lo que cualquier negocio aspira, pero también podía introducir el caos en una popular institución local, convertirla en un espectáculo de feria o, según cómo la empresa gestionara el asunto, en un espectáculo de mierda. Tony y su equipo sabían que esa posibilidad existía, y eran sensibles a ello, pero, por supuesto, la decisión última era de los dueños de cada establecimiento.

Exponerse al deseo del planeta entero de comer, viajar y vivir como Tony entraña sus riesgos y, por supuesto, sus recompensas.

«¿Quién cuenta las historias?», se preguntó Tony en el episodio de Kenia de *Parts Unknown*, el que hizo con su colega de la CNN, W. Kamau Bell. Fue el último episodio en el que Tony intervino como narrador, y el que ganó el premio Emmy de 2019 al mejor guion de televisión.

«Esto lo preguntan mucho. La respuesta, en este caso, para bien o para mal, es: "Yo". Por lo menos esta vez. Y yo hago lo que puedo. Observo. Escucho. Pero, al final, yo sé que esta es mi historia. No la de Kamau, ni la de Kenia, ni la del pueblo keniano. Esas historias aún están por contar.»

ARGENTINA

BUENOS AIRES

«Buenos Aires: capital de Argentina. El segundo país en tamaño de Latinoamérica. Una ciudad con una personalidad propia, peculiar, única. Una ciudad que late y luce como ninguna otra.» Tony visitó Argentina en 2007, con *No Reservations*, y nueve años después volvió con *Parts Unknown*, para afinar el foco sobre una ciudad sumida en un bochornoso verano semidesértico.

»Tiene una atmósfera apesadumbrada, triste, dulce, que me encanta, y que combina bien con la arquitectura. Aquí los meses más calurosos son enero y febrero, pleno verano, y la mayoría de los porteños que pueden permitírselo cambian la ciudad por climas más frescos.

»Argentina tiene el honor de reunir más psicoterapeutas per cápita que cualquier otro país del mundo. Pero es un lugar orgulloso. Porque de los argentinos se dice que pecan de exceso de orgullo, que son muy presumidos de sí mismos, que son unos engreídos. Pero, si es así, ¿por qué aquí hay tantos psicoterapeutas? Lo que quiero decir es que este es el reino de la duda. Es una cosa muy peculiar, porque en muchas culturas, confesar que necesitas desahogarte con alguien se considera un signo de debilidad. Pero es que aquí lo hace todo el mundo, y no está mal visto.»

Tony se sometió a una sesión con una psicóloga ante las cámaras, unas imágenes que aparecieron intercaladas con el resto del episodio. En ellas habla de una pesadilla recurrente que consiste en verse atrapado en un hotel de lujo y de la espiral depresiva que puede causar una mala hamburguesa de aeropuerto.

«Me siento como Quasimodo, el jorobado de Notre Dame... si este se alojara en agradables *suites* de hotel con sábanas de algodón egipcio. Me siento un poco como un marciano y... muy aislado.»

BUENOS AIRES: CÓMO LLEGAR, CÓMO MOVERSE

Buenos Aires tiene dos aeropuertos. El más grande es el Internacional Ministro Pistarini. También llamado **Internacional de Ezeiza (EZE)**, se encuentra situado a veintidós kilómetros del centro de Buenos Aires. Este aeropuerto absorbe el 85 por ciento del tráfico internacional del país y es el *hub* o centro de conexión de Aerolíneas Argentinas. EZE opera vuelos de toda Latinoamérica, ciudades selectas de Estados Unidos y un puñado de ciudades europeas y de Oriente Medio. Frente a la zona de llegadas hay una parada de taxis; el trayecto entre EZE y el centro de la ciudad dura unos treinta y cinco minutos y cuesta en torno a unos 1 750 pesos argentinos (alrededor de 22 dólares).* Los taxistas no esperan que les des un porcentaje establecido del precio del viaje como propina, pero siempre agradecerán que redondees al alza o que les digas que se queden con el cambio, sobre todo si se han ocupado de tu equipaje. De EZE también salen autobuses y hay empresas de renta de coches.

El segundo aeropuerto de Buenos Aires, solo para vuelos nacionales (salvo uno a Montevideo, Uruguay), es el **Aeroparque Jorge Newbery.**

* A lo largo de estas páginas, con cada precio en moneda local se ofrece su equivalencia en dólares según el tipo de cambio vigente en el momento de traducir el libro, hacia finales de 2020 y principios de 2021. Además de esta inexactitud respecto al tipo de cambio, se debe tener en cuenta que los precios ofrecidos probablemente habrán variado en el momento en que se lea este libro. Por lo tanto, para una información más exacta y actualizada respecto a los precios que se ofrecen en el libro, y tal como también advierte la coautora en el prólogo, es mejor acudir a internet o a guías de viaje especializadas y actualizadas. *(N. de la T.)*

Se encuentra situado a dos kilómetros y medio del centro de Buenos Aires y dispone de autobuses, taxis y coches de renta.

Los viajeros que se encuentren en Uruguay pueden cruzar el Río de la Plata (que, en realidad, es un estuario) a bordo de un ferry que los trasladará de Montevideo a Buenos Aires, un viaje de entre dos horas y pico y cuatro horas y pico que cuesta entre 2 900 y 8 700 pesos (entre 70 y 208 dólares) por trayecto, según la hora del día y el medio de transporte (solo barco o incluyendo traslado en autobús). Recuerda que, al tratarse de una travesía internacional, deberás pasar control de seguridad, de pasaportes y de aduana, como si se tratara de un viaje aéreo. Las dos compañías de transportes principales son Buquebus y Colonia Express.

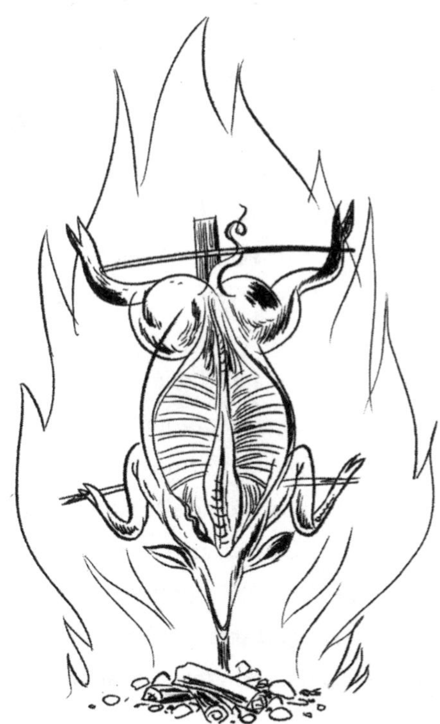

Buenos Aires es una ciudad bien comunicada mediante red de autobuses y siete líneas de metro, el llamado Subte, que unen el centro con las afueras. Los boletos de autobús y metro se pagan mediante una tarjeta recargable, la SUBE, que se puede adquirir en estaciones de metro, en puntos oficiales de información turística y en los quioscos de tabaco y golosinas que se encuentran repartidos por las esquinas de toda la ciudad. En <www.argentina.gob.ar/sube> se ofrece información más detallada sobre transporte urbano.

DE HUMOR CARNÍVORO

A Tony le gustó el **Bodegón Don Carlos, «un modesto establecimiento familiar, situado frente al estadio de futbol [La Bombonera]»**, que desde 1970 dirigen sus propietarios, Juan Carlos Zinola, Carlitos para los amigos, su mujer, Marta Venturini, y la hija de ambos, Gaby Zinola. Está situado en La Boca, ese barrio que, pese a su fama de ligeramente sórdido, durante el día es una zona turística muy animada, para los aficionados al futbol, para los amantes del arte contemporáneo que acuden a la Fundación Proa y para las masas de gente que buscan diversión a bajo precio en el Caminito, ese paraíso del arte al aire libre reconvertido en museo permanente del mal gusto.

El Bodegón Don Carlos ha sido tradicionalmente un restaurante sin carta. Tras recibir al cliente, se le pregunta si está muy hambriento y qué quiere comer y se le sirve conforme a su respuesta: albóndigas, tortilla de papa española, ensalada de tomate, empanada, morcilla, carne, pasta, etcétera. Se dice que desde la visita de Tony ha aumentado el número de visitantes extranjeros y que, si el comensal lo solicita, podrá consultar una carta con los precios correspondientes. Pero también vale la pena someterse, abandonarse a las diestras manos de Carlitos.

BODEGÓN DON CARLOS: Brandsen, 699, La Boca, Buenos Aires C1161AAM, tel. +54 11 4362 2433 (una comida completa con bebida: 3 500 pesos / 45 dólares por persona aprox.)

«En las afueras de la ciudad, bajo el bochorno veraniego, siguen ardiendo hogueras. En el aire vespertino flota una tentadora miasma de carne.»

En **Los Talas del Entrerriano**, Tony compartió con su terapeuta televisiva, Marina, la tradicional parrilla: plato tras plato a base de costillas, chuletones, salchichas y, por insistencia de Marina, *achuras*, o, como las podría haber llamado Tony, «las partes repugnantes»: intestinos, riñones, morcilla, etc. **«En la parrilla** –decía Tony– **se asan muchas partes de seres que alguna vez estuvieron vivos para consumo de los porteños que se quedan en Buenos Aires. Bajo el fuego la carne reina, y nosotros trataremos de honrar la llama.»**

Los Talas es un lugar muy grande y sencillo, con mesas para un máximo de diez personas, que se completan reuniendo en ellas a varios grupos pequeños. Las raciones son gigantescas, las guarniciones y las bebidas, meros complementos, el fuego arde y el ambiente se anima.

LOS TALAS DEL ENTRERRIANO: Avenida Brigadier Juan Manuel de Rosas, 1391, José León Suárez, Buenos Aires, tel. +54 11 4729 8527 (1 750 pesos / 22 dólares aprox.)

AUSTRALIA

MELBOURNE

«Australia: un mundo nuevo en la otra punta del mundo, una cultura cada vez más ancha, cada vez más profunda, de gastronomía, cocineros y extraordinarios vinos, unos pocos crisoles clave con mucho espacio en medio. La imagen de *Cocodrilo Dundee*, todo eso de los "camarones a la parrilla" y la cerveza del terruño fue un error desgraciado.

»Yo he estado aquí muchas veces, y la Australia que tanto me gusta es muy distinta del reino salvaje, natural y castizo de la cerveza Foster's de las películas y de los anuncios.»

Pese a la distancia que separa esta ciudad del Nueva York donde vivía, Tony pasó bastante tiempo en Australia, entre grabaciones televisivas, promociones de libros (los australianos devoran los escritos de Tony) y charlas. El último de ellos, el vigésimo aniversario del legendario Festival Enogastronómico de Melbourne. Tony no ocultaba su pasión por esta ciudad:

«Melbourne ha sido definida, con mucho acierto, como "un San Francisco sin niebla". Una fantástica mezcla de culturas china, vietnamita, griega y libanesa. Yo siempre me he sentido muy conectado con la mafia gastronómica de Melbourne, un adorable grupo de chefs nativos y británicos de visita que llevan ya bastante tiempo obrando su magia allá en la lejanía. La alta cocina de Sídney es muy buena, pero yo siempre acabo volviendo a Melbourne. Será por los amigos o por los ingredientes; o, creo yo, por esa actitud tan característica

de Melbourne. Todos tenemos una ciudad favorita y, en Australia, la mía es Melbourne.»

CÓMO LLEGAR, CÓMO MOVERSE

El **Aeropuerto de Melbourne (MEL)**, o Tullamarine, como lo llaman allí, es el segundo con más tráfico de Australia después del de Sídney. Situado a unos veintidós kilómetros del distrito central de negocios de la ciudad, en él operan todas las grandes compañías de la cuenca del Pacífico: Qantas, Singapore, Cathay Pacific, Air China, Virgin Australia, etcétera.

El trayecto hasta el centro de la ciudad en uno de los taxis que esperan en la parada situada frente a la zona de llegadas dura unos treinta minutos, según el tráfico, y cuesta unos 60 dólares australianos (AUD) / 45 dólares. Los taxistas agradecen las propinas, pero no esperan recibirlas.

También hay un autobús lanzadera, el SkyBus, que circula entre el aeropuerto y la ciudad con periodicidad frecuente. Cuesta 19 AUD / 13 dólares el boleto sencillo y 36 AUD / 27 dólares el de ida y vuelta <www.skybus.com.au>.

Una vez en la ciudad se puede hacer uso de la completa red de transporte público de Melbourne, compuesta por trenes, autobuses y tranvías, todo ello bajo el paraguas de la entidad Public Transport Victoria <www.ptv.vic.gov.au>. El ayuntamiento tiene un servicio de bicicletas compartidas, y también es posible parar un taxi por la calle o tomar uno en cualquiera de las decenas de paradas repartidas por toda la ciudad.

COMPRAR Y COMER EN MELBOURNE

«El Queen Vic Market es un extenso espacio interior, muy concurrido, al que todo el mundo acude a comprar verdura, pescado, productos lácteos, carne, aguacate, rape y los mejores cortes de carne a precios módicos.»

Inaugurado en 1878, el Queen Victoria Market también atrae a los turistas y abastece a los chefs del lugar, pero, sobre todo, es el lugar al que acuden a comer y a comprar los vecinos poco amantes de los supermercados. Un espacio que abarca dos manzanas y que comprende más de seiscientos puntos de venta.

«Paradójicamente, el almuerzo típico del residente de Melbourne que suele acudir a este mercado es el *bratwurst* [salchicha alemana]. Seguramente es la comida de calle más famosa de Melbourne. Venir a Melbourne e ir al Vic Market a comerte una salchicha alemana es obligado. Es lo que hace absolutamente todo el mundo», comentó Tony durante su visita al chef Paul Wilson en 2009, con el programa *No Reservations*. El dúo acudió a la Bratwurst Shop en busca de su preciada **«carne en forma de tubo»**, un **«desayuno magnífico, muy razonable»** que Tony definió como **«contundente, picante... maravilloso, hombre».**

QUEEN VICTORIA MARKET: Esquina entre las calles Elizabeth y Victoria, Melbourne, 3000, tel. +03 9320 5822, <www.qvm.com.au>

BRATWURST SHOP & CO.: Queen Victoria Market, local 99-100, Dairy Produce Hall, Melbourne 3000, tel. +03 9328 2076, <www.bratwurstshop.com> (un *bratwurst* o salchicha alemana básica: 8 AUD / 6 dólares aprox.)

A Tony le entusiasmaba el placer y el dolor que produce la buena cocina de Sichuan, y **Dainty Sichuan**, el establecimiento dirigido por el matrimonio compuesto por Ye Shao y Ting Lee, le dejó huella.

«Entre los estilos de cocina regional china, la sichuanesa es una de mis favoritas. Encontrar la auténtica es dificilísimo, incluso en

Manhattan, donde la mayoría de los cocineros de los restaurantes sichuaneses son de Hong Kong o de Fuzhou. Famosa por sus altas temperaturas, en realidad la [gastronomía] sichuanesa es un encuentro maravillosamente sadomasoquista entre placer y dolor, entre el ardor punzante de la pimienta roja seca de Sichuan y su contrapunto refrescante, más floral, ese componente hormigueante, entumecedor, de los diminutos granos de pimienta negra de Sichuan.»

Tony comentó al llegar a Dainty Sichuan: **«Se olía nada más entrar por la puerta: la pimienta de la cocina de Sichuan. Por algo perdura la leyenda. Esa que dice que los cocineros sichuaneses animan sus platos con opio. Cómo si no explicar la fuerte adicción que produce algo que causa tanto dolor.»** Una dosis de esta droga puede consistir en una **«suculenta»** ración de pollo, corazón y lengua de cerdo, grasienta panceta y cerdo al comino.

«¿Y eso cómo lo mejora uno, ahora que un sabor equivalente a un fin de semana en casa de Calígula ha puesto mi paladar en ebullición? Es... surrealista. De verdad. Es una locura... en el buen sentido. Te olvidas por completo de que te encuentras en el ajetreado centro urbano de Melbourne. Estás en otro sitio, penetrando en otra dimensión, cabalgando oleadas de sabores.»

DAINTY SICHUAN: Toorak Road, 176, South Yarra, Melbourne 3141, tel. +61 3 9078 1686, <www.daintysichuanfood.com.au> (precio medio de una comida: 60 AUD / 45 dólares por persona aprox.)

Tony delegaba toda decisión sobre restauración vespertina en su grupo de amigos chefs de Melbourne. Por eso solía acabar cenando arroz *congee*, cochinillo, estofado y pescado entero al vapor, todo ello bien acompañado de alcohol, en **Supper Inn**, un modesto local cantonés del barrio chino que lleva más de cuatro décadas sirviendo en horario nocturno (abre hasta las 2:30 de la madrugada). Subiendo una escalera forrada de madera se accede a un comedor iluminado por luces fluorescentes que, a última hora, siempre se encuentra abarrotado de esforzados trabajadores del sector servicios de Melbourne. En el momento de preparar este capítulo, Tony recordó con claridad: **«Ese sitio es bueno.»**

SUPPER INN: Celestial Avenue, 15, Melbourne 3000,
tel. +61 3 9663 4759 (30 AUD / 21.8 dólares por persona aprox.)

SÍDNEY

«Sídney, Australia: famosa por su templado y soleado clima, sus playas cálidas y atractivas; sus aguas azul turquesa.»

Salvo por el interminable viaje en avión desde Nueva York, las visitas de Tony a Sídney eran lo que él calificaría como **«de impacto bajo»**: tiempo agradable, hoteles del primer mundo, buen comer y buen beber, ninguna barrera lingüística. Australia era un lugar en el que Tony podía relajarse y asimilar lo que le rodeaba.

En 2012, durante la última temporada de *No Reservations*, observó: **«Por primera vez en mi vida tengo ganas de ser propietario.**

»Nadie se queja de Sídney... Esto de beber durante el día está infravalorado. Es de lo mejor de este país. Aquí se bebe en la calle. Es un buen momento para comer en Australia, y cada vez es mejor. Aquí la gente sabe vivir.»

CÓMO LLEGAR, CÓMO MOVERSE

Situado a unos ocho kilómetros del centro de la ciudad, el **Aeropuerto Internacional Kingsford Smith de Sídney (SYD)** es el mayor y con más tráfico de Australia. Principal centro de conexión de Qantas, en él operan las grandes compañías aéreas del Pacífico y muchas aerolíneas nacionales.

Para llegar al centro se puede tomar un taxi de los que esperan frente a las zonas de llegadas. El viaje dura unos veinticinco minutos y sale por unos 50 AUD / 36 dólares. Agradecen las propinas, pero no esperan recibirlas. También hay distintos autobuses lanzadera, para los que se puede reservar lugar en los mostradores de Redy2Go situados en las terminales.

El tren Airport Link de Sídney, que sale cada diez minutos, forma parte de la red combinada de metro y tren de la ciudad. Existe una tarjeta Opal que se puede adquirir en los andenes o en determinados quioscos de la terminal del aeropuerto. Un boleto sencillo cuesta unos 20 AUD / 15 dólares para los adultos y 16 AUD / 12 dólares aprox. para los niños <www.airportlink.com.au>.

BUENOS AIRES A TRAVÉS DE SÍDNEY, MARISCO VIVO, PASTELES CLÁSICOS DE LA CALLE Y «EL TEMPLO DE LA CARNE»

En Sídney, Tony estuvo con Ben Milgate y Elvis Abrahanowicz, los chefs y propietarios del **«maravilloso, absurdamente delicioso y disparatado Porteño, un restaurante argentino que lleva, digamos, al extremo esa moda recién llegada a Australia de los chuletones de carne grasa. Los animales giran sin prisa en el carril sobre ruedas montado en el centro de la sala. Junto a él se encuentra la parrilla en**

la que arde la leña. En la estación de carne hace mucho calor, lo bastante para derretir esos tatuajes de inmediato, pero a esos cabrones no se les caen los anillos».

Desde la visita de Tony en 2012, el restaurante (y su asador de carne) ha cambiado de sede. Conforme a la tendencia de las dietas de inspiración vegetal, parte del espacio de la parrilla ahora está ocupado por las verduras, aunque el restaurante sigue ofreciendo su popular oferta de cerdo, ternera, morcilla y mollejas. Lo que ha desaparecido, por desgracia, es Gardel's, el bar del piso superior del local original, el lugar en el que los clientes esperaban con paciencia, copa en mano, a ser atendidos por orden de llegada. Ahora, por suerte, el Porteño acepta reservas.

PORTEÑO: Holt Street, 50, Surry Hills, Sídney, tel. +61 2 8399 1440, <www.porteno.com.au> (precio medio de una comida: 120 AUD / 90 dólares por persona aprox.)

Golden Century es el lugar **«al que tarde o temprano acuden todos los chefs –y cuando digo todos los chefs, quiero decir todos los chefs–. Más bien tarde, normalmente, de madrugada, cuando ya están borrachos y han terminado su turno».** Allí donde hay una efervescente cultura de restauración urbana, existen estos refugios para que los chefs practiquen la camaradería nocturna. **«Cuando uno se dedica a la restauración, se siente incapaz de hablar con la gente normal, sobre todo al salir del trabajo. Necesita ver gente que entienda lo raro y terrible que es su mundo.»**

En el Golden Century, el restaurante que Linda y Eric Wong, sus dueños, dirigen desde hace más de treinta años, profesionales del ramo y civiles cenan escogiendo de **«entre toda una sucesión de tanques repletos de frutos del mar, que van directos al plato tras un fugaz paso por el wok, y que se sirven acompañados por más de una cerveza fría».** O por una botella de vino: la lista es sorprendentemente amplia y rica, sobre todo a la vista de la sobriedad de la sala y lo austero del servicio. A primera hora del día también se pueden degustar las clásicas *dim sum* o tapas chinas.

Prueben los cangrejos de barro, que se fríen al wok con jengibre y chalotes. Y quien se sienta aventurero puede pedir la langosta cocida entera: **«Cortar, sacar los sesos, extraer la carne de la cola, cortarla en dados. Acompañar con salmón crudo y ostras. El plato emerge de entre una densa nube de hielo seco, como los Zeppelin en el Madison Square Garden, 1975. Y el resto del señor Langosta, al estilo sal y pimienta, rebozar y freír con pimienta de Sichuan. Si hay un plato nacional australiano, bien podría ser este».**

GOLDEN CENTURY: Sussex Street, 393-399, Sídney 2000, tel. +61 2 9212 3901, <www.goldencentury.com.au> (80 AUD / 60 dólares por persona aprox.)

«Carne al curry, una montaña de puré de papa, un cráter de chícharos muy tiernos, una erupción de salsa parda. Vamos, sabes que quieres probarlo. Míralo: un volcán de amor. Es una de las cosas que hay que hacer en Sídney.»

Agarra un tenedor de plástico y una cerveza, y ya estás listo para el pastel de tigre al curry, el plato insignia del **Harry's Café de Wheels,** un antiguo carrito móvil, ahora quiosco al aire libre, que vende pasteles rellenos de carne en Woolloomooloo, un barrio del este de Sídney, desde 1938 (salvo el breve paréntesis de la Segunda Guerra Mundial, para que su fundador, Harry Tiger Edwards, pudiera alistarse en la Segunda Fuerza Imperial Australiana).

«No sé si será el mejor pastel de carne del mundo, ni de Sídney siquiera, pero, sin duda, es el más conocido, el más tradicional, incluso inevitable. Y está maravilloso. Solo hay que preguntarse, respecto a cualquier ciudad: "En este sitio ¿qué hacen mejor que en ningún otro?". Y aquí, los pasteles de carne son lo mejor.» Además de la casa madre, ahora Harry's está en todo Sídney y sus cercanías, y también en el entorno de Melbourne, Newcastle y Shenzhen, China.

HARRY'S CAFÉ DE WHEELS: Esquina de Cowper Wharf Roadway con Dowling Street, Woolloomooloo, NSW 2011, tel. +02 9357 3074, <www.harryscafedewheels.com.au> (pasteles salados y hot dogs: entre 6 y 10 AUD / entre 4 y 7 dólares aprox.)

«Esta es la carnicería más magnífica, el templo de la carne del mundo. Fundada en 1876, Victor Churchill era la carnicería más antigua de Sídney. Pero ahora, tras una carísima remodelación, se ha convertido en un sueño hecho realidad, un regalo de Anthony Puharich a su padre, Victor Puharich, un carnicero de tercera generación que emigró aquí desde Croacia y trabajó muy duro para dar estudios a su hijo y mantener a su familia.»

Victor se ha convertido en uno de los principales mayoristas de carne del país y, sin duda, su tienda es exquisita. Más parece una sastrería o una joyería elegante que una carnicería.

«Esto no es un negocio: es una pasión. El cuchillo de trinchar clásico, las salas de despiece acristaladas, las viejas tablas de madera. Los expositores refrigerados contienen una deslumbrante selección de clásicos patés, terrinas y embutidos franceses.»

Además de los cortes de carne cruda y madurada en seco, siempre criada en la tierra, Victor Churchill ofrece un amplio surtido de embutidos, patés, terrinas y salchichas de raíz francesa, española e italiana, así como pollos asados en un asador clásico. Déjate convencer por las muestras de jamón español, *prosciutto*, chorizo, salami, *rillettes* de pato y ballotine de conejo: **«Este lugar es mágico.»**

VICTOR CHURCHILL: Queen Street, 132, Woollahra, 2025 NSW, tel. +02 9328 0402, <www.victorchurchill.com> (distintos precios)

AUSTRIA

VIENA

«Cualquier país en el que se hable alemán me produce sentimientos encontrados.»

El viaje que hizo Tony a Viena una Navidad para *No Reservations* es el ejemplo perfecto de cómo su reticencia inicial a disfrutar de una ciudad se vio, para su sorpresa, desplazada paulatinamente por puro enamoramiento.

«Viena: la capital de Austria, antiguo centro del inmenso Imperio austrohúngaro, ahora una ciudad de 1 300 000 personas. No me decidía a venir aquí, no sé por qué; prejuicios absurdos y las secuelas de un trauma infantil.

»Cuando era pequeño, un barbero austriaco que se llamaba Helmut me sentaba bajo un mural en el que se veía un paisaje alpino y me daba tales cortadas en el pelo que acababa pareciendo uno de los chicos de Los Pequeños Traviesos. Y luego estaba *La novicia rebelde*, que transcurría en Salzburgo, no en Viena, pero que a mí no me gustaba nada y que siempre asociaba con uno u otro sitio del barrio. Y luego estaban todos esos dulces y toda esa repostería tradicional tan extraordinaria, que han dado a Austria una fama tan merecida. A mí no me gustan los dulces. Por eso no iba a Austria.»

Viena es una ciudad con una cultura muy rica: ha visto pasar siglos de imperios, es un importante vivero de músicos (Johann Strauss padre e hijo, Johannes Brahms, Anton Bruckner, Gustav Mahler); pintores (Gustav Klimt, Egon Schiele); arquitectos (Otto Wagner, Adolf Loos); y el padre del psicoanálisis moderno, Sigmund Freud. Sin embargo, a pesar de todo esto, Tony era inmune a los encantos de Viena. O, mejor dicho, lo fue hasta que descubrió una antitradición austriaca que sedujo a su lado más oscuro.

«El Día del Krampus: el día en el que la gente se cubre de pieles y se disfraza de demonio en honor de la contraparte malvada de san Nicolás, el Krampus. Este personaje es como el sicario de Santa Claus. Si no están en la lista de los buenos de Santa Claus, sino en la de los malos, viene el Krampus y los castiga.» Más tarde, Tony intentó introducir un pasaje animado protagonizado por el Krampus en uno de esos especiales de Navidad tan legendariamente retorcidos de *No Reservations*, pero la propuesta resultó demasiado oscura para la cadena.

«La ciudad me produce emociones encontradas. A lo mejor por eso no me había decidido a venir antes, pero la verdad es que tiene mucho encanto. Encontré chefs que fuerzan los límites del sabor y, francamente, de la decencia, con unas recetas muy sencillas, pero exquisitas y un local que entiende el poder del cerdo. Esta ciudad me transformó, el fantasma de la Navidad presente me enseñó algo nuevo. Me puse de un humor vagamente navideño. Sí, me siento como el Sr. Scrooge, sí, al final, cuando se pone tan contento y quiere comprar regalos y eso. Les deseo una Navidad fantástica.»

CÓMO LLEGAR, CÓMO MOVERSE

Por el **Aeropuerto Internacional de Viena (VIE),** el mayor del país, pasan cientos de vuelos diarios con destino y procedencia europea, y algunos más con salida y destino a África, Asia y Norteamérica. Este aeropuerto es la sede y centro de conexión de Austrian Airlines.

Se encuentra situado a unos dieciocho kilómetros del centro de la ciudad; el trayecto en uno de los muchos taxis que esperan frente a las terminales dura entre veinte y treinta minutos, según el tráfico, y cuesta alrededor de 42 dólares, más el 10 por ciento que se acostumbra a dar de propina. El City Airport Train (CAT) es otra opción. Este medio traslada pasajeros del aeropuerto a la estación de tren de Wien Mitte, situada en el centro de la ciudad, en tan solo dieciséis minutos, por 14 dólares el boleto sencillo o 26 el de ida y vuelta. Los niños de hasta catorce años viajan gratis. Los visitantes que salgan de la ciudad hacia el aeropuerto también pueden documentar su equipaje y obtener su tarjeta de embarque para su próximo vuelo en el momento de subir al CAT en la estación de tren. Más información en <www.cityairporttrain.com>.

Una vez en la ciudad, la red de transporte público vienés, **Wiener Linien,** compuesta por metro, trenes de cercanías, autobuses y tranvías, es muy completa, muy buena y muy manejable para el usuario. Un boleto sencillo cuesta algo más de 2.50 dólares y también se pueden adquirir distintos abonos con descuentos por volumen. Todos los medios de transporte funcionan según un sistema de honor: no hay controles formales de boletos ni torniquetes, solo agentes vestidos de civil que, de vez en cuando, revisan los títulos de transporte y ponen elevadas multas a los que viajan sin pagar.

LA RUEDA DE LA FORTUNA

Uno de los mayores parques públicos de Viena, el Prater, alberga un parque de atracciones, el Wurstelprater, que cuenta con la rueda de la fortuna operativa más antigua del mundo. Construida en 1897, en 1945 fue reconstruida tras sufrir un incendio. Vive la emoción genuina de un viaje a 64 metros de altura en una de sus alargadas cabinas de madera con ventanas.

«Una de las escenas más famosas de la historia del cine transcurre aquí, en la rueda de la fortuna llamada Riesenrad, en el Prater. Orson Welles y Joseph Cotten; la película: *El tercer hombre*. Orson Welles, en el papel de Harry Lime, ha aceptado reunirse con su viejo amigo Holly Martins en el Prater y subir a la rueda de la fortuna con él. Y allí arriba, con amenazador ademán, abre la puerta corrediza. Cosa que, sorprendentemente, no está permitida. Mira hacia abajo y pronuncia el famoso monólogo» [que Tony reprodujo de memoria, aproximadamente. Dice Harry en el guion de Graham Greene]:

»No seas melodramático. Mira abajo. Si uno de esos puntos dejara de moverse para siempre, ¿te compadecerías? Si yo te ofreciera veinte mil libras por cada punto que dejara de moverse, ¿me dirías que me quedara con mi dinero, amigo?»

La rueda de la fortuna Riesenrad es antigua, pero está perfectamente conservada. En los años de la posguerra fue sometida a varias mejoras. Cuenta con un generador de reserva, por si se corta la corriente, y con opción de control manual por si falla el sistema.

RUEDA DE LA FORTUNA RIESENRAD: Riesenradplatz, 1, 1020 Viena, tel. +43 1 7295430, <www.wienerriesenrad.com> (adultos: 12 euros / 15 dólares aprox.; niños de 3 a 14 años: 5 euros / 6 dólares aprox.; acceso gratuito para niños menores de 3 años)

UN BUEN CERDO EN EL NASCHMARKT

«Por lo grosero y despectivo que me he mostrado con este país, yo aquí no tengo ningún amigo. Pero, por suerte, mi chofer se revela como un joven erudito de muchos talentos: Clemens, DJ, gourmand, chofer profesional, facilitador y un tipo genial. Y que sabe lo que me gusta.»

Es difícil que no te guste el **Naschmarkt,** el mayor mercado al aire libre de Viena, con sus ciento veinte puestos de productos agrícolas, carnes, pescados, aves, quesos, productos de panadería, mercancía importada de Oriente Medio, Asia y la India y su mercadito de los sábados, amén de bares, cafeterías y restaurantes varios.

«Clemens me guio hacia el centro carnívoro del Naschmarkt: Urbanek. El paraíso de la carne. Urbanek es magnífico; mi país de las maravillas; el justificadamente famoso templo del amor por lo porcino... Pocas veces he visto tantas cosas buenas reunidas en un lugar tan pequeño. Quesos buenísimos, la mayoría de los cuales no conocía. Jamones y productos porcinos curados que hasta a Hugh Hefner se la pararían sin ninguna ayuda. Un negocio familiar, por supuesto, al frente del cual se encuentran Gerhard [Urbanek] e hijos, Thomas y Daniel.»

Prueba un poco de todo y llévate un paquete de jamón, cerdo ahumado y queso, los ingredientes de un *cordon bleu*: envuelto en lomo de cerdo machacado, empanizado y frito en grasa de cerdo, en una pequeña cocina situada en la trastienda de la carnicería de Huerta Gruber. Gruber, por desgracia, murió en 2013 y su tienda ya cerró sus puertas, pero en Viena hay otros proveedores de *cordon bleu;* pregunta a la familia Urbanek o a un guía austriaco de confianza.

NASCHMARKT: Linke & Rechte Wienzeile, Viena, tel. +43 1 40005430, <www.wien.gv.at>

URBANEK: Naschmarkt, local 46, Viena, tel. +43 1 1 5872080 (vino, jamón, pan y queso para dos personas: 61 dólares aprox.)

BRASIL

SALVADOR DE BAHÍA

«Yo creo que Salvador es una ciudad a la que hay que venir. Incluso la gente a la que le asusta viajar, que dice: "Sí, bueno, pero es que comentan...". Mira, no. Vive la vida, hombre. Nadie debería perderse esta ciudad, porque en el mundo no hay muchas como ella. Ni parecidas. Es viajar al corazón del corazón de Brasil. El lugar del que viene la magia. Para llegar hasta aquí, solo hay que seguir el sonido de los timbales. Aquí las cosas parecen encontrarse en estado de danza continua. Aquí todo el mundo es sexy. No sé si será el alcohol, o la música, o el calor tropical, pero al cabo de un rato saltando de sitio en sitio, deambulando por antiguas calles empedradas, entre distintas músicas que salen de todos los sitios, de diferentes fiestas, de gente emergiendo de los edificios, de confluencia constante de grupos, de mezcla de músicas, uno concluye que aquí todo el mundo se mueve a los sones de un ritmo misterioso y desconocido.»

Hay belleza en Salvador de Bahía, por supuesto, una ciudad de tres millones de habitantes situada en la costa nororiental de Brasil. La comida es muy buena, y la música, y el arte, y esa sensualidad tangible. Pero también hay un pasado turbulento.

Salvador es la capital del estado de Bahía. Fue la capital del país entre 1549 y 1763, y el barrio colonial conocido como Pelourinho fue, en 1558, el primer lugar en el que desembarcaron los barcos esclavistas de África Occidental e iniciaron su actividad comercial en el Nuevo Mundo.

«Es útil saber que, de los más de doce millones de africanos secuestrados y arrancados de su tierra natal, casi cinco millones acabaron en Brasil; un millón y medio de ellos, en Bahía. Pelourinho se convirtió en el centro neurálgico de una vasta infraestructura de plantaciones y del comercio esclavista que las sostenía, y todo ello hizo de esta ciudad la más opulenta del Nuevo Mundo. Pelourinho, el centro colonial, ahora es patrimonio de la Unesco, y sus coloridos edificios coloniales y sus calles empedradas recuerdan cómo se construyó el mundo moderno.»

CÓMO LLEGAR, CÓMO MOVERSE

El **Aeropuerto Internacional de Salvador (SSA)** también es conocido como Aeropuerto Luis Eduardo Magalhaes. A Salvador se puede llegar en vuelo directo desde Miami, Lisboa y, según la estación del año, desde París, y también existen distintos enlaces con ciudades de Brasil y algunas del resto de Latinoamérica. El aeropuerto se encuentra situado a unos veinte kilómetros del centro de la ciudad, al que se llega por distintas rutas de autobús (o en taxi, por unos 160 reales / 30 dólares). En Brasil no es costumbre dar propina a los taxistas, pero sí agradecen que les permitas quedarse con unos reales de cambio.

En Salvador hay taxis, dos líneas de metro y una extensa red de autobuses, un funicular y el Elevador Lacerda, un gran ascensor público que conecta la ciudad baja con la alta.

CAIPIRIÑA, QUEIJO COALHO, ACARAJÉ Y DENDÊ

En Brasil, de día y de noche puedes disfrutar de una caipiriña. Se pueden pedir en cualquier bar o restaurante o comprarla recién hecha en alguna de las modestas carretillas que circulan por las playas.

«De la caipiriña, ese emblema imprescindible de la cultura de las playas de Brasil, se sabe que empieza con lima fresca. Mezclar con más jugo de lima, azúcar, hielo y el ingrediente mágico, la cachaza, que viene a ser aguardiente de caña de azúcar. Agitado, no revuelto, y ya tenemos uno de los mejores cocteles del mundo.»

En las playas están muy requeridos los vendedores de *queijo coalho*, que tuestan suavemente el queso sobre una base portátil, en muchos casos un simple cubo metálico lleno de carbón y brasas.

Si quieres degustar otro tentempié tan ubicuo como típico de Bahía, únete a las decenas, si no centenares, de hambrientos vecinos que se agolpan frente a **Acarajé da Dinha.**

«¿Qué es el *acarajé*? Lo siguiente: una pasta, una masa, una croqueta tipo faláfel de alubias carilla trituradas mezcladas con camarón seco y cebolla picada, fritas, hasta dejarlas crujientes y doradas, en abundante aceite de *dendê* al chile. Todo ello coronado por *vatapá*, una especie de pasta de camarón al curry, y ensalada de tomate y camarón frito, *camarão frito*. Un imprescindible.» La escena está muy animada y concurrida, así que prepárate para comer de pie.

ACARAJÉ DA DINHA: Largo de Santana, Salvador de Bahía, tel. +71 3334 1703 (16 reales brasileños aprox. / 3 dólares aprox.)

Nota sobre el aceite de *dendê*: El de *dendê* es un aceite de color rojo vivo que en Brasil se usa mucho para freír y sazonar alimentos cocinados, sobre todo en Bahía. Se elabora con el fruto de la palma de aceite africana, que es originaria de Angola y Gambia y también se cultiva en abundancia en Brasil. El aceite de *dendê* tiene ese rico sabor a nuez tan característico de la gastronomía de Bahía, sobre todo cuando se mezcla con leche de coco, chile y cilantro.

Si es la primera vez que visitas Brasil, un aviso: **«A mí me encanta el aceite de *dendê*, pero requiere acostumbrarse. La primera vez que vine, lo tomé y luego me pasé horas cagando como un condenado. Pero ahora ya no hay problema. Ahora me encanta.»**

BUTÁN

«Bután: situado en la cima del Himalaya y conocido como "la tierra del dragón del trueno". Remoto y relativamente poco visitado, Bután es el reino del mito y la leyenda. Desde hace siglos, [Bután] vive satisfecho su aislamiento autoimpuesto.

»Enclavado entre la India y el Tíbet, y del tamaño aproximado de Suiza, vive atrapado entre el viejo mundo y el nuevo. El turismo no estuvo permitido hasta la década de los setenta. Para proteger la cultura y el medio ambiente, las autoridades limitan estrictamente el número de visitantes extranjeros que entran en el país anualmente. No hay Starbucks, no hay Kentucky Fried Chicken, no hay Burger King, no hay McDonald's. O sea, no nos quieren de visitantes. O no en masa, por lo menos.

»Hasta hace unos quince años, en Bután solo había una carretera, la Este-Oeste. Esta arteria, que corta en dos el país, atraviesa sinuosos puertos de montaña salpicados de quebradizas paredes verticales por un lado y terroríficos precipicios por el otro. Se está llevando a cabo una importante ampliación de esta carretera. El plan es tenerla totalmente asfaltada para... un futuro próximo.

»El respeto por el mundo natural es inherente a la identidad espiritual de Bután. En más de la mitad del territorio del país están prohibidas las actividades de urbanización o tala. Nada menos que el 50 por ciento del PIB de Bután procede de la energía hidroeléctrica.»

CÓMO LLEGAR

«Uno de los motivos por los que [Bután] no forma parte del circuito de las rutas turísticas es que resulta muy poco accesible. En el momento de tomar tierra, uno se aferra a su asiento mientras el avión sortea angostos puertos de montaña en medio de alarmantes maniobras, para acabar cayendo sobre el único aeropuerto internacional del país [Paro], ese que algunos consideran el más peligroso del mundo.»

Este aeropuerto de **Paro (PBH)** recibe vuelos de tres compañías aéreas, procedentes de Bangkok, Singapur, Katmandú y de algunas ciudades de la India y Bután. Se trata de Bhutan Airlines, Drukair y Buddha Air. Los pilotos, debido a las dificultades geográficas de Paro, deben contar con un certificado especial para aterrizar en este aeropuerto. Y aterrizar solo está permitido en horario de luz diurna.

En el aeropuerto hay taxis, pero, para evitar la aglomeración de taxistas que rivalizarán por atenderte, así como los sobreprecios que suelen aplicarse a los turistas, puede ser conveniente reservar a través de una agencia de viajes de prestigio. En Bután suele aceptarse la rupia india y también el ngultrum butanés, que mantiene una paridad fija con la rupia. Un viaje en coche de cuatro pasajeros desde Paro a la capital, Timbu, situada a unos cincuenta y cinco kilómetros de distancia, debería costar en torno a las 1 100 rupias/ngultrum / unos 15 dólares.

La butanesa no ha sido tradicionalmente una cultura de propinas, pero la expansión de la industria turística está facilitando su aceptación, e incluso que se espere recibirlas. Para un taxista, entre el 10 y el 20 por ciento del precio del viaje es una buena propina. Lo mismo para restaurantes y hoteles, aunque hay que revisar la factura para ver si ya incluye un cargo por servicio.

EN CASA EN AMAN

Tony cayó prendado de los distintos resorts de lujo de la cadena Aman en los que se alojó durante su periplo por Bután. Diseñados por el prestigioso arquitecto australiano Kerry Hill, ya fallecido, con exquisita sensibilidad hacia el entorno y haciendo un uso lo más frecuente posible de materiales locales, los establecimientos de la cadena Aman, como corresponde a un semidesconocido reino del Himalaya, son lugares extraordinariamente relajantes y tranquilos.

En Timbu, Tony se alojó en el hotel Amankora, el buque insignia de la cadena Aman en Bután, un establecimiento situado en una colina arbolada y diseñado siguiendo las líneas de los *jongs* o fortalezas butanesas. En Punakha, Bumthang y Paro se hospedó en los *lodges* o complejos rurales Amankora. En las cuatro propiedades, los espaciosos dormitorios diáfanos, revestidos de madera y metal, cuentan con estufas de leña (el personal del hotel se encarga de encenderlas), camas de tamaño extragrande, bañeras inmensas y servicio de comedor y de habitaciones con todo incluido.

Situado en un fértil valle subtropical en el que la familia real de Bután pasa los inviernos, el Punakha Lodge destaca por el puente colgante cubierto de banderines de oración que da acceso al complejo. Situado cerca del aeropuerto, el resort de Paro es una buena opción para empezar o terminar un viaje a Bután. Y el Bumthang Lodge está situado en una zona que cuenta con decenas de templos y monasterios.

Pero tanto lujo, comodidad y tranquilidad tiene un precio, por supuesto. Una *suite* cuesta a partir de 60 000 rupias/ngultrum / unos 857 dólares en temporada baja; 90 000 rupias/ngultrum / unos 1 225 dólares en temporada alta.

AMANKORA: +975 2 331 333, <www.aman.com/resorts/amankora> (véase precios más arriba)

MOMOS EN TIMBU

Tony durmió rodeado de lujo, pero, durante un viaje a Bután que hizo en 2017 en compañía del director de cine Darren Aronofsky, era en la calle donde los esperaba la aventura.

Recién estrenada su película *¡Madre!*, una oscura alegoría sobre la destrucción del medio ambiente por la mano humana, Aronofsky sentía curiosidad por un país que hasta el momento se había mantenido a salvo de los peores efectos del descontrol urbanístico.

«Mañana en Timbu, capital y ciudad más grande de Bután. Su población, cien mil habitantes, está creciendo muy deprisa, porque los butaneses han iniciado el inevitable proceso de abandono de la vida rural y agrícola.

»Nuestra primera comida [en Menzu Shiri] se convierte en nuestra favorita para el resto del viaje. Cuando no estoy grabando, lo más probable es que me encuentres comiendo en alguna parte una de

esas perversas delicias, los momos. Una bola de masa esponjosa, sabrosa, a menudo picante, rellena de carne, queso o verdura. ¿Ya dije que Darren es vegetariano?»

MENZU SHIRI: Junto a la calle Norzin Lam, Timbu. No tienen teléfono ni página web. Un plato de 5 momos: 72 rupias / ngultrum aprox. / 1 dólar aprox.

EN BUSCA DEL LOCO DIVINO

«Punakha, un pintoresco pueblo de montaña, se encuentra situado a dos horas y media de la capital por carretera. Destino de visita obligada, en su día fue el hogar del venerado y querido Drukpa Kunley, el llamado Loco Divino.»

En **Chimi L'Hakhang,** el llamado Templo de la Fertilidad, construido en honor de Drukpa Kunley, encontrarás profusión de pinturas, dibujos y esculturas de penes.

«Bután ha rendido homenaje al... este... falo durante siglos. Tal es el legado de Drukpa Kunley, un lama santo que vivió hace quinientos años y que difundió tanto la doctrina budista como un saludable escepticismo respecto a las instituciones del poder. Practicaba sin pudor el sexo espontáneo, el recurso a los espíritus... y la seducción. Abatía demonios –y hacía muchos amigos– con eso que aparece descrito como su "flamígero rayo de sabiduría", un término que no creo que suene bien si tú y yo lo utilizamos.»

CAMBOYA

Camboya –hermosa, salvaje, con una historia reciente extraordinariamente dolorosa en torno a un genocidio inimaginablemente pavoroso–, es un lugar sobre el que Tony manifestó tanta admiración como ira. Él estaba bien informado acerca de este asunto por el que tanta pasión sentía: la desastrosa participación del Gobierno de Estados Unidos en el devenir político del Sudeste Asiático en tiempos de la guerra fría, tanto en una guerra declarada como fue la de Vietnam como en las encubiertas campañas de bombardeos sobre Laos y Camboya. Tony visitó Camboya por primera vez en el año 2000, para *Viajes de un chef*, y de nuevo una década después con *No Reservations*.

«Desde mi última visita a Camboya, he estado en casi todos los rincones del mundo y, aunque a mí me guste pensarlo, no voy a decir que me he vuelto más inteligente. Con el tiempo, hasta el entorno más bello amenaza con convertirse en un fondo de pantalla animado, en un simple telón de fondo, pero otras veces es como si todo encajara: trabajo, placer, todos los lugares en los que he estado, aquel en el que estoy ahora, una feliz, estúpida y maravillosa confluencia de acontecimientos. Arrozales que pasan de largo, perfecta la música que oímos en nuestras cabezas. No sé si está pasando algo profundo, pero lo parece.

»El 17 de abril de 1975, los tanques de los Jemeres Rojos entraron en Nom Pen. Ese fue el día que puso fin a años de una cruenta guerra civil. Y también fue el día que marcó el comienzo de una época de terror, locura y caos de una magnitud inimaginable.»

»Murieron más de 1700 000 personas –observó Tony–, **en un movimiento capitaneado por Pol Pot, un hombre de educación francesa que se hacía llamar Hermano Número Uno. El plan era crear un paraíso agrario ultramarxista, pero antes de eso, el pasado debía ser erradicado. Dos mil años de cultura e historia camboyanas conocieron un final abrupto. Se declaró el año cero. Todo lo que había existido antes de él debía desaparecer. De la noche a la mañana, literalmente, se vaciaron ciudades enteras. Algunos de sus habitantes fueron conducidos al campo y empleados como mano de obra esclava, obligada a trabajar la tierra, con el fin de hacer realidad la utopía agraria de Pol Pot. Se abolió el dinero. Se quemaron libros. Se separaron familias intencionadamente. Maestros, comerciantes, médicos, casi toda la élite intelectual del país, fueron asesinados. Tantos muertos hubo que, para deshacerse de los cadáveres, en Nom Pen y alrededores se habilitaron zonas enteras, conocidas posteriormente como "campos de la muerte".**

»Cuando en 1979 el vecino vietnamita desplazó del poder a los Jemeres Rojos, facturando a la selva a Pol Pot y compañía, quizá salvaron el país, pero los problemas no terminaron ahí. Simple y llanamente, algunos de los cabrones de los viejos tiempos siguen ocupando posiciones de poder en los nuevos.»

«La última vez que estuve aquí, estas calles no estaban asfaltadas –observó Tony en 2010–. **«En el año 2000 esto era más silvestre y mucho más peligroso, un lugar que aún no se había repuesto de los tiempos en que esta ciudad pasó de tener dos millones de habitantes a solo unos cuantos funcionarios de los Jemeres Rojos. Se llevaron al campo a empleados, oficinistas, taxistas, cocineros y los obligaron a trabajar la tierra. A cualquiera que tuviera la desgracia de ser médico, abogado, profesional, políglota, que tan solo usara lentes, lo mataban.»**

«Después de estar en Camboya, uno ya no desea otra cosa que matar a Henry Kissinger con sus propias manos –escribió Tony en 2001, en *Viajes de un chef*, el libro complemento de su serie de televisión homónima–. **Nunca más podrás abrir un periódico y leer noticias**

sobre esa escoria insidiosa, prevaricadora y asesina... sin atragantarte. Viendo lo que hizo Henry en Camboya, los frutos de su talento de estadista, cómo se entiende que no esté sentado en el banquillo de los acusados de La Haya junto a Milosevic.»

CAMBOYA: CÓMO LLEGAR, CÓMO MOVERSE

Entre Estados Unidos y Camboya no hay vuelo directo. Los hay que llegan a uno de los dos principales aeropuertos internacionales del país, el de Nom Pen (**PNH**) y el de Siem Reap (**REP**), a través de China, Japón o Corea del Sur. Desde cualquiera de los dos aeropuertos se puede tomar un taxi o *tuk-tuk* (un pequeño remolque con asientos cubiertos, impulsado por una moto) hasta el hotel por unos 40 000 rieles camboyanos / 10 dólares aprox. (por un taxi) o 33 000 rieles / 7 dólares aprox. (por un *tuk-tuk*). Los taxistas no esperan que les des propina, pero lo agradecen.

LUJO COLONIAL

Tony no ocultaba su pasión por los lujosos y bien conservados (o bien remodelados) hoteles coloniales del Sudeste Asiático y, cuando estuvo en Nom Pen, se hospedó en el **Raffles Hotel Le Royal**. Inaugurado con el nombre de Le Royal en 1929, a modo de oasis para viajeros adinerados, fue el centro de operaciones de los periodistas que cubrieron la guerra civil de Camboya entre 1970 y 1975, antes de que cerrara sus puertas tras la victoria de los Jemeres Rojos y las atrocidades que vinieron luego. Bajo la enseña del grupo Raffles se llevó a cabo una concienzuda remodelación que culminó con la reapertura en 1997. Y no podemos dejar de mencionar el *gin-tonic* Kaf-Kaf que sirven en el Elephant Bar del hotel.

RAFFLES HOTEL LE ROYAL: Sangkat Wat Phnom, Rukhak Vithei Daun Penh, 92, Nom Pen, tel. +855 23 981 888, <www.raffles.com/phnom-penh/> (precio de una habitación: desde 814 000 rieles / 206 dólares la noche aprox.)

Tony también convirtió el **Raffles Grand Hotel d'Angkor** –construido en 1932 y restaurado en 1997– en base desde la que descubrir el vecino Angkor Wat (véase epígrafe siguiente). Un establecimiento que sigue siendo una buena opción entre los hoteles de lujo. Desde la última visita de Tony, Siem Reap ha dado la bienvenida a nuevas propuestas de lujo, como el **Jaya House River Park**, un hotel *boutique* cuyo impecable sentido del diseño modernista sesentero va de la mano de una cocina excelente, un apoyo extraordinariamente entusiasta de las causas medioambientales y sociales y el compromiso de contratar personal autóctono y promover el trabajo de los artesanos locales.

RAFFLES GRAND HOTEL D'ANGKOR: Vithei Charles de Gaulle, 1, Siem Reap, tel. +855 63 963 888, <www.raffles.com/siem-reap> (una habitación cuesta a partir de 814 000 rieles / 205 dólares aprox. la noche)

JAYA HOUSE RIVERPARK: River Road, Siem Reap, tel. +55 63 962 555, <www.jayahouseriverparksiemreap.com> (una habitación cuesta a partir de 1 020 000 rieles aprox. / 258 dólares aprox. la noche)

COMER EN NOM PEN

«Esto también lo he repetido hasta la saciedad: cuando se viaja a un país [que] no se conoce previamente, sobre todo del Sudeste Asiático, vale la pena empezar por visitar el mercado, ver qué se vende, hacerse una idea de lo que saben hacer allí, lo que compra la gente.» En Nom Pen ese mercado sería el **Central**. En estado muy precario en el año 2000, pero ya muy aseado en 2010, sin embargo, el Mercado Central conservaba, para Tony, todas sus señas de identidad olfativas y gustativas:

«Así recuerdo yo más bien Camboya: el olor a yaca, a humo de leña, a pescado seco, a pollo crudo, a desayuno. El *ka tieu*, una sopa de fideos al estilo pho, con pollo, albóndigas de cerdo y verdura, todo ello sumergido en sabroso y vibrante caldo, siempre abre las puertas de mi corazón».

MERCADO CENTRAL: Calle Calmette (53), Nom Pen, tel. +855 98 288 066. No tienen página web (variedad de precios para el *ka tieu* y otras sopas, fideos y postres, 2 000-12 000 rieles / 0.4-3 dólares aprox.)

ANGKOR WAT

«En Angkor Wat, centenario centro de poder del Imperio jemer, renuncié a seguir tomando fotos de mis viajes. ¿Cómo podía un objetivo cualquiera capturar la magnitud, la magnificencia de un reino que un día gobernó esta parte del mundo y después, inexplicablemente, desapareció en la selva?»

Con un hotel de Siem Reap como punto de partida, dedica al menos un día entero a descubrir Angkor Wat, el vasto complejo de templos de arenisca construido en el siglo XII y que hoy en día sigue siendo el símbolo del talento, la devoción y el ingenio de la civilización jemer. Frente a la entrada del templo hay numerosos puestos de comida y, para facilitarte la excursión, puedes elegir entre rentar una bicicleta o una moto con chofer.

KAMPOT Y KEP

«En sus orígenes, Kampot fue poblada y fuertemente urbanizada por comerciantes chinos. En tiempos fue la principal ciudad portuaria de Camboya. Considerada extranjera por los Jemeres Rojos, por supuesto, la clase mercantil china sufrió un exterminio casi absoluto... En la actualidad, la población china de la región es una sombra de lo que fue, pero su influencia aún se percibe en la arquitectura, la gente y su cocina. Esta zona también era conocida por su grano de pimienta y por sus entonces florecientes plantaciones de pimienta.»

En la vecina **Kep-sur-Mer,** la que fuera estación balnearia de las élites francesas y, más tarde, de la alta sociedad camboyana, se pueden visitar los esqueletos de las grandes villas modernistas de aquellos tiempos y el mercado de los cangrejos. No olvides pedir el plato típico: cangrejo a la pimienta Kampot. **«Con ingredientes tan frescos, la preparación es muy sencilla: ajo, verdura fresca, pimienta salteada y cangrejo de río fresco.»** Una serie de restaurantes informales ofrecen esta receta; solo hay que seguir a la gente.

MERCADO DE LOS CANGREJOS: Calle 33A, Krong Kaeb, tel. +855 10 833 168. No tienen página web. Los precios varían.

CANADÁ

MONTREAL Y QUEBEC

Montreal y la provincia de Quebec tenían un encanto especial para Tony, que hizo episodios de *No Reservations*, *The Layover* y *Parts Unknown* en esos lugares, variaciones sobre el tema del exceso y por qué Quebec no es ni Canadá ni Francia, sino el propio Quebec.

«Empiezo confesando mi parcialidad: yo adoro Montreal. Es mi ciudad favorita de Canadá. La que allí vive es gente muy dura que está un poco loca, y yo los admiro por ello. Toronto, Vancouver, los quiero. Pero no como a Montreal. ¿Por qué? Me explico. Todo será revelado.

»¿Qué hay que saber de Montreal? Pues que no es un pequeño París situado al norte de Estados Unidos. Para venir aquí no hay que saber francés. Y aquí no se viene a disfrutar de la comida francesa, aunque hay mucha, si se desea. Pero la comida es una razón primordial para venir aquí.»

CÓMO LLEGAR, CÓMO MOVERSE

A Montreal se llega por carretera desde cualquier punto del territorio continental de Estados Unidos o Canadá (con pasaporte); en tren Amtrak desde Nueva York o desde distintos puntos con VIA Rail Canada; o por vía aérea.

«Montreal está cerca de Estados Unidos [en avión], a una hora y pico de Nueva York. Para quien le interese, la ciudad se encuentra exactamente en una isla situada en la confluencia de los ríos San Lorenzo y Ottawa. Pero no es muy importante saber eso. Sin embargo, Montreal se encuentra ubicada en el suroeste de Quebec. Eso sí es importante saberlo. Si llegas en avión, probablemente aterrizarás en el Aeropuerto Internacional Trudeau (YUL), situado a unos treinta kilómetros del centro de la ciudad.»

Desde el aeropuerto se tarda alrededor de media hora en llegar a la ciudad en taxi, un viaje por el que se paga un precio cerrado de 40 dólares canadienses (CAD) / 30 dólares más propina. La Société de Transport de Montréal ofrece un autobús lanzadera entre el aeropuerto y la principal terminal de autobuses –la Gare d'autocars de Montréal-estación de metro Berri-UQAM–, un viaje de entre cuarenta y cinco y sesenta minutos cuyo boleto cuesta 10 CAD / 7 dólares aprox. En <www.stm.info/fr> se puede consultar más información.

Una vez en la ciudad, recurre al metro cuando no quieras caminar o tomar un taxi. **«Dicen que la red de metro de Montreal está diseñada según el modelo del Métro de París. Y no es mala. Cuesta unos 3 dólares por viaje o unos 8.5 por un abono de veinticuatro horas. Si prefieres conducir, perfecto, pero recuerda que ahí sí te va a ser útil saber francés. Las señales viarias solo están en francés. Y también podrías tener dificultades con las instrucciones para llegar a los sitios. Por otro lado, los límites de velocidad no están en millas, sino en kilómetros por hora.»**

A LA HORA DE COMER

«Yo, la verdad, no sé cómo es Montreal para la gente normal. Lo que sí sé es que para los chefs tiene fama de ser una ciudad muy peligrosa.» De un pequeño grupo de chefs restauradores de Montreal se dice que se dedican a atiborrar a los chefs que vienen de visita con platos extraordinariamente calóricos y grandes cantidades de brebajes etílicos. Entre estos anfitriones casi diabólicos se contaban los chefs **Normand Laprise,** de **Toqué! y Brasserie T!, Martin Picard,** de **Cabane à Sucre** y **Au Pied de Cochon,** y **David McMillan** y **Frédéric Morin,** de **Joe Beef, Liverpool House** y **Le Vin Papillon.** Últimamente, sin embargo, McMillan y Morin han dejado el alcohol, han moderado sus excesos en todos los ámbitos y han empezado a hablar en público del abuso de sustancias y de otros problemas que siempre han sido inherentes al negocio de la hostelería.

Inicia la experiencia gastronómica del día en el barrio Sud-Ouest de Montreal, en la **Brasserie Capri**, concretamente. ¿Y eso qué es?

«Un pub, un pub canadiense, un pub quebequés, más exactamente... y una cosa que a mí me gusta enormemente. Un buen codillo de cerdo... Algo que en otros sitios no se ve mucho. Es un arte moribundo: codillo de cerdo adobado y cocido, servido con papas cocidas.»

El Capri no tiene ínfulas, y sí más pinta de bar deportivo que de restaurante, con sus partidos televisados, sus máquinas de videopóquer y mucho parroquiano que solo viene a beber, pero, para quien lo quiera, también hay desayunos, comidas y cenas. (Nota: desde que Tony grabó allí sus escenas, en 2012, el pub se mudó de sede.)

BRASSERIE CAPRI: Calle Wellington, Montreal, 2687, QC H3K 1X8, tel. 514 935 0228 (codillo de cerdo: 16 CAD / 12 dólares aprox.; sándwiches: 13 CAD / 10 dólares aprox.)

«Montreal es una ciudad de chefs. Una ciudad noctámbula y de juerga. Lo de la comida y la bebida saben hacerlo, con frecuencia hasta el exceso, pero siempre con estilo. El barrio de Little Burgundy de Montreal: en tiempos algo sucio y descuidado, más tarde llegó esto, el magnífico Joe Beef, el restaurante insignia de estos dos personajes, Fred y Dave. El individuo que da su nombre al local fue un

intendente del ejército británico que intervino durante la guerra de Crimea. Su (según calificativo de algunos) sobrenatural capacidad para conseguir carne con la que dar de comer a sus hombres en las circunstancias más difíciles lo convirtió en una leyenda. Su –llamémosle– taberna de Montreal, un establecimiento legendariamente obsceno, lo convirtió en una figura épica en la historia de la clase alcohólica de la ciudad. Y por eso era correcto que estos dos hombres perpetuaran la tradición honrosa al tiempo que con arrojo forjaban la suya propia. El menú es maravilloso, y a veces desacomplejadamente excesivo. Y cambia a diario.»

JOE BEEF: Notre-Dame West, 2941, Montreal QC H3J 1N6, tel. 514 935 6504, <www.joebeef.ca> (aperitivos: 15 CAD / 11 dólares aprox.; un plato principal: 40 CAD / 35 dólares aprox.)

«Carne ahumada. Cuando se viene a Montreal, no se puede no hacer esto. No hay más remedio. Hay que hacerlo. Y el Schwartz's, un establecimiento que se inauguró como... en 1928, no solo es el decano de Canadá, sino también, quizá, el mejor en esta sustancia mágica tan parecida al pastrami. Es tan bueno que merece el esfuerzo que supone abrirse paso entre la gente, sentarse pegado a desconocidos y comerse una de esas montañas de carne gloriosamente revuelta.»

Consejo para el viajero: **«¿Vas a subirte a un avión? Come algo bueno antes de salir para el aeropuerto, algo voluminoso y bueno que te noquee.»**

Con ese consejo en mente, en la única sala del Schwartz's, con sus azulejos blancos y repleta de gente, despáchate un sándwich de falda ahumada con pepinillo, acompañado con refresco de cereza. **«Para cuando llegue el momento de despegar, estaré inconsciente. Y entonces ya me puedo ir de Montreal con la conciencia tranquila.»**

SCHWARTZ'S MONTRÉAL DELI: Boulevard Saint-Laurent, 3895, Montreal, QC H2W 1X9, tel. 514 842 4813, <www.schwartzsdeli.com> (sándwich de carne ahumada: 10.50 CAD / 8.50 dólares aprox.)

«Una vez cada pocas décadas, cada siglo, quizá, las naciones engendran un héroe –un Escoffier, un Muhammad Ali, un Dalái Lama, un Joey Ramone–, alguien que lo trastoca todo en su esfera, que cambia las coordenadas. Después de ellos, la vida no vuelve a ser la misma. Martin Picard es uno de esos hombres. Un híbrido inédito de rudo amante de la naturaleza, chef veterano con muchos años de experiencia en el mundo de la alta cocina, un renegado, un innovador. Es uno de los chefs más influyentes de Norteamérica. También es un quebequés orgulloso de serlo. Y quizá ha definido más que nadie, para una nueva generación de norteamericanos y canadienses, lo que significa serlo.

»La tradición de la *cabane à sucre*, o cabaña de azúcar, es tan antigua como la miel de maple aquí en Quebec, de donde proviene el 70 por ciento de las existencias mundiales. El concepto de cabaña de bosque es inherente al estilo de vida natural, de leñadores y mieles de maple, de ese bosque en el que se recoge la savia de maple y se cuece hasta convertirla en miel. Con el tiempo, muchas de estas cabañas se convirtieron en casas de comidas informales; comedores para trabajadores y unos pocos clientes. Y Martin Picard ha llevado esta tradición a lo que, de alguna forma, es al mismo tiempo su conclusión lógica y su extremo demente, creando su propia Cabane à Sucre, en la que sirve platos emanados directamente de esas raíces humildes, pero potentes.»

Los clientes que tengan la suerte de conseguir reservación –el restaurante suele llenarse rápidamente cada diciembre– disfrutarán de una comida que puede llegar a alcanzar la docena de platos. **«Que empiece la fiesta: un lóbulo entero de foie gras con alubias en**

salsa de tomate, sobre una tortita, cocinado en grasa de pato, por supuesto, requesón, y un huevo, cocido en miel de maple. Corazones de pato salteados, mollejas y oreja de cerdo, todo ello coronado con una montaña de chicharrones fritos.

»Ah, y sesos de ternera y tortilla de tocino de maple... palitos de pato con corteza de *panko* (pan rallado japonés) y mousse de camarones y salmón, y salsa *barbecue* de maple. *Tourtiere du shack*: un queso Laracam entero, foie gras, sesos de ternera, mollejas, tocino y rúcula. Y ahora el plato fuerte: jamón local de la tierra, ahumado a la vista, con piña y ejotes con almendras. Y [un] clásico canadiense casi prehistórico, de la vieja escuela: se calienta miel de maple y se vierte sobre nieve, y así se convierte en una especie de caramelo.»

Antes, Cabane à Sucre solo abría durante la temporada de la cosecha de la miel de maple (entre finales de invierno y principios de primavera); pero ahora también recibe clientes durante la cosecha de la manzana (entre mediados de agosto y mediados de noviembre), y el nuevo Cabane d'à Côté, que, como su propio nombre indica, se encuentra «al lado», da de comer todo el año.

CABANE À SUCRE AU PIED DE COCHON: Rang de la Fresnière, 11382, St-Benoît de Mirabel J7N 2R9, tel. 514 281 1114, <www.aupieddecochon.ca> (una comida de doce platos: 70 CAD aprox. / 55 dólares aprox.)

TORONTO

«Toronto: la mayor ciudad de Canadá, la quinta mayor de Norteamérica. "No la conozco." "Solo he pasado." "No me acuerdo." Sí, esa fama tiene, más o menos.

»No es una ciudad bonita. No es un sitio bonito. O sea, se puede decir que se han quedado con los restos de las modas arquitectónicas del siglo XX. Bauhaus criptofascista. Todas las escuelas públicas

de América. Todas las bibliotecas municipales de tercera. Chic soviético. Pero es que, en Toronto, su exterior de caja de acero esconde un interior extraño, maravilloso, único.»

CÓMO LLEGAR, CÓMO MOVERSE

El principal aeropuerto internacional es el **Lester B. Pearson International,** también llamado **Toronto Pearson Airport (YYZ).** En sus dos terminales operan decenas de importantes compañías aéreas internacionales y nacionales, la principal de las cuales es Air Canada. Los dos edificios están comunicados mediante el Link Train, que circula las veinticuatro horas del día.

Y como el aeropuerto se encuentra situado unos veinticinco kilómetros al noroeste del centro de Toronto, llegar a la ciudad en taxi supone un viaje de entre treinta y sesenta minutos, según el tráfico, a un precio de, según destino, entre 50 y 75 CAD / 37 y 61 dólares, aproximadamente (más la propina del 15 por ciento). En el momento de escribir estas líneas existe un autobús público que lleva al centro por 3.25 CAD / 2.50 dólares, y que tarda más de una hora, y también un tren, el Union Pearson Express, que comunica el aeropuerto con la ciudad y cuyo boleto sencillo cuesta alrededor de 13 CAD / 10 dólares. En <www.torontopearson.com> se puede consultar toda la información necesaria sobre transporte terrestre.

Toronto también tiene un aeropuerto pequeño, el **Billy Bishop Toronto City Airport (YTZ),** que se encuentra situado en Centre Island, en el sur de Toronto, y al que se puede acceder en coche o en ferry. Porter Airlines cubre la mayoría de las operaciones de entrada y salida de YTZ, con vuelos a Newark, Boston, Washington, Chicago, Myrtle Beach, Orlando, y distintos destinos de Canadá.

Una vez en la ciudad, puedes moverte a pie, en taxi o recurrir a la red de metro de Toronto. En <www.ttc.ca> se pueden consultar horarios, rutas y precios.

ALOJAMIENTOS DE LUJO

El Drake sigue siendo el centro de la cultura del hotel *boutique* moderno de Toronto, pero también hay oferta mucho más selecta. **«Si viajas por trabajo y quieres cargarle a tu departamento de contabilidad facturas impagadas por tus noches opulentas, vete al excelente Ritz-Carlton. Las camas son muy cómodas y tienen buena carne.»** A eso se añade el *spa* y una piscina de agua salada, ropa de cama Frette, baños de mármol, bañeras profundas y la clase de atención personal, educada y atenta que uno espera encontrar en uno de estos establecimientos.

RITZ-CARLTON TORONTO: Wellington Street West, 181, Toronto, ON M5V 3G7, tel. 416 585 2500, <www.ritzcarlton.com> (precio de una habitación estándar: a partir de 725 CAD / 570 dólares aprox. la noche)

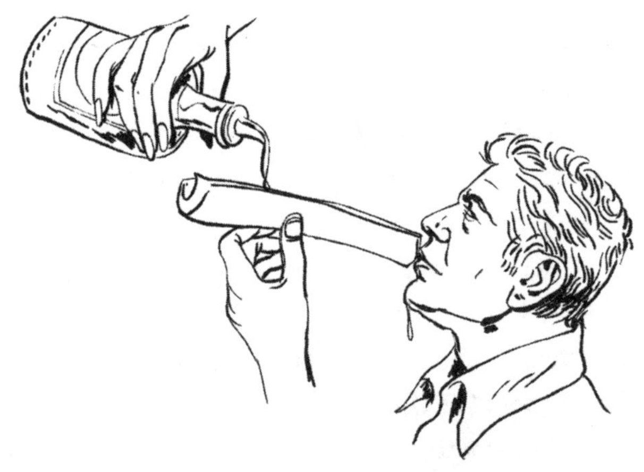

COPAS, CERDOS Y CUCHILLOS

La de la hora del coctel es una convención civilizada digna de una ciudad civilizada como es Toronto. **«El Cocktail Bar de Little Italy [es] ideal para tomarse un Negroni antes de cenar.»** Este elegante establecimiento es propiedad de la prestigiosa restauradora y escritora Jen Agg, que decidió poner un broche de oro a la trayectoria de su buque insignia, el **Black Hoof,** después de una década de influencia indeleble en la escena de la restauración de Toronto (véase el artículo que Agg firma bajo el título «Sobre el origen del trineo de hueso» en la página 56). El Cocktail Bar, por suerte, continúa a pleno rendimiento (junto con otros restaurantes de Agg, el **Grey Gardens** y **Le Swan French Diner**, y los bares **Rhum Corner** y **Bar Vendetta**, que ocupa lo que antes era el Black Hoof), ofreciendo copas diseñadas y elaboradas con tanto esmero como el *whiskey business* (bourbon, centeno, whisky irlandés, whisky escocés, licor de higo y bíter) y el *absinthe whip*, con su sabor a naranja, pistache y coco. «También tenemos una buena carta de vinos y cervezas –recomienda Agg en su página web–, pero tómate un coctel.»

COCKTAIL BAR: Dundas Street West, 923, Toronto, ON M6J 1W3, tel. 416 792-7511, <www.hoofcocktailbar.com> (precio medio de un coctel: 14 CAD / 11 dólares aprox.)

Y para las copas de después de cenar está el **Cold Tea. «El Cold Tea es un excelente ejemplo de bar espléndido y elegante que, además, está discretamente apartado de las multitudes. Se entra por una puerta sin identificar, se pasa por delante de las señoras que venden *dim sum* auténtico y se sigue hacia las bebidas finas.»** Escondido en el mercado de Kensington, con un patio acogedor y un plantel alternante de chefs autóctonos que crean aperitivos rápidos para saciar el apetito de los bebedores hambrientos, el Cold Tea toma su nombre, «té frío», de la práctica clandestina –se dice que tiene su origen en los restaurantes chinos de Toronto– de servir cerveza en tetera a los clientes noctámbulos que continúan sedientos a la hora del último aviso (actualmente, las 2 de la madrugada).

COLD TEA: Kensington Avenue, 60, Toronto, ON M5T 2K2, tel. 416 546 4536, <www.instagram.com/coldteabar> (una cerveza de barril: 9 CAD / 7.50 dólares aprox.; precio medio de un coctel:

Sobre el origen del trineo de hueso

JEN AGG

La mayoría de la gente no dice la verdad. Quieren hacerlo. Quizá incluso piensen que suelen hacerlo, pero no es así. Porque, vamos a ver, ¿qué es la verdad? Un concepto subjetivo sobre el modo correcto de vivir no es lo mismo que, digamos, una realidad científica como es el hecho de que la fuerza de la gravedad dicta que, cuando las cosas suben, luego tienen que caer.

A mí, como persona que cree ciegamente que sus ideas son las más correctas, me gusta la gente que también dice la verdad –aunque no siempre estemos de acuerdo–, que quizá adorne algunas verdades incómodas, pero que siempre intentará ser sincera.

Y por eso salté de entusiasmo, literalmente vibré de emoción, cuando en 2012 me enteré de que Anthony Bourdain iba a grabar una parte del episodio de Toronto de *The Layover* en lo que entonces era mi restaurante de cuatro años de antigüedad, el Black Hoof. El Hoof era un restaurante especial, merecedor de la atención internacional que no iba a tardar en recibir gracias, en buena medida, al efecto Bourdain o, como a mí me gusta llamarlo, al «tratamiento Tony».

Tony tenía fama de ser un despachador de verdades, y de la ciudad de Toronto quizá no haya mayor verdad que el hecho de que es muy fea. Feísima. Y él se dio cuenta («No es una ciudad bonita»). Y yo me alegro mucho de que lo hiciera. Siempre me resulta extraño cuando la gente que ha viajado por el mundo no habla de lo fea que es esta ciudad, como si el problema dejara de existir por el solo hecho de que lo ignoremos. Suele ser muy mala idea actuar así.

Pero Toronto, aparte de este gran defecto, tiene muchas virtudes. Es una ciudad de barrios; una ciudad de muchas culturas (aunque no estamos tan integrados como pretendemos hacer creer, sobre todo a nuestros amigos estadounidenses); una ciudad que ha tenido que luchar tan denodadamente por sacudirse sus instintos de clase alta blanca que no ha tenido más remedio que convertirse en algo mucho más interesante y moderno de lo que debería haber sido. Esa es la ciudad en la que yo me crie, que para mí significa la atracción del hogar: una ciudad de posibilidades en la que he hecho realidad muchos de mis sueños. Con mi restaurante quise demostrarle a Tony que Toronto no era Nueva York, pero que quizá era igual de interesante y moderna. Porque, vamos a ver, nosotros servíamos carne de caballo. Dime un restaurante de Nueva York que se atreva a hacer eso.

El equipo de producción llegó a la ciudad con un día de antelación, para ultimar los detalles y preparar la grabación del programa, que iba a durar unas horas. Me pareció una gente que no solo sabía hacer su trabajo, sino que era divertida e inteligente. Me cayeron bien desde el primer momento. El director, Tom Vitale, tenía la última palabra acerca de todas las cuestiones que se iban dilucidando. Era encantador y muy educado, pero me pidió una cosa que yo no supe si iba a poder concederle.

La buena televisión documental surge de la tensión entre el cerebro creativo poseedor de la visión singular y las personas que entre bastidores ejecutan esa visión convirtiéndola en entretenimiento audiovisual. A veces hay que crear arcos argumentales y procurar que el espectador se implique en los hechos que tienen lugar a medida que suceden. En un extremo del espectro tenemos programas de *reality show* como *The Bachelor* o cualquiera de las filiales de The Real Housewives, y está claro que en *The Layover* había mucha más integridad que en cualquiera de esas franquicias, sin perder por ello capacidad de entretenimiento. Pero:

Mientras los cámaras preparaban sus ángulos y sus planos para el día siguiente, Tom y yo estuvimos platicando de esto y aquello, hasta que él, como quien no quiere la cosa, dejó caer: «He oído que aquí hacen lo del trineo de hueso». Y como yo no sabía qué era eso, me lo explicó: después de raspar y limpiar los últimos restos de reluciente tuétano de unos huesos de ternera cortados y asados, agarras una botella de jerez, bourbon, o así, te llevas a la boca el extremo fino del hueso, como si fuera un embudo de cerveza y, a continuación, un compañero bien dispuesto vierte el líquido en tu boca a través del extremo más ancho.

Me mostré escéptica. Mucho. Me asustaba la posibilidad de salir en ese programa que tanto me gustaba y quedar como una de esas ficheras que hacen beber a los clientes... Un temor que resultó totalmente justificado. También me temía que, si hacíamos eso del trineo de hueso ante las cámaras, a ver si acabábamos haciéndolo también para nuestros clientes, haciéndolo para siempre, como en un bucle tipo *Al filo del mañana*. Y en eso tampoco me equivocaba.

Así que expresé ciertas dudas razonables. Le dije que nunca habíamos servido un trineo de hueso. No era nuestro estilo. En absoluto, pero Tom insistió, y así, el día del rodaje, hice lo que me pedía, aunque un poco a regañadientes. Vertí bourbon en la boca de Anthony Bourdain a través de un hueso de tuétano aún caliente. Me sentí terriblemente incómoda, y eso no suele sucederme. Pero lo hice.

Y entonces, una vez que se emitió el episodio, tuve que volver a hacerlo una y otra vez. Yo intentaba evitarlo, pero la gente me lo

14 CAD / 11 dólares aprox.; precio medio de un aperitivo: 10 CAD / 8 dólares aprox.)

Tony acompañó a David Sax, escritor de Toronto especializado en gastronomía y negocios, al histórico mercado de Saint Lawrence, en el que dos centenares de comerciantes venden productos agrícolas, carne, pescado, marisco, repostería, alimentos secos y otros productos. El dúo estaba decidido a encontrar el **«sándwich original de Toronto, el de la vieja escuela, el clásico *peameal bacon sandwich*, o sándwich de lomo de cerdo, de la panadería Carousel. No acepte imitaciones»**. En una época en la que las técnicas de refrigeración aún no eran habituales, los carniceros de Toronto curaban en salmuera el lomo de cerdo magro deshuesado y después lo cubrían con pedía expresamente, y eso no ayudaba a aliviar la sensación de que me había convertido en una fichera (¡cosa que no tiene nada de malo! Pero es que yo no quería hacer eso). A veces la gente hasta me pedía la mesa que había usado Tony en esa escena. Yo ni siquiera intentaba complacerlos en ese sentido, a menos que estuvieran dispuestos a esperar largo rato. Pero es curiosa la gente; a veces esperaban.

Vi el episodio una vez, cuando lo emitieron por primera vez, en 2012, y no lo he vuelto a ver hasta hace poco. Me alegró poder recordar que lo único que decía yo ante las cámaras era lo siguiente: «Me siento como una fichera. Esto es un poco humillante». Pero, con la perspectiva del tiempo, tengo que reconocer que a Tom no le falló la intuición cuando decidió introducir la extraña escena del hueso de tuétano. Esa secuencia puso el broche de oro al segmento, tuvo mucho éxito y, la verdad, todos los trineos de hueso que servimos nos hicieron ganar mucho dinero. Tony no llegó a saber que aquello estaba preparado, pero, francamente, la cosa se convirtió en una parte tan importante de la tradición del Hoof que ya no importa nada.

Es verdad que el tiempo es un círculo plano.

guisantes amarillos molidos (que en algún momento se cambiaron por la harina de maíz de hoy en día). A la plancha y servido sobre un bollo káiser, con rábano picante y mostaza de maple, se trata de un bocadillo **«sabroso y crujiente»**. Rematar con un postre típico canadiense, la tarta de mantequilla. **«Es como un pastel de nuez, pero sin nuez.»**

CAROUSEL BAKERY: Saint Lawrence Market, 93 Front Street East, Toronto, ON M5E 1C3, tel. 416 363 4247, <www.stlawrence market.com> (un sándwich de lomo de cerdo, 6.50 CAD / 5 dólares aprox.; una ración de tarta, 1.50 CAD / 1 dólar aprox.)

Otro día, otro sándwich de cerdo. En **Porchetta & Co.**, en Little Italy, durante un tiempo solo ofrecieron el sándwich de la casa (desde entonces han ampliado la carta, que ahora incluye pollo frito, pastrami *banh mi*, *arancini* y un surtido de guarniciones, como la *poutine*).

Nick Auf Der Mauer, el dueño del restaurante, le dijo a Tony: «No es una *porchetta* al uso, en el sentido de que [se haga de] un cerdo entero. Es una espaldilla de cerdo adobada y envuelta en *prosciutto*... Lo envolvemos en panceta curada con la piel». Se retira la corteza, se asa hasta dejarla lo más crujiente posible y se deposita encima del quid del asunto, un panecillo tostado. El resultado es **«jugoso y riquísimo». «Una obra de arte»,** en definitiva.

PORCHETTA & CO.: King Street West, 545, Toronto, ON M5V 1M1, tel. 647 351 8844, <www.porchettaco.com> (un sándwich: 10 CAD / 8 dólares aprox.)

Tosho Knife Arts es, según Tony, **«una tienda increíble, distinta a todas; una de esas joyas que esconde Toronto y que está ahí, para el que la sepa encontrar. Sus dueños, Iván Fonseca y Olivia Go, saben todo lo que hay que saber sobre cuchillos».** La tienda ofrece un surtido de cuchillos de cocina, tácticos y multiusos de Japón, de calidad exquisita, y cada uno con una función determinada. Los empleados te señalarán diferentes cuchillos para pulpo, para fideos, para trocear pollo, para abrir caparazones de langosta, y un cuchillo con orificio para drenar sangre, para evitar el retardo por succión al extraer la hoja del interior de una víctima. También ofrecen accesorios, servicios y clases de afilado.

TOSHO KNIFE ARTS: Bathurst Street, 934, Toronto ON M5R 3G5, tel. 647 722 6329, <www.toshoknifearts.com> (un cuchillo puede costar entre 100 CAD / 80 dólares aprox. y muchos miles).

VANCOUVER

«¿Qué hace que una ciudad sea mejor que otra? ¿Qué hace que una ciudad sea... *cool*? ¿El tamaño? ¿La situación geográfica? ¿Las infraestructuras? ¿Los recursos naturales?

»La primera vez que vine aquí fue para presentar un libro. Y me gustó enseguida.

»Es verdad que llueve muchísimo. Y que hay mucho vegetariano. Y que tienen una playa pública que está llena de nudistas albinos. Y, sin embargo, hace poco fue reconocida como la ciudad más agradable para vivir del mundo. Es una ciudad de restaurantes. De gourmets. De chefs. Es una ciudad multicultural. Es el consabido crisol de culturas... Y, entonces ¿eso de lo *cool*? ¿Eso cómo lo definimos?»

CÓMO LLEGAR, CÓMO MOVERSE

El **Aeropuerto Internacional de Vancouver (YVR)** recibe vuelos de toda Columbia Británica y del resto de Canadá, de Estados Unidos y de México, y también de algunas ciudades de Europa y de Asia. El traslado del aeropuerto a la ciudad puede efectuarse a bordo del Canada Line Skytrain, un tren que se introdujo para absorber la avalancha de visitantes a los Juegos Olímpicos de Invierno de 2010 y que te deja en el centro de Vancouver. El boleto cuesta 7.75 CAD / 6 dólares aprox., según el destino final y la hora del día. El viaje dura veinticinco minutos y los boletos se compran en las máquinas situadas en los andenes.

El aeropuerto se encuentra a catorce kilómetros en coche del centro de Vancouver. En taxi, autobús de hotel o coche de renta se tarda entre veinte y cuarenta y cinco minutos. Los taxis cobran un precio cerrado que varía según el destino; calcula unos 40 CAD / 32 dólares, propina incluida.

En la Pacific Central Station, la terminal de trenes y de autobuses de Vancouver, operan las compañías ferroviarias VIA Rail Canada y

Amtrak y las líneas de autobuses de Greyhound y otras compañías. The Rocky Mountaineer es una línea de trenes turísticos privados que cuenta con su estación homónima y ofrece rutas de enlace con Seattle y con determinados puntos del norte y este de Canadá.

Por esta ciudad puedes desplazarte a pie, en bici, en coche, en taxi o recurrir a la extensa red de transporte público, compuesta por tres líneas de SkyTrain que conectan la ciudad con el cinturón metropolitano, autobuses, trenes de cercanías y transbordadores. En <www.translink.ca> se puede consultar toda la información sobre opciones de transporte público.

COMER EN LA «CIUDAD DE LOS CHEFS»

«Creo que no vino mal que las tres primeras personas que conocí fueran chefs: Pino [Posteraro], [Hidekazu] Tojo y Vikram [Vij]. Tres chefs completamente distintos, con estilos culinarios muy diferentes, pero los tres típicos de la clase de diversidad emblemática de Vancouver.

»Pino es el chef de Cioppino's Mediterranean Grill, un restaurante que, como no podía ser de otra manera, sirve comida italiana contemporánea con ingredientes de proximidad principalmente. Pino fue un pionero en este barrio [Yaletown]. Y lo hizo a base de coraje, determinación y un uso abundante del trabajo infantil, por lo visto.» (En la cocina se veía a menudo trabajando al hijo de Pino, que era un adolescente en la época de la última visita de Tony.) Más de una década después, Pino y su equipo siguen ofreciendo una experiencia magnífica.

CIOPPINO'S MEDITERRANEAN GRILL & ENOTECA: Hamilton Street, 1133, Vancouver BC V6P 5P6, tel. 604 688 7466, <www.cioppinosyaletown.com> (aperitivos: 16-24 CAD / 12-18 dólares aprox.; pastas: 30-40 CAD / 23-30 dólares aprox.; un plato principal: 38-48 CAD / 29-36 dólares aprox.)

Tojo, igual que Pino, ha mantenido una estabilidad sorprendente en la dinámica escena de la restauración de Vancouver; su restaurante homónimo celebró su treinta aniversario en 2018. Tojo pasa por ser el promotor de la cocina japonesa al estilo *omakase* en Vancouver. Según la leyenda local, fue él quien inventó el ahora ubicuo California roll o rollito de California, a modo de droga de iniciación para sus primeros clientes occidentales, algunos de los cuales no aceptaban de buena gana el pescado crudo envuelto en algas.

«Tojo, a diferencia de muchos chefs japoneses expatriados, trabaja en gran medida con lo que consigue *in situ*. No hace traer todo de Tokio. Celebra la extraordinaria abundancia de pescado y marisco fresco que encuentra en Vancouver y adapta a esto las posibilidades de sus menús diarios. Y un detalle más tradicional: traba una relación personal con sus clientes, recuerda sus filias y sus fobias y diseña sus comidas en función de esos datos.»

Aquí puedes saborear un atún rojo bien graso, erizo de mar, flor de calabacín en tempura rellena de vieira fresca y ensalada de cangrejo Dungeness con aliño de mostaza y miso.

TOJO'S: West Broadway, 1133, Vancouver BC V6H 1G1, tel. 604 872 8050, <www.tojos.com> (un plato principal: 28-45 CAD / 22-34 dólares aprox.; un menú *omakase:* a partir de 80 CAD / 62 dólares por persona aprox., para un menú de seis platos)

Y, para completar el trío, **Vikram Vij** también es un pionero y un clásico de Vancouver, alguien que, junto a su socia y exmujer, Meeru Dhalwala, lleva haciendo una fabulosa cocina india desde 1994. **«Vikram es una curiosa y maravillosa mezcla de *hippie* idealista y empresario listo, y [Vij's] es el mejor restaurante indio, el más moderno y creativo de la ciudad.»** En los últimos años, Vij ha trasladado de sede su restaurante insignia, el que lleva su nombre, ha ampliado el segundo, Rangoli, reubicándolo en el local que antes ocupaba el Vij's, ha impulsado su línea de alimentos congelados colocándolos en las vitrinas refrigeradas de los supermercados nacionales, ha escrito un libro de memorias y ha abierto dos restaurantes más, My Shanti y Vij's Sutra.

VIJ'S: Cambie Street, 3106, Vancouver, BC V5Z 2W2, tel. 604 736 6664, <www.vijs.ca> (aperitivos: 16 CAD aprox. / 12 dólares aprox.; un plato principal: 30 CAD aprox. / 23 dólares aprox.)

«Pero ¿y la comida callejera de Vancouver? ¿Una salchicha de Frankfurt en versión mutante y autóctona, quizá? Japadog es uno de esos sitios. Virutas de algas, rábano daikon, mayonesa wasabi... El motivo por el que Japadog [perro japonés] recibe ese nombre es tan vulgarmente obvio como gratificante.

»Si la vida nos ha enseñado algo, [es esa carne misteriosa] en forma de tubo. Una marca de calidad. La gente hace fila por ella. Y yo reconozco los síntomas. Japadog es, cada vez más, el lugar en el que se reúne a comer la élite.»

Lo que empezó siendo un único puesto callejero de hot dogs se ha convertido en toda una minicadena, con seis puntos de venta en el distrito de Metro Vancouver, un camión ambulante y dos puestos de venta en Los Ángeles, en los que se venden hot dogs con dos docenas de combinaciones de condimentos y salsas japoneses (como el *terimayo*, salchicha de vaca con salsa *teriyaki*, cebolla frita y mayonesa *kewpie*; el hot dog *negimiso*, salchicha de pavo cubierta de salsa miso y col en juliana; y *yakisoba*, salchicha *arabiki* cubierta de fideos a la plancha). Algunos puestos también ofrecen papas fritas con aderezos como ciruela japonesa encurtida *(ume)*, mantequilla, salsa de soya y algas secas molidas.

JAPADOG (dirección original): Burrard Street, 899, Vancouver BC V6Z 2K7, tel. 604 322 6465, <www.japadog.com> (un hot dog: 6-9 CAD / 5-7 dólares aprox.)

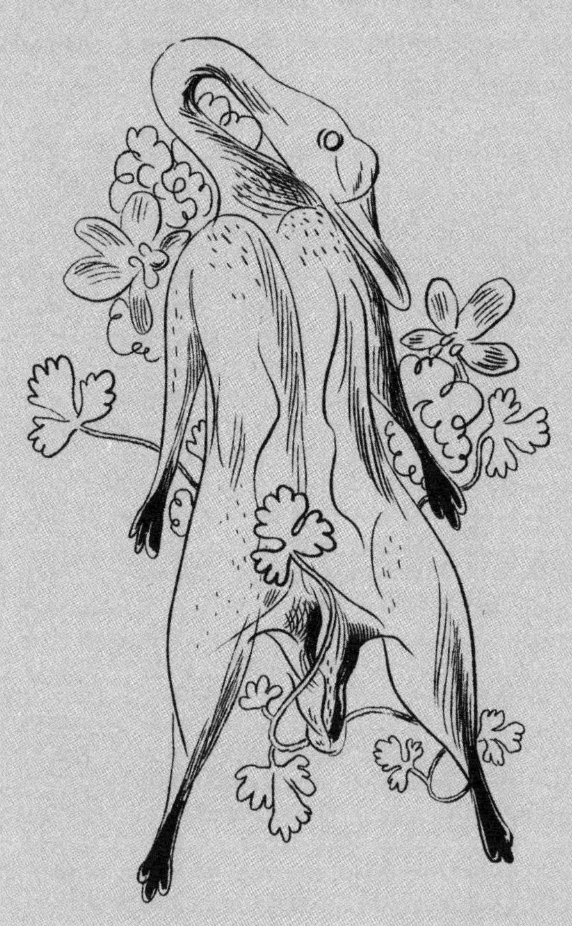

CHINA

HONG KONG

«Es China, pero no es China. Hong Kong es Hong Kong. Y si no puedes disfrutar de Hong Kong durante unas horas o días, para ti no hay esperanza.»

Tony visitó Hong Kong en tres ocasiones: la primera, en calidad de viajero relativamente neófito, con *No Reservations*: alborotó a los caballos del hipódromo Happy Valley, descubrió el moribundo arte de la elaboración de fideos *jook sing* y voló ágilmente en las manos (y numerosos aparejos) del equipo de especialistas personal de Jackie Chan. Unos años más tarde, volvió, sudoroso y malhumorado, con *The Layover*, y utilizó las cuarenta y ocho horas de que disponía para hacerse un traje a medida, viajar en el Star Ferry, comprarse un cuchillo y degustar ganso asado y *dim sum*. Y, en su tercera visita para *Parts Unknown*, hizo realidad su sueño de pasar sus largos días y noches de grabación televisiva en compañía de un héroe personal de la fotografía:

«Cuando viajamos, todos vemos a nuestra manera los sitios que visitamos, las cosas que observamos. Y el modo en que los vemos está marcado por las vidas que hemos vivido, los libros que hemos leído, las películas que hemos visto y el equipaje que cargamos.

»Hace años, cuando vi por primera vez las bellísimas películas del director Wong Kar-wai, la experiencia marcó para siempre mi manera de mirar Hong Kong. Desde ese momento, mis esperanzas, mis expectativas sobre esta ciudad, las vi a través de esa lente, una lente

que, en casi todos los casos, estaba dirigida, enfocada por este hombre: Christopher Doyle, residente por muchos años en Hong Kong, conocido por su nombre en mandarín, "Du Ke Feng". Los trabajos que había hecho anteriormente con Wong Kar-wai se caracterizaban por unas imágenes indescriptiblemente hermosas de gente bella que se desplazaba por espacios tan extraños como dolorosamente íntimos; tan pronto abruptas como frenéticas, innovadoras, lánguidas, sosegadas, caóticas. Me obsesioné con su trabajo. Lo idolatraba. Necesitaba ver Hong Kong del mismo modo en que los personajes de muchas de sus películas se necesitaban los unos a los otros. Y temía que, como esos personajes, mi deseo me fuera negado. Me equivoqué.»

CÓMO LLEGAR, CÓMO MOVERSE

Situado en la isla Chek Lap Kok, el **Aeropuerto Internacional de Hong Kong (HKG),** es, como dice Tony en *The Layover*, **«el porche a la China continental y al resto de Asia... Una escala importante, una parada frecuente».** Uno de los principales aeropuertos del mundo en volumen de pasajeros, es la base de operaciones de Cathay Pacific. Y también recibe a diario vuelos de British Airways, Virgin Atlantic, Singapore Airlines, Korean Air y decenas de otras grandes compañías aéreas.

Para llegar a la ciudad desde el aeropuerto, se puede tomar un taxi o, si no, un autobús lanzadera o microbús que haya contratado tu hotel. Por unos 208 dólares, el hotel Peninsula envía a un chofer que recibe a sus clientes en la puerta de llegada con un carro motorizado, los traslada a la zona de recogida de equipajes, control de aduanas, estacionamiento especial para limusinas y los lleva al hotel en un Rolls-Royce Ghost que cuenta con wifi, botellas de agua y una toalla para refrescarse la cara. También existe la opción del Hong Kong Airport Express, un tren que lleva al centro de Hong Kong en unos veinticinco minutos, por unos 115 dólares de Hong Kong (HKD) / 15 dólares aprox.

La red Mass Transit Railway (MTR) consta de diez líneas que comunican el área urbana y sus alrededores de forma eficaz, cómoda y segura, y que incluyen indicaciones y anuncios en inglés, cantonés y mandarín.

«Por la forma en que hablan de su metro, se diría que les pagan por mencionarlo. Es limpio, fácil de usar y conduce a más de sesenta destinos de forma sencilla y cómoda.» En las estaciones se compran los boletos y hay mapas para consultar.

En Hong Kong también hay una amplia oferta de taxis, aunque a veces el tráfico es intenso (y los precios caros). Uber funciona tanto en Kowloon como en el distrito Central y para ir de un barrio a otro se puede cruzar el puerto en el Star Ferry. Este es un medio de transporte romántico, eficiente y barato, unos 3 HKD / 0.3 dólares aprox. en cualquiera de los dos sentidos.

En el momento de escribir estas líneas, la actualidad política es convulsa en Hong Kong, con protestas constantes que a veces han interrumpido el servicio de los aeropuertos y del transporte público; sigue las noticias y habla con la embajada de tu país antes de empezar a preparar tu viaje.

CARNE ASADA, FIDEOS, POLLO BORRACHO, CODITOS, VÍSCERAS DE PESCADO, CANGREJO PICANTE Y LA NUEVA TRADICIÓN: HONG KONG

«A mí siempre me preguntan: "¿Cuál es la mejor ciudad del mundo en gastronomía?". Y yo siempre contesto que, si dices Hong Kong, nadie te lo podrá rebatir.»

Cuando llegues a Hong Kong, vete directamente al pequeño y atestado **Joy Hing's Roasted Meat**, un restaurante cantonés de *char* *siu* (asado) que nació hace más de un siglo. Otra opción *char siu* es un almuerzo en el **Kamel's Roast Goose**, un establecimiento reputado por la perfección de su ganso y su cerdo y que, además, cuenta con una estrella Michelin.

«Sí, a mí me gusta el cerdo, y sé que hablo mucho de él y de lo bueno que es, que siempre digo que es lo mejor del mundo. Pero la verdad, la verdad verdadera, es que lo mejor es el ganso.»

JOY HING'S ROASTED MEAT: Edificio Chong Hing, 265-267, Hennessy Road, Chai Hu, Hong Kong, tel. +852 2519 6639, <www.joyhing.com> (una ración típica de ganso o cerdo con arroz: 47 HKD / 7 dólares aprox.)

KAM'S ROAST GOOSE: Hennessy Road, 226, Wan Chai, Hong Kong, tel. +852 2520 1110, <www.krg.com.hk> (ganso asado con arroz: 53 HKD / 7 dólares aprox.)

«Lenta, pero inexorablemente, la pasión por el dinero y por todo lo nuevo está erradicando el pasado. Así que, antes de perder todo eso, recuerda. Así es como se comía en Hong Kong antiguamente: en los *dai pai dongs*. Comida exquisita y barata, servida en puestos instalados en la calle. Cuestión de tomar un taburete de plástico, abrir una cerveza y calentar el wok.»

Como le explica el chef Gazza Cheng a Tony en *Parts Unknown*, el nombre *dai pai dong* significa «lugar grande con licencia». Y, como la mencionada pasión por todo lo nuevo no hace, sino acrecentarse, en 2018 solo quedaban veintiocho *dai pai dongs* con licencia en toda la ciudad, entre ellos el **Keung Kee** de Gazza Cheng. Prueba el pollo borracho: **«Ave troceada, cocinada en caldero chino con raíces y hierbas medicinales que, sin duda, me van a poner fuerte».** Continúa con vísceras de pescado en natillas de huevo, todo ello coronado con *youtiao*, una especie de pan chino frito crujiente.

En otro *dai pai dong* llamado **Sing Heung Yuen**, la carta aparece inundada de comida reconfortante de una clase determinada: coditos de pasta con sopa de tomate, cubiertos con huevos fritos y carne *spam*; gruesas tostadas blancas con mantequilla y miel; y una bebida de leche con cafeína a la que en Hong Kong llaman té de leche o, en ámbitos locales, «té de medias de seda», por el diseño del filtro alargado que usan para prepararlo y por el color del brebaje.

KEUNG KEE: Local 4, Calle Yiu Tung, Sham Shui Po, Hong Kong, tel. +852 2776 2712 (precio medio de una comida: 20-40 HKD / 2.50-5 dólares aprox.)

SING HEUNG YUEN: Calle Mee Lun, 2, distrito Central, Hong Kong, tel. +852 2544 8368 (precio medio de una comida: 20-40 HKD / 2.50-5 dólares aprox.)

«Al principio, Hong Kong se antoja un mundo totalmente extraño. Un revulsivo para el sistema. ¿Me perdí? No exactamente. Estoy vagando por Temple, una calle conocida por sus mercados nocturnos, su comida callejera, su efervescencia. Me muevo instintivamente.»

El Mercado Nocturno de la calle Temple es el último de su especie en la ciudad, una colección de vendedores de ropa y *souvenirs*, artistas ambulantes y, en las calles Woo Sung y Temple, al norte del complejo de templos que le da su nombre, muchos comerciantes sirviendo fideos, pescado, marisco, sopa, carne asada y a la parrilla, cerveza fría y dulces a los clientes que, sentados en taburetes y sillas plegables, se apiñan en torno a mesitas de plástico.

MERCADO NOCTURNO DE LA CALLE TEMPLE: Calle Temple, Jordan, Hong Kong, <www.temple-street-night-market.hk> (distintos precios)

Sobre el mercado de pescado de Java Road, en el barrio de North Point, se encuentra **Tung Po**, un inmenso y ruidoso restaurante cantonés de pescado y marisco.

«Es una auténtica maravilla, te lo digo por experiencia personal. Pruébalo todo, pero no te pierdas la pasta a la tinta de calamar. Está

extraordinaria. Y no olvides reservar. Siempre está lleno, y es por algo.»

TUNG PO, RESTAURANTE DE PESCADO Y MARISCO DEL MERCADO DE JAVA ROAD: piso 2, Edificio de Servicios Municipales de Java Road, Java Road 99, North Point, Hong Kong, tel. +852 2880 5224 (un plato cuesta 88-233 HKD / 11.50-30 dólares aprox.)

«El Lau Sum Kee lo lleva la tercera generación de una familia que sigue elaborando sus wantanes al cien por ciento, y que hace los fideos *jook-sing* a la manera clásica, la más larga y laboriosa. El Lau Sum Kee es uno de los últimos negocios de Hong Kong que trabajan de esta manera. Eso merece un respeto y, en serio, el resultado es el fideo perfecto.»

Los fideos *jook sing* de **Lau Sum Kee** están hechos con harina de trigo, huevo de pato, huevo de pollo y aceite. El dueño, Lau Fat-cheong, el hombre que lleva el negocio junto a sus hermanos, mezcla la pasta y la amasa sentándose sobre un extremo de un palo de bambú muy largo y aplicando la presión exactamente necesaria para que los fideos y las obleas de wantán queden compactos y elásticos, un proceso muy complicado físicamente, a veces incluso agotador. En el local, los wantanes se rellenan con cerdo y un camarón entero, y los fideos se mezclan con huevas de camarón.

LAU SUM KEE: Calle Kweilin, 48, Sham Shui Po, Hong Kong, tel. +852 2386 3533 (fideos y wantanes: 30-50 HKD / 3.50-7 dólares aprox.)

«La chef y dueña del local, May Chow, es el alma creativa de Happy Paradise, un restaurante y bar que sirve platos cantoneses tradicionales elaborados con técnicas culinarias contemporáneas. Camarones salteados con calabaza asada, huevas de camarones secos con aceite de camarones; pichón ahumado al té, poco cocido y

espolvoreado con sal marina; pollo Hakka escalfado en vino Shaoxing, con arroz frito con hongos ostra y caldo shiitake; sesos de cerdo a la vinagreta de pera quemada. Y todos son manjares extraordinarios.»

En *Parts Unknown*, Chow se sentó a platicar con Tony en la modernísima y fluorescente sala del **Happy Paradise**. «¿Cómo ser modernos sin perder el alma? –se preguntaba la chef–. A mí me parece que ni siquiera aquí en Hong Kong se hace ya tanto este tipo de cocina, porque ya quedó anticuada. Por eso queremos volver a ponerla de moda.»

HAPPY PARADISE: Calle Staunton, 52-56, distrito Central, Hong Kong, tel. +852 2816 2118, <www.happyparadise.hk> (un plato: 78-220 HKD / 10-29 dólares aprox.)

SHANGHÁI

Tony hizo dos viajes a Shanghái: en 2007, con *No Reservations*, y en 2015, con *Parts Unknown*. Le asombró la velocidad de los cambios que se habían producido entre las dos visitas.

«Shanghái: una superpotencia económica en explosión, en la que se levantan edificios nuevos y se derriban los viejos, en la que la historia da paso a lo que parece ser un futuro inevitable como capital del mundo.

»Para quien viva en Manhattan, como yo, y se crea el ombligo del mundo, Shanghái le descubrirá una realidad muy distinta. A la vuelta de la esquina, una cultura milenaria. Una mezcla secular de tradiciones culinarias, de olores, de sabores. Una manzana más allá, en cambio, está el mundo de las cajas registradoras ultramodernas siempre repicando, de una riqueza y un lujo de un nivel extraordinario, el volumen de las cosas, de unos servicios inconcebibles para el más codicioso y burgués de los capitalistas imperialistas.»

Cocina esencial de Shanghái, según China Matt

En sus visitas a la China continental, Hong Kong y otras regiones selectas de Asia, Tony contó, como guía y acompañante, con **Matt Walsh**, un periodista estadounidense que vive en Hong Kong desde hace dos décadas y al que Tony y sus técnicos llamaban cariñosamente «China Matt».

Decía Walsh: «Hay que saber que muchos restaurantes de Shanghái ofrecen platos de origen sichuanés. Shanghái y Sichuan se encuentran en extremos opuestos del río Yangtsé, y algunas recetas clásicas viajaron río abajo, donde fueron adoptadas por la gastronomía local y suavizadas para adaptarlas al gusto local. Entre estos platos tenemos el *Ma po dou fu*, el *gan bian si ji dou* (ejotes fritos sin salsa) y el *kou shui ji* (o «pollo suculento»).

Walsh compartió con nosotros lo que él describe como una «lista incompleta de algunas otras de las mejores recetas de Shanghái»:

SHIZI TOU: «Albóndigas de cabeza de león», elaboradas con cerdo y sazonadas con jengibre, cebolleta, sésamo, soya y azúcar.

XUE CAI MAO DOU BAI YE: «Hojas» (en realidad, láminas) de tofu, con soya verde joven y «verdura de nieve», u hojas de mostaza en escabeche picadas finamente.

XUN YU: quiere decir «pescado ahumado», pero, en realidad, se fríe en abundante aceite y se sirve glaseado, a temperatura ambiente, como aperitivo.

SHENGJIAN BAO: bolas de levadura fritas, rellenas de cerdo aderezado, selladas ligeramente en sartén y cocidas después al vapor.

DONGPO ROU: panceta de cerdo braseada en salsa de soya, vino de arroz y caldo, con azúcar, jengibre, ajo, cebolleta y anís estrellado; este es un plato que está más estrechamente asociado con la vecina Hangzhou.

LONGJING XIAREN: camarón de río, frito con hojas de té *longjing*. Este plato también es de Hangzhou, pero está generalizado en toda la región.

CANGREJO DE SHANGHÁI: también llamado cangrejo manopla chino, por el pelo castaño que cubre sus pinzas, se trata de un cangrejo excavador de río que sale a la superficie (y es capturado por humanos hambrientos) en los meses noveno y décimo del año lunar, generalmente entre septiembre y noviembre. Es apreciado por su carne dulce y sus huevas doradas y, tradicionalmente, se sirve al vapor acompañado con una sencilla salsa de vinagre y jengibre.

El lugar de procedencia más conocido de «los mejores» cangrejos de Shanghái es el lago Yangcheng, situado en las afueras de Shanghái. Para evitar la venta de sucedáneos, los cangrejos de Shanghái del lago Yangcheng están sometidos a una estricta normativa; sin embargo, los cangrejos que se crían en otras latitudes se pueden vender como de origen auténtico con solo darles un chapuzón en el lago Yangcheng. O sea, quién sabe.

XIAO LONG BAO: nuestras bolitas de sopa, por supuesto. Recuerdo que Tony las describió como «el alimento más perfecto del mundo».

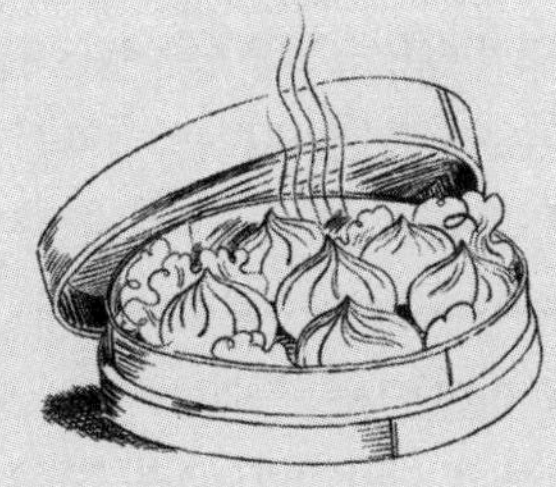

El río Huangpu, que, a su vez, es afluente del Yangtsé, parte en dos sectores, el viejo y el nuevo, a esta ciudad de veinticinco millones de habitantes. La ciudad vieja, situada al oeste del río, incluye el Bund, un paseo marcado por decenas de edificios históricos que flanquean el malecón y que, en su día, fueron sedes de bancos, casas de comercio, grupos editoriales y consulados de propiedad occidental, así como bancos chinos y oficinas de propiedad pública. El lado oriental incluye el Pudong, el «Banco del Este», la zona más nueva, poblada y urbanizada, que alberga el Centro Financiero Mundial de Shanghái y una serie de rascacielos que forman parte del emblemático paisaje ribereño de la ciudad.

CÓMO LLEGAR, CÓMO MOVERSE

Shanghái tiene dos grandes aeropuertos: **Pudong (PVG),** por el que sobre todo pasan vuelos internacionales, y **Hongqiao (SHA),** con unos pocos vuelos internacionales y una serie de rutas regionales y nacionales.

Centro de conexión de China Eastern Airlines, PVG es el aeropuerto internacional con más tráfico de China. Los treinta kilómetros que separan Pudong del centro de Shanghái se pueden salvar tomando el metro de Shanghái, una de las varias líneas de autobús, el tren de alta velocidad o un taxi, que te dejará en la ciudad en alrededor de cuarenta minutos y te cobrará entre 170 y 240 yuanes chinos / entre 26.68 y 36.38 dólares aprox., según tu destino final. Los taxistas no esperan que les des propina, pero agradecerán que les digas que se queden con el cambio. En <www.shanghai-airport.com> puedes consultar más información sobre opciones de transporte por carretera.

Si llegas a Shanghái desde otra parte de China, es posible que aterrices en **Hongqiao,** que también funciona como centro de conexión de la compañía China Eastern. Este aeropuerto se encuentra situado a unos trece kilómetros del centro de la ciudad, al que se llega en metro, autobús o taxi. Este último medio representa un viaje de una media hora que cuesta en torno a 100 yuanes / 16 dólares. En <www.shanghai-hongqiao-airport.com> se puede consultar más información sobre transportes por carretera.

La ciudad propiamente dicha tiene una excelente y muy completa red de transporte público, con más de un millar de líneas de autobuses explotados por distintas compañías, una red de trece líneas de metro (se están construyendo más) y taxis. La página web oficial de la red de transporte urbano es <www.service.shmetro.com>, pero desde Estados Unidos será más conveniente visitar un portal privado como <www.chinatravelguide.com>.

COMER EN SHANGHÁI

«¿Qué clase de cocina es la típica de Shanghái? ¿Qué es lo que la distingue? Suele ser de color negro u oscuro, y está marcada por tres ingredientes: aceite, soya y azúcar. Shanghái es, ha sido desde hace tiempo, una ciudad de inmigración. Y su gastronomía refleja esa genealogía: una mezcla de gente llegada de la vecina provincia de Zhejiang, la región conocida por su pasión por el azúcar, la soya y el vinagre; y de Jiangsu, la provincia conocida por sus ingredientes frescos y por su empeño en preservar la vitalidad de su cocina. Lo mejor de los dos mundos: buenas salsas, buenos ingredientes.»

Respecto a los *xiaolongbao*, las bolas guisadas de sopa, no las hay mejor que las de **Fu Chun Xiaolong.**

«Xiao long bao: **literalmente, "cesta de panecillos humeantes", pero en mi cabeza yo lo traduzco como "cojines de felicidad que te abrasan la lengua y la garganta si no los sabes comer". Hay muchos motivos para viajar a China, a Shanghái en concreto, pero es que solo por estas delicias, si están bien hechas, ya vale la pena el viaje.**

»El milagro consiste en que las bolas de sopa exigen mantener un caldo hirviente y una sabrosa carne suspendidos sobre una finísima e inmaculadamente elaborada envoltura de masa, lo cual constituye una proeza casi sobrenatural o, por lo menos, físicamente extraordinaria.

»¿Y eso cómo se hace? Básicamente, se trata de preparar un caldo rico en gelatina a base de cerdo. Se deja enfriar hasta que solidifique y se introduce el relleno. Al ponerla al vapor, se derrite hasta convertirse en una ambrosía que abrasa el paladar deliciosamente. Peligrosa, imposible, indeciblemente exquisita.»

FU CHUN XIAOLONG: Calle Yuyuan, 650, distrito de Jing'an, Shanghái Shi, 200000, tel. +86 21 6252 5117 (seis *xiao long bao* de cerdo: 12 yuanes / 1.80 dólares aprox.; una comida completa: 85-110 yuanes / 13-17 dólares aprox.)

«Aparte de las bolas de sopa, por supuesto, quizá lo que más encarecidamente te puede recomendar el viajero verdaderamente entusiasta de la comida a su regreso de Shanghái son las *zi ran pai gu* o, simplemente, costillas al comino.» Y para eso hay que ir a **Di Shui Dong.**

«Este plato lo tienen que hacer dos cocineros trabajando a la vez. Uno de ellos fríe las costillas en aceite abundante hasta dejarlas en su punto justo de cocción; el otro tuesta el jengibre, el comino y otras especias en un wok, y luego se añaden las costillas. Y si uno es un incondicional de lo que se llama *wok hei*, se sienta muy cerca de la cocina para capturar ese aroma esquivo y fugaz, el sabor del propio wok.»

DI SHUI DONG: Calle Maoming Sur, 56, 2.º piso, distrito de la calle Huaihai, Shanghái, tel. +86 21 6253 2689 (un plato de costillas al comino: 60 yuanes aprox. / 10 dólares aprox.)

PROVINCIA DE SICHUAN

«¿Sabes lo que me gusta a mí? Sichuan, una provincia situada en el suroeste de China, a casi dos mil kilómetros de Pekín. Una región tan rica y fértil que la han llamado el granero de China.

»Es el corazón picante y sensual de todo lo que me gusta de China. Cómo me gusta su comida. El choque entre lo antiquísimo y lo novísimo. Una clase media en explosión. Mucha historia. Y una gastronomía capaz de convertirte en un churro humeante.»

Una vez al año, más o menos, Tony se hacía acompañar por su amigo Eric Ripert, el chef de Le Bernardin, restaurante neoyorquino de tres estrellas Michelin, en alguna de las grabaciones que hacía para la televisión. En un momento dado, cierta forma de tortura socarrona impregnó la dinámica de estos episodios televisivos, el máximo exponente de la cual son las secuencias de 2016 en las que el dúo recorre la gastronomía de la región con *Parts Unknown.*

«Pensé que, si iba a volver a Sichuan, tenía que llevarme a un amigo. Alguien que no estuviera acostumbrado al –¿cómo decirlo?– nivel de ardor que caracteriza a la cocina de aquí. Alguien que nunca hubiera estado en China, que no conociera sus costumbres. Hablo de Eric, por supuesto.»

En el momento de preparar a Ripert para lo que le aguardaba en los días siguientes, Tony advirtió así a su amigo, que cada vez estaba más preocupado: **«Aquí la cultura del beber es muy importante. Si vas a una comida de etiqueta, tu capacidad de ingesta de alcohol hará que se saquen ciertas conclusiones sobre tu persona. Ya sabes, tu hombría en general. El tamaño de tu pene. Tu mérito como ser humano»**.

CÓMO LLEGAR

El **Aeropuerto Internacional de Shuangliu (CTU)** da servicio a Chengdu, la capital de la provincia de Sichuan. CTU es centro de conexión de Air China, Sichuan Airlines y Chengdu Airlines y tiene vuelos directos desde numerosas ciudades de China y de toda Asia, y también desde Chicago, Los Ángeles, Nueva York, San Francisco y Vancouver, algunas de las principales ciudades europeas y varias de Australia. Son unos dieciséis kilómetros los que separan el aeropuerto del centro de Chengdu; se puede ir en taxi, por 60-80 yuanes chinos / 10-12 dólares aprox., en uno de los tres autobuses urbanos, o en tren de alta velocidad (en torno a los 11 yuanes / 1.80 dólares aprox. por un boleto sencillo). En <www.chengdurail.com> se puede consultar información sobre las redes de tren y metro. Respecto a los autobuses, lo más fácil es visitar <www.chinatravelguide.com>.

COMER EN CHENGDU

«En Sichuan hay algo de lo que se habla mucho en las conversaciones sobre gastronomía: dos elementos saborizantes, representados por dos ingredientes que forman parte intrínseca de gran parte de la

cocina de aquí. La pimienta de Sichuan, conocida por sus propiedades aromáticas y florales y por sus efectos: produce hormigueo, despeja la mente y entumece el paladar. Es un fenómeno al que llaman *ma*. Y chiles picantes como el *erjingtiao*, o el aún más picante chile celestial, aportan el *la*, el fuego puro. Así que, si el *la* te lo imaginas como una Ilsa, la loba de las SS, que te torturara aplicándote pinzas en los pezones, el *ma*, el que aporta esa pimienta tan agradablemente desquiciante, sería como la enfermera traviesa de los cubitos de hielo.

»Aquí se empieza por los fideos. Chengdu es conocido por pequeños restaurantes como este, el Xiao Ming Tang Dan Tian Shui Mian, que así se llama por un aperitivo de fideos de Chengdu muy popular.»

Acostumbra el paladar visitando una de las sedes de esta minicadena de Chengdu, donde podrás probar su especialidad, los *dan dan mian*, unos fideos de trigo que el comensal mezcla con un complejo combinado de aceite de chile, cerdo molido sazonado y una sabrosa salsa que combina equilibradamente lo dulce, lo ácido, lo amargo, lo salado y lo picante.

XIAO MING TANG DAN DAN TIAN SHUI MIAN: Calle Jiangjun, 1, Luo MaShi, Quingyang Qu, Chengdu Shi (no tienen teléfono ni página web) (fideos *dan dan:* 10 yuanes aprox. / 1.50 dólares aprox.)

En **Tian Tian Fan Dian** date la oportunidad de aprender a apreciar el masticable manjar que son las patas de pollo picantes en escabeche. **«*Lao zhi chi* significa literalmente "pollo picante", pero, en la práctica, el plato consiste en dedicarse a encontrar rastros de pollo entre la montaña de abrasadores manjares. ¡Vamos, diversión para toda la familia! "¿Eso es un trocito de pollo? ¿O un racimo nuclear de semillas de chile?"**

»Para mí, el *summum* de la gastronomía de Sichuan, mi plato favorito, sin lugar a dudas es, curiosamente, el tofu. El legendario *mapo tofu* o "tofu de la abuela picado": carne de cerdo o de vaca

molida, cuajada de soya en dados, bañado en una salsa de aceite de chile muy contundente, muy matizada, ardiente, pero muy agradable, pasta de alubias, brotes de ajo, pimienta de Sichuan molida y glutamato monosódico. Esta receta, cuando se hace bien, lo tiene todo. Está riquísima. Es un equilibrio perfecto de todo lo que contiene. Me encanta, me enloquece, me apasiona.»

TIAN TIAN FAN DIAN: Calle Yu E, Wuhou Qu, Chengdu Shi, tel. +86 28 8557 4180 (un plato típico: 12-40 yuanes / 1.80-6 dólares aprox.)

En la región de Sichuan hay un plato que gusta a casi todo el mundo, una comida o cena en torno a la cual puede reunirse una familia o un grupo de amigos una vez a la semana o más: la cacerola de Sichuan.

«Aguza la vista. Bucea en las turbias profundidades de la más gloriosa y emblemática de las recetas de Sichuan. Quema. Hasta el alma.

»Funciona de la siguiente manera: pides toda una colección de ingredientes: carne, verdura, fideos, pescado, lo que más te guste, muchos ingredientes distintos, y los introduces en la cazuela. El círculo interior es un caldo más neutro. Lo bueno está en el círculo externo. Lo fuerte.

»Aquí se mezclan ingredientes más comunes, como el tofu y las algas, carnes y pescados varios, con otros que son, digamos, menos familiares para el paladar occidental. Según se va consumiendo, se hace cada vez más fuerte, y el calor cada vez más intenso, una tan exquisita como impredecible ciénaga de especias reunidas en el fondo de un río de lava caliente.»

CHONGQING LIANGLUKOU HUO GUO: Gao Xin Qu Zizhu Bei Jie 2 Hao, Chengdu Shi, tel. +86 2885561337, <www.cdliangkuo.com> (una cacerola: 80 yuanes aprox. / 12 dólares por persona aprox.)

COREA DEL SUR

SEÚL

«Muchos de los mejores momentos que se pueden vivir viajando por el mundo están directamente relacionados con el hecho de encontrar un rostro humano que asociar con el lugar, con la comida que comes allí, con los recuerdos que atesorarás para siempre. Los mejores momentos son esos en que dejas el cinismo a un lado. Cuando descubres que te estás desprendiendo del pasado, de tus ideas preconcebidas, y notas cómo al menos por un momento desapareces, tú mismo y tu naturaleza básica, el sarcasmo y el recelo, la ironía y la duda. Cuando, por unos momentos o unas horas, cambias.

»A veces, algo dentro de ti necesita desprenderse de su concha, o, con astucia y tesón y una fe ferviente en algo tan básico como tu país y tu familia y la bondad inherente a ambos, alguien te saca de ti mismo. En Corea del Sur, Nari Kye hizo eso por mí.»

Integrada en Zero Point Zero casi desde el primer momento, Nari cumplió una función doble en los dos episodios de Corea del Sur, el de *No Reservations* y el de *Parts Unknown*: ante las cámaras le descubrió su país natal a Tony y, detrás de ellas, ejerció como productora. (Véase el artículo de Nari sobre esta experiencia en la página 88).

CÓMO LLEGAR

Seúl tiene dos aeropuertos: el **Aeropuerto Internacional de Gimpo (GMP)**, que fue construido para albergar la base del Ejército Imperial Japonés en la Segunda Guerra Mundial, y que ahora opera vuelos de corta distancia desde Japón y China y vuelos nacionales desde otras ciudades de Corea del Sur; y el inmenso y moderno **Aeropuerto Internacional de Incheon (ICN)**, para vuelos procedentes de todo el mundo. Los dos aeropuertos están comunicados mediante el tren de cercanías de la compañía Airport Railroad Express (AREX), un trayecto que dura alrededor de veinticinco minutos y cuyo boleto cuesta 4 700 wones / unos 4 dólares. Una línea exprés de AREX comunica el Aeropuerto Internacional de Incheon con la Estación de Seúl. Son unos cuarenta y cinco minutos de viaje por 8 300 wones / unos 7 dólares. Y, por supuesto, hay taxis privados y autobuses limusina para grupos que comunican el aeropuerto con la ciudad, y, en el momento de escribir estas líneas, en Seúl se puede contratar un coche Uber a través del teléfono celular.

Una vez en Seúl, la mejor opción para moverse por esta ciudad de diez millones de habitantes es la excelente, completa y económica red de metro, que emite sus avisos en idiomas coreano e inglés. Cómprate una tarjeta recargable T-money o un abono de transporte Seoul City Pass y un mapa en tu idioma o una aplicación del metro de Seúl como Seoul Metropolitan Subway, Subway Korea o Explore Seoul. Con la red de autobuses urbanos también te puedes mover sin gastar mucho dinero, pero no es tan práctica para los usuarios que no hablan coreano. Los taxis son relativamente baratos, y valen para distancias más cortas. Los taxis *Ilban* (normales), en los que solo se puede pagar en efectivo, se distinguen por su color plateado, naranja, azul o blanco, y los *mobeum* (de lujo) negros suelen ser más espaciosos, aceptan pago con tarjeta y dan recibo. En los dos casos, es aconsejable llevar la dirección de destino escrita en hangul, el alfabeto coreano, porque muchos taxistas solo hablan su idioma.

PESCAR, COMER, BEBER, CANTAR, JUGAR

«Corea es una cultura de pescado y arroz. La descomunal demanda de pescado y marisco que hay aquí explica muchas cosas sobre la identidad coreana. Y, antes del amanecer, la Lonja de Noryangjin, la mayor de Seúl, con sus más de sesenta mil metros cuadrados y abierta las veinticuatro horas, es el mejor sitio para empezar.» Es un lugar frío, húmedo y caótico, así que viste y compórtate conforme a ello: abrígate, ponte unos tenis o botas impermeables, si puedes, lleva dinero en efectivo. Hay una subasta de pescado a las 3 de la mañana, y durante el día puedes comprar pescado y marisco y, por un precio módico, en uno de los restaurantes del lugar puedes pedir que te lo hagan o que te lo limpien y corten a la manera *sashimi*.

LONJA DE NORYANGJIN: Nodeul-ro, Noryangjin-dong, 674, Dongjak-gu, Seúl, tel. +82 2 2254 8000, <www.susanijang.co.kr> (distintos precios)

¿Qué es el *hwe sik*? Explica Nari: «Es una reunión de empresa, más o menos obligatoria, que se divide en tres partes que se llaman "cha": (1) *il cha*, (2) *ee cha* y (3) *saam cha*. Si te pierdes alguna de las partes (sobre todo las últimas), el resto de la oficina o grupo de amigos se reirá de ti y te hará la ley del hielo. *Il cha* es la cena, que suele consistir en una parrillada; *ee cha* es la parte de las copas; y el *saam cha* es el karaoke.

»Los coreanos son escrupulosamente fieles al lema "trabajo y juerga" y, aunque todos los aspectos del *hwe sik* giran en torno a la idea de disfrutar, soltarse la melena y beber, las políticas de despacho perviven. Y como la antigüedad lo es todo, los empleados más jóvenes sirven las bebidas y pagan la cuenta. Hay presión para que la gente beba; puede llegar a ser muy intenso, hasta el punto de que los empleados más jóvenes, sobre todo las mujeres, han inventado unas técnicas muy ingeniosas para fingir que beben y no acabar pedo».

Cómo llegué a ser quien soy

NARI KYE

El episodio de Corea del Sur de *No Reservations* empezó siendo una broma. Como directora de producción, uno de mis trabajos consistía en preparar las fiestas de despedida. Al final de la primera temporada, les dije: «Vamos a hacer una parrilla coreana y a beber mucho *soju*». Reservé una mesa muy grande en el barrio coreano de Manhattan, y Tony vino. Salimos a fumar y, achispada por el *soju*, le dije: «Tony, tienes que jurarme que vas a ir a Corea». Y él me contestó: «Pues claro. Y tú tienes que venir conmigo».

Unos meses después, se presentó en el despacho y dijo: **«Ya puedes empezar a preparar ese viaje a Corea. Vamos a visitar a tu familia, y tú vas a estar delante de las cámaras»**. Me sentí abrumada. Solo tenía un vago recuerdo de aquella charla durante aquella borrachera. Quería hacer diez mil cosas con él, y mi cabeza empezó a elaborar toda clase de listas. No podía saber que esta iba a ser una de las cosas más importantes que iba a hacer en mi vida, algo que iba a cambiarme para siempre.

Cuando aterrizamos en Seúl, llevábamos catorce horas de vuelo a las espaldas, así que ya estábamos exhaustos, desorientados por el desfase horario. Pero, como el hilo conductor era mi regreso a la madre patria, empezaron a grabar ya en el aeropuerto. Ese día era mi cumpleaños, y el productor Rennik Soholt había pedido a nuestra conseguidora que acudiera con un pastel al aeropuerto. Ya estábamos en el hotel, exhaustos tras veinte horas de viaje, cuando dijo Tony: **«Tenemos que celebrarlo. Es tu cumpleaños»**. Pidió un montón de aperitivos e invitó las copas a todo el mundo. Fue una noche genial, inolvidable para mí.

Fuimos a una granja de *kimchi* en la que tuve oportunidad de preparar un *kimchi* junto a unas señoras de las tradicionales. Visitamos una fábrica de soya. Grabamos una escena alrededor de un asador en una fábrica de carbón que también tenía un sauna. Fue alucinante.

Tony dijo: **«Antes muerto que hacer karaoke. No lograrán que cante»**. Pero es que el karaoke, sobre todo en Corea, es inevitable. Sería una grosería no participar en ello. Una salida nocturna supone todo un proceso: se va a cenar, se va de copas y luego se va a un karaoke. Hay que hacer todo eso. Así que allá que nos fuimos, y fue todo un número. ¡En un resumen del capítulo sale Tony cantando karaoke por primera vez en su vida! Al final lo atrapamos.

También fuimos a la zona desmilitarizada que separa Corea del Norte de Corea del Sur desde 1953, y Tony se dio una vuelta con unos soldados norteamericanos. Pero lo verdaderamente especial, el culmen del capítulo, fue el momento en que nos reunimos con mi abuelo en el límite de la zona desmilitarizada. Fuimos a pescar, comimos en un pequeño restaurante que estaba en medio de la nada y mi abuelo nos contó toda su historia, incluyendo algunas cosas de las que yo no sabía nada.

La rama paterna de mi familia era del norte, antes de la partición del país, y mi abuelo vivió una experiencia realmente estremecedora durante la guerra: huyó al sur, acabó cubierto de lodo y tuvo que esconderse en el bosque para escapar de los soldados. Los comunistas querían reclutarlo, querían que aquel joven instruido e inteligente se afiliara al Partido y luchara en el frente.

Él y mi abuela se acababan de casar y habían tenido a su primera hija. Mi abuela escapó primero, en plena noche, en un barco, y casi tuvo que ahogar a la niña, porque no paraba de llorar. Habían quedado en volver a reunirse en el sur algún día. Y por fin, al cabo de un año separados, de alguna manera volvieron a encontrarse, y luego nació mi padre, y después el resto de sus hermanos.

En ese momento supe que después de aquello, de escuchar su historia, de hacer este programa, yo no volvería a ser la misma. Cuando volvimos a Nueva York y vi cómo tomaba forma el montaje, pensé: «Esto es lo mejor que he hecho en mi vida». Y me sentí muy agradecida con Tony por permitirme hacerlo. Él no sabía –o quizá sí– que con este único capítulo del programa me había cambiado la vida.

Yo llegué a Estados Unidos, desde Corea, cuando tenía cinco años, y desde entonces me crie principalmente en la cultura blanca y angloamericana. Como tenía un aspecto tan distinto de la gente que me rodeaba, lo que yo quería era ser una americana más. Mis orígenes coreanos me avergonzaban. Mi madre solo hacía comida coreana. Mis padres solo me hablaban en coreano. Solo veíamos tele coreana. Todas las semanas sacábamos videos en VHS del supermercado coreano. Se puede decir que vivíamos en Corea, allí, en nuestra casa de aquella ciudad tan americana.

Todas mis amigas eran chicas blancas de pelo rubio que se llamaban Jenny y Erin, que andaban en sus casas con zapatos, que llamaban a los mayores por su nombre de pila y que cenaban cosas raras como macarrones con queso y ejotes en conserva. Así que, siempre que venían a mi casa, yo corría a esconder todo lo coreano, porque no quería que vieran lo diferente que era yo. Hasta le pedía a mi madre que intentara hacer comidas americanas (a lo que ella se negaba).

Antes de hacer el episodio coreano de *No Reservations* con Tony, yo era una persona diferente: ser diferente me avergonzaba, me

Empieza con un *il cha* en **Mapo Jeong Daepo**, donde la especialidad de la casa es el *galmaegisal* (filete de falda de cerdo), que se prepara en la misma mesa, en una parrilla de carbón redonda rodeada de un surco metálico por el que corre la grasa de cerdo derretida. Un mesero vierte en el canal huevo batido y el comensal puede añadir *kimchi*, cebolleta y demás *banchan* (las verduras y pescado en escabeche que acompañan a una parrilla).

MAPO JEONG DAEPO: Dohwa-dong, 183-8 Mapo-gu, Seúl, tel. +82 2 3275 0122 (no tienen página web) (parrilla de filete de falda: 12 000 wones coreanos / 11 dólares aprox.)

A continuación, visita **Gol Mok Jib,** un pequeño y ahumado local en el que puedes disfrutar de un *kimchi jjigae* (estofado) y de algunos incomodaba. Solo quería integrarme. Siempre había sentido que no encajaba. Hasta después de vivir esa experiencia no comprendí que eso es precisamente lo que me convierte en la persona que soy.

Si ahora tuviera que decir dónde reside mi singularidad como persona, antes que nada diría que en el hecho de ser de origen coreano. Antes incluso que en el hecho de ser mujer, de ser madre, de ser esposa. Ahora solo deseo difundir el evangelio de la cultura coreana en Estados Unidos.

Ahora tengo dos hijos, y les hablo en coreano. He fundado una escuela coreana para madres e hijos destinada a promocionar el idioma y enseñárselo a los bebés. Comemos comida coreana e intento enseñar a las personas no coreanas cosas sobre la gastronomía y la cultura coreanas. A través de mi trabajo, estoy desarrollando contenidos creativos en torno a la cultura coreana. Todo lo que hago ahora, lo hago a través de ese prisma. Y Tony fue la persona que me abrió esa puerta. Me ayudó a descubrir lo que quiero hacer como persona creativa, como persona, simplemente. Me cambió fundamentalmente.

Gracias, Tony.

de esos juegos de beber coreanos que se practican con ayuda de mucha cerveza, *soju* y vino de arroz.

GOL MOK JIB: Yuk Sam Dong, 813-11, Gangnam-gu, Seúl (no tienen teléfono ni página web) (un *kimchi jjiage:* 1 800 wones / 1.80 dólares aprox.)

Y una vez que estén lo bastante tomados, toca karaoke en **Junco Music Town**, donde hay calamares, M&M, baladas tiernas y mucho más alcohol en la *noraebang* («sala de canto»).

JUNCO MUSIC TOWN: 1309-5, sótano, Suh-cho gu, Sucho-dong, Seúl, tel. +82 2595 3235 (no tienen página web) (karaoke: 5 000- 10 000 wones / 5-9 dólares la hora aprox.; platos de cocina: 10 000-20 000 wones / 9-18 dólares aprox.)

CROACIA

Tony era un lector voraz, de los que devoraban la historia y la literatura de un lugar antes de visitarlo, para entender mejor a la gente que iba a conocer, para poner en contexto las cosas que iba a ver y oír. Para el episodio de Croacia de *No Reservations*, leyó *Black Lamb and Grey Falcon*, de Rebecca West, una obra en dos volúmenes, publicada en vísperas de la invasión alemana de Yugoslavia, en la que la autora narra su expedición de seis semanas, emprendida en 1937, por los estados balcánicos.

El resto lo había extraído de **«las veinticuatro horas de noticias que la televisión por cable emitía [acerca de] una guerra que se había librado hacía casi dos décadas»**, en alusión a las guerras de los Balcanes, que habían desintegrado el antiguo estado yugoslavo y se habían cobrado al menos cien mil vidas entre 1990 y 2001.

«Yo no tenía ni idea de lo que era la gastronomía croata. No sabía nada en absoluto. No tenía ningún concepto sobre ella. Sabía vagamente que antiguamente había pertenecido a Roma, o al Imperio veneciano; que era bonita. Y punto.

»A ver, voy a ser claro. Si te gusta la comida y no has venido aquí a comer, es que no tienes ni puta idea. Esta cocina es de las mejores del mundo; estos vinos son de los mejores del mundo; estos quesos son de los mejores del mundo. Croacia va a asombrar al mundo. Si no conoces Croacia, es que eres tonto. Yo soy tonto.»

Aunque la costa dálmata, situada en el sur del país, es, con justicia, un imán que atrae a los viajeros que buscan unas vacaciones de ensueño en el Mediterráneo, lejos de las hordas que invaden las zonas más transitadas de Europa, Tony se centró en las islas y regiones costeras del norte y el centro del país, unas áreas que permanecen aún más lujosamente despobladas.

CÓMO LLEGAR, CÓMO MOVERSE

El **Aeropuerto Franjo Tudman de Zagreb (ZAG),** el mayor y más transitado del país, se encuentra situado en la zona centro-septentrional del país, a unas tres horas en coche de Rovinj, la ciudad desde la que Tony se lanzó a explorar distintos puntos de la costa croata para *No Reservations*. En este aeropuerto opera principalmente Croatia Airlines, junto con British Airways, Qatar Airways, Air Serbia, KLM Royal Dutch Airlines, Air France y otras aerolíneas que ofrecen vuelos con salida o destino a ciudades europeas y de Oriente Medio.

Desde el aeropuerto, un taxi al centro de Zagreb cuesta unas 150 kunas / unos 24.50 dólares, por un trayecto de entre quince y veinticinco minutos de duración. No es costumbre dar propina, pero en este país de salarios bajos te agradecerán una pequeña gratificación de entre el 5 y el 10 por ciento de la tarifa del viaje. Hay un autobús lanzadera que cubre el trayecto entre el aeropuerto y la estación de autobuses de Zagreb por 30 kunas / unos 5 dólares aprox.; más información en <www.plesoprijevoz.hr/en>.

Si quieres conocer Zagreb, una ciudad muy bella, histórica y fácil de recorrer, puedes hacerlo a pie o utilizar la red de autobuses y tranvías (en <www.zet.hr/en> dispones de información sobre rutas, horarios y precios, que oscilan entre las 4 y las 15 kunas / 0.6-2.50 dólares aprox., según la hora del día y la duración del trayecto).

Rijeka está considerada como la puerta de entrada a las islas del país. Con Ferrocarriles de Croacia llegas allí desde Zagreb, un viaje de unas cuatro horas de duración que cuesta en torno a las 111 kunas / 18 dólares aprox., pero, si quieres hacer excursiones por la costa, tendrás que rentar un coche al llegar.

Recuerda que Croacia no pertenece a la Unión Europea. Algunos hoteles y restaurantes aceptan pago en euros, pero no están obligados a hacerlo legalmente.

EL MIRADOR DE LA COSTA

En Pag, una isla montañosa, rocosa y boscosa de la costa del mar Adriático, encontrarás un hotel que es un microcosmos perfecto de la industria hotelera croata. **«Este establecimiento, el Boskinac, un hotel escondido en una colina que domina todo esto, es un sitio increíble, alucinante, [con] uno de los mejores restaurantes del país.»**

Es muy íntimo. Solo tiene once habitaciones y *suites*. Tiene su propia bodega, y en los alrededores hay olivares y fábricas de queso. El chef y bodeguero Boris Suljic sirve platos como pulpo guisado en olla de barro con tomate, ajo, papa y vino blanco; callos de cordero **«cocidos a fuego lento con echalotes, panceta y zanahoria, hasta dejarlos suaves y tiernos»**; pasta enrollada a mano con cordero estofado; *frittata* de pulpo seco; y quesos de la tierra.

«Si te gusta la comida italiana, tienes casi todas las cartas para enamorarte de la comida de aquí. Y saltamos de contento cuando llega la selección de quesos de Pag, todos ellos elaborados con la leche de esas felices ovejas que se han dedicado a pastar hierba con ese punto característico de la sal marina. Esta cocina es una de las mejores del mundo; estos vinos son de los mejores del mundo; estos quesos son de los mejores del mundo. Desde el momento en que nos sentamos hasta ahora, todo ha sido increíble.»

HOTEL BOSKINAC: Skopaljska Ulica, 220, 53291 Novalja-Isla de Pag, tel. +385 53 663500, <www.boskinac.com> (precio de una habitación: desde 1500 kunas / 242 dólares por noche aprox.)

David Skoko, chef y restaurador croata, pesca personalmente el pescado que se prepara en el restaurante de su familia, el **Konoba Batelina.** Skoko se ha impuesto la misión de encontrar ese pescado y marisco infravalorado y despreciado que otros pueden pasar por alto.

«Aquí lo que da dinero es la lubina, pero nosotros no buscamos eso. Buscamos basura, lo que arrastran las redes, el género con el

que han aprendido a trabajar los pescadores después de vender el producto supuestamente bueno. El restaurante familiar es un lugar que, de pronto, y gracias a una reciente aparición en MasterChef, se ha encontrado con una gran demanda de lo que lleva toda la vida haciendo. David y su madre, Alda, obran milagros con lo que hasta hace poco no quería nadie.

»Langosta cruda con un aliño ligero, tan fresca que aún se mueve. La muy cabrona aún te mira mientras te comes su parte inferior. Sí, ya sé, la langosta no es pescado basura precisamente, pero hay que disfrutar de la vida, ¿no? El hígado de tiburón, en cambio... de eso no hay mucha demanda. Pero debería haberla. Porque es muy bueno. ¿Y los callos de rape? Suenan tan apetecibles como entrar en un ascensor ahumado por la presencia de algún marihuano. Pero, mira, están fabulosos. Nunca los había probado, en ningún lugar del mundo.»

El interior del restaurante tiene un aire discreto y casero. Solo aceptan efectivo, no aceptan clientes sin reservación previa y el menú varía según la captura del día.

KONOBA BATELINA: Cimulje, 25, 52100 Banjole, tel. +385 52 573 767 (una comida cuesta de media 250 kunas / unos 40 dólares por persona)

«El pueblo de Plastovo está ubicado en lo alto de Skradin, una apacible aldea de pescadores. Pero, significativamente, comparte latitud con la Toscana, que se encuentra al otro lado del Adriático. Es aquí, en la bodega de la familia Bibich, donde para mí se desvela el misterio: de la comida, del vino, de todo.»

Alen y Vesna Bibich son los dueños y encargados de un negocio que lleva mucho tiempo en manos de la familia. «Mi familia lleva siglos aquí. Nosotros llevamos haciendo este vino por lo menos cinco siglos –le explicó Alen a Tony–. Es mediterráneo, mediterráneo de verdad, con mucho sol. La uva es muy azucarada. Estamos a 220 metros sobre el mar. Y, como tenemos la montaña a la espalda, todas las noches de verano llega una brisa fresca, fría, y el vino conserva su acidez y su aroma.»

Siglos de existencia en los Balcanes también son siglos de presenciar conflictos y cambios. Las tierras de Bibich, sin ir más lejos, han sido consideradas sucesivamente italianas, húngaras, serbias y, ahora, croatas. Alen y Vesna se consideran dálmatas, una antigua identidad tribal que va más allá del aspecto geopolítico. Las recientes guerras de los Balcanes castigaron duramente a las tierras de Bibich, que se encontraban situadas en primera línea de frente y que se quedaron sembradas de minas terrestres. Gran parte de la propiedad quedó destruida. Hubo mucho que reconstruir y replantar.

En la actualidad, sin embargo, el visitante puede disfrutar de **«una comida –no tan improvisada– de calidad épica, doce platos acompañados de vinos no menos épicos»**. Entre las elaboraciones que ofrecen los chefs de Bibich, tenemos ostras locales a la espuma de Worcestershire, polvo de limón, huevas de trucha y sorbete de pepino y yogur salado ahumado a la espuma de ajo.

Si tienes suerte, descubrirás su muy carnoso risotto de Skradin:

«Quien me conoce sabe que no es más que esto: un ragú de ternera guisado a fuego muy muy lento, junto con otros cortes que no voy a revelar. Este lo hemos dejado todo el día, desde antes del amanecer, vigilando con cuidado y removiendo constantemente. Y luego el arroz: seguimos removiendo suavemente, con cuidado, hasta alcanzar el punto justo de cocción, espolvoreamos queso de la isla de Pag, claro, y el olor que todo esto desprende invade el jardín, volviendo loco de deseo a todo el que encuentra a su paso, sea humano o bestia. Es lo mejor que he probado en este país.»

BODEGA BIBICH: Zapadna Ulica 63, Plastovo, 22222 Skradin, tel. +385 91 323 5729, <www.bibich.co> (menú degustación de almuerzo, con vinos de maridaje: 1120 kunas / 181 dólares aprox.; menú degustación de cena, con vinos de maridaje: 2 240 kunas / 362 dólares aprox.)

TAXI

CUBA

«Esta es la Cuba con la que yo me crie: la crisis de los misiles. "Todo el mundo a esconderse. Niños, escóndanse bajo los pupitres. Cúbranse con papel periódico mojado, porque vamos a morir." Éramos dos naciones en eterno estado de guerra.»

Durante más de medio siglo, las relaciones entre Estados Unidos y Cuba estuvieron congeladas por un embargo económico y de viajes; las relaciones diplomáticas eran prácticamente inexistentes.

Sin embargo, a finales de 2014, cambió el signo de la marea. El presidente Barack Obama declaró en un discurso pronunciado desde la Sala del Gabinete de la Casa Blanca: «Hoy, Estados Unidos está cambiando su relación con el pueblo de Cuba. En lo que supone el giro político más importante que se ha producido en más de cincuenta años, nos disponemos a poner fin a una estrategia obsoleta que durante décadas se ha demostrado ineficaz en la defensa de nuestros intereses, y en su lugar empezaremos a normalizar las relaciones entre nuestros dos países. Estos cambios están destinados a crear más oportunidades para los pueblos estadounidense y cubano y a abrir un nuevo capítulo entre las naciones de las Américas... Estados Unidos tiende al pueblo cubano la mano de la amistad». Se palpaba la sensación de un futuro incierto.

Desde entonces, la radiante esperanza de disfrutar de una nueva libertad de movimientos, de libertad de comunicaciones y de una cordial relación de amistad entre los dos países se ha visto complicada por el viraje político y los pasos atrás del posterior Gobierno republicano. Hubo misteriosos ataques sónicos, con efectos graves sobre la salud de los empleados de la embajada norteamericana en La Habana y sus familiares. Después de esta breve ventana de oportunidad, en el momento de escribir estas líneas, los ciudadanos de Estados Unidos tienen de nuevo prohibido viajar a Cuba al amparo de la norma llamada *people to people* (de pueblo a pueblo), y han vuelto a implantarse los estrictos límites impuestos a las cuantías de dinero que los ciudadanos cubanoestadounidenses podían enviar a los familiares que permanecen en la isla. En círculos del Departamento de Estado se habla de devolver a Cuba a la lista de los Estados promotores del terrorismo.

Dicho esto, los ciudadanos de Estados Unidos siguen pudiendo viajar a Cuba al amparo de una de las doce categorías aprobadas como motivo de desplazamiento, y todas las grandes aerolíneas ofrecen vuelos regulares a La Habana y a otros aeropuertos cubanos. Aún es posible viajar a Cuba. Y, en opinión de Tony, seguía siendo aconsejable.

«Al margen de lo que pienses del Gobierno, de los últimos cincuenta y cinco años, en el mundo no hay nada que se parezca a esto. Es completamente cautivador. Sí, el futuro está aquí. Pero el pasado también está en todas partes. Los edificios, los coches, los engranajes del sistema siguen atrapados en el tiempo en gran parte.

»Yo he viajado a todas partes, pero no se me ocurre ningún sitio que el tiempo haya desgraciado menos que La Habana. De lo demás puedes decir lo que quieras: pero esto es bello, conmovedoramente bello. Los cubanos son gente abierta, simpática, avanzada en casi todo y dotada de una curiosidad insaciable. Si puedes, ven aquí a ver esto, y míralo con los ojos bien abiertos. Y ve todo lo que puedas, lo bueno y lo malo. Míralo, porque es bello, y sigue estando aquí.»

CÓMO LLEGAR, CÓMO MOVERSE

El **Aeropuerto Internacional José Martí (HAV),** el de La Habana, se encuentra situado catorce kilómetros al suroeste de la ciudad, en

Boyeros. Es el aeropuerto más grande y con más tráfico del país, aquel al que llegan la mayoría de los vuelos procedentes del extranjero. Pero la isla cuenta con un total de diez aeropuertos, muchos de ellos situados en zonas turísticas concretas y todos operan vuelos internacionales y nacionales.

Desde HAV, si no vas con un viaje organizado que incluya un autobús lanzadera hasta tu hotel, puedes tomar un taxi que debería costarte entre 20 y 25 pesos cubanos convertibles (CUC), el equivalente a entre 20 y 25 dólares , más la propina acostumbrada, unos 3 CUC por trayecto. La mayoría de los taxis no usan taxímetro, así que negocia un precio cerrado con el taxista antes de salir del aeropuerto.

También hay un autobús local desde el aeropuerto, pero solo sale desde la terminal nacional y el boleto debe abonarse en pesos nacionales cubanos (CUP), lo cual lo convierte en una opción menos atractiva para la mayoría de los turistas que llegan del extranjero.

Una vez en La Habana, puedes moverte a base de taxis compartidos, o colectivos, que siguen un itinerario fijo y que, si tienen lugares libres, van recogiendo pasajeros por el camino. También hay taxis privados y servicios de coche que cuestan entre 30 y 40 CUC por hora / 30-40 dólares aprox. La Habana cuenta con una red de autobuses urbanos de diecisiete líneas. El precio del boleto es difícilmente superable –1 CUP por trayecto / 0.04 dólares aprox.–, pero van atestados y no cuentan con aire acondicionado. La web <www.cubacasas.net> es una magnífica fuente de información sobre los servicios de transporte público cubanos, incluyendo la red de autobuses de La Habana.

Todas las grandes ciudades cubanas están comunicadas mediante los trenes de Ferrocarriles de Cuba, la red de transporte ferroviario, que cuenta con un elevado número de arterias repartidas por todo el país. Los trenes cubanos han tenido mala fama por sus frecuentes averías y la evidente falta de comodidad que ofrecen. En los últimos tiempos, sin embargo, por las vías férreas del país circula una nueva flota de vagones de fabricación china, en lo que es la primera parte de un plan destinado a renovar el transporte ferroviario de la isla. En estos momentos, viajar de La Habana a Santiago de Cuba cuesta 95 CUC / 96 dólares aprox. para los extranjeros y en torno a los 10 CUC / 10 dólares aprox. para los usuarios nacionales. En la página web de transporte ferroviario <Seat61.com> se puede consultar más datos y toda la información actualizada a este respecto.

COMER EN LA HABANA

En La Habana, el Estado es titular y gestor de restaurantes que, en general, no son muy buenos. Los paladares son de propiedad privada, instalados por sus dueños en sus propias casas, y su oferta gastronómica y servicio suelen ser mejores que los de los restaurantes de propiedad pública. Clandestinos en otros tiempos, legales desde 1993, siguen estando muy regulados por el Gobierno, con restricciones sobre aforo y número de empleados y sujetos a importantes cargas fiscales.

Dirigir un paladar es una carrera de obstáculos diaria, pero Elizabeth Espinoza se ha demostrado capaz de superarlos. **«[Elizabeth es] la clase de empresaria dura, trabajadora y resuelta que hay que ser en este país para navegar las difíciles aguas de la explotación de un restaurante.**

»En un edificio de vivo color verde lima, situado a escasa distancia, a la vuelta de una esquina al final de un pasillo, turistas y residentes hacen fila para conseguir mesa en el restaurante de Elizabeth, el Paladar los Amigos. Elizabeth abrió su restaurante tan pronto como fue legal hacerlo. Los reglamentos, como en cualquiera de esos dantescos sistemas altamente burocráticos, cambian continuamente. Pero son cada vez más ambiguos. Todo depende de a quién conozcas.»

En un paladar, la carta debe ser flexible, un reflejo de la variabilidad de las fuerzas del mercado y de la ocasional escasez de materias primas. **«Hoy toca cerdo. Aquí no vas a ver una chuleta así de gruesa. Masa de cerdo, adobada, troceada y frita. Escalope, una chuleta machacada, empanizada y frita, con la trinidad de acompañamiento: yuca, arroz y frijoles. Aquí también vienen clientes cubanos, pero pueden hacerlo porque somos nosotros –los turistas, los extranjeros– los que subvencionamos sus comidas. Porque pagamos más, mucho más. Es un plan de precios de dos niveles: nosotros y ellos.»**

PALADAR LOS AMIGOS: Calle M, 253, La Habana, tel. +53 830 0880 (un plato principal: 8-12 CUC / 8-12 dólares aprox.)

«[Antes], en los paladares se comía arroz con frijoles. Ahora, sushi; casi una señal de apocalipsis inminente.» Compruébalo personalmente en **Santy Pescador,** un popular restaurante de pescado y marisco alojado en una casa de madera situada a orillas del río Jaimanitas, en las afueras de la ciudad. El turno más concurrido es el de la comida, aquel en el que el jardín ofrece las mejores vistas; la hora de la cena suele ser más relajada.

SANTY PESCADOR: Calle 240A, 3C (entre la calle 23 y el río), Jaimanitas, La Habana, tel. +535 286 7039, <www.santypescador.com> (almuerzos: 10 CUC / 10 dólares aprox.; cenas: 20-30 CUC / 20-30 dólares aprox.)

El Malecón incluye una encantadora explanada y avenida de seis carriles que recorren ocho kilómetros de costa. Enmarcado por numerosas casonas antiguas, hoteles y parques, se extiende desde la fortaleza de La Punta hasta la desembocadura del río Almendares. Recorrer el Malecón en compañía de amigos, contemplar la puesta de sol, admirar los monumentos y las vistas y esquivar alguna que otra de las fuertes olas que se estrellan contra el murallón es una experiencia eminentemente cubana. Como él mismo explica en una entrevista concedida a *Prime Cuts*, una especie de resumen de los mejores momentos del programa, el último y largo *travelling* del episodio de Cuba de *Parts Unknown* fue idea del propio Tony:

«El último plano del programa de Cuba para mí [fue] muy gratificante, porque yo estaba yendo a grabar una escena y de repente miré por la ventana y vi a todas las parejas, y a la gente que había ahí sentada, mirando hacia el horizonte desde el malecón. Y pensé, carajo, qué plano más bueno... Recuerdo que vi el resultado y que contuve el aliento y dije que casi parecía preparado... Fue el mejor final que se le puede dar a un programa. Nada de resúmenes imbéciles... Ahí se veía algo auténtico, algo que significaba algo, y, en este caso, algo muy bonito –esperanzador, creo–, sin que yo tuviera que decirle al espectador lo que tenía que sentir.

»Yo siempre había soñado con ver un partido de beisbol cubano. Decir que aquí la afición es apasionada sería un eufemismo flagrante. Aquí viven y respiran beisbol. Una entrada general para un partido cuesta menos de un dólar. La oferta de refrigerios es cuando menos limitada. Pero nada de esto va en detrimento de un partido de beisbol».

En el **Estadio Latinoamericano,** la sede de Industriales de La Habana, con su aforo de 55 000 espectadores, grupos autoorganizados de aficionados acuden a animar a su equipo con la música de sus instrumentos, y de la grada se elevan toda clase de insultos e improperios. En 2016, los Tampa Bay Rays, el equipo de beisbol de Florida, visitaron el estadio de Industriales y se enfrentaron a ellos ante una grada que incluía al presidente Obama y a Raúl Castro, un acontecimiento que llevó a dar un pequeño lavado de cara al habitualmente deslucido estadio, aunque, según las últimas informaciones, el coliseo sigue presentando asientos rotos y el habitual estado de deterioro general.

Todos los días, en un rincón del Parque Central de la ciudad, la llamada esquina caliente, un grupo de recalcitrantes y expertos aficionados al beisbol disfrutan de **«derecho oficial de reunión y debate. Las discusiones siempre suben de tono, y el permiso oficial les viene de maravilla cuando las autoridades confunden a un grupo de personas que discuten sobre la utilidad del toque de sacrificio con un debate político».**

ESTADIO LATINOAMERICANO: Cerro (consultar horarios y demás información en <www.baseballdecuba.com>)

PARQUE CENTRAL: delimitado por las calles El Prado, Zulueta, San José y Neptuno

LE CHEF
لو شيف
DELIVERY

EL LÍBANO

BEIRUT

El Líbano ocupa un espacio muy relevante en la historia de las aventuras televisivas de Tony. En 2006 estuvo en Beirut y consiguió grabar durante dos días antes de que estallara la guerra entre el Líbano y la vecina Israel. El equipo de rodaje siguió documentando lo mejor posible la experiencia de permanecer refugiados en un hotel de lujo en una parte de la ciudad mientras a pocos kilómetros se libraba una guerra y los distintos gobiernos occidentales se apresuraban a evacuar a aquellos de sus ciudadanos que habían quedado atrapados en el país. Al cabo de unos diez días, los miembros del equipo de rodaje se embarcaron en un buque de la Marina de Estados Unidos que se dirigía a Chipre y desde allí tomaron un vuelo hacia su país. Y, tal como le gustaba contar a Tony, su hija fue concebida en ese primer día de regreso a Estados Unidos. Y por eso, para él, el Líbano era un país con un significado personal, al que regresó en dos ocasiones.

Para Tony, Beirut era fuente de fascinación y sorpresa constantes: **«Era mucho más avanzada, tolerante y bonita de lo que yo pensaba... Pero, sobre todo..., la gente está orgullosa de su comida, de su cultura y de su país. Porque por aquí han pasado todos: griegos, romanos, fenicios, franceses. Y por eso yo sabía que aquí se tenía que comer bien.**

»En los años sesenta lo llamaban el París del Mediterráneo. Tantos grupos diferentes, idiomas, intereses, religiones, sexo, organizaciones, facciones políticas, tantos problemas. Pero durante un tiempo, de alguna manera, aquello pareció que funcionaba. Es una

ciudad grande, bonita, efervescente, dos mundos, elegante, ostentosa, moderna y consumista, una ciudad que rinde culto al cuerpo, que sabe vestir, chic, con mucho oropel. Y a diez minutos de distancia es una ciudad pobre que aún arrastra los daños causados por los bombardeos. Hizbulá por todas partes, campos de refugiados. Cristianos, judíos, musulmanes chiitas, suníes, drusos, maronitas. La afluencia de dinero de los Estados del Golfo. Agentes sirios, turistas, modelos, promotores de clubes nocturnos y DJ, empresarios occidentales.

»Se sigue oyendo hablar árabe, inglés y francés indistintamente. Por algún motivo, y pese a todos los problemas y las cosas terribles que han pasado aquí a lo largo de los años, es bajarme del avión en Beirut y sentirme curiosamente, inexplicablemente, cómodo, contento, en mi propia casa.»

En el momento de escribir estas líneas, Beirut aún acusa los efectos combinados de la convulsa situación política, la pandemia de la covid-19 y la devastadora explosión ocurrida en el puerto de Beirut en agosto de 2020, que mató a casi doscientas personas, hirió a varios millares y dejó sin hogar a otros cientos de miles. En resumen, las condiciones actuales distan mucho de ser ideales para practicar el turismo en el Líbano, pero nosotros conservamos la esperanza de que este país superviviente también venza estas últimas dificultades.

CÓMO LLEGAR, CÓMO MOVERSE

Bautizado en honor del dos veces primer ministro que contribuyó a poner fin a quince años de guerra civil y a reconstruir la maltratada capital, y que fue asesinado en 2005, el **Aeropuerto Internacional Rafic Hariri - Beirut (BEY)** es el único aeropuerto comercial que permanece operativo en el país. Middle East Airlines, la compañía aérea nacional del Líbano, tiene su centro de conexión en BEY, y algunas decenas más de aerolíneas ofrecen vuelos entre los principales destinos europeos, africanos y de Oriente Medio.

La libra libanesa lleva en caída libre desde el comienzo, tan turbulento políticamente, del año 2020; en el momento de escribir estas líneas, cualquiera de los taxis oficiales del aeropuerto, de los que lucen logotipo en forma de avión y esperan en la parada de la zona de llegadas, cuestan en torno a las 15 000 libras / unos 12 dólares, cifra a la que se debe sumar una propina de alrededor del 10 por ciento para todos los desplazamientos en taxi. Ten en cuenta que en Beirut el tráfico es terrible, el transporte público casi inexistente y, que muchas veces, resulta más práctico ir a pie a cualquier sitio que esté a menos de 1 kilómetro de donde te encuentres.

COMER EN BEIRUT

(Ten en cuenta que los siguientes establecimientos sufrieron graves daños en la explosión de agosto de 2020, aunque ya están reconstruyéndose.)

«Legendario en Beirut, Le Chef es un restaurante famoso por su oferta gastronómica sencilla, natural y clásica. Aquí viene todo el mundo.

»Es justo la clase de restaurante que nos gusta cubrir en el programa. Era esa agradable mezcla de barrio moderno y de los de antes. Una comida muy buena, muy tradicional.»

Cabe destacar el hummus con piñones y cordero picado; la *maghmour*, también llamada musaka libanesa, que Tony describía como **«un plato de textura aterciopelada a base de berenjena con tomate, garbanzos y cebolla»**; y un *kibbeh* en forma de cuñas o discos horneados con aceite de oliva y servidos con *fattush*, una ensalada de pan plano frito, verdura, hierbas y aliño a base de zumaque.

LE CHEF: Calle Gouraud, Beirut, Líbano, tel. + 961 1445 373 (no tienen página web). Una cena típica con bebidas cuesta en torno a las 20 000 libras / 13 dólares por persona aprox.

«Kamal Mouzawak es el fundador de Souk El Tayeb, un mercado situado en un estacionamiento del centro de Beirut que él mismo dirige. La idea: reunir en un mismo espacio a agricultores y productores artesanales de todo el territorio libanés.

»En esa misma calle se encuentra Tawlet, una cooperativa de restaurante ideado por Kamal, una especie de utópica plataforma de exhibición del trabajo de los artesanos que venden en el mercado, [en la que] un plantel de cocineros y especialistas se alternan a la dirección del establecimiento, uno distinto cada día, y traen alimentos frescos de marcado sabor local.» En el bufet diario podemos encontrar *labneh, kibbeh, lahmacun,* ensalada de habas o gorrión entero cocinado en mantequilla, especias y melaza.

SOUK EL TAYEB: Beirut Souks, tel. +9611 442 664, <www.soukeltayeb.com> (distintos precios)

TAWLET: Sector 79, Beirut, calle Naher 12, tel. +9611 448 129, <www.tawlet.com>. Un almuerzo de bufet: 49 000 libras aprox. / 32 dólares por persona aprox.

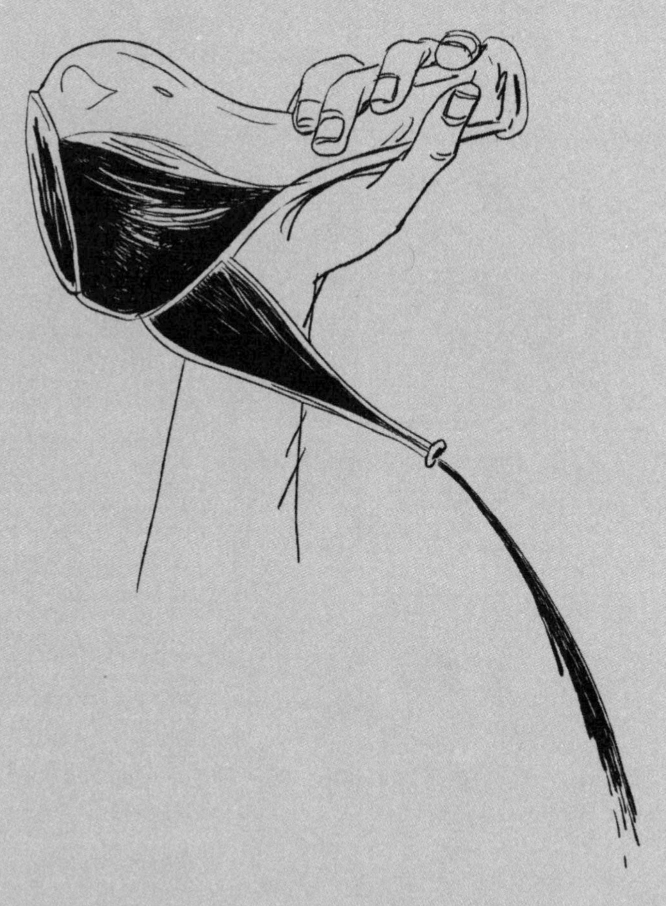

ESPAÑA

Desde su primera visita al país en 2002, Tony quedó cautivado por la cultura gastronómica de España, donde una tradición secular choca con algunas de las técnicas y conceptos más avanzados del mundo, frente a un telón de fondo de exquisita belleza natural y una arquitectura espectacular que abarca varias épocas de la historia.

BARCELONA

«Fuera de Asia, la mejor y más interesante gastronomía está en esta ciudad. Esta es la ciudad en la que todos los chefs jóvenes quieren trabajar. En donde todos los jóvenes aprendices quieren hacer sus *stages*. Esta es la ciudad de la innovación, de la creatividad. Y por el camino descubren esa clase de comida normal que en España forma parte de la cotidianeidad. Esos manjares sencillos que la mayoría de los españoles consideran un derecho natural.

»¿¡Cómo puede ser tan bueno un jamón!? ¿Cómo puede ser tan fantástico algo que viene metido en una lata? Las cosas más básicas... Una anchoa, una aceituna, un trozo de queso. Las cosas sencillas de verdad, las pequeñas cosas que aquí ves todos los días, eso es lo bueno de España.»

CÓMO LLEGAR, CÓMO MOVERSE

El aeropuerto **Josep Tarradellas Barcelona-El Prat (BCN)**, más conocido como El Prat, es el segundo aeropuerto con más tráfico del país después del de Madrid, y el punto de entrada más frecuente para los viajeros que se dirigen al norte de España.

El aeropuerto de El Prat se encuentra a unos catorce kilómetros del centro de la ciudad. Hay paradas de taxis a la puerta de todas las salas de llegada; un viaje en taxi desde el aeropuerto tiene un precio mínimo de 24.50 dólares, independientemente de la distancia; el trayecto hasta el centro de la ciudad desde El Prat suele costar alrededor de 42 dólares. Los taxistas no esperan que les des propina, pero te agradecerán que redondees el precio en euros o que añadas un 10 por ciento por un servicio excepcional.

La línea 9 del metro de Barcelona, Transports Metropolitans de Barcelona (TMB), tiene parada en las dos terminales del aeropuerto. En <www.tmb.cat> ofrecen información sobre rutas, precios y horarios. La línea de cercanías R2 Norte comunica el aeropuerto con la ciudad y los pueblos vecinos. Varias líneas de autobús llegan hasta la ciudad, a otras poblaciones de la comunidad, a distintos puntos del sur de Francia, a Suiza y a Andorra.

Barcelona Sants es la principal estación de tren para viajes regionales e internacionales; el aeropuerto y esta estación están comunicados por Renfe y por Metro de Barcelona.

COMER EN BARCELONA Y ALREDEDORES

«Si yo viviera ahí enfrente, dejaría mi trabajo y me pasaría el día aquí metido, hasta que se me acabara el dinero. Situado en el barrio

barcelonés de Poble-Sec, Quimet & Quimet es un bar de tapas de cuatro generaciones de antigüedad que basa su oferta en ese componente del bar de tapas catalán de toda la vida: las conservas.» Hay una amplia selección de vinos, cócteles y cervezas, pero la auténtica atracción son los montaditos, esos bocadillitos sin cerrar que se cubren de calamares, anchoas, mejillones, ventresca de atún, erizo de mar, queso español y francés, verdura en escabeche y mucho más, todo lo cual se va preparando detrás de la barra conforme llegan las comandas (no hay cocina en el lugar, y el espacio es reducido; el aforo es de veinte comensales).

QUIMET & QUIMET: Carrer del Poeta Cabanyes, 25, 08004 Barcelona, tel. +34 93 442 31 42, <www.quimetquimet.com> (tapas: 2-18 euros / 2.50-22 dólares aprox.)

«Ponerse a picar comida de este nivel en una barra de bar de madera cuarteada tiene algo de extraordinariamente liberador, de divertido, de democrático. En su mejor versión, son muchas cosas buenas, todas a la vez: una cerveza o un vermú en la mano, un animado entorno social, un cómodo festín portátil con el que vas y vienes, comes o no, a tu parecer.»

A media hora en coche de Barcelona nos encontramos con **Taverna Espinaler. «Es como tantos otros bares de viejos. El bar del pueblo. A los no iniciados no podremos reprocharles que se sientan impresionados. Pero la verdad es que el pescado y el marisco que aquí despachan se encuentran entre los mejores, más exquisitos y más caros del mundo. Aquí, el mejor producto pasa del barco a la lata sin transición.»**

Hace unos veinte años, Miguel Tapias, cuarta generación de propietarios de Taverna Espinaler, con vistas a expandir el negocio familiar, entró en la venta al por menor de conservas de marisco capturado en las frías aguas gallegas. Así es como ahora el visitante puede adquirir navajas, moluscos, mejillones, un atún de la mejor calidad y otras delicias que se venden bajo la seña del negocio familiar.

«Te puedo asegurar que esto no tiene nada que ver con la lata de ostras ahumadas que te comías a las dos de la mañana, drogado y desesperado, en la universidad. Esto es el mejor marisco del mundo, y lo alucinante es que en conserva está aún mejor.» Y esta calidad tiene un precio: por una lata de 200 gramos de navajas, el cliente final puede llegar a pagar más de 275 dólares.

TAVERNA ESPINALER: Camí Ral, 1, 08340 Vilassar de Mar, Barcelona, tel. +34 937 591 589, <www.espinaler.com> (tapas: 2-14 euros / 2.50-17 dólares)

SAN SEBASTIÁN

«Cabría decir que San Sebastián es la ciudad en la que mejor se come de toda Europa. Aquí hay más restaurantes con estrellas Michelin per cápita que en cualquier otra ciudad del mundo. Pero es que hasta los restaurantes más corrientes son magníficos. La pasión por la comida, el empeño en utilizar los mejores ingredientes, es algo fundamental para la cultura y la vida de aquí. Y es una ciudad preciosa. ¿Eso ya lo dije? Preciosa.

»En el corazón de esta capital gastronómica encontramos al padrino de la nueva cocina española, Juan Mari Arzak. Él y su hija Elena dirigen el legendario restaurante de tres estrellas Arzak. Su cocina es innovadora, tremendamente creativa y adelantada a su tiempo, pero siempre muy vasca.»

Tony solía decir que en el curso de su trabajo en televisión podía hacer buenos amigos durante una semana, pero que la frecuencia de sus desplazamientos hacía imposible mantener la mayoría de esas amistades. Su relación con Juan Mari y Elena fue una rara excepción.

«Mi padre murió muy joven –le explicó Tony a Elena durante una grabación de *Parts Unknown*–. **Pero... A mí me gustaría que [Juan Mari] supiera que desde la primera vez que vine aquí, siento que me ha cuidado como lo haría un padre. Ha sido un amigo fiel, siempre me ha apoyado y quiero que sepa que lo aprecio.»**

En la mesa, en cualquier mesa que compartiera con Juan Mari y Elena, Tony decía sentir **«una conexión con el lugar, la sensación de estar entre amigos, de encontrarme de alguna manera en el hogar. Y qué bonito es cuando la realidad está a la altura de tus esperanzas y expectativas; cuando nada podría ser mejor»**.

Entre lo mejor de una comida en Arzak puede estar la langosta con polvo de aceite de oliva; el huevo a baja temperatura en caldo de pollo y sazonado con pollo liofilizado y su piel caramelizada; las *kokotxas* de merluza a la parrilla sobre hoja de bambú con semillas de *teff* y almendras frescas, y el atún blanco con melón verde y salsa de yaca.

ARZAK: Avenida Alcalde J. Elosegi Hiribidea, 273, 20015 Donostia, Gipuzkoa, tel. +34 943 27 84 65, <www.arzak.es> (precio medio de una comida: 242 euros / 296 dólares por persona)

«En Getaria, junto al mar, Elkano es un restaurante que los chefs de todo el mundo conocen y aprecian por eso que ellos llaman su cocina paleolítica. Consiste en la exposición directa al fuego y usar unos pocos ingredientes para obrar algo parecido a la magia. Camarón de roca: la cabeza y el cuerpo se preparan por separado; el cuerpo se sirve semicrudo, en lo que llaman semiceviche, y las cabezas se asan. Calamares, servidos a la manera paleolítica, a la parrilla, con salsa de cebolla y pimiento verde. Y las *kokotxas*, el ingrediente –o pasión– vasco donde los haya, el componente consustancial a la

cultura local. La barbilla de la merluza, preparada al *pilpil*, en aceite de oliva, revolviendo constantemente para emulsionar el aceite con la gelatina natural del pescado.

»Pero el plato que atrae a Elkano a comensales apasionados de todo el mundo es el rodaballo a la parrilla, que, una vez asado, el dueño del local, Aitor Arregi, corta metódicamente en raciones. La idea es poner en valor cada componente singular y sus características especiales: la piel, ligera, gelatinosa, la carne suave y ligeramente caramelizada; el vientre graso, untuoso; las espinas, a las que se aferran pedazos de la más dulce de las carnes. Un plato, un mosaico de sabores y texturas bien marcados, manjares épicos todos ellos.»

ELKANO: Herrerieta Kalea, 2, 20808 Getaria, Gipuzkoa, tel. +34 943 140 00 24, <www.restauranteelkano.com> (precio medio de una comida: 70-100 / 85-122 dólares por persona)

«Ganbara, mi restaurante favorito. Yo vengo aquí cada vez, como un misil detector de calor. La especialidad de la casa, la que da su fama al local, para mí es lo mejor: setas silvestres y foie gras chamuscados, sobre los que se vierte delicadamente una yema de huevo cruda que chisporrotea en confraternización con los hongos calientes.»

GANBARA: San Jerónimo Galea, 21, 20003, Donostia, Gipuzkoa, tel. +34 943 42 25 75 (tapas: entre 9 y 20 euros / 11 y 24.50 dólares por unidad)

«En un mundo perfecto, en otra vida, yo viviría en San Sebastián. Todo esto, toda esta comida, este lugar, sería un derecho natural, y de algún modo Elena Arzak sería mi hermana, y Juan Mari Arzak me adoptaría. Yo amo a este hombre, adoro a Elena, y la idea de verlos ahora en el Bar Haizea, uno de sus bares de tapas favoritos, me tiene loco de emoción.» Entre los *pintxos* que vale la pena probar están el *brick* de bacalao (buñuelos de bacalao), los huevos rellenos, el mousse de salmón y **«ese picante y salado manjar, los pimientos de banana**

en escabeche y anchoas. Sencillo, tradicional y tremendamente gratificante».

BAR HAIZEA: Aldamar Kalea, 8, 20003, Donostia, Gipuzkoa, tel. +34 943 42 57 10 (*pintxos*: 1.50-4 euros / 1.80-5 dólares; raciones: 4 / 14 euros / 5-17 dólares; bocadillos: 4-5 euros / 5-6 dólares)

«No es exagerado decir que cuando se come en *Etxebarri*, en el mundo no hay nadie que a esa hora esté comiendo mejor que tú. Es extraordinario en todos los sentidos. Y este hombre es una leyenda. Es un maestro de aquello que parece simple y austero, pero que en el fondo es, casi a la manera japonesa, perfeccionista hasta el fetichismo en su tratamiento de los ingredientes locales.»

El iconoclasta asador de Bittor Arginzoniz se encuentra en el valle de Atxondo, a una hora por carretera de San Sebastián. En compañía de un reducido grupo de cocineros, Bittor lo asa todo sobre el carbón de leña que él mismo elabora con la madera de roble que él mismo corta: carnes de todas clases, como la chuleta de vaca gallega o el chorizo que él prepara con lomo de cerdo ibérico, así como camarones, navajas, anguilas locales de temporada y calamares en su tinta, pero también chícharos lágrima de temporada; caviar beluga (en una parrilla hecha a medida, sobre un lecho de algas); e incluso helado, cuyos componentes lácteos se ahúman antes de que el azúcar y los huevos los conviertan en una etérea golosina helada.

«Sin género de dudas, una de las mejores comidas de mi vida. Creo que lo que hay que entender de España es que, para entender la nueva gastronomía, la nueva cocina, primero hay que entender que esta gente está enamorada de todo esto –decía Tony, queriendo decir que la nueva vanguardia aprecia la cocina tradicional. Y añadía–: **La una no puede existir sin la otra.»**

ASADOR ETXEBARRI: Plaza San Juan, 1, 48291 Atxondo, Bizkaia, tel. +34 946 58 30 42, <www.asadoretxebarri.com> (precio de un menú cerrado: 180 euros / 220 dólares por persona)

ESTADOS UNIDOS

LOS ÁNGELES, CALIFORNIA

Enganchado ya tras su primera grabación de *No Reservations*, Tony volvió a Los Ángeles con frecuencia: con *The Layover*, con dos episodios de *Parts Unknown*, con varias temporadas del concurso de cocina *The Taste* y durante la larga racha como nominado y a veces ganador del premio Emmy; en sus escalas de las giras de promoción de sus libros; y por otros asuntos de toda índole.

«Soy un mentiroso. Un asqueroso. Yo antes echaba pestes de Los Ángeles, porque eso es lo que la gente espera que haga un neoyorquino. Yo llego allí con mi actitud de neoyorquino, pensando: "Qué gente. No tienen ni idea. Esto es el fin del mundo. Es inmoral. Es el país del destello y la fantasía".

»Pero es que hace tiempo que acepté chuparle su verga con costras al gran santo televisivo. Así que con Los Ángeles o Hollywood no soy precisamente una virgen. En realidad, no soy más que la gran puta de la tele. Ven a verme al día siguiente, después de pasearme en un carrazo con el capote abajo, y entonces ya estaré pensando: "Yo podría vivir aquí. Ah, sí".

»Así que ya puedo reconocerlo: a mí me encanta este sitio. Me encantan las palmeras, los centros comerciales, el océano Pacífico, todo ese rollo raro sacado de un millón de películas.»

CÓMO LLEGAR, CÓMO MOVERSE

El **Aeropuerto Internacional de Los Ángeles (LAX)** es el emblemático aeropuerto de la ciudad, un mastodonte con nueve terminales y vuelos con salida y destino a toda la geografía de Estados Unidos, Canadá y México, y las principales ciudades de Asia, Australia, Europa, Latinoamérica y Oriente Medio. Centro de conexión de Alaska, American, Delta y United Airlines, LAX es uno de los aeropuertos con más tráfico del mundo. Siempre se encuentra entre los cinco mejores, junto a los de Atlanta, Pekín, Dubái y el Haneda de Tokio. Está situado a unos treinta kilómetros al suroeste del centro de Los Ángeles. Entre el aeropuerto de Los Ángeles y la ciudad hay distintos autobuses públicos (más información en flylax.com). El que tenga mejor presupuesto puede tomar uno de los muchos autobuses gratuitos de la red Lax-it que circulan en torno a las terminales, y que lo llevará a la inmensa explanada en la que esperan taxis y vehículos de los servicios de renta mediante aplicación celular. Este sistema se ideó con vistas a reducir las monstruosas aglomeraciones de vehículos que se producían a la salida de las terminales de LAX, y en el momento de escribir estas líneas estaba previsto mantenerlo en vigor hasta el año 2023, en que se termine el proyecto de construcción que se encuentra en marcha en el aeropuerto de Los Ángeles. (Más información en <www.flylax.com/lax-it>.) Una carrera en taxi desde el aeropuerto a Hollywood Oeste, por ejemplo, suele salir por unos 60 dólares, incluyendo la habitual propina del 15 por ciento.

«LAX me gusta porque yo prefiero los vuelos directos, como la mayoría de la gente a la que no le falta un tornillo, pero, por los fa-

mosos embotellamientos de Los Ángeles, el sitio en el que vayas a alojarte influye mucho en el aeropuerto que elijas. El Internacional de Los Ángeles está en la parte oeste, el de Long Beach (LGB) en el sur y el Aeropuerto Bob Hope (BUR), en Burbank.»

Quien tenga tiempo quizá prefiera tomar un tren Amtrak hasta **Union Station**, la estación que se construyó en 1939 en el estilo arquitectónico llamado misión moderno, una mezcla de colonial español, *revival misión* y *art déco*. Amtrak tiene varias líneas que empiezan y terminan en Union Station, en la que también operan líneas de trenes locales y regionales y que también comprende una estación de autobuses. En Union Station se exponen instalaciones artísticas y se organizan proyecciones de películas y otros eventos culturales, y también cuenta con una apreciable oferta de restauración y bebidas, todo lo cual la convierte en un lugar que se antoja visitar, aunque uno no tenga que tomar ningún tren.

UNION STATION: North Alameda Street, 800, Los Ángeles, California 90012, <www.unionstationla.com>

Los Ángeles, por supuesto, es la ciudad de los coches por excelencia. **«Hay algunas redes de transporte público, pero son todas horrendas. En Los Ángeles nadie anda a pie. Todo el mundo anda en coche. Es así y punto.»** Esto último ya no es del todo cierto, pero a Tony le gustaba moverse por la ciudad en un Dodge Charger rentado, cuando no contaba con alguno de los choferes que le proporcionaban los distintos estudios y cadenas.

Dicho esto, **Metro**, el organismo que coordina todos los sistemas de transporte de Los Ángeles, indica que sus redes de autobuses y metro dan servicio a más de un millón de pasajeros al día. Así que no todo el mundo anda en coche. Si tú prefieres ir contra la marea automovilística durante tu estancia angelina, consulta horarios, rutas y precios en <metro.net>.

«NO HAY HOTEL QUE ME GUSTE MÁS»

«Soy totalmente fiel a –y siento entusiasmo por– los pocos hoteles que me gustan sinceramente en este mundo, y ninguno me gusta más que el Chateau Marmont. Es un clásico. Lo es desde 1929, ha sobrevivido a cinco grandes terremotos y a huéspedes como Jim Morrison, John Belushi, Hunter S. Thompson. Todos entraron, algunos no salieron.

»El edificio principal es mítico, oscuro, cómodo. Informal. Uno se siente como si estuviera durmiendo en casa de su tío el rarito. Normalmente, aquí puede entrar cualquiera, mientras respete ciertas reglas sobrentendidas: No enloquecer si ves a alguien famoso. No tomar fotos bajo ningún concepto. No hacerse el salvaje. Te van a tratar igual que al famoso de la mesa de al lado. Bienvenidos a mi hotel de la felicidad.»

En el edificio principal, hasta las habitaciones más modestas son espaciosas y están bien equipadas, con sus buenos muebles, roperos, cortinas y baños de azulejos tradicionales. Y luego están los bungalós, que se encuentran al otro lado de la piscina y que son más discretos, ideales para iniciar o poner fin a un tórrido idilio, una novela o un fino frasco de marihuana de uso recreativo, que ya es legal, y luego asaltar un minibar muy bien abastecido.

«La primera vez que vine aquí, Los Ángeles no me gustaba mucho. No quería relacionarme. No quería salir. Así que, si eres como yo, si te disgusta el simple hecho de estar aquí, este es tu hotel. Aquí te puedes esconder. Aquí ni te enteras de que estás en Los Ángeles. Aquí no ves nada en parte alguna. Tienes tu propio jardín. Y ellos no te ven a ti, en ninguna parte del hotel. Esto es un recinto cerrado. Y nadie te va a reprochar que no quieras abandonarlo. Solo una cosa: ten cuidado con las bebidas. Son caras.»

CHATEAU MARMONT: Sunset Boulevard, 8221, Hollywood, California 90046, tel. 323 656 1010, <www.chateaumarmont.com> (precio de una habitación: 450 dólares la noche aprox.)

IN-N-OUT BURGER: HAMBURGUESAS DE ENTRADA Y SALIDA

«Es un ritual. Al salir del aeropuerto, al volver al aeropuerto. El In-N-Out Burger. Es estupendo.» In-N-Out, la popular cadena de comida rápida especializada en hamburguesas, nació en 1948, de la mano de Harry y Esther Snyder. Los fundadores empezaron con una única tienda situada en Baldwin Park, California, para más tarde abandonar el área metropolitana de Los Ángeles y expandirse progresivamente por el resto del estado. En la actualidad, la cadena cuenta con más de trescientos puntos de venta, como los situados en Nevada, Arizona, Utah, Texas y Oregón.

Pide una hamburguesa doble al estilo animal, **«cocinada con mostaza y cebolla asada, pepinillo, lechuga, tomate y extra de crema, sea lo que sea eso. Es comida rápida, sí. Es una cadena, sí. Pero también es una cadena en la que te hacen cada hamburguesa en el momento de pedirla, y te la hacen a la temperatura que tú pidas. Es la única cadena de Estados Unidos que vale la pena. Estas hamburguesas están buenas hasta cuando se endurecen y se enfrían. Fíate de mi palabra. Y, además, tratan a sus empleados como a seres humanos, y hacen papas fritas y licuados muy buenos. Toma eso, payaso malo».**

IN-N-OUT BURGER: puntos de venta en todo el sur de California y otros puntos; <www.in-n-out.com> (hamburguesas: 2.5-4 dólares aprox.)

LOS ÁNGELES, CIUDAD DE TACOS

En Nueva York, el panorama gastronómico mexicano ha mejorado y se ha diversificado en la última década, pero aún no está ni mucho menos a la altura del de Los Ángeles.

«En Atwater Village, donde viven varias generaciones de mexicanos y filipinos, se encuentra el Tacos Villa Corona. Solo está a tres kilómetros del centro de Los Ángeles, pero la distancia desanima a la mayoría de los visitantes. Un cuchitril que se lleva en familia: todas las marcas de la calidad. María y Felicia Flórez despachan sus tacos y sus burritos en una cocina del tamaño de un ropero.» El negocio es conocido por los contundentes burritos que ofrecen para desayunar, pero los tacos también son sublimes.

TACOS VILLA CORONA: Glendale Boulevard, 3185, Los Ángeles, California 90039, tel. 323 661 3458, <www.tacosvillacorona.net> (burritos de desayuno: 3-7 dólares aprox.; tacos: 2-3 dólares aprox.)

DIVERSIÓN FAMILIAR TAMAÑO JUMBO

En Los Ángeles hay clubes de *striptease*, muchos, pero Tony solo entregó su corazón a uno: el **Jumbo's Clown Room**. **«Este es el último refugio del antiguo arte del cabaret. Las chicas se toman muy en serio sus espectáculos, y son increíblemente atléticas. Lo digo totalmente en serio. Aquí traería yo a una chica en una cita. Es un local muy divertido, que atrae a un público muy variado. Tiene algo curiosamente saludable. Como que tiene su encanto.»**

Jack *Jumbo* Taylor inauguró este establecimiento allá en 1970, en una parte del barrio de Hollywood Este que ahora se conoce como Thai Town. Al principio no era más que un bar de barrio, con sus fiestas de pijama, sus festines de cerdo asado y otras actividades sociales. Durante una breve temporada fue una discoteca, más tarde un bar de música country y, desde 1982, un club de *striptease*... o, técnicamente, un *bikini bar*, según la terminología urbana. La hija de Taylor, Karen, lleva las riendas del local desde 1990, el personal de barra es mayormente femenino y las bailarinas controlan una rocola bien abastecida, todo lo cual contribuye a generar una onda que resulta mucho más divertida, respetuosa y festiva que la del típico bar de chicas gogó.

Aviso: el nombre engaña. El Jumbo's no es un local muy grande, y a veces las esperas son largas para acceder a la sala o para pedir una copa, sobre todo los fines de semana.

JUMBO'S CLOWN ROOM: Hollywood Boulevard, 5153, Los Ángeles, California 90027, tel. 323 666 1187, <www.jumbos.com> (precio medio de un coctel: 7 dólares aprox.; consumo mínimo: dos bebidas; no cobran la entrada, pero sí te animan a dar propina a las bailarinas)

«APARTA, QUE NO SABES»

Dijo Tony en 2016, para la revista *Haute Living:* **«Musso & Frank es un restaurante de Hollywood de antes, perfectamente conservado, con bármanes adultos profesionales que mezclan sus cocteles de maravilla porque es su trabajo, no porque sean unos fanáticos del *steampunk* o porque hayan encontrado la cera para bigotes que su papi guardaba en el sótano.»** Tony no grabó ninguno de sus programas de televisión en este local, pero sí le gustaba frecuentarlo para agasajar a periodistas y amigos cuando estaba en Los Ángeles, para comerse un entrecot en su punto idóneo, unas espinacas a la crema y unos champiñones salteados, todo ello seleccionado de entre una carta perfectamente clásica, que apenas ha cambiado desde que el restaurante se inaugurara en 1919.

«Eso lo saben hacer muy bien en Los Ángeles –dijo Tony en conversación con la periodista Katherine Spiers durante la entrevista que esta le hizo para su podcast *Smarth Mouth* en 2016–. **Tienen unos bares antiguos magníficos, e instituciones de toda la vida que ahí siguen, y de una forma totalmente desprovista de ironía. En Musso & Frank no hay ironía alguna. Lo dicen bien claro: "Esta es nuestra especialidad, lo que llevamos haciendo toda la vida. Quítate, que no sabes".»**

MUSSO AND FRANK GRILL: Hollywood Boulevard, 6667, Los Ángeles, California 90028, tel. 323 467 7788, <www.mussoandfrank.com> (precio medio de un plato principal: 42 dólares aprox.)

EL BARRIO COREANO

Parts Unknown dedicó un episodio entero a la experiencia coreano-americana de Los Ángeles, empezando por la Ley de Inmigración de 1965, que atrajo a miles de inmigrantes coreanos a Los Ángeles. Tony comentó con el chef Roy Choi los disturbios de Los Ángeles de 1992 y el desproporcionado impacto que estos habían tenido en lo que se había dado en llamar Koreatown, el barrio cuyos comerciantes y sus familias, abandonados por la policía, habían tenido que defenderse como habían podido de los saqueos, los incendios provocados y la violencia personal causada por aquellos disturbios. Con ayuda de Choi y del pintor David Choe, Tony recorrió la Koreatown de nuestros días, donde ciudadanos coreano-americanos de segunda y tercera generación se dedican a perpetuar una inmutable tradición culinaria adaptada al paladar occidental, y que, desde los trabajos de reconstrucción que se llevaron a cabo tras los altercados, comparten barrio con restaurantes tailandeses, filipinos, samoanos, mexicanos, centroamericanos y bangladesíes.

«Park's Bar-B-Q: este, siempre que vengo, cae. Y pido de todo: lengua, la lengua que no falte. *Galbi*, costillas... Lo que me manden. Y creo que su *banchan* [guarniciones varias con arroz, generalmente a base de verdura y pescado] es de los mejores que he probado», declaró Tony ante Jeff Miller en 2016, para *Thrillist*.

Jenee Kim llegó a Los Ángeles en el año 2000, con su título de ciencias culinarias de la Universidad Femenina de Seúl, y en 2003 inauguró Park's, un establecimiento especializado en carne de vaca *wagyu* americana, pero que también cumple en materia de cerdo, marisco, tofu, estofado y fideos. Como dijo el ya desaparecido Jonathan Gold en una sección especial que el periódico *Los Angeles Times* dedicó a Koreatown a principios de 2018: «Parece indiscutible: en cuestión de parrillada coreana, el restaurante modernista de Jenee Kim sigue siendo el mejor de Koreatown».

PARK'S BAR-B-Q: South Vermont Avenue, 955, Los Ángeles, California 90006, tel. 213 380 1717, <www.parksbbq.com>
(40-60 dólares por persona aprox. por una cena de asado de vaca completa; menú del día de almuerzo: 15 dólares aprox.)

Pero en Los Ángeles no todo es carne de vaca, coches deportivos y cocteles clásicos. Abierta ininterrumpidamente desde 1975, la **Book Soup**, **«una de las últimas grandes librerías independientes»,** procura un disfrute especial. Su sola existencia desmiente en cierta medida el estereotipo del angelino indiferente a toda cultura no relacionada con Hollywood. **«Sus cultos empleados se ocupan personalmente de cada uno de sus estantes. Tienen una extraordinaria y oscura colección de títulos marcados por una rareza insuperable, siempre relacionada con Los Ángeles. Un maravilloso y raro compendio de lo**

maravilloso, lo extraño y lo bello. Y es una de las escalas clave en las giras de lectura de todos los pesos pesados de la literatura. A todo el mundo le encanta esta librería.» Y una ventaja adicional: incluso tiene estacionamiento, un tesoro extraordinario en esta ciudad eminentemente automovilística.

BOOK SOUP: Sunset Boulevard, 8818, West Hollywood, California 90069, tel. 310 659 3110, <www.booksoup.com> (los precios de los libros son los normales de venta al público)

MIAMI, FLORIDA

Tony viajaba a Miami con cierta frecuencia: viajes en familia, para grabar sus programas, para promocionar sus libros... y para intervenir en una bacanal anual, con patrocinio corporativo, de celebridades del mundo de la enogastronomía que se reúnen en la playa.

«Miami te conquista sin que lo percibas. ¿O quizá somos nosotros los que cambiamos, los que acabamos naufragando en Miami?

»Miami es muy grande. Más grande y variada de lo que se admite. Con los años tendemos a centrarnos en... ¿cómo decirlo?... la fiesta de Miami. Es una tentación casi irresistible. La seducción de las luces brillantes, de las palmeras, de las noches cálidas, de la arquitectura *art déco* de Miami, de los sueños prefabricados de tantas series de televisión hechas realidad.»

Pero Miami es más, mucho más, que las luces de neón y el fulgor de South Beach y Lincoln Road. En Miami hay que ver las islas, Coral Gables, el Wynwood de las nuevas ínfulas artísticas, el Distrito del Diseño o el *downtown*, el centro de la ciudad. **«Y los barrios de la Pequeña Habana y el Pequeño Haití son de visita obligada, por supuesto. Miami es la más latinoamericana de las ciudades. Entre sus**

habitantes se cuenta un número incalculable de ciudadanos cubanos, sudamericanos y también inmigrantes del Caribe, con todo lo bueno que traen.

»Los soñadores, los visionarios, los pícaros y estafadores que construyeron Miami imaginaron muchas formas de paraíso. Una Nueva Jerusalén erigida sobre una inmensa propiedad inmobiliaria sumida en un proceso de expansión aparentemente infinito. Tú dinos dónde hay agua, que te damos tu suelo urbanizable. O, como en Coral Gables, construye una nueva Venecia, una fantasía mora inspirada en un Otelo cinematográfico, con sus majestuosos canales. Góndolas que trasladen a los nuevos exploradores a sus luminosos palacios venecianos. Un sueño tan extensible como el espacio. Donde había agua, ahora, como por arte de magia, había tierra (más o menos) firme.

»Y en la década de los ochenta, donde antes había un declive, un vacío, ahora de pronto había una economía nueva y vibrante. Una economía que sacó a flote lo sepultado, que llenó Miami de edificios nuevos, de carrazos, de discotecas deslumbrantes, de ríos de dinero y de la correspondiente fama de ciudad ligada al crimen y a la sangre. Cocaína.

»Por mucho que digan, la cocaína cambió para siempre la faz de Miami. Para bien o para mal, le devolvió su atractivo.»

CÓMO LLEGAR, CÓMO MOVERSE, Y UN COMENTARIO SOBRE EL RALEIGH

El **Aeropuerto Internacional de Miami (MIA)** es el más grande de la región, el lugar donde cambiar de avión entre el Norte y el Sur del continente americano. Opera vuelos con salida y destino a muchas ciudades de Estados Unidos, Centroamérica y Latinoamérica, México y el Caribe, y unas decenas de ciudades europeas y de Oriente Medio.

En el aeropuerto puedes tomar un taxi o desplazarte a tu hotel a bordo de un microbús SuperShuttle. En <www.miami-airport.com> dispones de una lista de precios cerrados que varían por zonas (según la distancia que las separe del aeropuerto). También hay una red de dos líneas de tren llamada Metrorail y algunos autobuses. Más información en <www.miamidade.gov>.

Tony era un adepto del **Hotel Raleigh** de South Beach, una joya *art déco* dotada de una original decoración de época, una lujosa piscina (con un magnífico servicio de bar junto a ella) y la clase de intimidad y atención personal discreta que hacía que costara abandonar el recinto.

«Yo no vengo aquí solo por el bar, ni por su interiorismo clásico, ni siquiera por su espectacular piscina, sino porque es uno de los pocos refugios adultos, originales y levemente disfuncionales que de verdad me encantan. Aquí me siento como en casa.»

Por desgracia, en el momento de escribir estas líneas, el hotel está cerrado y sumido en una especie de limbo inmobiliario. El nuevo dueño amenaza con convertirlo en residencia privada a menos que se le conceda una recalificación destinada a construir un inmenso hotel en un terreno colindante. Las últimas noticias que nos llegan del lugar apuntan a que al propietario se le ha concedido lo que deseaba. Lo cual posiblemente significa que el Raleigh está a salvo.

«UN GLORIOSO REFUGIO»

En Miami van y vienen los restaurantes, los hoteles y los festivales. Solo el océano y el **Mac's Club Deuce** son eternos.

«Hay un sitio al que siempre vuelvo. Un sitio en el que, si buscas y haces las preguntas adecuadas, puedes conocer la historia de Miami de boca de un solo hombre. De este hombre, Mac Klein: el dueño, propietario y barman del Mac's Club Deuce ha cumplido cien años

este año», dijo Tony en 2014; Klein murió al año siguiente, pero el bar permanece abierto.

«Mac llegó a Miami en 1945, procedente del Lower East Side de Nueva York, a través de la batalla de Normandía. Durante la Segunda Guerra Mundial, Miami conoció una afluencia masiva de personal militar. Los hoteles, cuyo negocio se había resentido gravemente, hicieron un trato con el Gobierno para alojar a las tropas en sus instalaciones desiertas. En el otoño de 1942, más de setenta y ocho mil soldados estaban instalados en trescientos hoteles de Miami y Miami Beach.»

Nuestro bar abrió sus puertas en 1933, con el nombre de Club Deuce; Mac se puso al frente y en 1964 añadió su nombre al título del establecimiento. En la actualidad, el lugar es una cápsula del tiempo perfectamente conservada, un tugurio clásico que ha permanecido inalterable durante más de cincuenta años. Las paredes siguen pintadas de negro, la modesta fachada de estuco sigue envuelta en luces fluorescentes (aunque, en los años ochenta, los ambientadores de *Corrupción en Miami* añadieron luces de neón también en el interior, antes de rodar una escena en el lugar), y, entre la clientela, la alta sociedad aún se codea con la baja. **«Es un glorioso refugio para clientes distinguidos procedentes de todas las clases sociales, perfecto para**

los atardeceres y las madrugadas. A mí me encanta este bar. Me apasiona. Es mi favorito de Miami.»

MAC'S CLUB DEUCE: Calle Catorce, 222, Miami Beach, Florida 33139, tel. 305 531 6200, <www.macsclubdeuce.com> (bebidas: oferta 2 x 1 en horario de 8 de la mañana a 7 de la tarde; todos los días; solo admiten pago en efectivo)

ATLANTA, GEORGIA

«Atlanta: por esta ciudad he pasado varias veces, no la conozco bien, y hacía mucho tiempo que no comía en serio en ella», dice Tony en el arranque de un capítulo de *The Layover.* Lo que encontró fue una escena gastronómica enormemente diversa, en la que clásicos de la carne rebozada como el Colonnade, unos tacos excelentes y especialidades del norte de China convivían con representantes del «Nuevo Sur» que proponían una oferta de inclasificables y elaboradísimas recetas.

«Existe cierta idea de la gastronomía sureña. Es un error que no solo comete la gente que no vive en el Sur. Es un concepto que propaga la gente del Sur, esa idea de que todo lo que se fríe en abundante aceite es cocina rural sureña. Pero si alguien saca un libro de cocina con la cubierta plagada de [coloquialismos sureños como] "Ya'll", cuánto apuestas a que todas las recetas que contiene se prepararán con manteca de cerdo, que todo va empanizado, que todo es contundente. No siempre fue así», decía Tony, y con ello aludía al hecho de que en la auténtica gastronomía sureña, aquella por la que vale la pena viajar, lo que abunda es la verdura fresca, los frijoles, los cereales, los encurtidos, la carne criada con esmero y el marisco fresco del Atlántico y del golfo de México.

CÓMO LLEGAR, CÓMO MOVERSE

«El **Aeropuerto Internacional Hartsfield-Jackson de Atlanta (ATL) es un centro de conexión importante, grande, inmenso, nada divertido.»** Es el aeropuerto con más volumen del mundo en número de vuelos y de pasajeros por año. Hay vuelos directos con origen y destino a casi todas las grandes ciudades del mundo, y también vuelos regionales que cubren todo el sur de Estados Unidos.

ATL es tan inmenso que cuenta con varias opciones de tren, autobús y transporte automatizado solo para trasladar a los pasajeros entre las distintas terminales y los vestíbulos del mismo aeropuerto. Y para trasladarse a la ciudad, además de los habituales taxis y otras opciones de transporte privado, hay autobuses lanzadera y municipales y el tren de la Metropolitan Atlanta Rapid Transit Authority (MARTA). Entre ATL y la ciudad media una distancia de veinte kilómetros por carretera, para un viaje de unos treinta minutos que en taxi cuesta unos 35 dólares más la propina.

Y, una vez en el hotel: **«En Atlanta hay bastante tráfico. Todo el mundo anda en coche. Aun así, creo que tú también deberías hacerlo».** Las redes de transporte público pueden resultar deficientes, sobre todo si vas con el tiempo justo; es mejor rentar un coche o ir en taxi.

COMPRAR Y COMERSE EL MUNDO EN BUFORD HIGHWAY

«Atlanta es una ciudad de gente llegada de fuera. Lo es más con cada año que pasa. Solo tienes que llegar a Buford Highway y acercarte a la deliciosa zona internacional, una larga hilera de centros comerciales que ofrecen los mejores y más variados productos extranjeros.»

Renta un coche tuneado y vete a **El Taco Veloz** a probar sus tacos de lengua. **«Plántate ahí y prueba un manjar bien auténtico, *vato*. Tacos, burritos, todo ello bajado con una horchata.»** El Taco Veloz es una pequeña cadena de Atlanta que cuenta con media docena de locales. Al primero, situado en Buford Highway e inaugurado en 1991, los lectores de *The Atlanta Journal-Constitution* le atribuyeron los «mejores tacos de Atlanta» en una encuesta local.

EL TACO VELOZ: Buford Highway, 5084, Doraville, Georgia 30301, tel. 770 936 9094, <www.tacoveloz.com> (tacos: 2 dólares aprox.; burritos: 5 dólares aprox., platos principales: 9 dólares aprox.)

«Y entre otras perlas de Buford Highway, esa auténtica escalera hacia el cielo, tenemos el Northern China Eatery o el Crawfish Shack Seafood.

»El norte de China, o Dongbei, es la tierra del trigo, no del arroz: y eso significa bolas de masa, unas bolas excelentes, panecillos, fideos con... carne: cordero ensartado y sazonado con comino y chile, o cabeza de león mandarín con salsa marrón. Y no es león, por cierto. Son unas albóndigas de cerdo gigantescas. Lo que aquí hay que probar, creo, es el pescado picante a la cazuela; pescado frito en abundante aceite y chile en gran cantidad. Sin aspavientos, muy barato y muy muy bueno. Que sea lo primero de tu lista.»

NORTHERN CHINA EATERY: Buford Highway, 5141, Doraville, Georgia 30304, tel. 678 697 9226, <www.northernchinaeatery.com> (pescado picante a la cazuela: 20 dólares aprox.; bolas de masa: 8-9 dólares aprox.)

Y luego: **«Por el camino de baldosas amarillas hacia la mutación asiática de estilo cajún encontramos el Crawfish Shack Seafood, que gobierna el señor Hieu Pham, un nativo de Atlanta de origen vietnamita-camboyano. Pescado frito en abundante aceite, *low country boils* [ensalada sureña de marisco, papa, salchicha y maíz]: no es la típica comida cajún, pero está buenísima».** El *Louisiana crawfish boil* o ensalada de langosta de Luisiana es un guiño a las comunidades inmigrantes vietnamitas que se establecieron en este estado en la década de los setenta, y el señor Pham añade citronela a su mezcla de especias, pero por lo demás es un menú bastante básico, y perfectamente elaborado, a base de pescado y marisco al vapor o frito, bocadillos *po'boy* [típicos de Luisiana, de carne o marisco] y guarniciones.

CRAWFISH SHACK SEAFOOD: Buford Highway, 4337, Atlanta, Georgia 30341, tel. 404 329 1610, <www.crawfishshackseafood.com> (un plato de marisco para una persona: 30 dólares aprox.; un bocadillo *po'boy*, 10-15 dólares aprox.)

«El colosal Mercado de Granjeros de Buford Highway es completamente absurdo... en el mejor sentido. Parece toda la gastronomía del mundo reunida bajo un solo techo inmenso. Cocina asiática, de toda Asia, de Europa del Este, africana, de todo el mundo, todo ello reunido en el más insospechado de los lugares. No se acaba nunca, ¿eh? Filipinas, Tailandia, la China, la India, la sección del ramen.» Recorre los pasillos de este megamercado internacional de treinta mil metros cuadrados, admira los bígaros, el durián, las cabezas de bagre, los caracoles vivos y los cientos de cortes de carne, y prueba las bolas de masa coreanas recién hervidas en una de las muchas casetas de la zona de restauración.

MERCADO DE GRANJEROS DE BUFORD HIGHWAY: Buford Highway, 5600, Doraville, Georgia 30340, tel. 770 455 0770 (no tienen página web) (distintos precios)

«Diseñado con el foco puesto en la sensibilidad culinaria de otros cocineros, chefs y demás profesionales hosteleros, Holeman & Finch Public House ha triunfado entre el gran público. Yo creo que el futuro de la cocina norteamericana, la próxima revolución, se está incubando en el sur de Estados Unidos. Así está sucediendo desde hace tiempo, y el movimiento no hace sino consolidarse.»

Aquí encontramos **«jamón de pueblo, tratado con el mismo respeto que un buen jamón ibérico o un *prosciutto*; tres variedades de huevos rellenos; y *souse* [queso de cabeza de cerdo en escabeche], algo que cualquier chef estaría orgulloso de tener en su carta, sobre todo uno tan exquisito como este».** Continúa con **«*johnnycake* (pan de maíz), huevos escalfados, tocino, hígado de pato y jarabe de sorgo»,** y **«*lamb fries*, es decir, testículos de cordero, con nueces sazonadas, cebolla, menta y mostaza *beurre blanc*».**

Hace unos años, Holeman & Finch ofrecía a sus clientes, a partir de las 10 de la noche y por orden de llegada, dos docenas de hamburguesas de dos pisos. Ahora también tienen una tienda especializada en hamburguesas, el H&F Burger, y en Holeman & Finch siguen despachando su oferta limitada de dos docenas de unidades al principio de cada servicio.

HOLEMAN & FINCH PUBLIC HOUSE: Peachtree Road NE, 2277, Atlanta, Georgia 30309, tel. 404 948 1175, <www.holeman-finch.com> (precio medio de un entrante: 12 dólares aprox.; precio medio de un plato principal: 25 dólares aprox.)

«En Atlanta hay mucho bueno que ver aparte de los clubes de *striptease*, pero, de esos –paradójicamente, se diría, para un lugar como es el Sur, en el que impera un conservadurismo relativo– hay muchos. A mí no me gustan los clubes de *striptease* convencionales; pero una de las pocas excepciones a esta regla está en Atlanta.

»Georgia es el cinturón bíblico, ¿no? El Sur es conservador, ¿no? Piadoso, baptista, evangélico. Entonces ¿por qué esta es la capital de los clubes de *striptease* de Estados Unidos? La mejor institución de Atlanta, la más excelente, maravillosa, singular, popular y excéntrica, es el Clermont Lounge. Este local debería ser un monumento nacional. La institución más popular de la ciudad, un lugar donde encontrar belleza renacentista y una erótica y sofisticada vida nocturna, y en el que el alcohol fluye en pequeños vasitos de plástico. El Clermont no es como otros clubes de *striptease*. Opera a un nivel completamente distinto.»

Tony (y su invitado, Alton Brown) se sentaron a entrevistar a la legendaria Blondie (Anita Ray Strange), ya entonces una cincuentona que seguía aplastando latas de cerveza entre sus pechos y bailando sobre el pequeño escenario único del Clermont. Blondie les explicó qué es lo que hace único a este club de *striptease*, que ofrece sus servicios ininterrumpidamente desde 1965. «Es un sitio muy campechano, y las chicas son encantadoras. Porque la más joven tiene veintinueve años, pero la mayor, sesenta y seis. Y este club es para chicas que a lo mejor no tienen una gran figura, pero todas tenemos unas personalidades arrolladoras.» Más tarde, cuando Tony le dio un billete de veinte dólares, Blondie le dijo que, si le pagaba la siguiente canción –en el Clermont no hay DJ, y las bailarinas se responsabilizan de los gastos de la rocola cuyas canciones ponen música a sus números–, le hacía unas patadas de artes marciales y unos splits.

«Resulta que Blondie y yo no somos tan distintos como puede parecer. Somos más o menos de la misma edad, ofrecemos nuestro espectáculo a gente a la que no conocemos, y yo diría que habrá días

en que a ella le guste y valore su trabajo más que yo el mío. Si vives en Atlanta, o vienes aquí a menudo, y aún no has acudido a presentarle tus respetos a esta gran mujer, no dejes de hacerlo. Vale la pena el gesto, y en esta ciudad no hay mejor noche de entretenimiento.»

El **Clermont Motor Hotel**, con el que comparte espacio el Lounge, fue en tiempos un local decrépito, de los de pago por semana, que en 2013 fue cerrado por las autoridades sanitarias, y que hace poco tiempo, después de una remodelación carísima, ha reabierto sus puertas como hotel *boutique.* Afortunadamente, milagrosamente incluso, nada de eso ha afectado al encanto del Clermont.

THE CLERMONT LOUNGE: Ponce de Leon Avenue NE, 789, Atlanta, Georgia 30306, tel. 404 874 4783, <www.clermontlounge.net> (1 entrada con consumición: 10 dólares aprox. la mayoría de las noches)

CHICAGO, ILLINOIS

Siempre era un placer ser testigo de la sincera e indisimulada pasión que Tony sentía por la ciudad de Chicago. En esta ciudad grabó sendos capítulos de *No Reservations*, *The Layover* y *Parts Unknown*, siempre arrojando luz sobre los distintos bares, las casas de hot dogs y bocadillos, las aficiones deportivas, los chefs del lugar, los aspirantes a artistas y la grandiosa arquitectura que define la ciudad.

«Yo he hecho televisión en Los Ángeles, pero Los Ángeles es pura dispersión urbana. San Francisco, un pueblo magnífico. Nueva Orleans, un estado mental. Pero Chicago: Chicago es una ciudad.

»Chicago ni siquiera necesita medirse con ninguna otra ciudad. Otras ciudades deben medirse con ella. Es una ciudad grande, abierta, dura, testaruda, y todo el mundo tiene una historia.

»Es una de las ciudades verdaderamente extraordinarias del mundo. En Chicago no se andan con tonterías. Físicamente no sé si es primera en tamaño o en número de habitantes, pero la verdad es que no me importan las cifras; simplemente, Chicago es la mejor ciudad de Estados Unidos. Es un Everest cultural detrás de otro. Es la ciudad sin complejos de inferioridad.»

Y al final de tu visita: **«El que sabe sale hacia el aeropuerto medio dormido, con la barbilla manchada de grasa procedente de un sándwich de carne italiana y eructando mostaza del hot dog Red Hot de la noche anterior, mientras intenta recordar a quién debe pedir disculpas por los incidentes que puedan haber ocurrido. Ah, Chicago, ciudad de las maravillas».**

CÓMO LLEGAR, CÓMO MOVERSE

La ciudad tiene dos aeropuertos, el mayor de los cuales es, con diferencia, el **Aeropuerto Internacional O'Hare (ORD).**

«Lo primero que hay que decir es que, por desgracia, la mayoría de las escalas en esa ciudad tan fantástica que es Chicago son

involuntarias, porque hay pocos aeropuertos menos apetecibles. Pasar por el O'Hare suele ser una experiencia horrible. Su tamaño, su importancia como centro de conexión y la impredecibilidad del clima del Medio Oeste lo convierten en el aeropuerto de escala por excelencia en el mundo. Es una mierda. No hay otra forma de decirlo. A su favor, hay cosas mucho peores en el mundo que verse atrapado en la ciudad de Chicago.»

El aeropuerto O'Hare ofrece un amplio surtido de vuelos nacionales y muchos más a Centroamérica y Latinoamérica, Europa, África, Asia e incluso Australia y Nueva Zelanda. Se encuentra situado a unos treinta kilómetros al noroeste del centro de la ciudad; un taxi cubre esta distancia en unos cuarenta minutos y sale en unos 35 o 40 dólares, más una propina del 15 o 20 por ciento de la carrera.

Distintos servicios de autobús lanzadera, como Coach USA y Go Airport Express, comunican O'Hare con la ciudad y los distintos aeropuertos entre sí. El tren de la línea azul de la Chicago Transit Authority (el «El», como llaman los de allí al metro de la ciudad, en referencia al hecho de que se trata de un tren elevado en la mayoría de sus tramos) circula entre O'Hare y Forest Park en horario ininterrumpido, e incluye numerosos puntos de transbordo a otras líneas. El precio de un boleto sencillo desde O'Hare es de 5 dólares, pero viajar en El entre la mayoría de las demás estaciones solo cuesta 2.5 dólares.

«Hay que decir que el Aeropuerto Internacional Midway de Chicago (MDW) es más pequeño y constituye una opción más razonable.» Midway es el centro de conexión de Southwest Airlines, y la mayoría de las rutas que cubre son nacionales, pero también ofrece algunos vuelos a México, Jamaica, República Dominicana y Canadá. Midway se encuentra situado a unos veinte kilómetros al suroeste del centro de Chicago, un viaje de entre veinticinco y cuarenta y cinco minutos por carretera que, al igual que en el caso de O'Hare, sale en unos 35 o 40 dólares, más la propina del 15 o 20 por ciento.

También los autobuses lanzadera de Go Airport Express comunican la ciudad con el aeropuerto de Midway, y la línea naranja de la CTA sale del aeropuerto con destino a la estación Adams/Wabash, con numerosos puntos de transbordo a otras líneas. Al contrario que en O'Hare, no se cobra un suplemento por tomar un tren El desde Midway; el boleto cuesta 2.50 dólares, el precio normal de esta red para un boleto sencillo. Ten en cuenta que esta línea no circula entre la 1 y las 4 de la mañana.

Una vez en la ciudad, Chicago es una ciudad muy agradable para el transeúnte. Cuenta con amplias avenidas, aceras anchas, y hay muchas cosas que ver por el camino. Para distancias más largas, o en condiciones meteorológicas extremas, puedes usar la red de trenes elevados de la CTA, las nutridas redes de autobuses, pedir un taxi por teléfono o tomarlo en la calle, un servicio que en esta ciudad abunda. También puedes rentar un coche, por supuesto. Estacionarte y manejar el volumen de tráfico puede ser tan problemático y caro como en cualquier gran área metropolitana, así que extrema tu tolerancia para estos asuntos.

LUJO EN LA COSTA DORADA

«Estoy instalado en el Four Seasons, hijo de puta. Es lo más fresa que se ha visto, y tiene las camas más cómodas y más grandes de la industria.» El hotel está situado en un lugar privilegiado, en el selecto barrio de Gold Coast, con vistas al lago Míchigan y acceso peatonal a la llamada Milla Magnífica, la zona comercial de lujo, así como un excelente servicio de meseros y detalles como la copa de helado y los carritos de martini, el *spa* y la piscina romana con techo de cristal; en resumen, la clase de hotel en el que le gustaba refugiarse a Tony después de un duro día visitando antros, comiendo bocadillos de carne y enfrentándose a personajes difíciles.

FOUR SEASONS CHICAGO: East Delaware Place, 120, Chicago, Illinois 60611, tel. 312 280 8800, <www.fourseasons.com/chicago> (precio de una habitación: 425 dólares la noche aprox.)

OTRA CLASE DE CULTURA

Otra ventaja de alojarse en el Four Seasons es su cercanía a una institución cultural que respondía a su fascinación por las dolencias y rarezas médicas y por los remedios más insólitos, terribles o lamentablemente inútiles.

«A mí me gustan los museos. Sé que a lo mejor no lo parece, puesto que no suelo dejarme ver entrando en ninguno. Y siempre recomiendo evitarlos, por supuesto. Pero en Chicago, no. En Chicago hay muchos museos que valen la pena. Está el Instituto de Arte, que es buenísimo, pero también el increíble Museo Internacional de Ciencias Quirúrgicas, junto a Lake Shore Drive.»

Situado en la casa en la que pasó su infancia el fundador del Colegio Internacional de Cirugía, el doctor Max Thorek, un edificio con aires de castillo francés, este museo contiene una colección de herramientas médicas históricas que constituyen una fascinante manera de despertar agradecimiento por los relativos avances de la medicina moderna.

«Me interesa lo de la trepanación –dijo Tony a una empleada del museo, refiriéndose, por supuesto, a la antigua práctica de agujerear el cráneo de los seres humanos vivos para aliviar distintas dolencias–. **Antiguamente, si te dolía mucho la cabeza o hacías cosas raras o te sentías indispuesto, uno de sus tratamientos preferidos consistía en abrirte el cráneo como si fuera una lata de cerveza y dejar que la presión saliera. Increíble, ¿no? A veces hasta funcionaba. No lo intenten en casa, niños.»** Además de los instrumentos de trepanación y los cráneos conservados de los pobres sujetos del procedimiento, el museo también contiene textos históricos, obras gráficas de tema médico y una tienda de regalos particularmente perversa. **«Qué feliz soy. Esto es un sueño hecho realidad.»**

MUSEO INTERNACIONAL DE CIENCIAS QUIRÚRGICAS: North Lake Shore Drive, 1524, Chicago, Illinois 60610, tel. 312 642 6502, <www.imss.org> (precio de las entradas de adultos: 16 dólares aprox.; niños: 8 dólares aprox.)

BEBER EN EL OLD TOWN

«En una discreta esquina del Old Town, la ciudad vieja de Chicago, se encuentra uno de los bares más históricos y legendarios de la nación, un monumento a la historia cultural del país, un senado romano del discurso ilustrado.» Se trata, por supuesto, del **Old Town Ale House**. **«Numerosas figuras señeras de la literatura, la comedia, los escenarios y la gran pantalla, poetas-filósofos que nunca gozaron de reconocimiento... Todos ellos, en algún momento, aunque sea por un instante, han descansado sus nobles cabezas sobre las paredes de sus baños.»**

El bar lleva abierto desde 1958. En la década de los sesenta, tras quedar destruido en un incendio, trasladó su sede al otro extremo de la Avenida Norte Oeste. Su dueña, Beatrice Klug, murió en 2005, dejando el establecimiento a Tobin Mitchell y el exmarido de esta, un hombre al que Tony describió como el **«escritor, pintor de fama mundial, ventajista del golf, anecdotista, facilitador y bloguero Bruce Cameron Elliot»**.

Elliot tiene un animado e irreverente blog en el que detalla las cómicas (y ocasionalmente trágicas) idas y venidas, borracheras y peleas de los clientes habituales del bar, todo ello combinado con reflexiones políticas y anécdotas personales. En el sótano del bar,

Bruce tiene un estudio de pintor *ad hoc*, pero serio, en el que pinta afectuosos retratos de clientes asiduos y algunos visitantes selectos, así como algunos divertidos retratos satíricos de una galería cada vez más extensa de altos funcionarios electos, delincuentes o bufonescos, y de otros que aspiran a serlo.

«Cuando cae la tarde en el Old Town de Chicago, es la hora de comer algo. Aunque, a decir verdad, en el Old Town Ale House esa hora es casi siempre. El coro se reúne a dictar sentencia sobre los asuntos del día, temas de primera importancia en la ciudad del lago, la ciudad de los hombros anchos, esta metrópoli verdadera.»

OLD TOWN ALE HOUSE: West North Avenue, 219, Chicago, Illinois 60610, tel. 312 944 7020, <www.theoldtownalehouse.com> (precio medio de una jarra de cerveza: 10 dólares aprox.)

CARNE ASADA DE DOS MANERAS

En Chicago no faltan propuestas gastronómicas a la altura de las mejores del mundo, pero en esta ciudad Tony siempre acababa optando por la sustanciosa carne, por lo barato, por lo que se come con la mano.

«Vamos a necesitar una tonelada de servilletas. Esto no se puede comer con delicadeza, hay que agarrar y ensuciarse.» Invitado por el legendario músico y productor de Chicago Steve Albini (véase el artículo «Adónde llevaría a Tony si él aún estuviera aquí» en la página 148), Tony se lanzó por esa **«delicia perversa que es el sándwich de carne empanada»,** el que da su fama a una pizzería tradicional de Chicago llamada **Ricobene's.** Se toma un filete de falda, se empaniza, se fríe, se empapa en salsa de tomate (sin que pierda su toque crujiente), se dobla en torno a generosas dosis de mozzarella rallada y pimientos en vinagre y se inserta en un panecillo francés de los que saben presentar joyas como esta sin ningún derramamiento. **«Es una belleza. Y está exquisito.»**

RICOBENE'S: West 26th Street, 252, Chicago, Illinois 60616, tel. 312 225 5555, <www.ricobenespizza.com> (un sándwich de carne normal: 9 dólares aprox.)

Filadelfia tiene el *cheesesteak* (bocadillo de carne con queso), Nueva Orleans el *po'boy*, Chicago tiene esto: el sándwich italiano de carne de vaca.

«De camino a mi temido aeropuerto de O'Hare, me detengo en una estación de la cruz importante, el Johnnie's Beef, donde saben hacer ese clásico esencial de Chicago, la carne de vaca italiana.» Abierto desde 1961 en Elmwood Park, a las afueras de Chicago, Johnnie's es un local sin pretensiones que solo acepta pago en efectivo y que suele tener fila de clientes. Nada de lo cual debería desanimarte.

«Muy popular entre los vecinos de Chicago –con motivo–, deliciosamente húmedo, dirían algunos, rezumante y exquisito, esta trascendental mezcla de bistec redondo cocinado despacio, pimientos dulcísimos, pimientos picantes, rezumante de grasiento jugo de carne... Veamos esta magnífica creación, el hijo favorito de Chicago. Dios mío, pero miren esto. Increíble.»

JOHNNIE'S BEEF: West North Avenue, 7500, Elmwood Park, Illinois 60707, tel. 708 452 6000 (no tienen página web) (un sándwich de carne de vaca italiana: 5 dólares aprox.)

NUEVA ORLEANS, LUISIANA

Tony fue guionista en la plantilla de *Treme*, el programa de HBO producido por David Simon y Eric Overmyer sobre la vida en Nueva Or-

Adónde llevaría a Tony si él aún estuviera aquí

STEVE ALBINI

La gastronomía proletaria de Chicago es fantástica. **Jim's Original** es un puesto de hot dogs que permanece abierto las veinticuatro horas del día. Así ha sido durante décadas. Tienen una escueta carta a base de hot dogs, salchichas polacas y sándwiches de chuleta de cerdo. Y, de estos, la salchicha polaca es una obra maestra absoluta. Cuántas veces no habré recordado, estando en plena autopista de madrugada, que podía ir al Jim's a comerme una salchicha polaca, y lo he hecho, y nunca he salido decepcionado. En torno al Jim's suele formarse una especie de comunidad: siempre hay mendigos y gente que vende packs de calcetines largos y películas porno de segunda mano. El local se encuentra situado en el barrio del Maxwell Street Market, un mercadito público que perduró ciento cincuenta o ciento setenta años, una cosa así. Así que ese sería el primer sitio al que llevaría a Tony en una madrugada: lo llevaría al Jim's. Y pediríamos salchicha polaca con cebolla a la brasa.

En la ciudad hay otros locales de hot dogs que por uno u otro motivo son buenos. Uno que se llama **The Wiener's Circle**, cerca de Wrigley Field, es famoso por lo mal que los empleados tratan a la clientela. Es algo que forma parte de la experiencia. Los hot dogs no están mal, pero allí se va por el placer de que te insulte y te vitupere un experto en la materia.

Por calidad gastronómica, creo que el mejor local de hot dogs de Chicago es uno que se llama **Superdawg**, que está en la parte noroeste de la ciudad. Tienen una carta muy extensa de distintas variedades de hot dogs, todos ellos con nombres muy simpáticos. El Superdawg es un hot dog aderezado clásico de Chicago que se sirve con panecillo de semillas de amapola. El Whoopskidawg es un hot dog con pimiento picante. El Francheesie, una salchicha polaca que se abre longitudinalmente, se rellena de queso, se asa a la brasa y se envuelve en tocino. Toda una experiencia.

Aparte de los hot dogs, en Chicago hay varios establecimientos en los que tienen unos fantásticos fiambres, embutidos, etcétera. **Publican Quality Meats** es una filial del bar restaurante Publican. No aceptan reservaciones y tienen una enorme variedad de embutidos de producción propia. Y todo es excelente.

Si tuviera que comprar carne para cocinar para una ocasión especial, iría a **Paulina Market**, una carnicería que cuenta con una serie de excelentes carniceros muy bien formados, clásicos, de la vieja escuela. Elaboran su propio embutido y carnes ahumadas; y todo, con una calidad excepcional. Además, han apoyado distintas causas políticas de signo progresista, y eso me inspira aún más simpatía hacia ellos.

La otra cosa por la que es famosa esta ciudad es su cultura del *barbecue*. Y en Chicago hay mucha muchísima oferta. Hay un rey del *barbecue*: **Lem's Bar B-Q**. Sus productos a la parrilla vienen intensa, profundamente ahumados y bañados en su propia salsa, una salsa exquisita a base de vinagre. Sus costillas no son de este mundo. En realidad, son famosos por eso. Pero también tienen sus *hot links* [salchichas típicas del sur de Estados Unidos], que consisten en cortes picados y cartílago embutidos en tripa natural. Y ese *hot link* es una obra maestra. Es la clase de salchicha que se resiste a que nos la comamos. Es cartilaginosa, nudosa, con mucha textura y mucho condimento.

Si andas cerca del Lem's, unas manzanas más allá hay un restaurante que se llama **Original Soul Vegetarian**. Hacen *soul food* [un tipo de gastronomía afroamericana] vegetariana. Lo llevan miembros de una extraña secta religiosa. Yo, cuando voy allí, intento no pensar en eso, porque la comida es fabulosa. Son todos los clásicos de la *soul food* –verduras, macarrones, pastel de boniato–, todo lo bueno de la *soul food*, todo lo que la convierte en una tradición culinaria tan única y variada. Y todo es vegano. Y constituye una de las pocas experiencias gastronómicas vegetarianas verdaderamente buenas que hay en el mercado.

Pero otra experiencia vegana verdaderamente buena es la de **Amitabul**, un restaurante que hace una cocina coreana tradicional, pero elaborada sin ingredientes animales. Y es todo extraordinario. Una carta muy variada, para todos los paladares. Qué manjares.

En materia de pollo, tenemos el **Harold's Chicken Shack**, una famosa institución con veinte establecimientos repartidos por la ciudad de Chicago y sus alrededores. Y en materia de pollo a la parrilla, recomiendo el restaurante **Hecky's**. El Hecky's es una rareza: un restaurante *barbecue* de primera, situado a las afueras. La mayoría de los buenos restaurantes *barbecue* de la ciudad se encuentran en la ciudad, pero Hecky's es, sin duda, uno de los buenos, y está en Evanston, en el área metropolitana de Chicago. Aquí, la obra maestra es el pollo ahumado. Un pollo intensamente ahumado y, una vez cocinado, cubierto de salsa *barbecue*. Un manjar.

Tony conoció el **Kuma's Corner**, y le gustó tanto desde el punto de vista cultural como culinario. Las leyes de concesión de licencias en Chicago tienen algunas perversidades. Abrir una taberna que sea solo una taberna, un sitio en el que ir a beber y escuchar música, es muy muy complicado. Y por eso casi todas las empresas de Chicago como esta, a efectos de licencia, son restaurantes, y eso significa que tienen que dar de comer de alguna manera.

Los chicos que abrieron el Kuma's querían montar un bar de heavy metal. En Chicago no había ninguno, no había un bar al que pudieran ir los aficionados al metal, donde se pudieran reunir y escuchar música heavy metal a todo volumen y ver películas *slasher*. Así que decidieron hacer uno. Pero, como no podían montar un bar, montaron un restaurante de hamburguesas y bautizaron todas las hamburguesas con nombres de distintas bandas de heavy metal. Podrían haberlo hecho sin dar de comer excepcionalmente. Pero es que dan de comer excepcionalmente. Hacen una cocina muy cuidada en materia de hamburguesas, de condimentos y de los sabores que crean.

También tienen carta de complementos, y es fantástica. Hacen papas fritas de cerdo desmenuzado, que es una especie de *poutine* (papas fritas con salsa y queso) preparada con cerdo desmenuzado y salsa *barbecue*. Y una especie de macarrones con queso «como quieras»: les puedes añadir, literalmente, cualquier otra cosa que tengan en la casa en ese momento. Puedes decir, por ejemplo: «Sí, quiero unos macarrones con queso y con peras escalfadas al bourbon, guisantes y salchicha *andouille*», y, sí, sin problema, te lo preparan en un momento.

Las raciones son abundantes y las comidas muy gratificantes. Y tienen un bar muy completo, una selección de bourbons muy interesante; las bebidas también están muy bien. Pero allí uno iría por la comida... si no fuera un fan del heavy metal. E iría por el metal si la comida le fuera indiferente.

Todos los barrios de Chicago tienen su pequeña taquería. Creo que una típica sería **La Pasadita**, la de Wicker Park. Suele permanecer abierta hasta tarde o toda la noche, y la comida es muy parecida a la oaxaqueña -tacos al pastor, tacos de carne asada, tacos con lengua o chicharrones o barbacoa- porque muchos cocineros de Chicago son de Oaxaca. Y todo es excelente.

Hay otros restaurantes de comida latina que no son mexicanos, pero creo que en Chicago domina la cocina mexicana. Hay uno que se llama **Irazú**, todo a base de comida costarricense, con un toque algo más caribeño, y está todo riquísimo. Superfantástico.

Hay un local que se llama **Café Tola** que vende tacos y burritos, como todas las taquerías; es una de las pocas taquerías de Chicago que ofrece una amplísima variedad de exquisitas empanadas absolutamente deliciosas, y una bebida de horchata de la casa que consiste en un café híbrido llamado *horchata latte*.

Y hay muchos restaurantes vietnamitas *pho*. **Nhu Lan Bakery** me gusta especialmente. También está el **Ba Le**. Este lleva casi cuarenta años. Es un fantástico local vietnamita de sándwiches y sopa *pho*. Hacen su propio pan. Están en el Uptown, que no es un barrio especialmente acomodado, y me gusta el hecho de que mantengan los precios para que pueda comer la gente del barrio, no solo los que se desplazan hasta allí.

leans después del huracán Katrina. Para él, como él mismo dijo, fue un hito en su carrera como escritor, y algo que le permitió explotar su facilidad para escribir escenas y diálogos situados en ambientes culinarios al tiempo que exploraba la singular cultura de la ciudad.

«En el mundo no hay ciudad que se parezca ni remotamente a Nueva Orleans. No vale la pena siquiera intentar compararla con ningún otro lugar. Solo pretender describirla es complicado, porque, por mucho que nos guste, en el fondo no la conocemos. En los bares no hay última llamada, y hay muchísima comida excelente. Eso ya lo sabemos. La gente del lugar es maravillosa porque no se parece a nadie. Tienen una actitud que desafía a la lógica de la mejor de las maneras, la de superar todos los reveses, todas las cosas que se han torcido en esta ciudad tan fabulosamente desgraciada.»

CÓMO LLEGAR, CÓMO MOVERSE

Por vía aérea se llega al **Aeropuerto Internacional Louis Armstrong de Nueva Orleans (MSY)**, que se encuentra situado a unos dieciocho kilómetros al oeste del centro de la ciudad, en Kenner. Opera vuelos con origen y destino a muchas de las grandes ciudades estadounidenses y algunas de Canadá, México y Europa.

Desde MSY, puedes tomar un taxi a la ciudad pagando un precio cerrado; son 36 dólares para un máximo de dos pasajeros, o 15 dólares por pasajero con tres viajeros o más, en el momento de escribir estas líneas, más la propina habitual del 15 o 20 por ciento. El aeropuerto ofrece servicios de lanzadera por 24 dólares por persona el boleto de ida o 44 dólares el de ida y vuelta; los boletos de transporte se adquieren en los quioscos de la zona de recogida de equipajes. La opción realmente económica (un boleto cuesta entre 1.50 y 2 dólares son los autobuses que unen el aeropuerto con la ciudad, que gestionan las entidades Jefferson Transit (JeT) y New Orleans Regional Transit Authority; en <www.jeffersontransit.org> y <www.norta.com> dispones de información sobre horarios y rutas.

Y para moverse por la ciudad, Tony advierte lo siguiente: **«El transporte público en Nueva Orleans, como casi todo lo que aquí llevan los políticos o burócratas, es, digamos, irregular en el mejor de los casos. Así que prepárate para recorrer las calles a pie, en coche rentado o en uno de los fantásticos y baratos taxis que abundan en la ciudad. Aquí los taxistas han visto de todo y saben manejarse».**

COCHON, PO' BOYS, MUFFULETTAS, DAIQUIRIS Y NAVIDAD: COMER Y BEBER EN NUEVA ORLEANS

El chef Donald Link era un amigo fiel y escudero habitual ante las cámaras. A Tony le encantaban sus restaurantes, sobre todo **Cochon**. **«Aquí, Link y su socio, Stephen Stryjewski, permiten a los clientes compartir su pasión por la cocina tradicional cajún y casera del sur. No hablamos de hamburguesas de donas ni de putos rellenos bañados en aceite. Hablamos de la comida que hacían las abuelas reales, ligeramente retocada para su consumo en restaurantes, claro.»**

Las cenas consisten en los manjares típicos de Cochon, salchicha *boudin*, mandíbulas de cerdo empanizadas, pierna de jamón ahumado con alubias rojas, corazones de pollo y rábanos chamuscados, macarrones con queso a la cazuela y cerdo asado con nabo, col, melocotón encurtido y chicharrones. «Cochon quiere decir "cerdo" en francés. Y aquí hay mucho de eso.»

COCHON: Tchoupitoulas Street, 930, Nueva Orleans, Luisiana 70130, tel. 504 588 2123, <www.cochonrestaurant.com> (precio medio de un plato principal: 24 dólares aprox.)

«El mejor *po'boy* [bocadillo de carne o marisco] de Nueva Orleans: No voy a defender esa idea. No voy a abrir ese debate. Solo puedo decir que el del R&O's es una versión excelente del *po'boy* de carne de vaca, una mezcla sorprendente, pero casi perfecta, de pan, carne en su jugo, mayonesa, lechuga y tomate.» Pan tostado, un bocadillo poco aseado y unas raciones gigantescas.

En el R&O's, los meseros son cordiales, pero informales, la sala es luminosa e inmensa y para los niños (y adultos) inquietos hay un pequeño salón recreativo que cuenta con un videojuego clásico de *Galaga*. El R&O's se encuentra en una zona conocida como Bucktown, que antes era una finca de cabañas de pesca situada entre el Canal de la Calle Diecisiete y el lago Pontchartrain, y que ahora contiene una enorme compuerta con estación de bombeo con las que se pretende evitar estragos como los que causó el huracán Katrina, pero que tam-

bién sigue siendo un lugar en el que tanto residentes como visitantes expertos pueden sentarse a disfrutar de un buen marisco a la sartén, de especialidades italianas y de un *po'boy* en los pocos restaurantes familiares que siguen existiendo, como el R&O's.

Tony visitó el R&O's en compañía del escritor, periodista y experto en Nueva Orleans Lolis Eric Elie. Cuando Tony señaló que el bocadillo en cuestión no aparecía descrito como un *po'boy* en la carta, Elie le explicó lo siguiente: «No es lo mismo el restaurante de Nueva Orleans que está más orientado al turista, que dice: "Bien, señor, aquí tenemos las cosas que conoce de haber leído sobre ellas". Creo que lo que dice el R&O's es lo siguiente: "A ver, nosotros trabajamos para la gente de aquí, porque ustedes [los turistas] vienen una vez al año"».

R&O's: Metairie-Hammind Highway, 216, Metairie, Luisiana 70005, tel. 504 831 1248, <www.r-opizza.com> (bocadillos: 9 dólares aprox.; platos principales: entre 10 y 20 dólares; pizzas: 16 dólares.)

Otro venerado proveedor de *po'boys* es el **Domilise's Po-Boy and Bar**, un establecimiento que lleva en manos de generaciones sucesivas de la familia del mismo nombre desde 1918, sin que se hayan producido apenas cambios a lo largo del tiempo. Siguen manteniendo su sede en una modesta casa de color amarillo situada en la esquina entre las calles Annunciation y Bellecastle; siguen haciendo sus bocadillos con esponjoso pan blanco Leidenheimer; y los empleados llevan décadas trabajando para ellos.

Pide el bocadillo especial, fuera de carta, a base de camarón frito, queso suizo y salsa de carne. **«Por esto hay que mancharse las manos.»**

DOMILISE'S PO-BOY AND BAR: Annunciation Street, 5240, Nueva Orleans, Luisiana 70115, tel. 504 899 9126, <www.domilisespoboys.com> (bocadillos: entre 5.50 y 18 dólares)

Desde la cómoda habitación de tu hotel, haz un pedido al venerable **Verti Marte**, una licorería y pequeño supermercado que también pone en oferta una espléndida variedad de comidas calientes y sándwiches, y que permanece abierto las veinticuatro horas del día, siete días a la semana. Pide el «Mighty Muffuletta», un sándwich originario de la comunidad siciliana de Nueva Orleans que se confecciona con el esponjoso pan de semillas redondo del mismo nombre y un relleno a base de salami de Génova, jamón, queso suizo y provolone y una ensalada de aceitunas griegas y kalamata, pimiento rojo asado, aceite de oliva y queso romano. Es gigantesco. Tony sugirió comerse la mitad inmediatamente y dejar el resto prensado debajo de un libro toda la noche, para acabar de saturar el pan con el jugo del aceite y la aceituna.

VERTI MARTE: Royal Street, 1201, Nueva Orleans, Luisiana 70116, tel. 504 525 4767 (un bocadillo: 2.25-10 dólares)

«Yo soy un tipo bastante fiel. Cuando me enamoro, lo hago en serio. Y, aunque años después nos separemos, normalmente, sigo queriendo. Y a este local, del que solo guardo un recuerdo vago, pero afectuoso, de hace años, lo querré siempre. Es un tesoro nacional.»

Solo un antro podía inspirar un monólogo tan sincero; en este caso, el **Snake & Jake's Christmas Club Lounge**, un bar del Uptown, la zona residencial, que desde 1992 es propiedad de Dave Clements, un nativo de Nueva Orleans. El edificio se encuentra en mal estado, el alcohol es barato, los cocteles inexistentes y la sala está mal iluminada, débilmente puntuada por unas luces de árbol de Navidad que constituyen un homenaje a un expropietario del local, Sam Christmas. Antes había un gato doméstico malvado que se bebía tu whisky y te mordía. Ahora hay un perro muy simpático, Peeve, al que le puedes comprar premios para canes. Los beneficios se donan a refugios de animales. Abre entre las 7 de la tarde y las 7 de la mañana; y se admite a todo el mundo.

SNAKE & JAKE'S CHRISTMAS CLUB LOUNGE: Oak Street, 7612, Nueva Orleans, Luisiana 70118, tel. 504 861 2802, <www.snakeandjakes.com> (una bebida: 3 dólares)

PROVINCETOWN, MASSACHUSETTS

Como saben los lectores de *Confesiones de un chef*, Provincetown, Massachusetts, ocupa un lugar destacado en la historia de los orígenes de Tony. Tony volvió a Provincetown, después de décadas de ausencia, junto al equipo de *Parts Unknown*, para ver lo que quedaba de ese educativo oasis veraniego.

«No hay nada como el Atlántico Norte. Es majestuoso. Me encantan sus playas. Mis primeras veces casi siempre han sido en una playa. Para todo. Todo empecé haciéndolo en una playa. El amor me hizo tan feliz o tan desgraciado, sucesivamente, como solo se puede serlo a los diecisiete años. Aquí fue donde viví un verano muy feliz a principios de los años setenta. La verdad es que, si lo piensas, es un

sitio increíble. Una pandilla de cabezas de chorlito, trabajando de lavaplatos, meseros, pizzeros; en una playa así se podía vivir. Tiempos más felices y más descerebrados.

»Fue aquí, ahí afuera, en la punta de Cape Cod: Provincetown, Massachusetts, el lugar en el que desembarcaron los peregrinos. Y en el que desembarqué yo en 1972, adonde llegué atiborrado de sol naranja [LSD] y acompañado de algunas amistades. Provincetown, un prodigio de tolerancia, una larga tradición de aceptar a los artistas, a los escritores, a los réprobos, a los gays, a los diferentes. Aquello era el paraíso. La dicha que solo puede darte la certeza absoluta de que eres invencible, de que ninguna de las decisiones que has de tomar van a afectar en absoluto a tu vida venidera. Porque entonces no pensábamos en nada de eso.»

CÓMO LLEGAR, CÓMO MOVERSE

Provincetown tiene un pequeño aeropuerto municipal **(PVC)**. Situado a diez minutos en coche del centro de la ciudad, opera vuelos provenientes de Boston y, en la temporada de verano, de Nueva York. Una vez en tierra, puedes rentar un coche del aeropuerto, tomar un taxi de una de las varias empresas independientes (unos 7 dólares por persona por trasladarte a la ciudad) o un autobús lanzadera que une PVC con el centro de la ciudad y que cuesta 2 dólares aprox. También hay servicios de ferry estacionales que unen Boston con Provincetown. Una travesía en transbordador rápido tiene una duración de noventa minutos y el boleto de ida y vuelta cuesta en torno a los 100 dólares; en ferry tradicional, son tres horas por 60 dólares, también por un boleto de ida y vuelta.

Otra posibilidad, por supuesto, es trasladarse de Boston (o cualquier otro sitio) a Cape Cod al volante, pero en verano, este medio, por el volumen de tráfico vacacional, puede ser una opción más lenta y menos agradable que el avión o el barco.

COMER EN PROVINCETOWN

«Muchos de los restaurantes clásicos de Provincetown ya no existen, pero el Lobster Pot sigue prosperando después de tantos años, y sigue ofreciendo lo que yo quiero y necesito: lo básico.» En el Lobster Pot encontramos muchos de los sabores e ingredientes portugueses de las Azores que marcan desde hace mucho tiempo la gastronomía de Provincetown. La carta, bastante extensa, a base de cocteles de marisco frío y al vapor, sopas, guisos, langosta y preparaciones de pescado, ahora incluye opciones más cosmopolitas, como el *satay* de pollo tailandés, el *sashimi* de atún y elaboraciones sin gluten.

Pide la **«versión de Provincetown del caldo verde, que es justo como yo lo recordaba: col rizada, chorizo picante, *linguiça* (embutido portugués), alubias, papas. Era justo lo que me gustaba de la comida de aquí, el toque portugués»**. También está muy bueno el **«bacalao relleno con costra de salchicha portuguesa picada y miga de pan, relleno de vieira y cangrejo y sazonado con jerez y salsa roja»**.

THE LOBSTER POT: Commercial Street, 321, Provincetown, Massachusetts 02657, tel. 508 487 0842, <www.ptownlobsterpot.com> (aperitivos: 11-16 dólares; platos principales: 23-40 dólares)

Spiritus Pizza es la increíble historia real de un negocio de Provincetown que lleva en manos del mismo propietario, John *Jingles* Yingling, desde 1971, y que sirve pasteles salados, café y helado entre unas paredes convertidas en muestrarios del trabajo de los artistas locales.

«Esta ciudad lo es todo para mí –decía Yingling para la audiencia de *Parts Unknown*–. Provincetown es un lugar muy especial, un pueblo en el que la gente puede ser ella misma. Todos nos drogábamos, nos comportábamos como jóvenes alocados, y Tony... supongo que desfasaba un poco más que algunos, y no tanto como otros. Pero a mí siempre me cayó bien.»

«¡Y me dejabas dormir encima de la cámara de refrigeración! –recordaba Tony–. No sabes la de veces que sueño con el Spiritus Pizza. Voy por la calle Commercial y recuerdo vagamente que el Spiritus se mudó, y tengo una sensación como de desplazamiento, como de pérdida, mientras vago por el paisaje onírico que es ese Provincetown de hace cuarenta años. Bueno, aquí seguimos. Y manteniendo la esperanza.»

SPIRITUS PIZZA: Commercial Street, 190, Provincetown, Massachusetts 02657, tel. 508 487 2808, <www.spirituspizza.com> (una pizza: 25 dólares aprox.; una ración: 3 dólares aprox.; solo aceptan pago en efectivo)

Todo buen puerto pesquero/pueblo fiestero necesita un bar de viejos, y Provincetown tuvo varios de ellos. **«Cuando yo trabajaba en el pueblo, los pescadores tenían el Fo'c'sle, el Cookie's Taproom y este: el Old Colony. Es el único que queda de los tres. Cuando yo llegué aquí, este bar ya llevaba aquí toda la vida. Creo que este es el único local del pueblo que no ha cambiado en nada.»** Propiedad de la familia Enos desde 1954, parece inmune al paso del tiempo. De las paredes forradas en madera cuelgan cuadros y fotos de clientes habituales (y fallecidos hace tiempo), banderines deportivos, objetos de tema náutico, luces de Navidad detrás de la barra, mesas talladas con generaciones de iniciales. En pocas palabras: un bar de pescadores clásico.

OLD COLONY TAP: Commercial Street, 323, Provincetown, Massachusetts 02657, tel. 508 487 2361, <www.old-colony-tap.business.site> (una copa: 5 dólares aprox.)

DETROIT, MÍCHIGAN

A Tony siempre le había interesado Detroit. Visitó la ciudad en 2009, como parte de un capítulo de *No Reservations* titulado «Rust Belt» que también incluía Buffalo y Baltimore, y volvió en 2013, con un episodio de *Parts Unknown*. En sus giras de promoción de libros y de pláticas, se aseguraba de que Detroit estuviera incluida entre las escalas, y ayudó a producir un documental sobre la ciudad inspirado en el libro del periodista y escritor David Maraniss *Once in a Great City: A Detroit Story*.

«De aquí viene todo lo genuinamente americano, todo lo bueno. Aquí se hacían las cosas que demandaba todo el planeta. El corazón, el alma, el latido de una superpotencia industrial y cultural. Un imán para todos aquellos que sueñan con un futuro mejor, desde Europa Oriental hasta el Sur profundo. Si tenías el sueño americano, venías aquí.

»Es una de las ciudades más bonitas de Estados Unidos. En ella se manifiestan esos sueños de la era industrial sobre un futuro de gloria eterna. La gente que construyó estas estructuras tenía una mentalidad de grandeza.

»Aquí dan ganas de tomar fotos. El lugar, como tantos en Detroit, invita a ello. Exploración urbana, como dicen, hurgar en los restos de la gran tragedia americana que sigue sucediendo en Detroit. Fotografiarlos, posar ante ellos, es un impulso irresistible. Los de Detroit lo odian. Visitantes –como nosotros, debo señalar– que se regodean con la pornografía de la decadencia.

»Cuesta apartar la mirada de las ruinas. No encontrar belleza en la decadencia. Inevitable establecer comparaciones con Angkor Wat, con Machu Picchu, con la antigua Roma. Magníficas construcciones que representan los ilimitados sueños de los muertos a los que dejaron descomponerse. Sin embargo, a diferencia de Angkor y Leptis Magna, aquí sigue viviendo gente. Eso lo olvidamos.»

CÓMO LLEGAR, CÓMO MOVERSE

Uno de los principales centros de conexión del Medio Oeste, el **Aeropuerto Metropolitano de Detroit (DTW)** opera vuelos nacionales e internacionales de una amplia variedad de compañías aéreas grandes y pequeñas. Un viaje en taxi desde DTW al centro de Detroit dura una media hora y cuesta unos 55 dólares más la propina. La red de la Regional Transit Authority of Southeast Michigan (RTA) incluye una línea de autobús que comunica DTW con el centro de Detroit en tres cuartos de hora más o menos, por 2 dólares aprox.; dispones de más información en <smartbus.org>.

La red ferroviaria Amtrak tiene una estación en el centro de Detroit. Si llegas desde Chicago, desplazarte a Detroit en tren es una buena idea. En la línea Wolverine se tarda unas cinco horas y media. Más información en <www.amtrak.com>.

En la ciudad, si no tienes coche propio y no quieres caminar, dispones de muchos servicios de taxi, pero probablemente tengas que pedirlo por teléfono, porque no se ven muchos taxis recorriendo las calles en busca de pasajeros. También hay una nutrida red de autobuses gestionada por el Departamento de Transporte de Detroit, y el centro de Detroit cuenta con un tren monorraíl sin conductor, el

People Mover, que rodea el área en el sentido de las agujas del reloj, con distintas paradas en los lugares de interés turístico. En <www.detroitmi.gov> dispones de información sobre horarios, rutas y precios.

CONEYS, DELICIAS DEL BLOQUE ORIENTAL Y MEJILLONES

«Le dices a la gente que te vas a Detroit, y ya verás como alguien de allí suelta: "Pues échate un Coney [un hot dog de Detroit]". Eso nunca lo he entendido. Porque, vamos a ver, yo vivo a treinta minutos de un sitio que se llama Coney Island, donde se supone que saben algo de hot dogs, ¿no?»

Duly's Place, una cafetería americana de las de siempre, abierta desde hace casi un siglo, es el lugar perfecto para ceder a la curiosidad. Además de la clásica carta a base de huevos, hamburguesas, alitas de pollo, bocadillos y pasteles salados, también ofrecen una excelente versión del ya mencionado hot dog.

«No sabes lo arraigada que está aquí esta creación. En Chicago, pizza *deep-dish*; en Filadelfia, bocadillo *cheesesteak*... Hay cierta ambivalencia. Pero aquí no. Aquí es muy simple: hot dog, chile, cebolla cruda, mostaza, panecillo al vapor. Pero la delicada interacción entre todos estos ingredientes, cuando está bien hecha, es como una sinfonía.» Es posible que, como hizo Tony, acabes repitiendo hot dog. Duly's solo admite pago en efectivo.

DULY'S PLACE: West Vernor Highway, 5458, Detroit, Michigan 48209, tel. 313 554 3076 (no tienen página web) (un hot dog: 2 dólares aprox.)

Si quieres disfrutar de cocina polaca no reconstruida para los tiempos modernos, acude a **Polonia**, un restaurante situado en Hamtramck, una aldea de cinco kilómetros cuadrados, una pequeña ciudad dentro de la ciudad de Detroit que en otros tiempos estuvo repleta de inmigrantes polacos que buscaban buenos trabajos en la industria del automóvil. Sigue conservando un fondo de cultura polaca, aunque muchos puestos de trabajo y muchos de sus habitantes ya la han abandonado. Polonia lleva casi cincuenta años sirviendo sana comida casera en una sala repleta de arte tradicional polaco y animada por música folclórica también polaca, protagonizada por el acordeón.

La legendaria crema de tocino del restaurante llega acompañada de pan y pepinillos, para reducir la grasa. **«Cuando una comida empieza con grasa de cerdo y tajadas de cerdo crujiente, la cosa promete. Y después, salchicha fresca, col rellena, bolas de papa, una buena variedad de *goulash*, pato asado con salsa de manzana, una cosa muy grande tipo *latke* [tortita de papa] rellena de setas, y un misterioso y exquisito "pollo de ciudad" que, en realidad, es ternera ensartada»**, cortado en dados, empanizado, frito, braseado.

«Sé de gente que cambia el pollo por carnes más caras, pero el clásico del Cinturón del Óxido, el llamado pollo de ciudad, es un raro ejemplo de lo contrario. Parece que surgió en la década de los treinta. En aquel entonces, la carne de vaca, de cerdo y ternera no era tan cara como el pollo, que era un lujo relativo.» Y, por supuesto, también hay una selección de media docena de vodkas y otros licores.

POLONIA: Yemans Street, 2934, Hamtramck, Míchigan 48212, tel. 313 873 8432, <www.polonia-restaurant.net> (un plato principal: 10 dólares)

«Huele la sangre, el sudor y las lágrimas del combate a muerte: el misterioso y brutal mundo subterráneo del *feather bowling*, los bolos de pluma. Bienvenidos al Cadieux Café. Por fuera parece bastante normal, pero, como uno de esos anónimos almacenes tailandeses de una película de Jean-Claude Van Damme, por dentro la cosa cambia. El único local del mundo donde se juega a los tradicionales bolos de pluma, todos los días y también por las noches.»

Los bolos de pluma son un deporte belga, parecido en cierto modo a la petanca, en el que los jugadores lanzan estratégicamente unos discos en forma de queso hacia una pluma clavada en vertical al final de un carril. Este juego fue introducido en Míchigan por inmigrantes flamencos en la década de 1930. Durante décadas solo se jugó en formato de liga cerrada, pero en la década de los ochenta los dueños del Café Cadieux tomaron la sabia decisión de abrirlo al público general. Saborea la yuxtaposición de un enigmático deporte de beber y una clásica fuente de mejillones con papas fritas, todo ello acompañado con cerveza belga.

«Porque, vamos a ver, es completamente absurdo, en el mejor de los sentidos. Es un modelo de negocio que, si tuvieras que ir a vendérselo a un banquero... "Oiga, estoy pensando en abrir un local de tema belga con bolos de pluma y mejillones".» La mayoría de las noches, el Cadieux ofrece música en vivo o karaoke, y las ligas toman las pistas los martes y jueves, pero otras veces estas se ponen a disposición del público, aunque es muy recomendable reservar previamente.

CADIEUX CAFÉ: Cadieux Road, 4300, Detroit, Míchigan 48224, tel. 313 882 8560, <www.cadieuxcafe.com> (una cena a base de mejillones: 19.95 dólares aprox.; bolos de pluma: 25 dólares la hora de lunes a viernes; 50 dólares la hora los fines de semana)

LIVINGSTON, MONTANA

«Hay gente que tiene que vivir en los espacios abiertos, allá donde el cielo es eterno. En los que todo el mundo debe someterse a la tierra. En los que cazar, pescar, dormir bajo ese ancho cielo, no son actividades, sino una forma de vida.

»La próxima vez que apagues un ciclo informativo lleno de bustos parlantes que vociferan convencidos de que Estados Unidos se está convirtiendo en un infierno imbécil y que cuestionan la grandeza de tu patria: quizá deberías pasar por aquí. Aquí es donde las montañas se tiñen de púrpura y gris. Este es el paisaje por el que generaciones de soñadores, déspotas, aventureros, exploradores, locos y héroes lucharon y murieron. Es uno de los lugares más bellos del mundo. No hay otro igual: Montana.

»Muchos han venido a reclamar su parte a lo largo de los años, pero antes de los buscadores y los exploradores, estaban los indios de

las llanuras. Los absarokas son grandes jinetes desde que adoptaron los caballos mustang que trajeron los españoles en el siglo XVIII. Más conocidos como los crow, en tiempos los absarokas formaron parte de una tribu más grande, la de los hidatsas. Hace siglos se separaron y se convirtieron en nómadas, por voluntad propia o empujados por su conflicto con los pies negros, los cheyennes y los dakotas, hasta que se establecieron aquí, en el valle del río Yellowstone.»

CÓMO LLEGAR, CÓMO MOVERSE

Montana es un estado inmenso, el cuarto por tamaño en Estados Unidos (pero el número cuarenta y dos de cincuenta en población). El periplo de Tony giró en torno a Livingston y el área circundante; el aeropuerto más cercano es el **Internacional de Bozeman Yellowstone (BZN)**, que opera una veintena de vuelos directos a ciudades de Estados Unidos, la mayoría del Oeste del país y explotados por las principales compañías aéreas nacionales. BZN se encuentra situado a unos treinta y cinco minutos por carretera de Livingston, en coche rentado o en servicio comercial de lanzadera, para lo que existen distintas opciones.

Si no tienes vehículo rentado o un viaje programado con un tour, en la ciudad existen algunos servicios de taxi privado, muchas empresas de renta de bicicletas y un servicio de autobús gratuito, el llamado Windrider, que entre semana, de 6:30 de la mañana a 6:30 de la tarde, cubre una ruta fija por la ciudad.

SABER VIVIR EN LIVINGSTON

«Livingston, Montana, es una ciudad única, pero extrañamente característica de la América rural, en la que la vieja guardia y los nuevos mutantes conviven, congenian, forjan alianzas y se vuelven indistinguibles en sus peculiaridades. Me gusta este pueblo.»

A partir de la década de los sesenta, una serie de artistas y escritores llegaron, tomaron arraigo y se entregaron a su arte en Livingston, entre ellos el escritor y guionista Tom McGuane, los actores Margot Kidder y Jeff Bridges, el pintor Russell Chatham y el poeta y novelista Jim Harrison.

En los últimos tiempos también han llegado archimillonarios cargados de dinero con que comprar parcelas de ranchos ganaderos en decadencia y en busca de un refugio bucólico. En el **Hotel Murray** confluyen los intereses y necesidades de todos ellos.

«Descendientes de los primeros vaqueros, granjeros y trabajadores del ferrocarril, todos tienen una historia que los relaciona con el Hotel Murray en uno u otro momento. Yo, cuando en mis andanzas encuentro un buen hotel, de los excéntricos, de los de antes, me mantengo fiel. Vuelvo siempre que puedo. A mí me gustan los hoteles con pasado. Y para hotel con pasado, el Hotel Murray. Durante más de un siglo, este establecimiento ha acogido a toda una serie de personajes (a veces tristemente) célebres: Calamity Jane y Buffalo Bill eran clientes habituales, pero lo que me encanta es que Sam Peckinpah, director de *La pandilla salvaje* y *Pistoleros al atardecer*, escogió este sitio para refugiarse durante algunos de los últimos y más desquiciados meses de su vida. Paranoico por las prodigiosas cantidades de cocaína que se metía, y porque bebía como un cosaco, a veces agujereaba las paredes, puertas y techos a base de disparos. Pero en el pueblo lo querían.»

Construido en 1904 y remodelado a principios de la década de los noventa, el Murray es un hotel de cuatro pisos y veinticinco habitaciones y *suites* cuyo mobiliario y decoración de interiores reflejan el lugar sin caer en lo kitsch. Nació con el nombre de Elite Hotel, para alojar a los pasajeros que viajaban en los trenes de la Northern Pacific Railway. La familia de James E. Murray, miembro del Senado de Estados Unidos entre 1934 y 1961, financió las obras de construcción y se convirtió en propietaria del hotel (y le cambió el nombre) cuando quebró el primer titular. El Hotel Murray sirve como base de operaciones a muchos turistas que acuden a visitar el Parque Nacional de Yellowstone, que se encuentra situado a una hora de allí por carretera.

«Es un buen hotel, y todo buen hotel necesita un buen bar», decía Tony, que sumó muchas horas, ante las cámaras o no, en el bar del Murray. Los rótulos fluorescentes de la entrada permanecen intactos, las paredes aparecen cubiertas de fotografías de las leyendas locales de la pesca con mosca, sus asientos cómodamente repletos de clientes habituales y visitantes, y suele haber música en vivo.

El restaurante del hotel, el Second Street Bistro, abrió sus puertas en 2004, bajo la batuta del chef Brian Menges, que a día de hoy continúa dirigiendo, desarrollando y perfeccionando los servicios de restauración del hotel.

«Es el mejor chef que hay ahora, sin duda alguna –decía Tony en 2009–, **y además se esfuerza en cultivar su relación con los agricultores y productores de la zona, porque está empeñado en crear un menú que combine la calidad con lo auténticamente local y que esté basado en elaboraciones prémium que reflejen lo que en Montana saben hacer mejor. En una cocina pequeña, con poco personal, en la soledad de lo que es la vanguardia de estos parajes, Brian trabaja muchas horas, y con mucho esfuerzo, y con relativamente poco hace un trabajo espectacular. No es nada fácil ser un chef local con ambiciones ahí en la vanguardia, casi en soledad. Pero creo que hacer eso aquí, desde que esto empezó, ya es tradición»**.

Se sabe que Menges tiende a apartarse del camino trillado con platos como la galantina de pollo, búfalo y alce; las *rillettes* de cerdo local fritas; y la *paupiette* de pescado blanco braseado con trucha ahumada y caviar de pescado blanco, propuestas, todas ellas, que vale la pena probar cuando se presenta la oportunidad. El costillar de cordero con corteza de lavanda y las costillas de ternera estofada con colmenillas de recolecta local están más ajustadas a la oferta diaria del restaurante. **«No tiene nada que envidiar a nada que se pueda encontrar en ningún otro lugar del mundo.»**

HOTEL MURRAY: West Park Street, 201, Livingston, Montana 59047, tel. 406 222 1350, <www.murrayhotel.com> (precio de las habitaciones: desde 240 dólares la noche aprox.)

NUEVA JERSEY

Tony se crio en Leonia, una ciudad dormitorio de Nueva Jersey, como miembro de un núcleo familiar que valoraba las artes, la cultura, la educación y los buenos modales en la mesa, todo lo que podía despertar la irritación de un joven con querencia por los placeres más venales de la ciudad de Nueva York, aunque siempre sintió una debilidad teñida de nostalgia por Nueva Jersey.

«¡Oh, tierra encantada de mi niñez! Una placa de Petri cultural que produce ejemplos de grandeza frecuentes.

»Nueva Jersey, para quien no lo sepa, tiene playas, unas playas preciosas, y no todos son trolls aquejados de furia esteroide con programas de *reality show*. Los veranos de mi infancia transcurrieron en esas playas, y son fantásticas.

»Jersey tiene tierras de labranza. Bonitas ciudades dormitorio en las que no vive esa mujer de *Real Housewives* que se parece al doctor

Zaius ni nadie semejante. Incluso las refinerías. Yo encuentro cierta belleza en la interminable sucesión de hojas de trébol que son esas autopistas y autovías que avanzan trazando misteriosos dibujos sobre los humedales. Conocer Jersey es amarlo.»

CÓMO LLEGAR, CÓMO MOVERSE

El único gran aeropuerto de Nueva Jersey es el **Liberty Newark International (EWR)**, situado al suroeste de Nueva York, en Newark. Los trenes y autobuses de la red New Jersey Transit lo comunican con Manhattan. Además, algunos trenes de la red Amtrak tienen parada en Newark Liberty, en el intercambiador Newark Penn Station y en algunas estaciones más de todo el estado. New Jersey Transit tiene una red bastante completa de autobuses y trenes que cubren todo el estado, pero la verdad es que estar en Jersey es estar en el corazón de la cultura del automóvil.

HOT DOGS JUNTO AL PUENTE, BOCADILLOS EN LA PLAYA

«Fort Lee: quizá hayas oído hablar de ella. Se habla de una supuesta conspiración de ciertos secuaces del exgobernador Chris Christie para bloquear durante unos días el tráfico de aquí. Es una ciudad que arrastra una dudosa historia de corrupción. También es el lugar en el que está mi querido Hiram's. Inaugurado en 1932, este lugar no ha cambiado apenas desde entonces. Mi padre empezó a traernos aquí a mí y a mi hermano pequeño, Chris, en los años cincuenta, y ellos aún siguen con la tradición. Haber convencido a mi hija de que aquí están los mejores hot dogs del mundo me causa un gran orgullo y satisfacción. Le encanta venir aquí, y eso a mí me hace muy feliz.»

Los hot dogs de Hiram's son de la marca Thumann, con tripa natural, y al freírlos en abundante aceite rompen maravillosamente, sobre todo cuando dejas que se abran longitudinalmente bajo la presión de un tiempo de cocción más largo de lo normal; a esta especialidad la llaman «The Ripper» («el Destripador»).

«En sus escritos, curiosamente, los grandes gastrónomos de la historia no mencionan ni las papas a la francesa [papas fritas] ni ese hot dog frito tan esencialmente francés, el llamado "Destripador". Ellos se lo pierden. Así llamado por su característica hendidura longitudinal, el Destripador es, para sus adeptos, el *summum* del arte del freír.» La breve carta de la casa también incluye hamburguesas, papas fritas, aros de cebolla, cerveza de barril y la emblemática bebida de chocolate llamada Yoo-hoo.

HIRAM'S ROADSTAND: Palisade Avenue, 1345, Fort Lee, NJ 07024, tel. 201 592 9602, <www.restaurantsnapshot.com/HiramsRoadstand> (un hot dog: 4 dólares aprox.)

«Como digo yo, lo que es bueno siempre lo será: buena música, buenas canciones y un bocadillo típico de Jersey.» Y entre estos no lo hay mejor que un submarino italiano tan bien hecho como el del **Frank's Deli** de Asbury Park.

«En Frank's siguen esa tradición de Jersey de acumular categóricas capas de jamón en rebanadas, salami, pepperoni y provolone con tomate, cebolla y lechuga picada. También le ponen pimientos asados y sobre todo el aceite y el vinagre que empapan ese esponjoso pan recién hecho y que hacen que todo confluya en un rezumante y glorioso vehículo para el deleite.»

Recuerda que Asbury Park es un pueblo de playa que recibe una gran afluencia de gente entre el Día de los Caídos [el último lunes de mayo] y el del Trabajo [el primer lunes de septiembre], y que Frank's es un local pequeño, consolidado y con bastante clientela, así que prepárate para una larga espera e intenta no alargar demasiado la sobremesa.

FRANK'S DELI & RESTAURANT: Main Street, 1406, Asbury Park, Nueva Jersey 07712, tel. 732 775 6682, <www.franksdelinj.com> (un bocadillo cuesta menos de 10 dólares)

Regreso a Nueva Jersey con Tony

CHRISTOPHER BOURDAIN

En 2015, Tony me dijo que iba a grabar un episodio de *Parts Unknown* que giraría en torno a Nueva Jersey, y que iba a incluir escalas en algunos de los locales de nuestra infancia. Me preguntó si quería acompañarlo en algunos tramos, y antes de que terminara de hablar, ya le había dicho que sí.

El día señalado, Tony y yo nos encontramos en Manhattan para viajar juntos a Long Beach. Fuimos en el coche de Tony, con él al volante. Me llamó la atención el detalle, porque hasta entonces Tony nunca había tenido coche. Creo que ni siquiera sacó la licencia hasta los cuarenta y tantos (aunque aprendió a conducir antes de los veinte, como la mayoría de nosotros). Era la primera vez en mi vida que viajaba por nuestros parajes con Tony al volante.

Su lista de reproducción era un reflejo exacto de sus eclécticos gustos musicales. En alguna parte de la autovía de Garden State, sonó una canción conocida: «L'Amour avec toi» una balada de Michel Polnareff, un cantante pop francés que había sido una estrella en los años sesenta. Cuando Tony y yo viajamos con nuestros padres a Francia en 1966, la mayoría de las canciones que salían de las rocolas eran americanas: «Whiter Shade of Pale», de Procol Harum; «Strangers in the Night», de Frank Sinatra; y «These Boots Were Made for Walkin», de la hija de Sinatra, Nancy, la estrella de un solo éxito. Pero también oímos «L'Amour avec toi». Me sorprendió que Tony tuviera esa canción en su lista de reproducción durante el viaje a Jersey. ¡Porque, vamos, ese tema le gustaba a nuestra madre!

Cuando llegamos a Barnegat Light, el plan era comer en uno de los sitios a los que íbamos en verano, o por lo menos en alguno que nos recordara a ellos.

Y, bueno, supongo que habríamos encontrado alguno abierto si hubiéramos ido en verano, pero es que entonces estábamos en febrero. La mayoría de los sitios estaban cerrados, pero el Kubel's estaba abierto. Situado en la parte de la bahía más resguardada de Barnegat Light, el Kubel's es un bar clásico de la costa de Jersey. Yo recordaba vagamente que allí había un restaurante, pero no puedo jurar que Tony y yo fuéramos alguna vez allí cuando éramos pequeños. Pero era lo que buscábamos: un bar de pueblo, acogedor, con calamares fritos, cerveza, pescado con papas, hamburguesas... Ese tipo de cosas. Y lleva generaciones conquistando a la gente, y eso es el denominador común de la mayoría de los locales que aparecen en el episodio de Nueva Jersey.

Nuestra familia rentó distintos departamentos en Barnegat Light en los años sesenta y setenta, normalmente, un departamento de un piso en una casa de dos pisos, junto al mar, durante dos semanas generalmente, a veces cuatro. No éramos ricos: simplemente, aquello no era tan caro en aquellos tiempos. Como nuestro padre solo tenía dos semanas de vacaciones al año, en los años en que rentábamos para un mes, él se quedaba dos semanas. Los otros dos fines de semana venía en autobús desde Nueva York.

Cosas que nos gustaban: Surf City, un mercadito a la antigua usanza, con su colorida cacofonía (y su inolvidable olor) de cubetas y palas de juguete, pelotas de playa de plástico inflables, colchonetas, flotadores y balsas flotantes. El minigolf. Un centro de camas elásticas al aire libre que se llamaba Tumble Town (un concepto casi inconcebible hoy en día, en esta época de padres hiperprotectores y agresivos abogados). Las parrilladas en la terraza, al aire del mar. Los helados de consumo diario.

Y las noches de playa. Eso estaba genial. Y a veces daba un poco de miedo, con todas esas sombras oscuras vagando en las tinieblas, rodeándonos. Ahí nos estábamos todos los niños, a veces durante horas. Y siempre había alguien que se había conseguido bengalas (eran legales), petardos y cohetes (estos eran ilegales, pero alguien, de alguna manera, había conseguido comprarlos en el barrio chino de Manhattan o en alguna de las Carolinas). Y hoy en día me sigue encantando encender petardos y bengalas en las noches de playa.

Barnegat Light tiene las calles numeradas, y nosotros solíamos rentar en la Veinte. Así que ahí estábamos, en 2015, con un operador de cámara y un equipo de sonido en el coche de Tony, recorriendo las calles mientras buscábamos algunos de los lugares que recordábamos.

Pero Barnegat Light había cambiado mucho. Las cabañas pequeñas y las viviendas modestas habían sido reemplazadas por unas casas más ostentosas y de mayor tamaño. Esto había venido dado, sin duda alguna, por la nueva marea de visitantes más adinerados y las riadas de inquilinos jóvenes con alto poder adquisitivo. Si a esto se añaden los estragos causados por el huracán Sandy en 2012 y la posterior campaña de reconstrucción, el resultado era una ciudad apenas reconocible en nuestros tiempos.

Seguimos camino hacia Atlantic City.

Cuando éramos pequeños, hicimos dos breves viajes a Atlantic City con nuestros padres. De esas experiencias solo tengo algunos recuerdos puntuales, algunos flashes. Me gustó el vasto paseo marítimo, los salones recreativos, las atracciones del muelle y Captain Starn's, una emblemática marisquería del tamaño de un pabellón de deportes. En uno de los viajes nos alojamos en el histórico Hotel Marlborough-Blenheim. Fue el primer hotel que yo vi que tenía piscina cubierta. Me pareció increíble. Construido antes de 1910, con recargados elementos de estilo español y árabe, en su momento fue el edificio de cemento armado más grande jamás erigido, y en su etapa de mayor esplendor atrajo a destacados políticos, estrellas de Hollywood, etc. Sin embargo, como la mayoría de las construcciones similares, fue derruido en 1978.

Me lo pasé muy bien con mi hermano, pero el último tramo, el de Atlantic City, me resultó deprimente. Esta ciudad había sido una meca vacacional de fama mundial. Pero ahora llevaba décadas deslizándose hacia la decadencia.

La esperanza, alimentada en los años setenta, de una nueva prosperidad y trabajo para la gente del lugar en los casinos legalizados quedó muy lejos de su promesa, incluso en los mejores años iniciales. Los promotores de los casinos construyeron una batería de monolíticos edificios sin ventanas, un muro de Berlín que vino a separar el océano Atlántico de la ciudad que lleva su nombre. La mayoría prosperaron durante un tiempo, pero acabaron quebrando. En el momento de nuestro viaje a la ciudad, en 2015, la mayoría de los casinos del paseo marítimo estaban desiertos y cerrados. Solo un antiguo casino Trump brillaba como uno de los más mastodónticos y estridentes monumentos al fracaso. En lugar del renacimiento prometido, Atlantic City parecía abocada a morir de nuevo.

Por desgracia, el día en que grabaron en el local de Jersey que para mí es más sagrado, yo estaba en viaje de trabajo. Hablo del Hiram's Roadstand de Fort Lee, el lugar de la felicidad eterna.

Cuando éramos niños y vivíamos en el pueblo vecino, en Leonia, Tony y yo acudimos al Hiram's un sinfín de veces. Cuando nuestra madre no quería cocinar, el Hiram's formaba parte de la lista de los sitios a los que podíamos ir a cenar.

Abierto desde 1932, el Hiram's es uno de los típicos bares de carretera que llegaron al lugar gracias a la inauguración del puente de George Washington en 1931, un acontecimiento que alumbró la primera generación de veraneantes y excursionistas llegados en coche desde Nueva York. En el caso del Hiram's, su conveniente ubicación, cerca del Parque de Atracciones Palisades, que en ese entonces ya tenía varias décadas de antigüedad (el lugar que inspiró un pegadizo éxito radiofónico de Freddy Cannon en 1962, *Palisades Park)*, fue una de las claves de su éxito.

Muchos otros populares locales de carretera de la región, como el Callahan's, longevo rival y vecino de Hiram's, y el Red Apple Rest de la Carretera 17, a medio camino de los montes Catskills, desaparecieron hace muchos años, desplazados por los nuevos tiempos, por el mercado inmobiliario o por el sistema de carreteras interestatales, que ha condenado a la irrelevancia a muchos de ellos. El propio Parque de Atracciones Palisades, que durante décadas había atraído a hordas de visitantes a Fort Lee, cerró sus puertas en 1971, para ser reemplazado por una serie de grandes edificios de departamentos.

Pero el Hiram's sigue ahí. Bendito sea. Generaciones resistiendo a las modas que van y vienen. El Hiram's son sus maravillosas hamburguesas básicas y sus famosos (y fabulosos) hot dogs de textura agrietada y fritos en abundante aceite. Y sus papas fritas, o aros de cebolla, o las dos cosas. Te lo traen todo en platos de papel, en una cajita de cartón plegable.

NUEVA YORK

¿Cómo resumir lo mejor de Nueva York, la ciudad en la que Tony vivió y trabajó durante toda su vida adulta? Tony visitó Chinatown con su familia cuando era pequeño; en su adolescencia trabajó de mensajero en bicicleta por las calles de Manhattan; siendo estudiante de cocina ejerció el oficio en las cocinas de la ciudad; y durante las cuatro décadas siguientes vivió en Nueva York, instalado en una montaña rusa profesional marcada por la actividad culinaria, literaria y televisiva, abandonando la ciudad cada vez con mayor frecuencia, y por periodos cada vez más largos, en los últimos quince años, pero siempre volviendo al hogar, a un lado u otro de Manhattan.

En total, Tony y sus compañeros de Zero Point Zero dedicaron ocho capítulos a la ciudad de Nueva York. Lo que sigue son los lugares a los que le gustaba volver, con cámaras o sin ellas. Observarás que se insiste ligeramente en lo que él llamaba «el Nueva York de los dinosaurios»: veneradas instituciones que constituían un puente de transición entre lo antiguo y lo nuevo... y algunos locales más recientes que él consideraba clásicos instantáneos.

El Hiram's, que yo sepa, nunca ha probado a introducir nuevos productos en su carta, como alas de búfalo cajún o hamburguesas con salsa de tocino o caros batidos de yogur. Nada de col rizada ni bayas de asaí. La carta es básica y eterna.

El edificio también sigue igual que siempre, más o menos: una barra cubierta que da a la carretera y a un lado el bar (¡familiar!). Y la cocina, donde la obra divina se lleva a cabo delante de los clientes. ¡El Hiram's tenía cocina abierta desde antes de que tenerla fuera moderno!

Y por último: esos espantosos baños propios de una gasolinera (porque están fuera, en la parte de atrás). ¿Por qué estropear un monumento a la perfección de los años treinta?

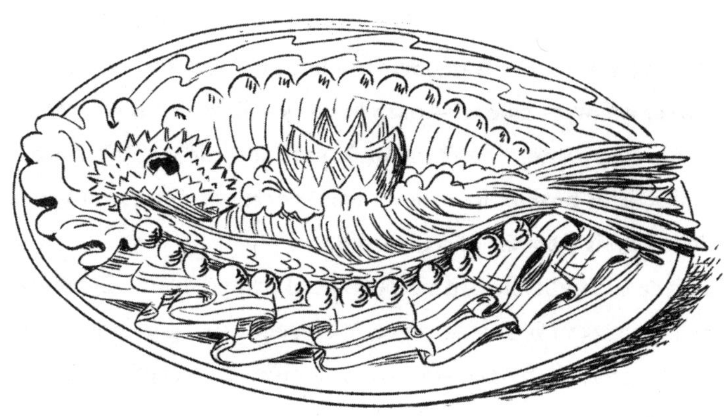

«Incluso entre las ruinas del Nueva York de finales de los sesenta y principios de los setenta abundaban las muestras de una cultura más temprana, más noble de alguna manera; lugares que se habían erigido en ventanas a una época pretérita, y a los que aún valía la pena aferrarse, aunque fueran de un anacronismo evidente. Lo que ofrecen no es moderno, hasta lo disparatado en algunos casos, pero no por ello debemos dejar de reconocerlos.»

CÓMO LLEGAR, CÓMO SALIR, CÓMO MOVERSE

Nueva York tiene tres grandes aeropuertos: el inmenso y ajetreado **Aeropuerto Internacional John F. Kennedy (JFK)**, situado en el sudeste del distrito de Queens; el **Aeropuerto de La Guardia (LGA)**, también ubicado en Queens, en las bahías de Flushing y Bowery, es más pequeño y básico; y el **Newark Liberty International (EWR)**, situado al suroeste de Nueva York, en Newark, Nueva Jersey. JFK y Newark están comunicados con la ciudad por medio del tren automatizado AirLink, y también hay autobuses públicos y privados que unen la ciudad con cada uno de los tres aeropuertos, así como la habitual oferta de taxis y coches de renta. <www.mta.info> ofrece más información sobre el AirTrain de JFK, y <www.njtransit.com>, sobre el de Newark.

«Son todos bastante malos. Una lata, comparado con cómo hay que hacer en otras ciudades para llegar y salir de ellas en transporte público o algo semejante. Para mí, lo más acertado, sobre todo si llevas maletas, es buscar letreros de transporte terrestre, ponerte en la fila de los taxis y tomar uno amarillo.»

El factor condicionante siempre es el tráfico, claro. Conviene conocer la duración probable de cada trayecto, las obras que se estén llevando a cabo y otros obstáculos que puedan interponerse entre tú y tu vuelo.

Nueva York también tiene dos grandes estaciones de tren: la magnífica **Beaux Arts Grand Central Terminal**, que se encuentra en el lado este de Manhattan y que es la terminal sur de Metro-North, una línea ferroviaria de cercanías que circula hasta las zonas metropolitanas del sur del estado de Nueva York y Connecticut; y, en el lado occidental, la **Pennsylvania Station**, una estación muy poco atrayente que viene a ser el intercambiador neoyorquino de las redes Amtrak, Long Island Railroad y New Jersey Transit, así como distintas líneas de metro. También alberga el pabellón deportivo y de espectáculos **Madison Square Garden.** Quien llegue y salga de Nueva York en autobús puede hacerlo a través de la **Terminal de Autobuses de la Autoridad Portuaria**, una estación con fama de desagradable (pero que, en realidad, no lo es tanto) en la que operan las compañías Greyhound, New Jersey Transit y varias empresas de transporte regionales.

Aunque pocas veces lo usaba, ni siquiera en su época de vacas flacas, la de chef en ejercicio, en teoría Tony era fan del metro de Nueva York, una red que está gestionada por la Metropolitan Transportation Authority (MTA). **«Traza un dibujo de cuadrícula en el que es fácil orientarse, como nuestras calles, y es barato. Con un solo boleto llegas a cualquiera de los cinco distritos, y, además, incluye un transbordo gratis.»** De la mayoría de los autobuses urbanos se puede decir lo mismo, aunque para algunas líneas rápidas hay que comprar boleto aparte, en un quiosco ubicado en la parada.

EL BAJO MANHATTAN

«El Lower East Side, el Bajo Manhattan Este, fue la cuna de Nueva York en muchos aspectos, allí donde se establecían los recién llegados, donde construían comunidades y más tarde las dejaban, para ser reemplazados por nuevos recién llegados. En la Nueva York de la década de los setenta, un Lower East Side casi arruinado, infestado de corrupción, fue abandonado a su suerte, sobre todo Alphabet City. Áreas enteras del barrio cayeron en el abandono, en la ruina, o simplemente se vaciaron. Gran parte del vecindario se convirtió en un supermercado de la droga. Manzanas enteras, tomadas por las bandas organizadas del narcotráfico. Las rentas eran baratas, y el vecindario empezó a atraer a un nuevo tipo de gente, muy dinámica y creativa, que quería hacer cosas: música, poesía, cine, arte. Todos eran estrellas, o eso parecía, la época era dorada, también, al menos

por un rato, eso parecía. Pero también había un peligro: si vivías aquí, tenías que ser duro, tenías que ser bueno, en muchos casos tenías que ser rápido. Ahora las cosas han cambiado. Han cambiado mucho.

»Desde el principio y hasta nuestros días, Russ & Daughters ha sido una tienda especializada en pescado ahumado y curado, una descendiente directa de los carritos ambulantes, una clase de tienda de *appetizings* [ingredientes para bagels], una tradición que nació junto a las tiendas *delicatessen* del siglo XIX, pero que nunca llegó a consolidarse fuera de la ciudad de Nueva York. Esta gente es como el último búfalo. El abuelo de Mark Russ fundó el negocio con ánimo de ofrecer productos al más añejo y humilde gusto del Viejo Mundo. Y el servicio sigue siendo tan personal como antes, cuando esto aún era un barrio. Te dejan probar sobre papel. Y con suerte, compras. No, perdón. Si lo pruebas, compras seguro.»

Nota: **«Hace cien años, la mayoría de los vecinos eran judíos. Y casi todos eran pobres. Y como pasa con tantas cosas buenas, lo que antes nos comíamos porque era barato ahora cuesta más de 73 dólares el kilo».**

En 2014, un siglo después de que el negocio fuera inaugurado, Russ & Daughters abrió una cafetería en la calle Orchard, a unas manzanas de la tienda, para que los clientes pudieran disfrutar con calma de una fuente de pescado ahumado o caviar acompañado de una ensalada o una sopa y una copa de vino o un coctel.

RUSS & DAUGHTERS: East Houston Street, 179, Nueva York, Nueva York 10002, tel. 212 475 4880, <www.russanddaughters.com> (distintos precios)

«Katz's Delicatessen, el local neoyorquino por excelencia, desafía el paso del tiempo sin introducir ningún cambio. Para admitirte solo exigen que adores Nueva York y que te guste el pastrami.

»Los de Nueva York suelen poner los ojos en blanco cuando los de fuera expresan su entusiasmo por este restaurante, pero lo cierto es

que solo hay que acercarse al mostrador, contemplar largamente esa montaña de humeante pastrami, cecina y falda, respirar profundamente y recordar de nuevo lo que significa estar vivo, sentir orgullo, ser neoyorquino.»

¿El menú favorito de Tony? **«Pastrami con pan de centeno. Pastrami cortado a mano –es tan tierno que una máquina lo haría papilla– [en] rebanadas gruesas, una mezcla de graso y magro. Hay que depositarlo sobre un pan de centeno caliente, recién hecho, generosamente untado con mostaza castaña. Y, por supuesto, también hacen falta pepinillos encurtidos y refresco de vainilla.»**

KATZ'S DELICATESSEN: East Houston Street, 205, Nueva York, Nueva York 10002, tel. 212 254 2246, <www.katzdelicatessen.com> (un sándwich de pastrami: 23 dólares aprox.)

Anodino desde fuera, sin duda, pero una especie de refugio secreto para músicos y actores conocidos, **Emilio's Ballato** es un restaurante italoamericano clásico que ofrece sin aspavientos sus servicios en la calle Houston Este desde 1956. Emilio Vitolo, actual chef y propietario, dirige el negocio desde 1992, a menudo apostado en una mesa junto a la puerta. Algunos sensibles usuarios de <Yelp.com> y otros de su círculo se han quejado del ambiente de club del restaurante, pero ¿por qué no arriesgarse y entrar con confianza? El centro de Nueva York está plagado de reliquias italianas que siguen sirviendo cosas como *cacio e pepe* tradicional o ternera a la parmesana con guarnición de espaguetis, pero Emilio's hace todo esto mejor que la mayoría.

EMILIO'S BALLATO: East Houston Street, 55, Nueva York, Nueva York 10012, tel. 212 274 8881 (no tienen página web) (precio medio de una comida: 50 dólares por persona aprox.)

«Para un niño que se crio en Nueva Jersey, ir con mi familia a Chinatown, como solíamos hacer, era una aventura emocionante. Era un mundo mágico, exótico, lleno de dragones, gallinas adivinas y videojuegos como Skee-Ball. Pero es que ese tipo de comida está perdiendo el favor popular. La gente fue descubriendo que en China hay regiones muy distintas, y que a lo mejor aquella no era comida cantonesa de verdad. Ahora estamos más informados y hemos descubierto recetas más auténticas, pero creo que a lo mejor hemos perdido algo. Y echo de menos lo de antes, sitios como Hop Kee todavía tienen la tetera infinita, los rollitos de huevo y algunos otros clásicos de aquellos tiempos.» El menú favorito de Tony, ese que se le quedó grabado cuando era niño, incluía sopa de wantán, rollitos de huevo, chuletas de cerdo a la parrilla, arroz frito con cerdo y cerdo agridulce.

«Al principio, mi familia a lo mejor no sabía que había mundos de sabor más allá de lo que nosotros conocíamos. Recordar aquello con cariño parece una tontería, es como posirónico, pero aquellos fueron tiempos felices, cuando todo era risueño, cuando todo era nuevo.»

HOP KEE: Mott Street, 21, Nueva York, Nueva York 10013, tel. 212 964 8365, <www.hop-kee-nyc.com> (precio medio de una comida: 25 dólares por persona aprox.)

EL CENTRO DE MANHATTAN

«Gracias a Dios por la carnicería porcina Esposito. En mi opinión, una de las últimas grandes carnicerías. Y, mira, cuando yo vivía arriba, unas puertas más allá, para mí el desayuno perfecto era esto: pata de ternera, tripa, ese suculento rabo de cerdo ahumado, ahí mismo, en mi ventana.» La tienda que oficialmente se llama Esposito Meat Market abrió sus puertas en 1932, y ahora, aún en su sede original, tiene a los mandos a Teddy Esposito, representante de la tercera generación de esta familia de carniceros.

ESPOSITO MEAT MARKET: Novena Avenida, 500, Nueva York, Nueva York 10018, tel. 212 279 3298, <www.espositomeatmarket.com> (distintos precios)

No parece encontrarse en peligro de extinción precisamente, pero **Keens Steakhouse** es uno de los últimos restaurantes de su índole que siguen prosperando en Manhattan, despachando la clase de manjares tradicionales y sencillos que existen desde hace décadas. **«Parece que ahora todos los chefs estrella, todos los grupos de restauración, todos los restauradores que están en la punta de la montaña y todos los restaurantes grill intentan apuntarse a la moda del *steakhouse*, del restaurante especializado en carne de vaca, pero no saben hacerlo. A quien quiera tener un *steakhouse* al estilo genuinamente neoyorquino, ponerlo en Nueva York justamente puede ayudarle. Y nada mejor ni más auténtico que Keens, un local que nos retrotrae al tradicional y muy masculino mundo de los banquetes carnívoros, del poder político construido alrededor de los filetes de vaca, los delantales manchados de sangre y las salas llenas de humo. En Keens, la protagonista es la carne y algunos otros elementos intocables, no redefinibles: coctel de camarones de tamaño extra, y espero que de verdad sean grandes, y con salsa de coctel de rábano picante; de mayonesa de wasabi, nada. Y carne, por supuesto, cordero o chuletas de carnero, bistec o una mole de carne asada poco cocida, solo acompañada –única y exclusivamente– por espinacas a la crema y *rösti* de papa, puede.»** Los meseros son cordiales y profesionales, el bar está bien aprovisionado de whisky y vino tinto, y para acabar la noche no hay nada como la tarta de lima de los cayos.

KEENS STEAKHOUSE: West 36th Street, 72, Nueva York, Nueva York 10018, tel. 212 947 3636, <www.keens.com> (precio medio de una comida: 100 dólares por persona aprox.)

El hot dog de **Gray's Papaya** suele ser más barato y, sin duda más higiénico y rico que uno de esos tubos de carne *dirty water*, de los que han estado consumiéndose en agua en un carrito ambulante de Manhattan. **«La institución neoyorquina por excelencia para los chefs noctámbulos y los errabundos del lugar. Mi segundo hogar. La clásica comida del pobre neoyorquino: carne, fécula y verdura, todo ello en unos pocos bocados. Ese olor tan neoyorquino del hot dog envuelto en papel de aluminio, chucrut y una espumosa, exquisita y nutritiva copa de papaya. Yo, cuando empiezo a extrañar Nueva York, lo que extraño es esto.»** En los últimos años, algunos restaurantes de la cadena Gray's y otras casas de hot dogs con nombres similares se han convertido en víctimas del alza de las rentas que se ha producido en Manhattan, pero los locales del Upper West Side y de Times Square, cerca de la Autoridad Portuaria, siguen funcionando bien. Las dos tiendas tienen horario de veinticuatro horas.

GRAY'S PAPAYA: Broadway, 2090, Nueva York, Nueva York 10023, tel. 212 799 0243, y Octava Avenida, 612, Nueva York, Nueva York 10018, tel. 212 302 0462, <www.grayspapaya.nyc> (un hot dog con ingredientes extra y bebida: 7 dólares aprox.)

«Es un vestigio de otra época», declaró Tony a la revista *Food & Wine*, hablando de **The Distinguished Wakamba Cocktail Lounge**, un nombre, La Distinguida Coctelería Wakamba, que tiene algo de anzuelo para incautos. **«Detrás de la barra no hay mixólogo alguno. Si se te ocurre pedir una bebida con más de dos ingredientes, te miran mal.»** No podrás evitar que te guste la decoración hawaiana no reconstruida o ese **«toque kitsch de lo más vulgar y con un punto de peligro. Creo que allí dentro ha muerto gente».**

THE DISTINGUISHED WAKAMBA COCKTAIL LOUNGE: Octava Avenida, 543, Nueva York, Nueva York 10018, tel. 212 564 2042 (una cerveza: entre 4 y 5 dólares aprox.; un coctel: entre 8 y 10 dólares aprox.)

EL ALTO MANHATTAN

«Un agujero negro en el universo, un portal a otra dimensión.» Este es el más antiguo de los dinosaurios de la alta cocina francesa, de los conservados en ámbar: **Le Veau d'Or. «Oculto tras una modesta fachada y un andamiaje provisional, es como un túnel del tiempo que nos lleva de regreso a Francia. Pero no a una Francia cualquiera: la de los años treinta y cuarenta. En el interior, los cuadros, las maderas, los meseros con sus smokings, todo es de hace seis décadas. Es algo que desafía gloriosamente a las modas, al tiempo, a la lógica y a la razón. La carta es un viaje al pasado. A platos que ya eran antiguos cuando yo era pequeño.»**

Tony estaba haciendo nostálgica y afectuosa referencia a clásicos franceses como la *rémoulade* de apio, el *saucisson chaud en croûte*, el *pâté du chef*, el *poussin en cocotte* y el melocotón melba. **«Soy feliz. Esto es fantástico. La vida vuelve a ser bella. Se ha restaurado el orden del universo.»**

En 2019, los veteranos chefs y restauradores Riad Nasr y Lee Hanson anunciaron que habían adquirido y se disponían a acometer la remodelación de Le Veau d'Or, del que prometían conservar el ADN esencial de la carta de toda la vida (con sus ancas de rana, sus caracoles y sus callos) y del servicio, al tiempo que introducían las mejoras necesarias en el espacio físico del restaurante. En el momento de escribir estas líneas ya han comenzado las obras de remodelación.

LE VEAU D'OR: East 60th Street, 129, Nueva York, Nueva York 10022, tel. 212 838 8133 (precios entre moderados y elevados; los del restaurante remodelado aún no han sido fijados).

Tony nunca llevó a sus técnicos de televisión a **Pastrami Queen**, un restaurante y *delicatessen* kosher del Upper East Side en la línea de Katz, pero el local le gustaba mucho, y lo mencionaba a la menor ocasión ante los medios locales que deseaban saber qué le gustaba comer cuando no estaba viajando. Una mañana de abril de 2016, a primera hora, Tony acababa de volver de un largo rodaje en el extranjero, en algún lugar bien alejado de la oferta gastronómica de los *delicatessen* neoyorquinos, cuando me envió el siguiente correo electrónico:

«¿Me podrías hacer un pedido a PASTRAMI QUEEN, para que me lo manden a casa? ¿A cualquier hora antes de la 1 de la tarde? ¡Gracias!

1 sándwich de pastrami con pan de centeno
1 libra de pavo en rebanadas
2 libras de hígado picado
1 rebanada de pan de centeno
2 tortitas de papa
1/2 libra de lengua en rebanadas
1/2 libra de ensalada de papas.»

PASTRAMI QUEEN: Lexington Avenue, 1125, Nueva York, Nueva York 10075, tel. 212 734 1500, <www.pastramiqueen.com>
(un sándwich de pastrami caliente: 20 dólares aprox.)

«Cuando quiero regalarme el mejor desayuno de Nueva York –el mejor del mundo, en realidad–, voy a un sitio de mi barrio que es famoso por eso mismo, digamos: el legendario Barney Greengrass, el Rey del Esturión.» La sala no es especialmente cómoda ni fina, los meseros son más bien huraños, pero para muchos neoyorquinos no hay mejor bar de desayunos. Si un montador o montadora hacía un trabajo de edición especialmente logrado en un episodio de *No Reservations* o *Parts Unknown*, Tony le mostraba su agradecimiento enviándole a casa una cesta de regalo de Barney Greengrass.

«Es una institución neoyorquina desde 1908, cuando más de un millón de judíos de Europa del Este se establecieron en Nueva York. Pedir aquí tu comida es un problema, por todo lo bueno que tiene la carta. El esturión es el rey del pescado ahumado. Es escamoso,

pero firme, y tiene un sabor delicado, casi mantecoso. Así que yo, claro, pido esturión.» También le gustaba el *nova lox* o salmón de Nueva Escocia al huevo y cebolla caramelizada, y con frecuencia abandonaba el lugar armado de un envase de hígado picado bañado en *schmaltz* (escabeche) y más cebolla caramelizada con huevo duro picado. Tony no era conocido por su devoción religiosa, pero una visita a Barney Greengrass le llevó a declarar: **«Si Dios hizo algo mejor, no lo dijo».**

BARNEY GREENGRASS: Amsterdam Avenue, 541, Nueva York, Nueva York 10024, tel. 212 724 4707, <www.barneygreengrass.com> (huevos con salmón *lox:* 20 dólares aprox.)

Procedían de mundos muy distintos, y trabajaban en órbitas muy diferentes del canon culinario, pero Tony y Daniel Boulud mantuvieron una larga amistad. Siempre que se lo permitían sus respectivas agendas, colaboraban o simplemente disfrutaban de la mutua compañía ante un buen vino y una buena comida. Para el episodio «Food Porn» de *No Reservations*, gran parte del cual se grabó en Nueva York, Tony y Daniel establecieron una relación íntima con la carta de charcutería desarrollada y ejecutada bajo la batuta del maestro charcutero Gilles Verot en el **Bar Boulud**.

«Los viejos maestros, los cocineros de antaño, de la Francia de los siglos XVIII y XIX, sabían lo que se hacían. Sabían qué hacer con las tajadas y los fragmentos de muchas bestias salvajes; y ese es el origen de la buena charcutería. En capas, moldeadas, decoradas, refrigeradas, envueltas en delicados hojaldres, salpicadas de trufas y diamantes de la más clara gelatina, este es el alimento de los dioses. A este nivel, un arte casi olvidado.

»Para mí, el culmen del arte charcutero, el vestigio más impúdicamente anacrónico de un pasado que pocas personas vivas recuerdan ya siquiera, es la *tourte de gibier.* Es una versión fantásticamente desmedida del *pâté en croûte*, capa sobre capa de faisán,

jabalí, paloma torcaz, alce y foie gras, con sus sabores claramente diferenciados, alojadas en el interior de una perfecta corteza de hojaldre y protegidas de las crueles fuerzas del mundo exterior por medio de una fina cobertura de dorada gelatina natural.

»La especialidad de la casa es el pecaminoso *boudin noir.* De lo mejor del mundo. Una receta tan antigua y primigenia que en cada bocado se saborea toda la historia del placer gustativo. Profundo, oscuro, espectacular. Blando, aunque al principio se resiste. Cortas y chorrea por todo el plato. Sangre, cebolla, especias, sublimes pero, por algún motivo, ligeramente maléficas.

»Y por fin el *fromage de tête*, el queso de cabeza: carrillo, lengua, oreja, una vibrante mezcla de sabores y texturas.»

Añadía Boulud, recordando a Tony y a esa comida: «Sí, el *fromage de tête*. Lo bueno es la complejidad que ofrece una parte del cerdo, que, en realidad, es la cabeza: la nariz, las orejas, la mandíbula, la lengua, y la gelatinosa carne de los lados de la mandíbula. Se cocina con el hueso, con el cráneo directamente; para mí esa es la delicia, eso es lo bueno. Y para Tony, creo, cualquier cosa que pudiéramos cocinar con el cráneo era bueno».

BAR BOULUD: Broadway, 1900, Nueva York, Nueva York 10023, tel. 212 595 0303, <www.barboulud.com> (aperitivos: 21 dólares aprox., platos principales: 33 dólares.)

«¿Saben qué me gusta? Los libros. No me da vergüenza decirlo. Yo leo. Y no solo leo, sino que más o menos colecciono libros sobre temas relacionados con la gastronomía y la cocina. No se lo esperaban, ¿eh? En el Upper East Side de Manhattan tenemos una maravillosa librería que se llama Kitchen Arts & Letters. Y allí tienen una de las mejores –si no la mejor– selecciones de libros raros y difíciles de encontrar sobre temas relacionados con la gastronomía.» Hay que saber que la tienda también ofrece las mejores novedades y publicaciones periódicas actuales, y que está presidida por un reducido número de empleados extremadamente apasionados, dirigidos por el socio director, Matt Sartwell.

KITCHEN ARTS AND LETTERS: Lexington Avenue, 1435, Nueva York, Nueva York 10128, tel. 212 876 5550, <www.kitchenartsandletters.com> (distintos precios)

LA PERIFERIA

«He vivido, creo, una vida rica y plena. No me he negado nada. He visto mundo, he hecho muchas cosas. Pero, si tengo que ser totalmente sincero, creo que mi propia ciudad, mi hogar, por el que manifiesto tanto orgullo, es un misterio para mí. No sé nada. Qué ironía: yo que he estado en todos los rincones del mundo, creo que Singapur, por ejemplo, lo conozco mejor que la periferia de mi ciudad. Si es que estoy hablando de Queens, del Bronx, de Staten Island, de Brooklyn. No conozco estos barrios.

»Respecto a mi propia ciudad, a la maldita Nueva York, la capital gastronómica de Estados Unidos, cada día tengo más claro que perdí el barco, que dejé escapar el tren, que el desfile ha pasado, que el autobús no me esperó. Y ya es tarde. Pero al menos puedo dar alguno que otro mordisco compungido, hundir un cuchillo en la herida, recordar lo que me he perdido, lo que podría haber sido. Esperemos que para ti no sea tarde.»

QUEENS

«Hacer un chiste sobre Queens en nuestros días dice más del que lo cuenta que del propio asunto. Porque si buscas volumen, la gran mezcla, es en Queens donde está el movimiento.

»Fideos magistralmente hechos a mano, cordero, todo ello nadando en un lechoso caldo complementado con fragantes verduras y hierbas como cilantro, capullos de lirio, bayas de goji chinas y hongo negro. Las especias aglutinan todos estos ingredientes.» La primera tienda **Xi'an Famous Foods**, una casita de unos veinte metros cuadrados situada en un sótano del barrio de Flushing, en el Golden Shopping Mall, un centro comercial de Queens, ya cerró sus puertas, pero un bloque más allá encontramos un nuevo espacio de mayor tamaño, y la franquicia también cuenta con otras sucursales en Manhattan, Queens y Brooklyn. Jason Wang, cuyo padre, David Shi, fundó la firma tras una década de experiencia trabajando en el circuito de la restauración china de la costa este, entró en el negocio de su padre al poco de terminar sus estudios universitarios. Proyectaba

expandir un negocio que tras la visita de Tony había empezado a cobrar fuerza rápidamente.

Ha dicho Wang para este libro: «Respecto a los platos de la casa: están inspirados en la gastronomía de Xi'an o de la provincia de Shaanxi, pero en versión de la familia. No pretendemos en absoluto hacer un tipo de cocina calcado al que se encuentra en las calles de Xi'an. Lo hemos interpretado en nuestra línea, según nuestras preferencias. Por ejemplo, nuestros fideos con cordero y comino picante y las hamburguesas de cordero con comino picante a las que Tony dio fama, en Xi'an no abundan. Sí, en cambio, el cordero al comino, pero no se sirve con fideos ni con pan de hamburguesa. Nuestras recetas les pueden traer a la memoria a algunos (a los inmigrantes del norte de China, por ejemplo) los sabores auténticos de su tierra en un país extranjero. O pueden acercar a alguien que no sea de China, o que ni siquiera esté familiarizado con este tipo de cocina, a un nuevo perfil de sabores que le romperá los esquemas que tiene acerca de la comida china.»

XI'AN FAMOUS FOODS: Main Street, 41-10, Flushing, Nueva York 11355, tel. 212 786 2068, <www.xianfoods.com> (un plato de fideos, 7-8 dólares aprox.)

EL BRONX

«Esto es justo la clase de cosas que yo creía que habíamos perdido en Nueva York, que desaparecían una tras otra en los barrios en los que yo vivía. Pero resulta que siempre estuvieron ahí, a nuestros pies: una cornucopia de manjares porcinos.» Esto es **188 Cuchifritos**, donde encontramos **«buena comida tradicional del Nueva York puertorriqueño»**: morcilla, *mofongo* (plátano macho frito con ajo y chicharrones), plátano maduro frito y, por supuesto, cuchifritos, fritura de oreja, lengua y hocico de cerdo. **«¿A quién no le gustaría? Este es el centro del universo porcino en Nueva York, si alguna vez he visto uno.»**

188 CUCHIFRITOS: East 188th Street, 158, el Bronx, Nueva York 10468, tel. 718 367 4500 (no tienen página web) (una ración típica: 7 dólares aprox.)

BROOKLYN

En el último capítulo de *No Reservations*, Tony descubre Brooklyn, **«un barrio que estaba a dos pasos, pero que yo no conocía bien»**. Es un distrito inmenso, infinitamente diverso, a pesar del proceso de aburguesamiento que últimamente ha sufrido. Tony lo recorrió entero, de punta a punta, y se detuvo junto al mar, en Sheepshead Bay, en **«una piedra angular de la restauración italiana de la salsa marinara, el Randazzo's Clam Bar»**.

Producto de un negocio familiar que empezó hace décadas como pescadería, y que acabó convirtiéndose en un animado y próspero restaurante familiar, el Randazzo's es conocido por esa salsa marinara de cocción larga, cargada de orégano, que adorna una serie de elaboraciones a base de marisco y pasta. **«La carta se remonta al día en que, aunque estés en un bar de marisco, en realidad, tienes ganas de comerte un pollo a la parmesana, un salmón a la parrilla, una langosta *fra diavolo*... Eso ya no se ve en las cartas de Manhattan, esa mutación italoamericana que básicamente consiste en langosta, camarones, mejillones, almejas y una salsa marinara picante mezclada con una pasta que ni siquiera recuerda lo que significa al dente, y que se sirve en raciones que en otros tiempos podrían haber alimentado a toda una manzana de vecinos del Lower East Side. Si no eres capaz de disfrutar de Randazzo's, necesitas una brújula.»**

RANDAZZO'S CLAM BAR: Emmons Avenue, 2017, Brooklyn, Nueva York 11235, tel. 718 615 0010, <www.randazzosclambar.nyc> (un plato de pasta: 20 dólares aprox.; un plato principal: 25 dólares aprox.)

STATEN ISLAND

«Conocido popularmente como "La Roca", el distrito de Staten Island siempre ha sido un misterio para mí. Yo sabía que [el capo de la mafia norteamericana] Paul Castellano vivía allí. Y poco más. Encajonado entre Brooklyn, Manhattan y Jersey, Staten Island nunca ha tenido una identidad tan distintiva como las de sus vecinos.»

Su número sigue siendo escaso en relación con los muchos y extensos grupos de inmigrantes que viven en Nueva York, pero en Staten Island se encuentra el grueso de la población esrilanquesa de la ciudad; y por lo tanto aquí es donde se hace la mejor cocina de Sri Lanka.

«New Asha es como una pequeña patria para los numerosos ciudadanos budistas, musulmanes e hindúes que viven en la isla, y para cualquiera a quien le guste la comida picante esrilanquesa. El plato más demandado es la cabra al curry negro, que supongo que es como el curry indio, pero con las especias tostadas, para hacerlo más picante y más contundente.» También tienes los *egg hoppers* (unos crepes en forma de tazón que se elaboran con masa de harina de arroz fermentada y en cuyo centro se cocina ligeramente un huevo), y toda la armería de muy sazonadas legumbres, verduras y condimentos a base de coco en los que son expertos los cocineros de Sri Lanka. New Asha es un local pequeño y modesto, con solo unas pocas mesas y un servicio informal de barra.

NEW ASHA: Victory Boulevard, 322, Staten Island, Nueva York 10301, tel. 718 420 0649 (curry: 5 dólares aprox.; *egg hoppers*: 4 dólares aprox.)

«Para tomar una copa no podemos dejar de acercarnos al magnífico Jade Island, **un templo de lo hawaiano en el que ni el tiempo ni la ironía han hecho mella.»** Jade Island también hace esa clase de cocina tradicional cantonesa –rollitos de huevo, sopa de wantán, cerdo agridulce– que Tony comía en el barrio chino de Manhattan cuando era niño.

«Cómo ataqué ese *headhunter*, una creación a base de fruta y ron. ¿Pero a quién le importa, mientras lleve sombrilla y se sirva dentro de una cabeza? Ya me siento beligerante. Es que me encanta este sitio. Si en mi barrio hubiera esto, yo sería mejor persona y mejor ser humano.»

JADE ISLAND: Richmond Avenue, 2845, Staten Island, Nueva York 10314, tel. 718 761 8080, <www.jadeislandstaten.com> (precio medio de una comida: 14 dólares aprox.)

PORTLAND, OREGÓN

A Tony le atraía el espíritu pionero del noroeste del Pacífico, el modo en que el aislamiento geográfico, una historia de innovación tecnológica, artística y musical, ese clima triste y raro y la abundancia y calidad del marisco, de los productos agrícolas, del vino y de la marihuana (legalizada) confluían para crear algo mucho mejor que la suma de sus partes.

«Portland: una suerte de Gobierno libertario. Una ciudad muy bonita, solo 650 000 habitantes, y se diría que la mayoría de ellos son cocineros o comidistas. Pero aquí no todo es queso artesanal o buenos productos orgánicos cultivados por *hippies*. No, amigos, no. Portland tiene un lado oscuro.»

CÓMO LLEGAR, CÓMO MOVERSE

El **Aeropuerto Internacional de Portland (PDX)** opera vuelos de toda la geografía estadounidense y también con salida y destino a Canadá, México, Europa occidental y Japón. En línea con la fama que vincula a la ciudad con lo *indie* excéntrico, el aeropuerto cuenta con un microcine que exhibe obras de cineastas locales, un taller de reparación de bicicletas y una sala de degustación –la primera de sus características en un aeropuerto de Estados Unidos– que pertenece a House Spirits Distillery, una destilería que elabora whisky y otros licores fuertes.

De PDX a la ciudad se puede ir en tren ligero, el MAX Red Line, un viaje de unos cuarenta minutos por el que se paga 2.50 dólares por trayecto. (En <www.trimet.org> dispones de información completa sobre las redes urbanas de tren ligero, autobús y tren de cercanías.) También puedes tomar un taxi por unos 35 dólares más propina. Se tarda entre veinte y cuarenta minutos, según el tráfico y el destino.

Tres trenes de la red Amtrak –el Cascades y el Coast Starlight, que circulan de norte a sur, y el Empire Builder, que une el este con el oeste, de Chicago al noroeste del país– tienen parada en Portland, en Union Station. (Más información en <www.amtrak.com>.) Ubicada en el centro de la ciudad, cerca de la orilla occidental del río Wiliamette, Union Station se construyó en 1896 y su signo distintivo es un letrero de neón que invita a los transeúntes a «viajar en tren» («Go By Train»).

Portland es una ciudad cómoda para el ciclista, con muchos carriles, caminos y rutas específicas, y un sistema independiente de bicicletas compartidas, con precios módicos, llamado Biketown (más información en <www.biketownpdx.com>).

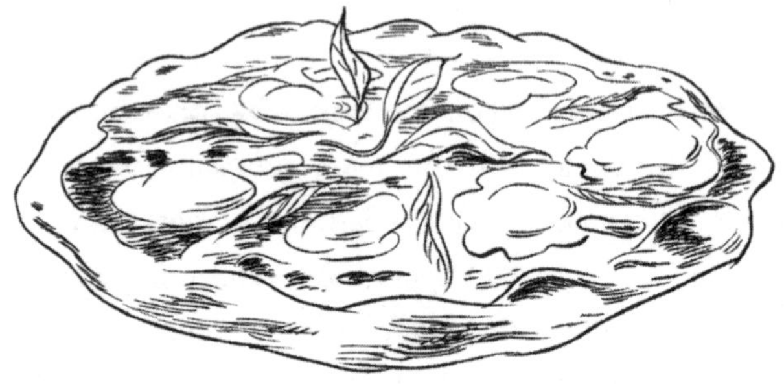

HEATHMAN, EL HOTEL ENCANTADO

«A primera vista, el Hotel Heathman es un establecimiento elegante pero acogedor, de un lujo cómodo. Suntuosa madera de teca, lámparas de cristal, obras de Andy Warhol..., pero un examen más detallado revela un pasado violento y macabro, una cruel historia de tragedia, muerte y posibles fantasmas.» Según la leyenda local, en la década de los treinta un cliente saltó al vacío desde el octavo piso del edificio, encantando al hacerlo, o eso dicen, cada una de las habitaciones por las que pasó en su rápido descenso (las que acababan en «03»). Se ha hablado de muebles y de objetos que cambian de sitio sin explicación aparente, de vasos de agua que se esfuman, de medicamentos con receta desaparecidos.

Rumores sobre sucesos sobrenaturales (o empleados despechados) al margen, el Heathman es un gran hotel que se construyó en 1927 y que cuenta con espaciosas habitaciones y espacios comunes, un servicio excelente y un restaurante magnífico, el Headwaters, a cuyo mando se encuentran el chef Vitaly Paley y su mujer, Kimberly. El Heathman está situado a corta distancia del Museo de Arte de Portland y junto a la Sala de Conciertos Arlene Schnitzer.

HOTEL HEATHMAN: SW Broadway, 1001, Portland, Oregón 97205, tel. 503 241 4100, <www.heathmanhotel.com> (precio de las habitaciones: desde 150 dólares la noche aprox.)

«La obsesión puede ser una cosa muy extraña, y a veces muy bella. Algunos coleccionan huevos de cristal, otros, trozos de uñas y piel muerta con los que crear la mujer de sus sueños en el sótano de su vivienda. Otros hacen pizzas.

»Bienvenidos a Apizza Scholls, Portland. En una ciudad que es como una feria de gastronomía artesanal en sí misma, este restaurante muestra un feroz empeño en hacerlo como es debido. Y todo ello gracias a su dueño, Brian Spangler.» Su empeño en comprender y perfeccionar el arte de la fermentación, las reglas con las que limita el número de ingredientes de sus pizzas y la excelente calidad de su producto le granjearon el respeto y la admiración de Tony.

Cuando Tony visitó el lugar con *No Reservations*, en 2008, Spangler le explicó la regla de «no más de tres ingredientes».

«El secreto de la pizza es el equilibrio –dijo–, la corteza con la salsa, y el queso, y mantener todo eso en equilibrio es lo que distingue a quien realmente conoce su oficio. Para obtener la textura, nosotros hacemos la masa de forma completamente manual (no hay batidora): no solo tiene que quedar elástica, sino también un poco agrietada. Es algo muy sencillo y a la vez muy esquivo.»

Dijo Tony en el momento de probar el producto definitivo: **«El momento de la verdad... ¡Ah, sí! Esto es pizza neoyorquina. Pizza neoyorquina de calidad suprema, buenísima. Y es que esto es lo que él quería hacer, es lo que hace de forma obsesiva, aunque en Nueva York yo no conozco a nadie que mezcle la masa a mano. Es que es una locura, es obsesivo. Y está espectacular».**

APIZZA SCHOLLS: SE Hawthorne Boulevard, 4741, Portland, Oregón 97215, tel. 503 233 1286, <www.apizzascholls.com> (*antipasti* y ensaladas: 11-14 dólares aprox.; una pizza de 18 pulgadas / 45 cm aprox.: 25 dólares aprox.)

«Las exóticas maravillas de Voodoo Doughnut. ¿Cap'n Crunch con Crunchberries? ¿Cereales con sabor a fruta con cereales con

sabor a miel? Un momento, ¡y esos son Froot Loops! ¡Anillos de fruta! ¿Y eso lleva tocino encima? Dona con tocino. ¡Juntos!

»¡Kenneth *Cat Daddy* Pogson y su socio Richard *Tres* Shannon han cruzado una visión perversamente anarquista del mundo con una de las golosinas favoritas de los ciudadanos de Estados Unidos! ¡Levántense, donas inconformistas!» Lo que en el año 2008, en el momento de la visita de Tony, era una tienda única se ha convertido en un grupo de ocho establecimientos (y aumentando) situados en Oregón, California, Colorado, Texas y Florida. El espíritu sui géneris de la tienda original permanece intacto: las sucursales de Portland, Colorado y Texas tienen horario de veinticuatro horas, y elaboraciones tan características como el *Old Dirty Bastard* (dona de levadura con glaseado de chocolate, galletas Oreo y mantequilla de cacahuate) y el *Tangfastic* (dona de tarta con glaseado de vainilla espolvoreado con bebida Tang y decorado con nubes dulces) atraen largas filas de clientes hambrientos en todos los establecimientos.

VOODOO DOUGHNUT: SW 3rd Avenue, 22, Portland, Oregón 97204, tel. 503 241 4704, <www.voodoodoughnut.com> (una dona: a partir de 0.95 dólares aprox., según el tamaño y los ingredientes)

FILADELFIA, PENSILVANIA

No fue hasta la segunda temporada de *The Layover*, en 2012, después de más de una década haciendo televisión por el mundo, cuando Tony puso rumbo a Filadelfia en compañía de un equipo de cámaras, una omisión que no había pasado desapercibida.

«Bueno, Filadelfia, la "Ciudad del Amor Fraternal": Vamos a intentar evitar todas esas tonterías. Aquí no va a haber *cheesesteaks* que valgan. Filadelfia hace tiempo que también dejó atrás eso. Ojo, yo no

tengo nada en contra de los bocadillos de carne y queso. No me disgustan, pero las cosas han cambiado mucho.

»Mi relación con Filadelfia siempre ha sido... digamos, compleja. En un momento dado, la cosa había llegado a un punto en que cuando pasaba por la ciudad con alguna promoción de un libro, la gente me decía: "Oye, a ver si vienes a hacer el programa a Filadelfia", lo cual rápidamente derivó en: "¿Cómo es que aún no has venido a rodar a Filadelfia?", lo cual, con no menos celeridad, derivó en: "Al diablo. Tampoco te necesitamos". Aquí es así. Y curiosamente, esa actitud me resulta simpática de alguna manera.»

CÓMO LLEGAR, CÓMO MOVERSE

Situado a unos once kilómetros al sur del centro de la ciudad, el **Aeropuerto Internacional de Filadelfia (PHL)** trabaja con las principales compañías aéreas. Te puedes trasladar a la ciudad tomando el tren municipal SEPTA (<véase www.septa.org>), un trayecto de unos veinticinco minutos por 8 dólares, o un taxi con taxímetro, una carrera de entre veinte y treinta minutos por la que pagarás unos 30 dólares, más propina.

De Filadelfia como tal decía Tony: **«Filadelfia es una ciudad bastante peatonal. No hace falta coche. De hecho, estacionarse es un problema. Así que, si puedes evitarlo, mejor no rentes un coche. El transporte público es bastante bueno.»**

En cuanto a los hoteles, en Filadelfia pueden ser caros, tanto como en Nueva York o Washington, pero en Center City, el centro de la ciudad, y la periferia existen cadenas de establecimientos a precios reducidos. Tony, el eterno fan de los hoteles de lujo, solo iba a estar unos días en la ciudad, y como contaba con financiamiento de la empresa, sugirió lo siguiente:

«El Hotel Rittenhouse de la plaza Rittenhouse es un gran hotel de lujo de los de toda la vida... Lujo a precios de lujo.» El lugar admite animales de compañía y cuenta con piscina, *spa*, servicio gratuito de limpieza de calzado, choferes disponibles para llevarte por la ciudad a bordo de un Jaguar, servicio de habitaciones y conserjería las veinticuatro horas, cuatro restaurantes, peluquería y floristería.

HOTEL RITTENHOUSE: West Rittenhouse Square, 210, Filadelfia, Pensilvania 19103, tel. 215 732 3364, <www.rittenhousehotel.com> (precio de una habitación: desde 400 dólares la noche aprox.)

Ten en cuenta que el **Four Seasons** de Logan Square, el establecimiento en el que se hospedó Tony con *The Layover* **(«Me alojo en el Four Seasons porque yo soy así; y el servicio es impecable»)**, se clausuró en el año 2015; en el momento de escribir estas líneas acaba de estrenar nueva sede, el Comcast Center, con precios, según todas las fuentes, en línea con las habituales tarifas de la cadena.

QUESOS, BOCADILLOS Y MEGACÓLONES

«El sur de Filadelfia empezó a poblarse de inmigrantes italianos ya en 1884, y hoy en día el barrio aún pasa por ser el centro neurálgico de la Filadelfia italoamericana. Este local, la quesería de los hermanos Di Bruno, situada en la calle Nueve, es un establecimiento familiar que lleva en funcionamiento desde 1939. El dueño, Emilio Mignucci, se crio en esta calle.

»Ya sé lo que estás pensando: voy a abrir la puerta y voy a ver mozzarella, *prosciutto*, provolone colgando del techo y un mostrador de productos *delicatessen*, ¿no? Sí, hay eso, y a lo grande. Pero, carajo, también tienen muchas cosas más: quesos blandos, olorosos, fundidos, maravillosos, extraordinarios de todo el mundo.»

Hoy en día, Di Bruno Bros. cuenta con cinco establecimientos, un próspero negocio *online* y un bar de vinos y quesos, pero todo empezó en el local de la calle Nueve, ese en el que se acumulan las especialidades importadas y que está rodeado, en el barrio de las tiendas italianas, de puestos de productos agrícolas al aire libre, carnicerías, pescaderías, panaderías, etcétera, y cuyo personal es gente amable que de verdad conoce su oficio.

QUESERÍA DI BRUNO BROS.: Calle Nueve Sur, 930, Filadelfia, Pensilvania 19147, tel. 215 922 2876, <www.dibruno.com> (distintos precios)

Próxima parada: un bocadillo en **Paesano's**, elaborado por el dueño, Peter McAndrews. Cosa seria. **«Sí, bueno, [McAndrews] no es italiano, pero sirve unos bocadillos espectaculares, la mayoría de ellos tan disparatados como él mismo. El bocadillo de hígado no suena nada bien: hígado de pollo frito crujiente, salami, gorgonzola, mermelada de naranja, lechuga. Ya sabes, a mí todo eso me gusta, pero todo junto, tenía mis dudas. Pero funciona. Magníficamente.»**

Acude con buen apetito y unos cuantos amigos y prueba el Arista (cerdo asado, grelos, pimiento italiano y provolone), el Paesano (falda de ternera con provolone, *pepperoncini* y huevo frito) y el Gustaio (salchicha de cordero, mostaza de cereza, gorgonzola y tomate asado). Y después, arréglatelas para encontrar algún medicamento contra la acidez de estómago y un lugar seguro donde dormir la siesta.

PAESANO'S: West Girard Avenue, 148, Filadelfia, Pensilvania 19123, tel. 267 886 9556 (precio medio de un bocadillo: 10 dólares aprox.)

«Historia: de eso aquí hay mucho. Aquí se firmó la Declaración de Independencia, la Constitución, aquí estuvo la primera Casa Blanca. Pero a mí, la historia me gusta con esqueletos, con muertes, con enfermedades venéreas y con pelucas para el pubis.

»Filadelfia tiene buenos museos, sin duda; mi favorito es el Mütter de West Philly, un museo didáctico que cuenta con una fabulosa colección de curiosidades médicas, especímenes anatómicos y patológicos, figuras de cera e instrumentos médicos antiguos. Se lo pasaban genial.»

Comentó Tony ante la animosa empleada del museo que lo acompañó en su visita: **«Sobre todo busco curiosidades relacionadas con el intestino bajo y las tripas... Ay, Dios, ¿eso es la raja de un culo? Qué horror. Necrosis sifilítica. Así que esto es lo que te pasa en el cráneo cuando tienes una mala sífilis; que te abre agujeros en el cráneo. ¿Dónde están las fístulas, papá? ¿Dónde están las fístulas? Ay, Dios. Un cuerno cutáneo. Eso tiene que doler. Ah, herpes zóster. ¡Mira! No volverás a la playa de Jersey.»**

Y por fin, el santo grial: **«El magnífico megacolon. A los dieciséis años, podía pasar un mes sin defecar. Cuando murió, lo hizo con un colon de unos veinte kilos. Supongo que el mensaje es que al final siempre gana la comida.»**

MUSEO MÜTTER: South Twenty-Second Street, 19, Filadelfia, Pensilvania 19103, tel. 215 560 8564, <www.muttermuseum.org> (entrada general de adultos: 20 dólares; personas mayores: 18 dólares; niños: 15 dólares; los niños de cinco años o menos no pagan)

PITTSBURGH, PENSILVANIA

«Pittsburgh es una ciudad de barrios, cada uno con sus rituales y liturgias; un mosaico de culturas que tomó forma hace más de un siglo. En aquellos tiempos, la ciudad era un faro de esperanza y oportunidades para gente llegada de todo el mundo, un lugar que prometía trabajo, prosperidad, una nueva vida. Pittsburgh podría haber sido otra ciudad corporativa convertida en una hermosa ruina. Pero sucedió algo. El lugar empezó a aparecer en las listas de las poblaciones más agradables para vivir de Estados Unidos. Se volvió atractiva para una nueva oleada de gente que llegaba a la ciudad con la esperanza de reinventarse y crear un nuevo mundo.»

Pero, claro, las transiciones económicas y las nuevas formas de generar ingresos benefician a unos más que a otros. En nombre de la «revitalización» se decidió arrasar gran parte del distrito de Hill, que antes había sido un próspero barrio afroamericano. Ahora alberga un estadio de hockey sobre hielo.

«Así que aquí nos hacemos las mismas preguntas que nos planteamos respecto a otras ciudades sumidas en procesos de transición: ¿La gente que llega, el dinero que fluye, las nuevas ideas están salvando la ciudad, o canibalizándola? ¿Quién vivirá en el Pittsburgh del futuro? ¿Y habrá sitio para la gente que siempre se mantuvo fiel, que se quedó toda la vida?»

CÓMO LLEGAR, CÓMO MOVERSE

En el **Aeropuerto Internacional de Pittsburgh (PIT)** operan las principales compañías aéreas de Estados Unidos y algunas regionales. La mayoría de los vuelos tienen origen y destino en ciudades de Estados Unidos, pero también hay algunos vuelos directos a Inglaterra, zonas turísticas del Caribe y ciudades de Canadá. La distancia entre el aeropuerto y el centro de la ciudad es de unos treinta kilómetros por carretera, un trayecto que en taxi cuesta unos 40 dólares más propina, 27 dólares con el servicio de lanzadera que ofrece el aeropuerto (véase <www.supershuttle.com>), o 2.75 dólares en autobús urbano (véase <www.portauthority.org>).

En la ciudad, las redes de autobús y tren ligero te ayudarán a moverte por Pittsburgh, aunque el centro es pequeño y también se puede recorrer a pie. Encontrarás paradas de taxis frente a los principales hoteles y en diferentes puntos de la ciudad.

COCINA DEL VIEJO Y DEL NUEVO MUNDO

«Alexander Bodnar huyó de Hungría durante la devastadora represión de la revolución húngara por parte de la Unión Soviética en 1956.» Ahora se encuentra en Pittsburgh, al frente de lo que viene a ser **«una fiesta privada con comida»**: **Jozsa Corner**, un selecto club nocturno al que uno lleva su propia bebida y al que solo se accede con previa reservación. Hay pollo a la páprika húngaro, *langos* (pan fermentado de papa frito) y *kielbasa* [salchicha polaca], servida al estilo familiar. Entre cantar, bailar y contar historias, a lo largo de la velada es fácil trabar amistad con gente desconocida.

JOZSA CORNER: Segunda Avenida, 4800, Pittsburgh, Pensilvania 15207, tel. 412 422 1886, <www.jozsacorner.com> (una comida casera de varios platos: 28 dólares por persona aprox.; solo admiten pago en efectivo)

Un mes después de su inauguración, en 2017, Tony se sentó en la sala del restaurante **Superior Motors** (Braddock, Pensilvania), un municipio de la periferia oriental de Pittsburgh, junto al entonces alcalde John Fetterman, el cual, con su cuerpo de jugador de rugby de 2.02 metros de altura, su cráneo afeitado, su barba, sus tatuajes y su ropa informal, **«no tiene ninguna pinta de alcalde; y no lo es. Llegó a Braddock en 2001, para ayudar a jóvenes en situación de riesgo a obtener su GED [un título equivalente al oficial de estudios secundarios], y cuatro años después se presentó candidato a la alcaldía aquí, en una de las ciudades más deprimidas del estado»**. Su mujer, Gisele Fetterman, lleva una organización sin fines de lucro que todos los meses proporciona comida y suministros básicos a más de un millar de familias de la ciudad.

Superior Motors ya carbura a pleno rendimiento, como si dijéramos, con un chef y propietario, Kevin Sousa, que sirve platos como lucio amarillo del vecino lago Erie, costillas con algodoncillo blanco y *sunchoke chips* [alcachofa de Jerusalén frita], un plato que Tony describió como **«espectacular»**. Superior Motors es el primer restaurante de cualquier índole que ha tenido Braddock desde que en 2010 cerrara sus puertas la cafetería del hospital; el chef Kevin Sousa ofrece un considerable descuento a los clientes del lugar y está pensando en crear una escuela de cocina para la comunidad.

SUPERIOR MOTORS: Braddock Avenue, 1211, Braddock, Pensilvania 15104, tel. 412 271 1022, <www.superiormotors.com> (precio medio de un plato principal: 27 dólares aprox.)

Y, por último, un poco de diversión a la antigua: el **New Alexandria Lions Club Crash-a-Rama. «Si te alejas cincuenta kilómetros de Pittsburgh, hacia el este, aquí es donde vas a parar, a New Alexandria. Es otro mundo. Aquí no hay incubadoras de empresas ni miedo al aburguesamiento. Solo diversión castiza en una noche de viernes. Familia, buñuelos americanos y destrucción.»**

Organizada por la sección local del Lions Club [una organización cívica internacional], esta carrera de destrucción de coches está destinada a recaudar fondos para organizaciones benéficas locales. **«El ganador se lleva 900 dólares. Por todo el oeste de Pensilvania, desde pueblos como este hasta la mayor de las ciudades, Pittsburgh, la gente tiene los mismos problemas que otras atribuladas zonas desindustrializadas del país. ¿Cómo avanzar hacia el futuro conservando lo que te gusta del pasado? Creo que la respuesta no es sencilla. Las cosas cambian; están cambiando. Pero por ahora, vamos a destrozar algunos coches.»**

NEW ALEXANDRIA LIONS CLUB CRASH-A-RAMA: Lions Club Road, 1874, New Alexandria, Pensilvania 15670, <www.newalexandrialions.com/demolition-derbies.html>

CHARLESTON, CAROLINA DEL SUR

«El Sur no es monolítico. Hay zonas peculiares, zonas magníficas y luego está Charleston, donde, desde hace un tiempo, están pasando cosas importantes en gastronomía, muchas de las cuales tienen que ver con este hombre.» Se trata de Sean Brock, un chef que, si no es el alcalde extraoficial de Charleston, sí al menos uno de sus mejores embajadores. Un hombre que tiene a su cargo una fabulosa colección de restaurantes y una plataforma nacional desde la que arrojar luz sobre la gastronomía olvidada, en vías de desaparición, del sur de Estados Unidos.

«A mí me llevó un tiempo descubrir el intelecto feroz, el inquisitivo carácter, el talento, la determinación y la extraordinaria claridad de objetivos de este hombre. Sin duda, uno de los chefs más importantes de Estados Unidos. Un hombre que está redefiniendo no solo lo que es, ha sido y puede ser la gastronomía del sur, sino la de todo el país.»

CÓMO LLEGAR, CÓMO MOVERSE

El **Aeropuerto Internacional de Charleston (CHS)** es el más activo del estado. Ofrece vuelos a las principales ciudades al este del Misisipi, a algunas poblaciones de Texas y de Colorado y un vuelo estacional con destino a Londres. El aeropuerto se encuentra situado a unos veinte kilómetros del centro de Charleston; los taxis tienen taxímetro y cobran un precio mínimo de 15 dólares. El traslado en taxi cuesta una media de 30 dólares, con propina, y dura unos veinte minutos. Otra opción es el servicio de lanzadera Charleston Downtown, que cuesta 15 dólares y que se puede contratar en el mostrador de información situado cerca de la zona de recogida de equipajes. Los autobuses

CARTA son más baratos todavía: un boleto desde el aeropuerto hasta cualquiera de las distintas paradas de la ciudad cuesta 2 dólares, y la red también cuenta con opciones exprés y locales <www.ridecarta.com>.

Para desplazarte dentro de los límites de la ciudad puedes usar cualquiera de las trece líneas de la red de autobuses CARTA, los servicios de taxi locales o caminar. Charleston es una ciudad bonita, agradable y muy peatonal.

COMER EN EL LOW COUNTRY

«¿Qué es "la cocina del Sur"? ¿De dónde viene? ¿Quiénes son los responsables? Pues bien, cuando uno se plantea esa clase de cuestiones, dondequiera que esté, siempre es útil empezar preguntándose: "¿Quién cocinaba entonces, al principio? ¿Y de dónde eran esas personas?"

»Pues el caso es que en el viejo Sur, en las recetas y sabores de su cocina –lo cual equivale a decir la cocina norteamericana, frente a la europea–, lo más probable es que los ingredientes fueran cultivados, recogidos, producidos y preparados por esclavos africanos.»

Mosquito Beach, en James Island, fue en tiempos un lugar destinado al esparcimiento al aire libre de las familias afroamericanas que vivían en el Sur de las leyes de segregación, y hoy en día sigue siendo un centro neurálgico de la cultura del pueblo *gullah geeche* (descendientes de los africanos esclavizados que viven en las zonas costeras e insulares de Carolina del Sur y Georgia). Los une un idioma común, el *gullah*, un dialecto criollo africano con origen en las lenguas europeas y africanas.

«Los sabores, texturas y prácticas culinarias del África occidental impregnan toda la cocina del Sur, y qué mejor punto de vista que la cultura *gullah* para comprobar lo breve que es la línea que va de lo de

allí a lo de aquí.» En Mosquito Beach, los cocineros suelen preparar recetas como **«cangrejo de concha blanda y caracoles en un estofado de cacahuates de claro acento africano occidental, con arroz de Carolina, calabaza salteada y calabacín».**

En Mosquito Beach había una plantación que más tarde fue parcelada y vendida a las familias de los esclavos liberados durante la época de la Reconstrucción, la que siguió a la guerra de Secesión norteamericana.

Decía Ashley Greene, cuya familia materna posee tierras en Mosquito Beach desde hace generaciones: «Aquí, cuando conoces a alguien, sabes que tienes delante a un descendiente directo de un esclavo que estuvo aquí después de que liberaran a los esclavos». En la cocina *gullah* abundan ingredientes como el pescado y el marisco fresco, el arroz, las verduras y frutas locales y productos de origen africano como ñame, semillas de sésamo o *benne*, quimbombó, cacahuates y sorgo. «Yo creo que lo que pasa es que a la gente la puedes cambiar de sitio, pero no quiénes eran», decía Greene. «No cambias la información con la que vinieron, con sus tradiciones.»

Junto a Tony y Ashley se encontraba el chef B. J. Dennis, un hombre que, según observó Tony, **«ha convertido en una misión personal el empeño en celebrar y proteger las tradiciones culinarias que ha heredado de sus antepasados».** Para preparar este libro, Tony quería encontrar establecimientos de Charleston o su periferia en los que el público general pudiera saborear la cocina *gullah*, y Dennis le recomendó dos restaurantes.

Dijo Dennis: «Me gusta **Buckshot's** porque para ellos no hay atajos. Se mantienen fieles a los sabores locales y trabajan con marisco fresco local. Ofrecen arroz con cangrejo, arroz al quimbombó y sopa de quimbombó, una receta clásica del Low Country [las tierras bajas que bordean la costa de Carolina del Sur]. En temporada tienen nabo, verdura, calabacín y calabaza locales. En ese sentido hacen un buen trabajo».

A Dennis también le gusta **Hannibal's Kitchen**, un local del centro de Charleston, por su desayuno Low Country, una propuesta muy demandada entre los trabajadores del puerto. «Ese desayuno tan sustancioso, ese típico desayuno de obrero para dar fuerzas para el día, esa es la comida principal. Sémola de maíz con tiburón frito –ese tiburón pequeño que se introduce en aguas salobres–, camarón salteado y cangrejo con sémola de maíz, eso es muy *gullah*.»

BUCKSHOT'S RESTAURANT: 9498 North Highway 17, 9498, McClellanville, Carolina del Sur 29458, tel. 843 887 3358 (un bocadillo: 6 dólares aprox.)

HANNIBAL'S KITCHEN: Blake Street, 16, Charleston, Carolina del Sur 29403, tel. 843 722 2256, <www.hannibalkitchen.com> (un bocadillo: 6 dólares aprox.; un plato principal: entre 6 y 9 dólares aprox.)

«En medio de la nada, saliendo de la carretera principal, y a ver si lo encuentras, tenemos uno de los restaurantes *barbecue* más respetados de Estados Unidos de América. A los mandos, uno de los maestros *barbecue* tradicional más reputados. Pregúntale a cualquier chef. Pregúntale a cualquiera que sepa de buen *barbecue*, que te dirá a dónde tienes que ir: aquí, a un local de comida para llevar de aspecto deteriorado, a unas dos horas de Charleston por carretera, en Hemingway, Carolina del Sur.»

Esta es la sede original de **Scott's Whole Hog BBQ**, una prolongación de la tienda bazar que la familia de Rodney Scott inauguró en la década de los setenta.

«A Rodney Scott le llaman de todo el mundo por su asado de cerdo entero, uno de los mejores que existen. Rodney y su familia llevan cuarenta y tres años haciéndolo así y no de otra manera. Incinerador, carbón reciente, cocinar a la parrilla toda la noche, a fuego muy muy lento. No hay atajos. Esto no es un oficio, es una vocación.»

Desde que Tony los visitara, en 2015, el hijo de Scott, Dominic, se ha hecho cargo de Hemingway, y Rodney ha abierto dos establecimientos más, en Charleston ciudad y en Birmingham, Alabama, en sociedad con el restaurador Nick Pihakis. En 2018, la Fundación James Beard otorgó a Rodney Scott el título de mejor chef del sudeste.

SCOTT'S BAR-B-QUE: Hemingway Highway, 2734, Hemingway, Carolina del Sur 29554, tel. 843 558 0134, <www.rodneyscottsbbq.com> (un bocadillo de cerdo con dos guarniciones: 10.50 dólares aprox.)

WAFFLE HOUSE

«¿Es la Waffle House la última de las maravillas? Sin duda, es maravillosa, una zona libre de ironía en la que todo es bello y nada hace daño; en la que todo el mundo es bienvenido, al margen de la raza, credo, color o grado de embriaguez. Su cálido resplandor amarillo es un faro de esperanza y salvación, una invitación a cruzar sus puertas a los hambrientos, a los extraviados, a los muy embriagados, a lo largo y ancho del sur del país. Un lugar que ofrece seguridad y sustento. Nunca cierra, siempre es fiel, siempre está a tu lado.»

Sean Brock guio a Tony a lo largo de lo que él describía como «el menú degustación de la Casa de los Waffles», una combinación consistente en waffle de pecán, hamburguesa, chuleta, *rösti* de papas, sándwich de carne picada, huevos fritos y ensalada verde con salsa mil islas. Al final, Tony manifestó el deseo de subirse **«al mostrador y empezar a recitar a Walt Whitman, *The Star-Spangled Banner*, "*Oh say can you see?*". Y mira, no creo que fuera el primero».**

WAFFLE HOUSE: casi dos mil establecimientos repartidos por todo el sur, medio oeste y suroeste de Estados Unidos, <www.wafflehouse.com> (un waffle: 3-4 dólares aprox.; filete con huevos: 10 dólares aprox.)

AUSTIN, TEXAS

Durante la última temporada de *No Reservations*, grabada en 2012, Tony y su equipo desembarcaron en Austin para asistir al festival South by Southwest, que se celebra anualmente.

«Durante unos días de cada año, una ciudad mediana de Texas, esa capital que curiosamente tan poco tiene de texana, se convierte en otra cosa, se transforma en un apocalipsis hípster. Solo cabe someterse. Durante seis días de marzo, multitudes de personas acuden a ver actuar a más de dos mil bandas musicales en más de noventa recintos y en... no sé, echa cuentas... pero un montón de conciertos.» A lo largo de una semana, Tony conoció a los miembros de algunos de estos grupos, les dio de comer y acudió a sus conciertos. Pensaba que los músicos no suelen comer bien cuando están en la carretera.

CÓMO LLEGAR, CÓMO MOVERSE

El **Aeropuerto Internacional de Austin-Bergstrom (AUS)** es el tercero mayor del estado después de los de Houston y Dallas. Trabaja principalmente con vuelos nacionales, a los que se añaden algunos con salida y destino en Canadá, México y algunas ciudades de Europa occidental. AUS se encuentra situado a unos ocho kilómetros del centro de Austin; por tomar un taxi en el aeropuerto, la carrera mínima es de 14 dólares; un viaje en taxi a un hotel del centro suele salir por unos 40 dólares, incluyendo la propina del 15 por ciento.

Capital MetroRail, la red de trenes de cercanías de Austin, une el aeropuerto con el centro de Austin y la periferia norte. Un boleto sencillo –se pueden comprar en los andenes– cuesta 1.25 dólares. Ya en la ciudad, Capital Metro ofrece una nutrida red de autobuses. (Dispones de información sobre rutas y precios de trenes y autobuses en <www.capmetro.org.>)

En Austin, la base de operaciones favorita de Tony era el **Saint Cecilia**, un hotel *boutique* compuesto por una serie de estudios, *suites* y bungalós y dotado de un restaurante reservado exclusivamente a los huéspedes, un detalle que envuelve al establecimiento en una atmósfera de intimidad y aislamiento en pleno centro urbano. El edificio principal es una mansión victoriana construida en 1888 en la que vivió una descendiente directa de Davy Crockett. La decoración, diferente en cada habitación, se sitúa en algún lugar del espectro entre el alto diseño, la tienda de antigüedades bien conservada y el toque *hippie* adinerado con pasado accidentado. Los clientes cuentan con un servicio de préstamo de guitarras y de bicicletas; todas las habitaciones disponen de tocadiscos estéreo, y el hotel tiene una biblioteca de préstamo de vinilos y libros.

HOTEL ST. CECILIA: Academy Drive, 112, Austin, Texas 78704, tel. 512 852 2400, <www.hotelsaintcecilia.com> (precio de un estudio: desde 350 dólares la noche aprox., en temporada baja)

«LA CARNE A LA *BARBECUE* COMO EXPERIENCIA RELIGIOSA»

«South by Southwest es un espectáculo en sí mismo, pero hay otra razón para venir a Austin; una razón lo bastante poderosa como para degollar a tu mejor amigo, robar un coche, conducir a través del campo y pasar más de dos horas haciendo fila delante de un cobertizo con una pinta de lo más desangelada: Franklin Barbecue. Aaron Franklin es el maestro obsesionado, obsesivo y legendariamente perfeccionista de la carne ligeramente ahumada.»

Franklin ahúma su carne –pecho de vacuno, costillas de cerdo, cerdo desmenuzado, pavo y salchichas caseras con corazones de vaca– durante dieciocho horas en un ahumador alimentado con madera de roble, todo ello sazonado con sal y pimienta únicamente. Su política de servicio al cliente es muy democrática y recompensa la paciencia: los clientes se ponen en fila por la mañana, mucho antes de que el Franklin abra sus puertas, y se les atiende por orden de llegada. Un empleado se ocupa de dirigirlos, de mantenerlos informados sobre el tiempo previsto de espera, y de si la posición que ocupan en la fila puede dejarlos fuera del reparto, puesto que, cuando la carne se agota, hasta el día siguiente se acabó lo que se daba. Además de carne, Franklin ofrece un breve surtido de guarniciones, pasteles salados, cervezas y vinos.

Guiándose en parte por la experiencia que habían compartido en Austin, Tony encargó a Daniel Vaughn un libro de viajes, *The Prophets of Smoked Meats*, sobre los mejores restaurantes *barbecue* de Texas. Fue el primer título que publicó con su sello editorial homónimo. Mientras esperaban su carne, Vaughn le enseñó a Tony algunos términos clave relacionados con el mundo del *barbecue*:

GALLETA DE AZÚCAR: el borde ennegrecido de la carne, allí donde confluyen la grasa, la sal y la carne para crear un área tierna y crujiente, con textura de galleta de azúcar.
ANILLO DE HUMO: un anillo claramente rosado, producido por una reacción química, que se abre en la carne. A baja temperatura y humedad alta se forma el anillo que nos indica que la carne de este asado está tierna y bien cocinada.
CORTEZA: el extremo crujiente de una costilla, similar a la corteza de un árbol.

«El pavo y la salchicha están buenísimos –decía Tony–, **pero palidecen en comparación con lo indefiniblemente rica que es la carne. El borde graso es un manjar increíblemente húmedo. La mejor que he probado en mi vida. La carne a la *barbecue* como experiencia religiosa.»**

FRANKLIN BARBECUE: East 11th Street, 900, Austin, Texas 78702, tel. 512 653 1187, <www.franklinbbq.com> (un bocadillo: 10 dólares aprox.; carne: 22 dólares la libra aprox.)

SEATTLE, WASHINGTON

«Seattle, una ciudad con una identidad colectiva, siempre en evolución, siempre en proceso de cambio. Pero lo que siempre ha sido y sigue siendo es un polo de atracción para los creadores que vienen

a experimentar y hacerla suya. Seattle siempre ha sido la ciudad a la que acudir para reinventarse. Es una ciudad que, en la superficie, parecía requerir un compromiso por tu parte.

»Tiene fama de gris, de lluviosa, de no especialmente amistosa, y de estar allí arriba, en la punta más alejada del país. Una ciudad en la que uno podía conseguir trabajo en la industria aeronáutica, hacer música o –por esto también es tristemente célebre– convertirse en un asesino en serie. Ya se tratara de equipar a los buscadores durante la fiebre del oro de Alaska o de hacerse un nombre en la escena musical, esta es la ciudad del *boom* o el fracaso. Y ahora hay un *boom* de una nueva clase: Microsoft, Expedia y Amazon son los amos de la ciudad. Y son toda un desbordamiento; los trabajadores de la industria tecnológica, hombres en su mayoría, y a los que despectivamente llaman "tech boys" o "tech bros", están cambiando el ADN de la ciudad a marchas forzadas.»

CÓMO LLEGAR, CÓMO MOVERSE

El **Aeropuerto Internacional de Seattle-Tacoma (SEA),** también llamado SeaTac, opera numerosos vuelos nacionales e internacionales, y es el principal centro de conexión de la costa Oeste para los vuelos transpacíficos de la aerolínea Delta y para Alaska Airlines.

SeaTac se encuentra situado en la ciudad del mismo nombre, SeaTac, a algo más de veinte kilómetros del centro de Seattle. Un taxi cuesta entre 45 y 50 dólares más propina, y se tarda entre veinte y sesenta minutos, según el tráfico. Actualmente, la compañía Seattle Yellow Cab tiene los derechos exclusivos de recogida en el aeropuerto, pero en la ciudad sí hay competencia entre distintas compañías de taxi.

Y también puedes desplazarte de SEA a distintos puntos de Seattle a bordo de uno de los trenes ligeros de la red Link Light Rail.

Los trenes pasan con una frecuencia de entre seis y quince minutos, según la hora del día. El trayecto entre el aeropuerto y el centro dura cuarenta minutos y cuesta 3 dólares. En <www.soundtransit.org> dispones de información completa sobre horarios, tarifas y rutas.

Los amantes del tren pueden trasladarse a Seattle a bordo del Amtrak Cascades, que cubre la ruta Vancouver, Columbia Británica y Eugene, Oregón; o del Empire Builder, una línea que cruza el noroeste entre Chicago y Seattle (más información en <www.amtrak.com>). De la estación de King Street, cerca de Pioneer Square, parten trenes de Amtrak y distintas líneas de cercanías. Esta bella y funcional estación, dotada con una llamativa torre con reloj, se construyó en 1906 y se restauró en 2013.

Para moverse por Seattle en transporte público, lo más práctico es adquirir una tarjeta ORCA, que da acceso a las distintas redes de autobuses, ferrys, trenes ligeros y de cercanías que circulan por la región. Más información en <www.orcacard.com>.

COMER EN LA CIUDAD ESMERALDA

Tony descubrió Seattle a un ritmo casi frenético, en 2012, con ocasión de un episodio de *The Layover*, para el que durante cuarenta y ocho horas indagó en busca de lo mejor en materia de desayunos, comidas, cenas y copas.

«Se empieza por el desayuno, ¿no? Seatown forma parte del imperio de estupendos restaurantes del chef Tom Douglas, y este es especialmente bueno, justo el que necesito en este momento.» Situado junto al famoso mercado de Pike Place, Seatown ofrece un conciso menú a base de marisco crudo y cocido, sopas de pescado, bocadillos, raciones y bebidas. Tony optó por el **«famoso bocadillo de cangrejo y huevo: un bocadillo de huevo frito con cangrejo Dungeness»**, maridado con un *bloody mary* bien mezclado, un coctel tempranero que ayuda a empezar el día de nuevo.

RESTAURANTE DEL MERCADO DE SEATOWN: Western Avenue, 2010, Seattle, Washington 98121, tel. 206 436 0390, <www.seatownrestaurant.com> (un bocadillo de cangrejo y huevo: 20 dólares aprox.; un plato principal: entre 15 y 31 dólares; una docena de ostras: 40 dólares)

Durante su estancia en Seattle con *Parts Unknown*, en 2017, Tony disfrutó de una incisiva conversación durante un estupendo almuerzo en **Revel. «La chef es Rachel Yang y la comida es coreana. El menú: fideos al cilantro, *yu choy* y espaldilla de abanico en rebanadas finas. Tortitas de *kimchi* con panceta de cerdo braseada y brotes de soya. Cuenco de arroz con costillas en sambal de la casa, *daikon*, *kimchi* y huevo. Y bolas de costilla cubiertas de ensalada de chalota y cebolleta.»**

REVEL: Westlake Avenue North, 513, Seattle, Washington 98109, tel. 206 547 2040, <www.revelseattle.com> (un plato: entre 12 y 22 dólares; cocteles: entre 10 y 12 dólares)

En la costa del estado de Washington, y por causa de la interacción que mantiene el océano Pacífico con el profundo e inmenso estrecho de Puget, **«toneladas de agua fría dan como resultado un pescado de agua dulce que se encuentra entre los mejores del mundo. Uno de los mejores lugares para descubrir la fabulosa variedad del pescado y marisco del Noroeste del Pacífico es The Walrus and the Carpenter, un bar de ostras y sencillo restaurante a cuyos mandos se encuentra Renee Erickson».** Así llamado por el poema de Lewis Carroll de 1872, el restaurante de Erickson lleva más de una década sirviendo ostras del lugar y versiones tan sorprendentes como brillantes de clásicos como la ensalada de col rizada con atún blanco y la tostada de mejillones con mantequilla nori e hinojo escabechado.

«Seattle hacía que a la gente se le antojaran cosas que no sabían que necesitaban, que todos necesitábamos, claro. A lo mejor no lo sabes, pero las necesitas.

»Esta noche voy a tomar almejas al vapor con tocino, ajo y habas *cannellini*. Esto, para mí, es la felicidad absoluta. Qué bueno.»

THE WALRUS AND THE CARPENTER: Ballard Avenue NW 4743, Seattle, Washington 98107, tel. 206 395 9227, <www.thewalrusbar.com> (raciones: entre 13 y 22 dólares; precio medio de una comida: 50 dólares por persona aprox.)

«El Taylor Shellfish Oyster Bar de Pioneer Square también es de la vieja escuela. La familia Taylor se dedica al cultivo de casi cinco mil hectáreas de tierras pantanosas en el estrecho de Puget, la bahía de Willapa y el Hood Canal desde hace más de cinco generaciones, desde 1890.» En 2017, Tony acudió al lugar con *Parts Unknown* y descubrió, por supuesto, que **«saben lo que hacen»**. Le llamó especialmente la atención el **«eperlano local entero, frito y servido con *pepperoncini* al *sambal aioli*; el cangrejo Dungeness local, cocido y enfriado con salsa de jengibre en vinagre; y las ostras, muchas ostras»**.

TAYLOR SHELLFISH OYSTER BAR (local de Pioneer Square): Occidental Avenue South, 410, Seattle, Washington 98104, tel. 206 501 4060, <www.taylorshellfishfarms.com> (ostras: 2.50-3.25 dólares por unidad aprox.; sopas, bocadillos y platos crudos y cocidos: 5.50-19 dólares aprox.)

Tony pasó algunas de las horas de *The Layover* en el restaurante *gourmet* **«Canlis, un bellísimo ejemplo de glamour retro no irónico. Una cocina con más de sesenta años de tradición, en la que saben hacer una buena carne poco cocida. Es uno de los pocos restaurantes que exigen etiqueta en el campechano Seattle. Me gusta mucho»**. Abierto en el barrio de Queen Anne desde 1950, el restaurante Canlis se aloja en una espectacular construcción moderna, diseñada a medida y con vistas a la ciudad, al lago y a la montaña. Los hermanos Brian y Mark Canlis representan a la tercera generación de propietarios del restaurante, cuya historia empieza con la de un abuelo que trabajó para Teddy Roosevelt en Egipto, que ayudó a reconstruir Pearl Harbor después del ataque y que pasó marisco fresco entre Hawái y el continente (en la página web del restaurante puedes leer la crónica completa).

El chef Brady Williams se encuentra al frente de una cocina que durante la visita de Tony despachó, **«para empezar, tortellini de alcachofa, steak tartar y pastel de cangrejo Dungeness»**, todo ello seguido de **«pato criollo, madurado en seco durante catorce días, asado entero y aderezado con salsa agridulce *chutney* de naranja, hinojo y cebolla *cipollini*; un monstruoso ojo de costilla del Rancho Gleason, poco cocido; y mandíbulas de cerdo ibérico con fresa e hinojo»**. Ahora la carta incluye caballa curada en alga *kombu*, zanahorias con glaseado de arándanos y chorizo y almejas, y bacalao negro con salsa *velouté* de maíz.

CANLIS: Aurora Avenue North, 2576, Seattle, Washington 98109, tel. 206 283 3313, <www.canlis.com> (menú degustación de cuatro platos: 135 dólares aprox. por persona más un cargo por servicio del 20 por ciento)

HIERBA DEL OESTE

«Hierba, grifa, ganja, porro; llámalo como quieras: es marihuana. Podría seguir así todo el día. En resumen: el estado de Washington legalizó la marihuana en el año 2012. Y yo pienso sacarle provecho, eso sí, respetando la ley escrupulosamente, como acostumbro. La variedad de opciones que ofrecen locales como este, Emerald Haze, es extraordinaria.» Tony pasó por Emerald Haze en 2017, para hacerse de un poco de hierba de las variedades *blueberry kush*, *alaskan* *thunderfuck* y *dutch treat*, que ofrece la **Hollingsworth Cannabis Company**, una empresa familiar donde las haya:

«Mientras los ejecutivos corren a arrancar sus beneficios a la nueva cosecha, la Hollingsworth Cannabis Company hace lo mismo de una manera más pausada, pero más personal: invernaderos que funcionan con energía solar, brotes cortados a mano, bolsas preparadas a mano, para garantizar que solo te metas la hierba más fina, la más fresca, la de mejor calidad. Todo queda en familia: Raft se ocupa de los procesos de fabricación y cultivo, Joy, del procesamiento y las ventas, la tía jubilada entró a ayudar con los cartuchos de aceite, el padre etiqueta los envases y la madre rellena los cartuchos de venta y echa una mano con el control de calidad. Yo también lo hago, lo he hecho y seguiré haciéndolo».

EMERALD HAZE CANNABIS EMPORIUM: NE Sunset Boulevard 4033 #5, Renton, Washington 98056, tel. 425 793 4293, <www.emeraldhazece.com> (distintos precios)

HOLLINGSWORTH CANNABIS COMPANY: En <www.hollingsworthcannabis.com> ofrecen una lista de los proveedores que venden sus productos en el estado de Washington (distintos precios)

VIRGINIA OCCIDENTAL

Un año después de que Donald Trump fuera elegido presidente de Estados Unidos, Tony y el equipo de *Parts Unknown* viajaron a Virginia Occidental. Querían comprender mejor, sin prejuicios, cómo era la vida en un estado tan apasionadamente republicano en el año 2017.

«Para alguien como yo, que ha vivido en Nueva York toda su vida, es fácil pensar que así es como es, que así es como piensa Estados Unidos, que las cosas que son importantes para mí también lo son

para todo el mundo. Que en todos los demás sitios... les falta un tornillo. Que son inconcebibles, quizá incluso incognoscibles.

»A mil kilómetros del centro de Manhattan se encuentra el condado de McDowell, Virginia Occidental: es otro Estados Unidos.» Situado a lo largo de la frontera sur del estado, en otros tiempos fue una próspera región impulsada por la minería del carbón.

«La ciudad de Welch, a la que en sus tiempos de esplendor llamaban "la pequeña Nueva York". Durante décadas, el resto del país arrancó mucho dinero a estas colinas. Muchos miles de millones de dólares. Y cuando nos resultó más barato o más práctico irnos a otra parte a buscar el carbón que necesitábamos para proporcionar energía a nuestras redes eléctricas o hacer nuestro acero, este fue el panorama que dejamos.» Manzanas de tiendas vacías, cada vez menos habitantes, una ciudad rural en la que la naturaleza recupera gradualmente su terreno, una hora por carretera hasta el Walmart más cercano.

«Pero no te compadezcas de ellos. Por mucho que lo creas, ellos no se hacen ilusiones de volver a los buenos tiempos del carbón y la prosperidad.

»Para muchos de mis paisanos neoyorquinos, esto es el corazón de la tierra de Dios, de las armas, de Trump; el enemigo existencial. A nosotros, para nuestra vergüenza eterna, nos resulta inconcebible reflexionar acerca de una gente que desciende de cinco generaciones de mineros del carbón, en un lugar como este. Y mucho menos empatizar con ellos. Bueno, pues yo fui a Virginia Occidental, ¿y sabes qué? Que aquí, en el reino de todos los códigos de valores de los que siempre me he burlado o que siempre he combatido, todo el mundo me ha recibido con los brazos abiertos. He descubierto un lugar tan hermoso como desgarrador. Un lugar que simboliza –*que contiene*– todo lo que hay de equivocado, y de maravilloso, y de esperanzador, en Estados Unidos.»

CÓMO LLEGAR, CÓMO MOVERSE, DÓNDE ALOJARSE

El condado de McDowell (Virginia Occidental) no tiene un aeropuerto local como tal. En vuelo comercial llegarás como muy cerca al **Aeropuerto de Yeager (CRW)**, situado en Charleston, Virginia Occidental, a dos horas y media del condado de McDowell por carretera; al **Aeropuerto Internacional Piedmont Triad (GSO)**, situado en Greensboro, Carolina del Norte, a tres horas y media; al **Aeropuerto Internacional Charlotte Douglas (CLT)**, en Charlotte, Carolina del Norte, a cuatro horas; al **Aeropuerto Internacional de Pittsburgh (PIT)**, a cinco horas. La estación de tren Amtrak más cercana se encuentra en Prince (Virginia Occidental), a noventa minutos de Welch por carretera.

Existen algunos servicios de taxi regionales, pero ninguno de ellos se encuentra en Welch, y, aunque hay presencia de empresas de transporte privado mediante aplicación, la cobertura móvil es irregular en el mejor de los casos. En resumen: vas a necesitar un coche.

Durante su estancia en Welch, Tony se alojó en el **Count Gilu Motel**, un establecimiento sencillo, pero limpio y confortable, que se distingue por ser de propiedad y gestión familiar en una región dominada por impersonales cadenas hoteleras. La propiedad cuenta con un jardín trasero y todas las habitaciones disponen de cafetera, horno microondas, refrigerador y ese parloteo del riachuelo de al lado que te recuerda, como dijo Tony sobre el sur de Virginia Occidental, en una entrevista con el periódico *Welch News*, que **«en el mundo no quedan muchos sitios tan bonitos como este, y eso es algo que debemos valorar enormemente»**.

MOTEL COUNT GILU: Vocational School Road, 201, Welch, Virginia Occidental 24801, tel. 304 436 3041 (no tienen página web) (precio de una habitación: a partir de 80 dólares la noche aprox.)

COMERSE EL PASADO Y EL FUTURO EN LOS APALACHES

«La región de los Apalaches tiene una cultura gastronómica muy rica y variada que se está volviendo cada vez más idolatrada, glosada y asimilada a los refinados gustos de la élite moderna que está dispuesta a pagar un ojo de la cara por lo que antes era, y en muchos casos sigue siendo, la comida de la pobreza.»

Con su trabajo de restauración de una propiedad agrícola familiar que llevaba mucho tiempo inexplotada, sus propietarios, Amy Dawson, licenciada en Derecho, y el chef Mike Costello, licenciado en Periodismo, **«luchan por mantener viva esa cultura, conseguir que siga siendo apreciada y resultando rentable a la región de la que procede. Llevan una cocina ambulante [Lost Creek Farm] con la que pasean por el resto del estado los ingredientes locales, las recetas de los Apalaches y las historias asociadas a ellas»**.

Con sus viajes por la región, Dawson y Costello esperan obtener el dinero y la visibilidad suficientes para algún día abrir en su propiedad una cocina permanente y un centro educativo. Por el momento ofrecen servicios de catering, eventos privados, talleres y eventos itinerantes.

Las comidas al aire libre que se ofrecen en su granja incluyen ingredientes de origen exclusivamente local respecto a su cultivo, cría y recolección. Por ejemplo, papaya integrada en helado, conejo, venado y auténtica verdura *heirloom* o reliquia, cultivada con semillas que han permanecido cuidadosamente almacenadas durante generaciones.

«Así son los productos reliquia fuera de la concepción sacrosanta de la comida: maíz *bloody butcher*, habas *fat horse*, calabaza *candy roaster*, tomates *oxheart homer fikes*. Estos ingredientes definen un tiempo y un sabor casi desaparecidos.»

LOST CREEK FARM: Sunrise Road, 104, Lost Creek, WV 26385 (en <www.lostcreekfarmwv.com> puedes consultar el calendario de eventos y comidas itinerantes por la región).

FILIPINAS

MANILA

Animado por los ruegos cada vez más apremiantes de unos seguidores filipinos exasperados por el hecho de que año tras año pasara su país por alto en favor de otros rincones del Sudeste Asiático, Tony viajó por fin a Filipinas en 2008, para la quinta temporada de *No Reservations*, y volvió siete años después, con *Parts Unknown*.

«La historia de Filipinas es larga, complicada, extraordinariamente violenta y difícil de cuantificar o describir en un parrafito pulcramente elaborado. Desde los pueblos indígenas de la Polinesia, las oleadas de colonos y comerciantes malayos y chinos y los colonizadores españoles y americanos, esta es una historia amplia y profundamente personal en su relación con América.

»Filipinas pagó un precio muy alto durante la Segunda Guerra Mundial. Entre la ocupación japonesa y nuestros bombarderos, Manila quedó prácticamente arrasada. En Filipinas solemos caer bien los estadounidenses, en la medida en que a uno le puede caer bien alguien que te ha liberado de un enemigo, pero que ha asolado tu país en el proceso. La Manila actual es el resultado de esa época y de esos valores de la posguerra, y de la gigantesca presencia militar estadounidense.»

CÓMO LLEGAR

Aterrizarás en el **Aeropuerto Internacional Ninoy Aquino de Manila (MNL)**, así llamado en honor del que fuera senador filipino Benigno *Ninoy* Aquino, que murió asesinado allí en 1983, a su regreso de su exilio estadounidense. Aquino fue muy crítico con el presidente Ferdinand Marcos, un autócrata que dirigió el país entre 1965 y 1986, cuando la Revolución del Poder del Pueblo lo derrocó por fin para reemplazarlo por Corazón Aquino, la viuda de Ninoy.

El aeropuerto se encuentra situado a unos trece kilómetros del centro de Manila; un viaje en taxi con taxímetro dura entre treinta minutos y una hora (o más, en la hora pico de la tarde) y cuesta unos 200 pesos filipinos / unos 4.25 dólares, más la propina acostumbrada (el 10 por ciento) por la atención prestada. Por 150 pesos / unos 3 dólares, también dispones de autobuses que realizan distintas paradas en la ciudad.

Piénsalo dos veces antes de rentar un coche; el tráfico en la Gran Manila es imposible.

EL CERDO

«Pues bien, todos los filipinos que conozco en Estados Unidos, y todos los que me abordaban en el aeropuerto, lo primero que me decían eran: "¿Vas a comer *sisig*?". El amor apasionado, las lágrimas en los ojos de los filipinos de Estados Unidos cuando recuerdan la comida de su país...

»Para mí, el momento "ven con mamá" es el de la más popular de las comidas callejeras filipinas, esa ardiente y curiosamente adictiva mezcla de careta de cerdo troceada. Una mezcla de texturas crujiente, masticable, picante, sabrosa y, en fin, maravillosa... que al final es como un cántico. Todo lo que me gusta, reunido en un plato que chisporrotea y arde. Ah, dulce sinfonía de partes de cerdo, ah, sí.»

Pero si quieres descubrir la versión auténtica, ve a **Aling Lucing Sisig** en Ángeles, una ciudad de la provincia de Pampanga a unos ochenta kilómetros al noroeste de Manila. La dueña, Lucía Cunanan, murió en 2008, pero su hija Zenaida ha seguido sus pasos. Claude Tayag, uno de los guías que aparecieron ante las cámaras junto a Tony en 2008, nos cuenta que hay otras ramas que llevan el nombre de Aling Lucing, pero que no están relacionadas con la familia de Lucía. (Véase el artículo de Claude Tayag *Desmontando el mito del* sisig, en la página 232).

Cuando volvió al país, en 2015, Tony quiso traspasar los límites de Manila, pero la furia de agua del tifón Nona los obligó a él y a su equipo a permanecer en la ciudad, donde Tony disfrutó de otra sesión de *sisig*, esta vez en el **Super Six Bar & Grill,** en el que tuvo una gloriosa visión porcina: **«Careta de cerdo muy caliente, cubierta de huevo fundido, y chica, pídele a otro, porque entre yo y esta delicia tan grasa, jugosa y picante no se interpone nadie».**

ALING LUCING SISIG: Calle Glaciano Valdez, Ángeles, Pampanga, tel. +63 45 888 2317 (no tienen página web) (un plato de *sisig*: 200 pesos / 4 dólares aprox.)

SUPER SIX BAR & GRILL: Calle Remedios, Malate, Manila, Luzón 1004, tel. +63 2 400 7956 (una ración: 200 pesos aprox. / 4 dólares aprox.)

«Es verdad que le miento a mi hija, que le digo que Ronald McDonald está implicado en la desaparición de niños pequeños. Que abomino de la comida rápida, que la critico a la menor oportunidad, pero también soy un hipócrita, porque para mí, la cadena filipina Jollibee es el sitio más descabellado y divertido del mundo. En las más de siete mil islas de Filipinas hay más de novecientos de estos locales, y muchos más en todo el mundo, allí donde viven filipinos que extrañan su tierra.»

JOLLIBEE: muchos establecimientos, <www.jollibee.com.ph/stores/metro-manila/> (una comida compuesta por dos raciones de pollo: 160 pesos aprox. / 3.50 dólares aprox.)

Desmontando el mito del sisig

CLAUDE TAYAG

De todos los platos de la cocina filipina que conocemos los extranjeros, se diría que el *sisig* ha desplazado rápidamente en popularidad al adobo, al *pancit* (fideos) y al *lumpia* (rollitos primavera). Pero ¿qué es el sisig exactamente?

Según el Centro de Estudios Pampangos, de la Universidad Holy Angel de Ángeles, Pampanga [Filipinas], la palabra *sisig* aparecía ya en un diccionario pampango-español de 1732, definida como «ensalada servida con vinagreta».

En esa época, las mujeres embarazadas, para satisfacer su antojo de sabores agrios, comían fruta o verdura fresca (papaya verde, mango verde, guayaba, corazón de plátano) mojada en vinagre y sal. Durante el embarazo, a la futura madre se le daba un brebaje a base de oreja de cerdo cocida que también se mojaba en vinagre; se creía que el cartílago ayudaba a fortalecer los huesos del feto. Estos dos elementos combinados componen el *sisig babi*; pero no se sabe cómo llegó a convertirse en el aperitivo preferido por los ciudadanos varones para sus borracheras.

El actual *sisig* a la sartén es un buen ejemplo de cómo una sola persona puede definir el paisaje culinario de una ciudad entera, de una provincia, de un archipiélago y, finalmente, del mundo. A principios de los años setenta, Lucía Cunanan, de la ciudad de Ángeles, era una más de la docena de vendedores ambulantes que permanecían apostados junto a las vías del tren de la ciudad, desde donde despachaba pollo asado y una mezcla de tiras de cabeza de cerdo cocidas y aderezadas con *sukang sasá* (vinagre de palma nipa), cebolla, sal, pimienta negra y chile. Una amalgama a la que se daba el nombre de *sisig*.

Según la hija de Lucía, Zenaida, una noche su madre quemó por error una comanda de oreja de cerdo ensartada. En lugar de tirarla, Lucía troceó el cerdo y lo sirvió a modo de *sisig* cocido, aderezado con vinagre. Y proclamó que se trataba de su «nueva» versión de aquella receta centenaria. La gente del lugar acogió la nueva propuesta con entusiasmo, y así esta versión de *sisig* a la brasa pasó a ser conocida como el *sisig* de Aling Lucing.

En torno a 1976, otro vecino de Ángeles, Benedict Pamintuan, abrió una cervecería, Sisig Benedict, en la que servía *sisig* a la brasa en sartén caliente, un detalle que le daba un acabado más crujiente. En esa época, solo a los residentes –y a algun turista ocasional– nos gustaba el *sisig* a la sartén.

En 1980, mis hermanos, Mario y Abong Tayag, y nuestro primo Dan Tayag abrieron el restaurante Trellis en Ciudad Quezón. Entre otras especialidades de la Pampanga, servían la versión del Benedict del *sisig* a la sartén, añadiéndole hígado de pollo troceado y cocido. Punta de lanza de las parrillas restaurante, el Trellis contribuyó a consolidar en la metrópoli la moda del *sisig* a la sartén.

En octubre de 2008, Tony me entrevistó para el episodio filipino de *No Reservations* y saboreó su primer *sisig*. Fue amor al primer mordisco: **«Tiene todo lo que me gusta reunido en un solo plato: cerdo troceado chisporroteante y todo lo bueno, elástico, graso, crujiente. Y va estupendamente con una cerveza»**, escribió Tony en su blog, y el mundo descubrió esta delicia.

Yo vi por última vez a Tony en junio de 2017, en Manila, cuando acudió al Congreso Internacional de Gastronomía Ambulante como orador invitado. Dijo en una entrevista que concedió a mi programa de televisión, *Chasing Flavors*: «El *sisig* es el plato revelación que acercó la gastronomía filipina a la América media.»

Ahora llaman *sisig* a cualquier cosa que se sirva troceada en una fuente chisporroteante. Pero la versión original, en todo su porcino y grasiento esplendor, es insuperable. No olvides añadir el toque de acidez con un chorrito de vinagre o *calamansi*, chile y una botella de cerveza San Miguel *subzero. Bon appétit!*

FINLANDIA

A instancias de un fan finlandés que a través de Facebook llamó a más de cien mil compatriotas a suplicar a Tony que fuera a grabar a Finlandia, el equipo de *No Reservations* aterrizó en Helsinki inmediatamente después del Año Nuevo de 2012, en una época del año en la que solo disponían de cuatro horas de luz diarias. El resto estaba dominado por ese negro azulado que se conoce como *kaamos*, o «noche eterna».

«Helsinki, Finlandia. Lo que yo sabía de esa ciudad no era... alentador, digamos. Sabía que los finlandeses eran gente dura, lo bastante como para haber corrido de sus tierras a los nazis y a los rusos. Para soportar ese clima tan frío y duro, los inviernos largos y deprimentes, los cortos veranos de borracheras. Sabía que no era un sitio dado a la sonrisa fácil, ni al contacto visual siquiera.»

CÓMO LLEGAR

El **Aeropuerto de Helsinki (HEL)** es el principal aeropuerto internacional de la ciudad y alrededores, con vuelos con llegada y destino al resto de Finlandia, los países nórdicos y a las principales ciudades asiáticas. Es el centro de conexión de Finnair, y American Airlines, British Airways y algunas compañías europeas también operan en él.

Para ir del aeropuerto al centro de Helsinki, hay distintas líneas de autobús y el tren del aeropuerto; un boleto sencillo cuesta 5.60 dólares. En <www.hsl.fn> ofrecen toda la información sobre rutas y horarios.

Un taxi desde el aeropuerto a la ciudad cuesta en torno a los 61 dólares, para un trayecto de treinta minutos y veintiún kilómetros. En Finlandia no es costumbre dar propina a los taxistas, pero por comodidad quizá te convenga redondear el precio.

«COPA, COPA, SAUNA, COPA»

«Para mí no hay situación más agradable que encontrarme en un sitio de temperaturas cálidas, con palmeras, bebidas tropicales, oyendo *reggae* o a Don Ho a lo lejos. Un sitio con agua caliente, clara como la ginebra, el olor del aceite bronceador, de cálidas pieles morenas. No este sitio.»

Pero es que, cuando uno está en «este sitio», no puede dejar de acudir a un sauna. El sauna es un invento finlandés y un pasatiempo nacional. También es **«lo que aquí siempre te dice la gente que tienes que hacer»**. Durante la guerra fría era un modo de asegurar la confidencialidad de las conversaciones, puesto que es imposible poner un micrófono a un político o a un agente secreto desnudo.

El segundo sauna más antiguo de la ciudad, una rudimentaria «casa de dolor» llamada **Arla**, lleva ofreciendo ininterrumpidamente sus servicios en el barrio de Kallio desde 1929. Disponen de zonas separadas para hombres y para mujeres y ofrecen exposiciones temporales de arte local. Los clientes pueden traer provisiones. Tony vino provisto de cerveza, ginebra, cocteles de toronja y una morcilla que asó en las brasas del fuego de leña que calienta el sauna junto con el gas natural.

Se ofrece servicio de masaje, por supuesto, y también una terrorífica terapia de sangría y ventosas combinadas para extraer hasta casi medio litro de sangre envenenada. **«Pues bien, nuestra terapeuta, una señora incomprensiblemente risueña, se pone los guantes quirúrgicos, me aplica las ventosas y empieza a apuñalarme, a hincar en mis carnes su afilado palito de *hockey*, repetidamente y sin remordimientos.»**

SAUNA ARLA: Kaarlenkatu, 15, Helsinki 00530, tel. +3589 7192, <www.arlansauna.net> (precio de la entrada: 14 euros / 17 dólares aprox.; incluye toalla)

«De nuevo ha llegado el momento. El de la especialidad local –carne en tubo, un limpiador de alcohol, un hot dog mutante–, lo que sea que necesite a esta hora la gente de aquí cuando se sienten, digamos, un poco perjudicados. Aquí, la gente que bebe suele necesitar algo con un poco más de urgencia, quizá, y debido a ello son, quizá, solo quizá, un poco más indulgentes con lo que se les ofrece.

»El Jaskan Grilli es un local muy popular de la noche, una leyenda entre la gente que le gusta tomar, es decir, un famoso quiosco situado detrás del edificio del Parlamento finlandés, presidido por una provecta dama que despacha grasientos y chisporroteantes productos cárnicos en forma de disco o tubo que ayudan a absorber el alcohol que se ha consumido en las horas anteriores.

»Empiezas con una sustancia compuesta por una misteriosa carne tipo hamburguesa al microondas y continúas con una generosa rociada de los condimentos contenidos en las ubres que cuelgan del techo. No escatimes, amigo. Y luego entiérralo en aderezos. Ajo, piña, mayonesa, salsa de pepinillos y algo parecido al queso. Todo esto te permite volver a odiarte a ti mismo mientras bebes, y Dios sabe que todos necesitamos eso.»

JASKAN GRILLI: Dagmarinkatu, 2, 00100 Helsinki. No tienen teléfono ni página web (precio medio de una ración: 5 euros / 6 dólares aprox.)

FRANCIA

CHAMONIX (ALPES FRANCESES)

«Los Alpes franceses: italianos encantadores en un lado; aterradores suizos en el otro. Cerca, demasiado para mí, un hombre con una neurosis infantil que le hace temer los paisajes alpinos, los cantos a la tirolesa e incluso el queso con agujeros.»

Para esta grabación de alta montaña de *Parts Unknown*, en 2017, Tony se llevó a los Alpes al chef Eric Ripert a modo de recompensa.

«Mi amigo Eric se crio en montañas como esta. Es un esquiador experto. Aquí se siente como en casa. En mis últimas aventuras con él he sido un poco cruel. Así que he pensado que merecía una oportunidad para resarcirse.

»Yo no soy un esquiador elegante. Soy un esquiador entusiasta. Y a eso se viene aquí en invierno y principios de primavera. A esquiar en algunas de las mejores pistas del mundo. Y también por el queso. Está visto: montones de queso.»

LLEGADA Y ALOJAMIENTO

El aeropuerto más cercano a los Alpes es el **Internacional de Ginebra**, al que antes llamaban –y llaman, aún con frecuencia– Cointrin. Este aeropuerto cubre vuelos procedentes de decenas de ciudades europeas y también de algunas de Oriente Medio, África, Asia y América del Norte y del Sur. Y, como no podía ser de otra manera, es el centro de conexión de Swiss International Airlines.

El aeropuerto se encuentra en la frontera suizo-francesa y, por lo tanto, tiene un «lado» suizo y otro francés, que se diferencian por los códigos **GVA** y **GGV**, respectivamente. Se puede entrar y salir por cualquiera de los dos lados sin problemas de pasaporte, pero los precios de los coches de renta suelen variar entre los dos sectores, y el coche hay que devolverlo en el lado correspondiente al final de la estancia, si no te quieres exponer a pagar una cuantiosa sanción.

Chamonix se encuentra a una hora en coche del aeropuerto de Ginebra y quien no rente un coche dispone de numerosas opciones de transporte compartido y privado, desde autobuses (24 dólares aprox. por boleto de ida y vuelta) hasta taxis privados por hasta 610 dólares. También se puede viajar de Ginebra a Chamonix en tren, por entre 36 y 48 dólares el trayecto, pero, como la ruta es indirecta, el viaje se alarga hasta las tres horas aproximadamente, con uno o más transbordos intermedios.

En el **Hôtel Mont-Blanc**, una histórica estación alpina de lujo, abierta al pie del pico más alto de Europa desde 1849, y cuyo interiorismo ha sido remodelado por completo en los últimos tiempos para adaptarlo a las tendencias del siglo XXI, podrás recuperar las fuerzas perdidas entre las pistas de esquí y el consumo de queso. Vistas espectaculares, decoración moderna, servicio exquisito, piscina exterior climatizada en la que se puede nadar en invierno... En resumen, un lugar de muy bajo impacto al que retirarse a resolver los problemas gastrointestinales que plantea un viaje marcado por el consumo intensivo de carne y queso.

HÔTEL MONT-BLANC: Allée du Majestic, 62, 74400 Chamonix-Mont-Blanc, tel. +33 450 530564, <www.hotelmontblancchamonix.com> (precio de una habitación: desde 320 euros / 390 dólares la noche aprox.)

EL QUESO

«Donde yo aprendí a esquiar, con unos palitos de pollo y una Budweiser ya te podías dar con un canto en los dientes en el albergue. Aquí – en **La Table de Plan Joran**, un restaurante de alta cocina abierto desde hace décadas sobre una pista de esquí–, **foie gras a la plancha. Como plato principal, lomo de ternera, ligeramente chamuscado y braseado, acompañado con una salsa de setas silvestres y un pequeño surtido de verduras. Y sobre la tabla de quesos me lanzo como todo un ejército: *tomme de chèvre, tomme de savoie au piment, fromage de chèvre frais* y *cremeux des reines.* Eso lo sacan de las vacas, creo.»**

LA TABLE DE PLAN JORAN: Domaine des Grands-Montets, Argentière, 74400, tel. +33 4 5054 0577, <www.planjoran-restaurant.com> (40-50 euros / 49-61 dólares por persona aprox., solo almuerzos)

Después de una mañana de esquí, siéntate a comer en **La Crèmerie du Glacier.** Es el restaurante de una fonda típica de los Alpes que ocupa un bungaló de 1926. Su especialidad es la cocina tradicional saboyana de la zona, basada, por supuesto, en ingredientes como la papa, el queso y los embutidos.

Primer plato: *croute aux morilles*, o pan crujiente con colmenillas en salsa de crema y cubierto con queso Comté. Pero luego: *farçon.* **«Esto creo que significa "bomba de placer" en francés, porque es un pan bien grueso, bien denso, pero exquisito, de papa, tocino, fruta seca y nata, cocido a baño María a fuego lento. Esta receta anuncia la clase de gastronomía ligera de balneario que va a marcar nuestra estancia en los Alpes.»**

LA CRÈMERIE DU GLACIER: Chemin du Glacier, 766, Chamonix-Mont-Blanc, 74400, tel. +33 04 5054 0752, <www.lacremerieduglacier.com> (un *fondue*: 15-20 euros / 18-24 dólares por persona aprox.)

Y para finalizar, ¿podemos proponer... más queso? **«El Hôtel Du Buet lleva muchos años en funcionamiento; uno viene aquí por el queso, en este caso, la emblemática *raclette* y el no menos emblemático *fondue*.»** El primero es un queso de vaca semicurado, que se funde ante la chimenea y luego se ralla y espolvorea sobre papas o pan; el segundo, una mezcla de quesos locales emmental y gruyer, vino blanco, *kirsch* y ajo. El Hôtel Du Buet, como su propio nombre indica, también aloja clientes en su chalet de veinticuatro habitaciones, una propiedad que está en manos de la familia Chamet desde hace más de ciento treinta años.

Después de comerte medio kilo de queso y un postre a base de posos de *fondue* cocinados con dados de pan, un huevo, azúcar y brandy prepárate para el poco delicado problema que puede ocasionar un estreñimiento de origen quesero. **«Vas a tener una bola de mierda del tamaño de una cabeza de bebé alojada en tu trasero. Del tamaño de una maldita cabeza de bebé. Entenderás el dolor del parto.»**

HÔTEL DU BUET: Le Buet, Vallorcine, 74660, tel. +33 0450 546005, <www.hotelbuet.com> (*fondue:* 16 euros / 19 dólares aprox. por persona; un plato principal: 15-28 euros / 18-34 dólares aprox.)

LYON

«Esta es la historia de un hombre, un chef y una ciudad... La historia de un árbol genealógico, del tronco del que nacieron numerosas ramas. Y también es una historia de comida, de mucha comida. Comida muy buena, de la mejor del planeta.

»Lyon se encuentra situada en el sureste del país, a medio camino entre los Alpes al este y el Mediterráneo al sur. Durante el siglo pasado, el sistema engendró a muchos, muchísimos de los chefs más importantes del mundo: Fernand Point, Alain Chapel, los hermanos

Jean y Pierre Troisgros, Paul Bocuse. Y algo no menos importante: dicho sistema proyectó su influencia sobre casi todos los demás chefs.

»En Lyon, una ciudad que tiene una fe ciega en el poder de la comida, hay un nombre que se escucha por doquier. Un nombre que ha dado a esta ciudad honor, visibilidad y millones de visitantes. En los anales de la gastronomía ha habido muchos héroes cocineros, pero, en Lyon, e incluso en toda Francia, un nombre destaca por encima del resto. Murales, puentes, mercados, *brasseries* informales... El nombre de Monsieur Paul está en todas partes.»

CÓMO LLEGAR, CÓMO MOVERSE

El principal aeropuerto de Lyon es **Lyon-Saint Exupéry (LYS),** con vuelos procedentes o con destino a los principales puntos de Francia y Europa y algunos de África, Oriente Medio y Norteamérica (aunque no ofrece conexión directa con Estados Unidos).

El tranvía Rhônexpress traslada al viajero del aeropuerto a la céntrica estación de tren de Lyon Part-Dieu, con dos paradas intermedias, un trayecto de alrededor de media hora que cuesta unos 19 dólares el boleto de ida y 34 el de ida y vuelta. Los menores de trece años viajan gratis. En <www.rhonexpress.fr> se puede consultar información sobre rutas y horarios y adquirir boletos.

La estación Gare TGV Lyon-Saint Exupéry se encuentra situada a cinco minutos a pie del aeropuerto y sus trenes conectan con el centro de la ciudad y con decenas de destinos franceses.

También hay taxis que cubren la treintena de kilómetros hasta el centro de la ciudad en tres cuartos de hora más o menos, y que cuestan entre 61 y 122 dólares, según el volumen de tráfico y la hora del día. En Lyon se pueden parar taxis por la calle o tomar uno de los que esperan en las paradas situadas frente a las estaciones de tren y en algunas de las principales vías urbanas. Lyon también cuenta con una buena red de metro, autobús y tranvía, como corresponde a la tercera ciudad por tamaño de Francia. En <www.tcl.fr> se puede consultar información sobre rutas, precios, etcétera.

COMER EN LYON

«¿Por qué Lyon? ¿Por qué aquí? Consideremos la esencia, las cosas que los lioneses consideran derechos de nacimiento. El derecho, por ejemplo, de comer delicioso cerdo adobado de formas inconcebiblemente buenas: terrina, paté, salchicha, *rillettes*... Se trata de un arte de consumo general que aquí veneran. Y pocos nombres inspiran más respeto por parte de los amantes del cerdo que el de Reynon.»

Acude a Reynon, una charcutería que está en manos de la misma familia desde 1937, y contempla cómo preparan los salchichones *rosette, Jésus, cervelat* y *sabodet*. El volumen, eficacia y perfección con los que trabajan los maestros charcuteros te llenarán de humildad y reverencia. Y, si tienes oportunidad de practicar este arte con tus propias manos, puedes, como hizo Tony, disimular tus torpes y fallidos intentos a base de tragos de vino y chistes de pitos.

REYNON: Rue des Archers, 13, Lyon 69003, tel. +04 7837 3908, <www.reynonlyon.com> (distintos precios)

«Para un yonqui, alimentar la dependencia significa buscar heroína y arreglarse con ella. Para cierto pobre diablo significa lo siguiente: comida francesa. La comida de Lyon, en concreto. El cuento moral de Bill Buford. Escritor, editor, león literario dotado de un cómodo trabajo como editor de ficción en la prestigiosa revista *The New Yorker*. A la poco digna edad de cincuenta y tres años, tomó una gran decisión, dejó toda su vida pasada en suspenso y se pasó a Francia para aprender a cocinar.» (Véase el artículo sobre Lyon y Tony que firma Bill en la página 246).

Tony compartió una comida con Buford en **Le Café Comptoir Abel**, que es un *bouchon*. Un *bouchon* es **«una institución exclusivamente lionesa: una especie de pub-bistró, de estilo informal y desenfadado, con una carta limitada, normalmente tradicional, y una onda invariablemente modesta. La gente viene aquí a relajarse y a comer con desenfreno»**.

La carta incluye clásicos tan indiscutibles como *saucisson chaud* con lentejas, pollo con colmenillas y nata y bistec con papas fritas, todo ello preparado bajo la batuta del chef Alain Vigneron. Prueba las *quenelles de brochet*, **«un pescado de río no especialmente bueno, un lucio triturado hasta convertirlo en una masa ligera, a modo de *paté à choux*, hasta que queda esponjoso y delicado, pero aún contundente, perdido en una salsa Nantua muy sustanciosa, casi una crema, elaborada a base de cangrejo de río, *crème fraîche*, vino blanco y unas gotas de brandy»**.

LE CAFÉ COMPTOIR ABEL: Rue Guynemer, 25, Lyon 69002, tel. +04 7837 4618, <www.cafecomptoirabel.com> (precio medio de un plato principal: 20 euros / 24 dólares)

«Junto a los nombres de los demás gigantes de la cocina de Lyon y alrededores –y por encima de ellos, según algunos– se encuentra el apellido Troisgros. Fundada por los visionarios hermanos Jean y Pierre, la Maison Troisgros recibió tres estrellas Michelin en 1968 e inauguró una excelsa dinastía de cocineros que continúa hasta hoy, con el hijo de Pierre, Michel, y su hijo Cesar.

»Muchos han definido la Maison Troisgros como el mejor restaurante del mundo. Y, en la década de los sesenta, los hermanos Pierre y Jean se convirtieron en innovadores y fundamentales promotores de aquel movimiento llamado *nouvelle cuisine*.» Acude en busca del plato estrella de los Troigros: el filete de salmón a la salsa de mantequilla, vino blanco, caldo de pescado reducido, *crème fraîche* y agrias hojas de acedera, estilo limón.

Sobre Lyon

BILL BUFORD

Lyon hacía aflorar el lado más sensible de Tony.

Lyon se precia de ser «la capital gastronómica del mundo». Esté justificada o no esta idea, no hay duda de que la ciudad se toma la comida muy en serio. Ante esto, la veneración que esta ciudad sentía por la comida, Tony no podía sino bajar la cabeza.

Un episodio especialmente emotivo fue su visita al comedor del colegio que había frecuentado Daniel Boulud de pequeño. Estos comedores son modelos de educación alimentaria (¿En París son distintos? No lo sé. Nosotros vivimos en Lyon durante cinco años. Viajamos a París tres veces. Una de ellas, para renovar un pasaporte. Lyon y París mantienen una secular relación de mutua animadversión. A ojos de los de Lyon: los de París no entienden a Lyon. A ojos de los de París: ¿por qué tienen que molestarse en entenderlo?).

En un comedor escolar, Boulud aprendió cómo debe ser un almuerzo francés. En un comedor escolar aprendieron también nuestros hijos, dos hermanos gemelos que, inscritos en el colegio del lugar, llegaron allí a los tres años.

Las comidas eran auténticos performances: siempre tres platos, verdura o sopa de primero, un segundo a base de alimentos orgánicos (carne, pescado y siempre una opción vegetariana), siempre una salsa, y un producto lácteo para terminar, queso generalmente. A nadie se le obliga a comer. Pero, si no te acabas el primero, no te sirven el segundo. Y, si no te acabas el segundo, te quedas sin postre.

Una mañana de domingo, tres meses después de nuestra llegada, estaba yo haciendo unas tortillas de huevo cuando entró en la cocina mi hijo Frederick y me dijo: «Dada, no sabía que sabías hacer *omelette nature*». Cuántas cosas encerradas en aquella frase tan breve: que ahora Frederick me llamaba Dada, un término francés; que decía *omelette*, en francés; y que le gustaba la tortillas de huevo sin nada dentro. El omelette francés no es como el estadounidense. Con este no se usan varillas. No se deja que la clara adquiera volumen ni se endurezca. El omelette se cocina de manera que quede jugoso, un poco blando, pero elástico al mismo tiempo. Más tarde acudí a L'Institut Paul Bocuse y en una clase aprendí a hacer omelette francés. Los niños aprendieron en el comedor de su colegio.

La cuisine lyonnaise, un clásico de Mathieu Varille que se publicó en los años veinte del pasado siglo, hace un repaso histórico de lo que se puede encontrar en un plato de cocina lionesa: *quenelles* (croquetas de carne o pescado), suflé de pescado; salchichón; pollo en muchas variedades. El libro también incluye algunas reglas: hay que pensar en lo que se está comiendo; no se debe leer ni escuchar música (en los años veinte no había teléfonos celulares); no comer de pie ni en ningún sitio que no sea una mesa; no beber agua mientras se come, beber vino; tomar postre siempre. Saber apreciar la comida que alguien ha preparado para ti.

Esto es lo que uno aprende desde los tres años.

El episodio lionés de *Parts Unknown* es un homenaje a Paul Bocuse. Bocuse convirtió a Tony en un perrito faldero. Tony no es un perrito faldero por naturaleza.

Los «grandes chefs» de Lyon representan la gastronomía ciudadana en su expresión más elevada. Este es un concepto ajeno a la mentalidad estadounidense. Un gran chef es un concepto nacional, un ser supremo, el cocinero como artista, como alguien dotado de cualidades que inspiran admiración y placer. Es lo que todo joven chef con ambiciones aspira a ser. Y no había chef más grande que Paul Bocuse.

El respeto que Tony sentía por él parecía revelar, a mis ojos al menos, la veneración que le inspiraba a Tony la profesión de su juventud. Tony minimizaba su propia hoja de servicios, la presentaba como la propia de un adicto a la adrenalina empleado en un bistró de mala muerte. Yo ahora creo que, en algún momento, aspiró en secreto a la grandeza. Él entendía la vocación.

Nuestra última noche fue durante la *Fête des Lumières*, pero, en pantalla, la *fête* casi brilla por su ausencia. Fue un error estar presentes en ella.

Es una festividad que se celebra durante tres noches de diciembre, una tradición que data de 1852 y que representa un acto de agradecimiento a la Virgen María. La Virgen, evidentemente, puso fin a un brote de peste después de que la ciudad elevara fervientes

«Admira uno de los clásicos por los que se dieron a conocer: uno de esos platos realmente revolucionarios e intemporales, uno de los más influyentes de la historia. Ahora parece una cosa muy básica, puede, pero, cuando apareció en la carta de la Maison Troisgros en 1962, sacudió el mundo hasta sus cimientos.»

MAISON TROISGROS: Route de Villerest, 728, 42155 Ouches, tel. +33 4 7771 6697, <www.troisgros.com> (un plato principal: 70-120 euros / 85-145 dólares aprox.; menú degustación: 120-500 euros / 145-615 dólares aprox.)

plegarias rogando su intervención. Los residentes le expresaron su gratitud poniéndole velas en las ventanas de sus casas.

La costumbre ha llegado hasta hoy, y ver casi todos los hogares de la ciudad iluminados de ese modo es un hermoso espectáculo contemplativo. Sin embargo, inspirada por «la vela», la costumbre se ha hipertrofiado, convertido en un estrambótico espectáculo de luces, un ritual pagano de invierno, un espectáculo de rock con mucha comida y poco rezo. Cientos de miles de personas invaden la ciudad. Nosotros tuvimos que renunciar a casi todos nuestros planes de grabar nada durante la fiesta. Se organizó una comida, nuestra última vez juntos, en la otra punta de Lyon. No había forma de llegar. No había taxis. Se había prohibido el tráfico rodado. Para entrar en el metro me tenía que tragar dos horas de espera. La ciudad tiene una red de bicicletas compartidas, pero no había ninguna disponible. Caminé un kilómetro y medio, encontré una bici por fin, pedaleé lo más rápido que pude y llegué por fin a la comida, tarde y envuelto en sudor. Fueron los últimos momentos que compartí con Tony en Lyon y, por algún motivo, se antojó oportuna esta cita, en una ciudad cuyo espíritu todos creíamos poder reflejar, solo para descubrir una y otra vez que era más compleja, más mística, más grande en todos los sentidos de lo que cualquiera de nosotros podía haber sabido de antemano.

Nota: en mayo de 2020 se editó *Dirt*, el libro de Buford sobre la vida y la gastronomía de Lyon.

«En los años setenta, siendo yo un joven aspirante a cocinero, conseguí hacerme de un ejemplar en francés del clásico de Paul Bocuse *La cuisine du marché*. Admiré las fotos y traduje con esfuerzo las descripciones de unas recetas tan buenas que estaba convencido de que yo nunca llegaría a hacerlas, y a probarlas mucho menos.»

Con el tiempo, Tony tuvo oportunidad de probar estos platos, por supuesto... y en presencia del mismo maestro, Paul Bocuse, unos años antes de su muerte. Recordaba Tony:

«Hoy he sido obsequiado con los grandes éxitos de una gloriosa y legendaria carrera. Por primera y, probablemente, última vez, me he sentado junto al gran Bocuse, y Daniel [Boulud] y yo hemos degustado un menú que los chefs seguirán recordando dentro de cien años, mientras sonríen con admiración, con sentimiento, con respeto». Ese menú incluía sopa de trufa negra VGE (por Valéry Giscard d'Estaing, presidente de la República francesa entre 1974 y 1981), lubina cocida en corteza de pasta con salsa *choron*, *pot-au-feu* y el plato fuerte:

«Como si el chef hubiera escuchado mis más profundos y oscuros anhelos secretos: la legendaria *lièvre à la royale*, una receta de liebre casi desaparecida e increíblemente complicada. Se cocina el animal a fuego lento y, a continuación, se cubre con una salsa que se habrá elaborado con el corazón, el hígado y los pulmones picados y se habrá espesado con la propia sangre de la liebre. Al cabo de más de seis horas de preparación, se sirve la liebre al gusto del chef: entera, con hueso, bajo capas y capas de una salsa que, gloriosa y contundente, rematada con trufas y *chartreuse*, la cubrirá como el chocolate más espeso. Sin duda, el Arca de la Alianza de la cocina clásica.

»En mi vida volveré a comer así.»

RESTAURANT PAUL BOCUSE: Quai de la Plage, 40, 69660 Collonges au Mont d'Or, tel. +33 4 7242 9090, <www.bocuse.fr> (un plato principal: 70-125 euros / 85-146 dólares aprox.)

MARSELLA

«Si has estado en Francia, apuesto a que no conoces esto –decía Tony de la ciudad mediterránea de Marsella, la segunda en tamaño de Francia y la más antigua–. **Marsella fue en tiempos el centro neurálgico, el turbulento puerto principal de las colonias francesas como Túnez, Marruecos y Argelia. Y por eso es una ciudad impregnada de las imágenes y los olores de África.**

»Su gastronomía es muy reputada, pero, por otro lado, es víctima de cierta mala fama, de un pasado malo. O sea, el tipo de ciudad que yo prefiero.

»Han intentado disuadirme... "Ah, Marsella, allí no vayas.» Pero es que... es una ciudad maravillosa. Huele bien. Huele a todos sus pasteles. A *tajine*, a *bullabesa*, a *bourride*. Y es una ciudad con una estética muy original, y la gente es muy interesante físicamente.»

CÓMO LLEGAR, CÓMO MOVERSE

El **Aeropuerto Marsella Provenza (MRS)**, muy activo y con dos terminales, se encuentra situado a unos veintisiete kilómetros del centro de la ciudad. Desde Estados Unidos no hay vuelos directos, pero sí numerosos enlaces desde todos los puntos de Europa, Oriente Medio y África.

Frente a las zonas de llegadas hay paradas de taxis; del aeropuerto a la ciudad el trayecto dura una media hora y cuesta unos 67 dólares. Agradecen las propinas, pero no esperan recibirlas. También se puede tomar un autobús lanzadera que lleva gratuitamente del aeropuerto a la estación de tren de Vitrolles, y desde allí a un tren de cercanías, de la red Transport Express Régional, hasta la estación de St. Charles, la principal de la ciudad. En el aeropuerto puedes rentar un coche, pero los problemas de tráfico y estacionamiento que te encontrarás en la ciudad pueden amargarte la experiencia al volante.

En la ciudad, la RTM (Régie des Transports Métropolitains) gestiona los servicios de transporte público, que incluyen las redes de metro, tranvía y autobuses. Los boletos (2 dólares aprox. por trayecto) se adquieren en las paradas de tranvía, en los andenes del metro o en el interior de los autobuses. Dispones de más información en <www.rtm.fr.>

Puedes parar un taxi en la calle o acudir a las paradas que se encuentran repartidas por toda la ciudad.

BULLABESA DECONSTRUIDA

En una escena en torno al concepto «del barco a la mesa», Tony y Eric se adentraron en el mar en compañía del pescador de palangre Eric Fromion, **«uno de los pocos pescadores tradicionales que faenan a la antigua usanza. Eric trabaja en exclusiva para Gérald Passédat, el exigentísimo chef propietario de Le Petit Nice, el único restaurante tres estrellas Michelin de Marsella».**

Adquirido por el abuelo de Passédat en 1917, el restaurante ha estado en manos de la familia desde esa época. Además del restaurante, hay un lujoso hotel de dieciséis habitaciones dividido en dos villas con vistas al Mediterráneo que comparten una pequeña piscina y un elegante patio.

Tras un intento no tan fructífero de pescar los ingredientes de su almuerzo, el barco depositó a Tony y a Eric en Le Petit Nice, donde disfrutaron de un *remix* de un clásico de Marsella.

«Está el plato reinventado, el reconstruido y, al final, normalmente, el plato plato. La bullabesa de Passédat, sin duda, la receta más famosa de Marsella, se reparte en cuatro platos. Para empezar, carpaccio de mejillón y almeja crudos. Cigarra de mar, pez araña, rape, rubio, todo ello ligeramente dorado y ligeramente horneado. Un caldo tan intenso que, para hacer un litro de líquido mágico, de

un color gloriosamente castaño, se necesitan más de diez kilos de cangrejos de roca y distintos pescaditos bien sabrosos y con muchas espinas. Dorada y dentón al vapor de agua de algas. Papas al azafrán. Y por fin llega ese mágico caldo color castaño.

»Y entonces, justo en el momento en que mi cerebro amenaza con hacer corto circuito de placer, como desde el cielo, desciende: el queso. Oh, Dios, el queso. Esto es una vergonzosa exhibición de opulencia: no menos de una docena de apestosos, rezumantes, penetrantes, cremosos, dulces y picantes quesos que añadir a esta comida. Esto es sencillamente increíble. *Merci.* Ah, sí. La vida es bella. Es muy bella en Marsella.»

LE PETIT NICE: Rue des Braves, 17, 13007 Marsella, tel. +33 4 91 59 25 92, <www.petitnice-passedat.com> (menú de comidas: desde 120 euros / 146 dólares aprox.; menú de cena: 220 euros / 270 dólares aprox.; una habitación: desde 280 euros / 342 dólares aprox.)

PARÍS

Tony adoraba París. La conoció siendo niño, como cuenta en *Confesiones de un chef*, y en esta ciudad grabó los episodios número uno y cien de *No Reservations* y un capítulo de *The Layover*. Se mostraba enfático a la hora de convertir a los escépticos.

«Con París y los franceses es fácil equivocarse... Uno se siente obligado a aceptar el estereotipo y, por supuesto, hasta cierto punto, el estereotipo es cierto: autocomplacientes, snobs, socialistas –que si su sanidad gratuita, que si sus largas vacaciones–, y ese tan poco americano amor por la buena vida. Sufren el peso de una tradición de quesos fabulosamente rezumantes, salsas contundentes, vinos históricos, la clase de cosas que tienden a convertir una cultura en

un estereotipo, a hacerte pensar que allí todo es lujo y sodomía. Pero no todo son meseros altivos y alta cocina... En realidad, la gente es bastante más simpática que todo eso. La buena cocina es más barata e informal... Las cosas buenas de siempre siguen estando ahí. Solo que ahora vienen acompañadas de mucho cuento.

»París sigue siendo una de las mejores ciudades del mundo, de las más bellas y mágicas. Y, como muchas de las mejores ciudades, se puede no pasarlo bien en ella. Tú no lo hagas. Por favor. Solo tienes que evitar lo evidente.

»Cuando uno viene a París, lo peor que puede hacer es planear en exceso. La Torre Eiffel, Notre-Dame, el Arco del Triunfo, filas de horas para ver lo que la gente te dice que tienes que ver. A mí, en París, me gusta tomarme las cosas con calma, sobre todo si solo voy a estar unos días.

»La mayoría tenemos suerte si vemos París una vez en la vida. Sácale todo el provecho haciendo lo menos posible. Pasea, piérdete por sus calles, come, aprovecha el desayuno para emborracharte, échate la siesta, intenta practicar el sexo, si puedes (pero no con un mimo). Sigue comiendo. Relájate ante un café. Lee un libro, quizá. Bebe vino, date más paseos, come, empieza de nuevo. ¿Ves qué fácil es?»

CÓMO LLEGAR, CÓMO MOVERSE

Si llegas a **Charles de Gaulle (CDG),** un gran centro de conexión internacional situado a unos veinticinco kilómetros al noreste de la ciudad, puedes tomar un taxi (60-73 dólares, con un 10 por ciento de propina por el buen servicio) que te lleve directamente al hotel, o un tren RER (Réseau Express Régional) con dirección a una de las distintas paradas del centro de París (13 dólares aprox.; en <www.easycdg.com> puedes consultar toda la información). También hay un autobús lanzadera al centro de París (22 dólares aprox.; véase <www.lebusdirect.com>).

Si aterrizas en **Orly (ORY),** un centro de conexión internacional un poco más pequeño, situado unos trece kilómetros al sur de la ciudad, puedes tomar un taxi al hotel (42-48 dólares aprox., con un 10 por ciento de propina por el buen servicio), o el tren OrlyVal hasta la estación de Antony y de ahí un tren de la línea RER B al centro de París, o el autobús lanzadera ya mencionado.

Si vienes de otro lugar de Francia o del resto de Europa en tren, llegarás a una de las siete principales estaciones de tren de París (las Gares du Nord, de l'Est, d'Austerlitz, de Bercy, de Lyon, Montparnasse y Saint-Lazare), cada una de las cuales cuenta con su parada de taxis y su enlace con la tupida y eficiente red de metro de París.

París es una ciudad muy peatonal y contemplarla a pie de calle es uno de los mayores placeres gratuitos que ofrece. Para distancias más largas, la mejor opción es el **Métro,** del cual dijo Tony: **«Ni siquiera yo, con lo vago que soy, puedo negar que es una forma muy cómoda de moverse.»** En las estaciones se pueden comprar boletos y consultar planos; la Régie Autonome des Transports Parisiens (RATP), la entidad gestora del Métro, ha creado una fantástica aplicación gratuita para celular, con mapas, horarios, avisos de servicio, etcétera.

París cuenta con una extensa flota de taxis. Los encontrarás en una de las ciento veintiocho paradas repartidas por la ciudad y también, cada vez más, están dispuestos a recogerte si alargas la mano a 50 metros de distancia o más de una parada.

Los ciclistas urbanos también cuentan con el Vélib', un servicio de renta de bicicletas compartidas en régimen de autoservicio <www.velib-metrople.fr>.

LA CULTURA DEL CAFÉ

Si tienes que hacer tiempo antes de registrarte en tu hotel –y también si no–, busca un café cercano donde aclimatarte a la ciudad.

«Ah, París, la ciudad de la luz, la ciudad del amor, la ciudad de los... ¿desayunos? Sí, por favor. En el momento de llegar a París, lo más importante que hay que hacer es detenerse. Busca un sitio agradable y acomódate al ritmo de vida parisiense.

»No es casual que la institución del café, de la cafetería francesa, esté tan estrechamente ligada a los ciudadanos de ese país. Bueno, y entonces, aquí, ¿qué tenemos? Pues tenemos una taza de café, un sándwich de jamón, una hilera de sillas orientadas en la misma dirección, una mesita mirando a la calle... El más simple de los placeres de la vida; sin embargo, para muchos parisienses puede representar toda una tarde de entretenimiento. Y creo que esto nos remite directamente a la esencia de lo que distingue a los franceses. Una vez que permites que tus sentidos te guíen, puedes empezar a encontrar placer en muchas cosas a las que no prestarías atención habitualmente... Ya estás preparado para empezar a degustar los maravillosos festines de los sentidos que se nos escapan a tantos de los que visitamos esta tierra.»

LOS HOTELES DEL EXCESO

«De los hoteles de París hay que comprender lo siguiente: se puede hacer un Henry Miller y bañarse en romántica pobreza o vivir fastuosamente. Entre las opciones opulentas tenemos el elegante y discreto Hôtel Particulier, un establecimiento situado en pleno Montmartre, el histórico barrio, en un callejón secreto al que llaman Pasaje de la Roca de la Bruja.

»Yo, por mi parte, siempre voy a L'Hotel de Saint-Germain-des-Prés. Un local muy discreto, con fama de llevar mucho tiempo sirviendo de nido de amor para trágicos modernos. Y algo aún más importante: tiene el obligado honor de haber sido escenario de la muerte de personas célebres. En 1900, el escritor Oscar Wilde se fue al otro barrio en la habitación 16... Este hotel fue su última base

de operaciones para tres años de borrachera, un periodo legendario que tuvo un final desgraciado.»

HÔTEL PARTICULIER MONTMARTRE: Avenue Junot, 23, Pavillon D, 75018 París, tel. +33 (0)1 53 41 81 40, <www.hotel-particulier-montmartre.com> (precio de una *suite:* desde 300 euros / 365 dólares por noche aprox.)

L'HOTEL: Rue des Beaux Arts, 13, 75006 París, tel. +33 (0) 1 44 41 99 00, <www.l-hotel.com> (precio de una habitación: desde 425 euros / 517 dólares por noche aprox.)

COMER Y BEBER EN LA CIUDAD DE LA LUZ

Y ahora, la razón por la que has venido aquí realmente: por el buen comer y el buen beber.

«En el mundo angloparlante siempre han existido ciertos reparos sobre los placeres de la mesa. Hay esa idea de que disfrutar demasiado comiendo puede llevar a comportarse reprochablemente. Que puede llevar a cosas más fuertes, como al sexo, por ejemplo. Yo creo que los franceses siempre han entendido que, sí, carajo, que lleva al sexo, y que está bien que sea así. Ese sentido primigenio de que la comida es buena, que es importante, que vale la pena esperar por ella, que vale la pena dedicarle tiempo: comer es, y debería ser, una experiencia jubilosa.

»Con el clásico bistró francés me puede el sentimiento. A mi modo de ver, en Francia no hay institución gastronómica más importante que el típico café restaurante parisiense de la vieja escuela, el que permanece inmutable en el tiempo. Y este sitio, el Bistrot Paul Bert del 11.° [Arrondissement], es uno de los mejores. Al margen de cómo cocine la gente dentro de cien años, quien cocine siempre amará y respetará esto. Siempre lo hará y siempre deberá hacerlo.»

París visto a través de los ojos de un niño (1966)

CHRISTOPHER BOURDAIN

En 1966, cuando yo tenía siete años y Tony diez, murió nuestra abuela francesa (en Nueva York, la ciudad en la que vivió la mayor parte de su vida), dejándole a nuestro padre los ahorros que había apartado a lo largo de más de cuatro décadas trabajando como modista de alta costura. Nuestro padre había ejercido algunos trabajos no muy rentables en la industria discográfica de la música clásica y vendiendo equipos de alta fidelidad al detalle. Nuestra madre era ama de casa. Y ahora, con aquella repentina inyección de dinero, nos llevaron de viaje a Francia. Nuestro primer gran viaje, nuestro viaje opulento: Tony y yo, dos niños de Nueva Jersey, cruzamos el océano Atlántico con nuestra madre a bordo de uno de los grandes transatlánticos, el *Queen Mary* de la compañía Cunard.

A Tony y a mí nos encantó ese barco. Nuestro camarote tenía literas, un ojo de buey que se abría al sonido, al olor y la espuma del mar, y un baño del tamaño de una cabina de teléfonos. ¿Cómo no les iba a entusiasmar todo eso a un par de niños? Nos pasamos horas recorriendo el barco, los dos solos, colándonos en primera clase de vez en cuando. Había un gimnasio que tenía sacos de boxeo y máquinas de remo. Un cine. Una piscina grande de agua salada, en algún lugar de las cubiertas inferiores, donde el balanceo del barco convertía inesperadamente la parte baja en la profunda. La atención personal era extraordinaria; dondequiera que íbamos, como por arte de magia, aparecían unos meseros británicos pulcramente uniformados, los llamados *stewards*, para atendernos. Una de esas profesiones que se han perdido con el tiempo, como los *Pullman porters*, los mozos de tren.

Nuestro periplo iba a incluir una estancia en París, con visitas a los familiares que vivían allí; un viaje por carretera por el centro de

Francia; una estancia en casa de los tíos de nuestro padre que, después de jubilarse se habían regresado a la casita original de la familia Bourdain, situada cerca de Arcachon, en el suroeste de Francia. (Esta casa y las zonas colindantes aparecen en el episodio 9 de la primera temporada de *A Cook's Tour.)*

Desembarcamos en Cherburgo, en la costa, y tomamos un tren a París, donde nos encontramos con nuestro padre. La siguiente escala de nuestro lujoso itinerario fue una estancia en el Hôtel Le Royal Monceau, que se encuentra cerca del Arco del Triunfo y que hoy, como ayer, es uno de los hoteles más elegantes de París. A Tony y a mí nos encantaban los desayunos de ese hotel: inacabables cestas de *croissants*, *brioches*, *pains au chocolat* y *pains aux raisins*. Y la mantequilla, esa fabulosa mantequilla de Francia.

Otras cosas que nos gustaron de París a Tony y a mí: para empezar, que nos dejaban salir solos a perdernos por las calles, cerca del hotel. Nos gustaban los andenes del metro, que eran casi de lujo –comparados con los de Nueva York, por lo menos– y los silbantes trenes de la línea Champs-Élysées, con sus llantas de plástico. Nos gustó la librería inglesa WHSmith, la de los Campos Elíseos, en la que hicimos acopio de libros interesantes que nunca habíamos visto en Norteamérica. A mí, a mis siete años, me encantaban aquellos libros tan eminentemente británicos del osito Paddington. Y, como dice Tony en *Confesiones de un chef*, los dos nos enamoramos profundamente de los libros de Tintín y de sus increíbles aventuras internacionales (que casi prefiguraban el programa *Parts Unknown).* Yo sigo teniéndolos todos, y me siguen encantando. Compramos un *Diccionario de insultos* en cinco idiomas, con el que nos reímos durante semanas y forjamos lazos interculturales con los niños de Francia.

Pero lo que más nos gustaba era la comida. En 1966 yo no era tan aventurero como Tony o nuestros padres, ni mucho menos, pero la comida era maravillosa. Lo que ahora me parece un bar-restaurante de dos pisos más o menos turístico, más o menos genérico, el Quick Élysée (no confundir con la cadena Quick, ese sucedáneo de Burger King que ahora anda repartido por toda Francia y Bélgica) para mí entonces era extraordinario. A Tony y a mí nos encantaban los *steak frites* –las marcas cruzadas de la parrilla sobre la carne me parecían especialmente simpáticas– y esa mantequilla *maître d'hotel* al perejil que se derretía sobre la carne. Perfección pura, igual que las papas fritas. Las mejores que habíamos comido en la vida.

Otra revelación: nuestro *jambon beurre* diario: unas finas rebanadas de jamón fresco, casi dulce, con esa maravillosa mantequilla francesa, sobre una *baguette* crujiente y fresca. Era algo extraordinario en su sencillez, y más aún cuando venía acompañado de un *citrón pressé* recién hecho (jugo de limón recién exprimido, agua, azúcar al gusto), o quizá ese popular refresco de limón cuyo nombre, Pschitt, siempre nos hacía reír a los niños estadounidenses cuando lo escuchábamos, porque para nosotros era la onomatopeya del ruido de una botella cuando se abre.

BISTROT PAUL BERT: Rue Paul Bert, 18, 75011 París, tel. +01 43 72 24 01 (menú de tres platos: 40 euros / 48 dólares aprox.)

«Una calle oscura, sin ningún letrero grande, con las cortinas de la fachada cerradas. Es entrar y encontrarte en otro mundo. Porque aquí saben comer. Aquí la protagonista es la comida. A veces ves la puerta, poco incitante, y algo te impulsa a cruzarla. Los chefs practican un juego que consiste en preguntarse mutuamente: "¿Cuál sería tu última comida en el corredor de la muerte?". Y, casi siempre, la respuesta es algo sencillo y casero que les hacía su madre. Pues aquí [en Chez Robert et Louise] sirven lo que los niños franceses pedían a la hora de la cena: *boudin noir, fromage de tête, côte de boeuf* con *sel gris*.»

Y luego estaba ese olor –y sabor, claro– omnipresente, el de los waffles que se vendían en carritos ambulantes o a la puerta de algunas pequeñas tiendas, y que parecía estar en todas partes. Les arrancábamos a nuestros padres unos francos para comprar waffles y hacíamos acopio de azúcar glas, que por sí solo ya era un manjar nuevo. ¿Por qué en Estados Unidos no podíamos disfrutar de esas cosas tan sencillas y fantásticas?

Nuestro padre había estado en Francia de pequeño, en los años treinta, y también a principios de los cincuenta, con un permiso del ejército estadounidense desplegado en Alemania, pero, para Tony, para mí y para nuestra madre, esos primeros viajes a Francia de 1966 y 1967 (esta fue una segunda estancia menos opulenta, pero también fantástica, de la que disfrutamos cuando murió nuestro tío abuelo) nos abrieron los ojos y cambiaron nuestras vidas para siempre. Todos acabamos enamorados de Francia, incluso obsesionados con ella, en mayor o menor grado. Nos aficionamos a la comida, a los viajes, y acabamos comprendiendo que se puede estar con gente de otros países, y aprender cosas, y disfrutar aprendiendo a entenderlas. Ahí empezó todo.

CHEZ ROBERT ET LOUISE: Rue Vieille du Temple, 64, 75003 París, tel. +01 42 78 55 89, <www.robertetlouise.com> (un plato principal: 18 euros / 22 dólares aprox.)

Si deseas saborear **«una de las mejores comidas que se recuerdan»**, visita **Le Chateaubriand. «Parece un pub ruidoso y decorado mínimamente. Sin formación académica, y situado personalmente al frente de la minúscula cocina –junto con tan solo un par de cocineros más–, el chef Iñaki Aizpitarte tiene a su cargo un solo menú de precio cerrado al día. Para ser un auténtico revolucionario, uno tiene que estar dispuesto a destruir lo antiguo por completo. Y yo no creo que ninguno de estos tipos tenga interés en hacer eso. Está claro que estos chicos aman lo clásico.».**

LE CHATEAUBRIAND: Avenue Parmentier, 129, 75011 París, tel. +01 43 57 55 95, <www.lechateaubriand.net> (menú degustación de cinco platos: 75 euros / 91 dólares aprox.)

«Dicen que el restaurante en el que más difícil es conseguir reservación en París no es ningún templo de la gastronomía de precios estratosféricos. Es este sitio, Le Comptoir, ese que Eric [Ripert] ha definido como el bistró perfecto. Eric es muy amigo del esquivo chef y propietario de Le Comptoir, Yves Camdeborde, [un hombre] que antes llevaba una cocina de más alta gama, pero que doce años después decidió que ya estaba harto y quiso montar un negocio más campechano. El local de al lado es L'Avant Comptoir, un pequeño bar francés de vinos y tapas sin espacio de asiento. Allí me apiño yo, junto con un montón de gente que está relajándose antes de sentarse a cenar, o esperando mesa, o sencillamente saboreando unas riquísimas tapas. Ojo al pan y la barra de mantequilla comunitarios. Solo hay que abrirse paso, agarrar y untar.»

LE COMPTOIR: Carrefour de l'Odéon, 9, 75006 París, tel. +01 44 27 07 97, <www.hotel-paris-relais-saint-germain.com> (menú degustación de cinco platos: 62 euros / 75 dólares aprox.)

L'AVANT COMPTOIR: Carrefour de l'Odéon, 3, 75007 París; no tienen teléfono; <www.camdebord.com/restaurants> (tapas: de 5-15 euros / 6-18 dólares; una copa de vino: entre 4 y 17 euros / 5 y 20 dólares)

«Si se hacen dos cosas en París, esta tiene que ser una de ellas –dijo Tony de **Le Dôme**, el lugar en el que se refugió después de un desagradable encuentro con un mimo en los jardines de Luxemburgo–. **Es una *brasserie* clásica, y digo clásica con mayúsculas, de toda la vida, y está en el barrio de Montparnasse. Después del incidente con el mimo, no creo que mi productora vaya a protestar cuando pida una botella de vino de precio estratosférico y la versión royal deluxe de la mejor torre de marisco de París: ostras, almejas, camarones, unos cangrejos enormes y la clásica cigala, bígaros y *buccino*. Por cierto, con esto te ensucias las manos, ¿de acuerdo? Eso es inevitable. Te dan todas las herramientas, pero, al final, para comerse eso hay que perforar, romper, pinchar y chupar.»**

LE DÔME: Boulevard du Montparnasse, 108, 75014 París, tel. +01 43 35 25 81, <www.restaurant-ledome.com> (un plato principal: 50 euros / 60 dólares aprox.; torre de marisco: 159 euros / 193 dólares)

«En París había restaurantes que iban muy por delante del resto, que habían sido de los primeros en incorporar vinos jóvenes y biodinámicos y la clase de menús "si quieres te lo comes..." que ahora se llevan. Le Baratin lleva treinta años abierto, pero sus dueños han ofrecido vinos jóvenes biodinámicos desde el primer momento. Y la cocina de la chef Raquel Carena pasa por ser una de las mejores de París.»

LE BARATIN: Rue Jouye-Rouve, 3, 75020 París, tel. +01 43 49 39 70, <www.lefooding.com/fr/restaurants/restaurant-le-baratin-paris> (precio medio de una comida de dos platos: 40 euros / 48 dólares aprox.)

GHANA

ACCRA

«La primera vez que visité el África subsahariana, sentía que me sobrepasaba. Esto sí va a ser un viaje, me dije. Voy a guiarme por mis sentidos. Escuchar los sonidos, oler la comida: verla, tocarla y, por supuesto, saborearla.

»Ghana es especial. La primera de las colonias subsaharianas en obtener la independencia, en 1957, se convirtió en el símbolo viviente de la idea de África para los africanos. El país al que antes llamaban la Costa de Oro es rico en oro y cacao, pero, como tantos países de África, arrastra un pasado terriblemente trágico. Fue aquí desde donde tantos partieron hacia el Nuevo Mundo como esclavos, hacinados en barcos. Y la costa sigue infestada de decenas de fuertes de esclavos. Ahora la mayoría son lugares de interés turístico, pero este programa no habla del pasado.

»La Ghana moderna es un país apasionante. Su gente está orgullosa del hecho de que ahora este sea un país con elecciones democráticas y un Estado de derecho. La economía aún es precaria, pero es un país relativamente estable y está en crecimiento. Pero lo que hace tan fascinante este primer bocado es la comida, la música y la belleza natural de Ghana.»

CÓMO LLEGAR, CÓMO MOVERSE

El **Aeropuerto Internacional de Kotoka (ACC)** se encuentra en Accra, la capital de Ghana, en la costa. El mayor aeropuerto del país, Kotoka opera vuelos con llegada y destino al interior de Ghana, a otros países de

África occidental y septentrional; a Dubái; Estambul; Londres; Bruselas; París; Ámsterdam; Washington y Nueva York. Africa World Airlines es una compañía ghanesa que tiene su centro de conexión en Kotoka.

El trayecto entre el aeropuerto y el centro de Accra, que se encuentra a unos ocho kilómetros de distancia y a entre quince y cuarenta y cinco minutos por carretera, según el tráfico (que puede ser tremendo o lo siguiente), se puede hacer en uno de los taxis con taxímetro que gestiona la Labour Enterprise Trust Company en el estacionamiento 5. El viaje debería costar en torno a los 50 cedis ghaneses / unos 8.5 dólares, con la acostumbrada propina de entre el 5 y el 10 por ciento. En otros taxis que no llevan taxímetro habrá que negociar el precio con el taxista previamente. Ghana es un país en el que la norma es el regateo, así que ve preparado y, antes de salir, familiarízate con el valor convenido de las cosas.

EL CHOP BAR: «UNA INSTITUCIÓN TÍPICAMENTE GHANESA»

«A mí me gustan las chuletas *[chop]* y me gustan los bares, pero ¿qué es un *chop bar*?», preguntó Tony a su anfitrión local de camino al **Asanka Local,** un *chop bar* típico, o bar restaurante en el que se puede disfrutar de una sustanciosa comida ghanesa junto a especialidades de la cercana Costa de Marfil, Nigeria y Togo. Tiene una carta a base de plátano, alubia, cacahuate, mandioca, arroz, tilapia, cangrejo, cabra, cordero, vaca, boniato, espinaca y muchas elaboraciones picantes adobadas con pimiento, tomate y cebolla de la tierra.

«En Ghana, una comida básica consiste en una sopa con aceite de cacahuate o de nuez de palma picante, y carne o pescado con una bola de fécula, en este caso *omo tuo*, un arroz machacado que se usa para animar la carne y acompañar la sopa.» Tony comentó acerca de una comida a base de sopa de cacahuate, carne de cabra, lengua de vaca, alubias y bolas de arroz: **«¡Qué gustoso, qué bueno! Es picante, pero no escuece. Solo sabores fuertes, potentes, perfectos».**

El Asanka Local es algo más que un restaurante; es un lugar de cita social y los domingos está especialmente animado. **«En Ghana, después de comer también se puede sudar. Tener un grupo musical bien dinámico y una pista de baile es un componente importante de cualquier *chop bar* galardonado, como el Asanka Local.»**

ASANKA LOCAL: Calle Mowule, Accra, tel. +233 50147 8303, <www.asankalocalgh.com> (una comida típica completa no cuesta más de 55 cedis ghaneses / 9.50 dólares aprox.)

COMER EN ACCRA TRAS EL ANOCHECER

«Fuimos en coche a la zona de Osu para probar algunas de las especialidades del famoso Mercado Nocturno de Osu. El público de ese mercado son los noctámbulos que salen de marcha, los trabajadores nocturnos y cualquiera que necesite comer comida ghanesa auténtica después del anochecer. En mi experta opinión, este lugar merece una nota muy alta. Buenos sabores, de los fuertes, ya sabes. Interesantísimas y muy picantes combinaciones de especias. La comida huele bien, sabe bien y es extraordinariamente fresca.»

Es un espacio abierto por los lados, iluminado por luces fluorescentes y repleto de marisco frito y asado, *kenkey* (bolas de maíz fermentado), *banku* (maíz fermentado y bolas de mandioca machacada) y una abrasadora salsa de pimienta llamada *shitor*.

Entre los mejores manjares del mercado tenemos las costillas, el jarrete, la oreja y la panceta de cerdo, el estofado de espinacas y el arroz con alubias asado a fuego lento.

MERCADO NOCTURNO DE OSU: Calle Basel, Accra (distintos precios)

INDIA

MUMBAI: COMER EN LA CALLE

«Ha llegado la hora de asaltar la ciudad más grande de la India. Bienvenidos a Mumbai, la ciudad que antes se llamaba Bombay. Una ciudad en la que los multimillonarios viven pegados a los indigentes. Pero aquí la vida es más compleja que todo eso. Todo el mundo sabe que Bollywood, el centro de la industria cinematográfica india, se encuentra aquí, pero son los sectores naval, financiero y de la tecnología de la información los que han hecho mucho más por crear y sostener esta economía. Yo esperaba ver cómo esas calles llenas de administradores de redes y contadores se inundaban de canto y baile, pero me quedé con las ganas.»

CÓMO LLEGAR

Mumbai, la ciudad que se llamó Bombay hasta 1995, cuenta con el **Aeropuerto Internacional Chhatrapati Shivaji (BOM).** La terminal 1, antes llamada Santa Cruz, cubre los vuelos nacionales, y la 2, antes llamada Sahar, los internacionales y algunos nacionales. Y, como entre ambas hay cinco kilómetros de distancia, en el momento de reservar un medio de transporte es fundamental que te informes de qué terminal es la tuya. Cada terminal tiene su mostrador de traslado entre edificios en la zona de llegadas, en el que se puede pedir una berlina o un SUV que trasladará a los viajeros y sus maletas entre terminales, si fuera necesario, por 215-275 rupias / 2.50-3.50 dólares aprox. por una berlina o 715-775 rupias / 9-10.50 dólares aprox. por un SUV.

El trayecto en taxi desde el aeropuerto al centro de la ciudad puede durar entre media hora y dos horas, según el tráfico. Si prefieres pagar un precio convenido de antemano (normalmente, entre 500 y 600 rupias / 7.50 y 8 dólares más o menos), toma un *cool cab* y disfrutarás de aire acondicionado; también puedes arriesgarte a tomar un taxi con taxímetro, de los negros y amarillos, de cuyos conductores se dice que tienden a estafar con sobreprecios a los visitantes extranjeros, aunque la tarifa debería ser más o menos la misma que la de un taxi con precio cerrado. Para cualquier taxista, la propina habitual por un buen servicio es un 10 por ciento del precio.

Hay distintas estaciones de tren de cercanías situadas a menos de veinte kilómetros de las dos terminales del aeropuerto. A todas ellas se puede llegar en taxi, pero ninguna se encuentra situada en el mismo aeropuerto.

El tren es un medio de transporte esencial para moverse por Mumbai y sus alrededores. Existen numerosas estaciones y líneas ferroviarias. Entre las principales estaciones se cuentan el espectacular edificio gótico victoriano de Chhatrapati Shivaji, antes llamada Victoria Terminus –diseñada por el arquitecto británico F. W. Stevens, es Patrimonio de la Humanidad declarado por la Unesco–, y la estación Mumbai Central, la antigua Bombay Central.

BHENDI BAZAAR: «LA CALLE DE LA GASTRONOMÍA»

«Mumbai es una ciudad rica en cultura e historia, y sé que mucha gente preferiría dedicar su primera visita a ver museos, visitar

monumentos y absorber color local como una aspiradora poseída. Yo tengo mi propia agenda. Esta noche, la misión que nos hemos impuesto es acudir al barrio musulmán llamado Bhendi Bazaar. Más en concreto, a Khau Galli, que se traduciría como "La calle de la comida" o "La calle de la gastronomía".»

En su deambular por Khau Galli en busca de sesos de cordero, un sinfín de tentaciones desviaron a Tony de sus pasos: brochetas de riñón y pulmón asados con especias, pollo *tandoori*, cordero picado ensartado, cremoso curry de seso de cabra con tomate, distintos panes recién hechos y **«*beida roti*, que es como un Egg McMuffin, pero bueno: *chapati* con carne picada y huevos fritos.**

»A algunos les parecerá que paso muchísimo tiempo comiendo vísceras, sesos y pulmones, ese tipo de cosas que mucha gente calificaría como "repugnantes". Y no voy a negar el placer brutal que me produce el hecho de no hacer caso a los prejuicios gastronómicos de la gente. Pero estas partes de los animales tan despreciadas, pero que nos comemos, no solo son nutritivas. También son muy buenas. Si tienes la suerte de conocer sitios como la India o, sin ir más lejos, Francia, sal de tu hotel y prueba algunas de las especialidades locales. Una de las ventajas de viajar es descubrir una nueva receta que sea de tu agrado.

»No sé si será por el veto al alcohol, o por qué, pero los cocineros musulmanes tienen postres y bebidas de postre a tener en cuenta. En la Casa de las Bebidas Frías Taj Mahal, a esto lo llaman *falooda*. Los ingredientes son semillas frescas de cilantro, agua de rosas, fideos –en este caso, arruruz, para darle una textura semejante a los *vermicelli*–, helado casero en una versión, leche en todas las versiones... Creo que podría engancharme fácilmente a todo esto».

Nota: en la actualidad, Bhendi Bazaar, un barrio de mercados fundado por el Gobierno colonial en 1893 como centro para trabajadores migrantes varones, reúne más de mil doscientas tiendas y unas dos mil quinientas viviendas en estado de deterioro creciente. Bhendi

Bazaar es el culmen de un ambicioso plan de reurbanización a gran escala financiado por un fideicomiso cívico y destinado, en parte, a paliar la inseguridad de las condiciones de habitabilidad. Y, como una de las consecuencias probables de este proyecto es que a algunos de los vendedores de comida que visitó Tony los hayan obligado a mudarse o a cerrar, lo más recomendable es consultar en la prensa local y en círculos bien informados cuáles son los mejores lugares para encontrar la comida callejera que el visitante viene a buscar a Mumbai.

BHENDI BAZAAR: Ajmer, Bhuleshwar, Mumbai (distintos precios)

PUNYAB

«Amritsar: la ciudad más grande del Punyab indio. En torno al millón de habitantes. Es una parte de la India que nunca he visto, un sitio por el que siempre he sentido curiosidad. Los punyabíes son famosos por su espíritu aventurero; por ser unos valientes guerreros que se desperdigaron por el mundo llevando con ellos una gastronomía estupenda. De hecho, muchos de los manjares que llamamos simplemente "comida india" proceden de aquí.

»Aquí, una de las primeras cosas que notas diferente al resto de la India son los turbantes: el símbolo de la autoestima, el coraje y la espiritualidad para los hombres sijes. Amritsar es la cuna, el centro espiritual, de la fe sij. La quinta religión mayor del mundo, y quizá la más incomprendida. En pleno Amritsar se encuentra el majestuoso Templo Dorado, el Vaticano de los sijes. Los sijes están radicalmente en contra de todo sistema de castas. Creen en la tolerancia religiosa. Pero su belicismo no es menos radical cuando se trata de defender sus principios y lo que consideran su tierra.

»El Punyab de principios del siglo xx conoció una de las resistencias al dominio británico más violentas. Y cuando los británicos cerraron y repartieron dividendos, en 1947, desgajaron una enorme pieza, lo que ahora es Pakistán. Que sigue siendo un foco de posible violencia.

»La India y Pakistán fueron un solo país hasta que este fue objeto de una de las particiones más apresuradas e imprudentes que quepa imaginar... Consumida por el colosal esfuerzo de librar dos guerras mundiales, en 1947 Gran Bretaña decidió poner fin a casi dos siglos de dominio sobre la India. En su intento de evitar una guerra civil entre hindúes, musulmanes y sijes que las autoridades coloniales consideraban inevitable, los británicos encomendaron a sir Cyril Radcliffe, un abogado galés, la introducción de una nueva frontera. En uno de los mayores trasvases de población que ha conocido la historia, muchos millones de personas huyeron de sus hogares. Y casi de inmediato estalló la violencia religiosa a gran escala. Justo lo que

pretendía evitar el plan de partición. Es un conflicto que sigue vivo, una fuente de paranoia que es palpable en toda la región.»

CÓMO LLEGAR, CÓMO MOVERSE

En el **Aeropuerto Internacional Sri Guru Ram Dass Jee (ATQ)** operan British Airways, Singapore Airlines, Air India, Qatar Airways y unas pocas aerolíneas regionales de la India, con vuelos con procedencia y destino a las principales ciudades del subcontinente indio, el Sudeste Asiático y algunos destinos de Oriente Medio. Se encuentra a once kilómetros del centro de la ciudad; un viaje en taxi dura entre veinte y treinta minutos y cuesta entre 300 y 1000 rupias / 3.60-13 dólares aprox., y un *tuk tuk* o *autorickshaw*, como los llaman en Amritsar, cubre esta distancia en treinta o cuarenta minutos y cuesta unas 200 rupias / 2.60 dólares aprox. También hay taxis y *autorickshaws* para desplazarse por la ciudad y para visitar todos los lugares de interés turístico.

COMER EN LAS DHABAS DEL PUNYAB

«En el Punyab tienen una gastronomía no poco legendaria. En Amritsar hay un dicho: "La mejor comida no es la que se hace en las casas. Es la que se hace en las calles", con frecuencia en una *dhaba*, que es un "puesto de comida situado junto a la carretera". Y en esta ciudad hay una inagotable oferta de *dhabas*, pero esta que nos ocupa es legendaria.»

Y, sin duda, es muy conocido el **Kesar da Dhaba**, un local que han regentado cuatro generaciones de la misma familia desde 1916. La especialidad de la casa es el *dal majni*, una mezcla de lentejas negras y marrones en salsa *geerich* sazonada con cebolla, jengibre y especias calientes.

Otrora destinadas a una clientela de choferes profesionales del Punyab, pero cada vez más atrayentes para el público general, las *dhabas* suelen estar situadas junto a las gasolineras y, a menudo, permanecen abiertas las veinticuatro horas del día. Algunas sirven comida «no vegetariana», es decir, carne, pescado y marisco.

«En esta parte del mundo –el Punyab en concreto– hay que acostumbrarse a la comida vegetariana. Y la India es uno de los pocos países del mundo en el que eso no es una carga, ni siquiera para mí. En el Punyab, con carne o sin ella, uno tiene casi garantizado el festival de colores, sabores y especias intensos.

»A diferencia de algunos de los deprimentes restaurantes vegetarianos de mi triste experiencia, aquí las verduras son picantes, todas saben diferente, con distintas texturas, y se sirven con un pan extraordinariamente bueno. Son poliédricas: crujientes por fuera, duras por dentro. Si esto fuera el vegetarianismo que se practica en la mayor parte de los países de Occidente, yo molestaría mucho menos con el tema.»

KESAR DA DHABA: Anant Seth Wala Church, Mercado Passian Shastri, Katra Ahluwalia, Amritsar, Punyab 143006, tel. +91 183 255 2103, <www.kesardadhaba.com> (una comida de varios platos cuesta en torno a las 60 rupias / menos de 1.22 dólares)

El tandoor, un horno circular de barro alimentado por carbón o fuego de leña, es la herramienta que define la gastronomía punyabí; la disposición geográfica y los núcleos culturales de muchas aldeas giran alrededor de un tandoor comunitario que sirve para alimentar eficazmente a grupos numerosos de gente. Al fuego del tandoor se hace la carne ensartada (normalmente, pollo o cordero), mientras sus jugos gotean sobre las brasas o la leña, despidiendo un humo acre. A lo largo de sus calientes paredes interiores se hornean panes de harina de trigo como el *kulcha*.

«¿Quieres probar algo bueno? ¿Algo muy bueno, durante tu estancia en Amritsar? ¿Algo autóctono, regional, emblemáticamente perfecto? Nadie puede decir que ha conocido Amritsar hasta que no vive la experiencia *kulcha*. Es la especialidad gastronómica del Punyab. Una perfecta bomba de sabor a base de masa de trigo prensada contra la pared de un horno de barro muy caliente, embadurnada con mantequilla y servida con acompañamiento de *chole* picante (curry de garbanzos). ¿Ya hablé de la mantequilla?»

KULCHA MAGBOOL ROAD: Old Octroy, Mercado de Teja Singh, local 1, Amritsar, Punyab 143001, tel. +91 981 567 2729 (un *kulcha* típico: 50 rupias aprox. / 0.60 dólares aprox.)

Pero, claro, llega el momento en el que hasta el carnívoro más abierto de mente vuelve a sus costumbres de siempre.

«Revisando mi lista de tareas pendientes en el Punyab, me doy cuenta de que tengo que atrapar algo de proteína animal. Ya es hora. Llevo dos días en plan Morrissey y, la verdad, no puedo más. Necesito pollo. Si hablamos de alimentos imprescindibles [del Punyab], eso es exactamente el pollo *tandoori*.»

Cuando vayas a **Beera Chicken,** una *dhaba* conocida por lo que hacen con los alimentos no vegetarianos, por tu dosis de carne de ave, prueba también el *keema naan*. **«*Keema naan:* bola de cordero, masa. Créeme: está de muerte. Tanto que la gente arrambla con ella en el momento en que sale del horno *tandoori*.»**

BEERA CHICKEN: Majitha Road, avenida Sehaj, Amritsar, Punyab 143001, tel. +91 85669 14747 (un plato típico: 400 rupias / 5.40 dólares aprox.)

RAJASTÁN

«Situada en el extremo noroccidental del continente, Rajastán [es] una de las regiones más inhóspitas y desoladas de la India. Durante siglos albergó numerosos reinos feudales independientes y a una feroz clase guerrera que combatió la influencia y el yugo de invasores y vecinos por igual. Es una de las zonas más espléndidas de la India, una tierra mítica de castillos y fuertes que se yerguen en lo alto de las montañas. [Hay] sombríos desiertos monocromos, puntuados por destellos de color, en los que incluso las casas más modestas pueden tener más de un milenio de antigüedad. Es un lugar único en el mundo. Aquí es verdad que no importa adónde te lleve la carretera. Ni dónde te encuentres cuando te despiertas. De todos los sitios del mundo, creo que este tiene el corazón más grande y las vistas más bellas. Ya sea que te despiertes en el palacio de un marajá, en un hotel de lujo, en un hostal barato o en una duna del desierto, das las gracias por estar vivo y por seguir en la India.»

CÓMO LLEGAR

El **Aeropuerto Internacional Indira Gandhi (DEL)** de Nueva Delhi, así llamado en honor de la que fuera primera ministra, es el aeropuerto internacional más cercano a Rajastán. Desde allí te puedes trasladar a Jaipur o a Jodhpur en avión –es un vuelo de corta duración– o en tren –seis horas de trayecto– desde una de las tres estaciones de Delhi, hasta Jaipur Junction, y una vez allí tomar un taxi o rentar un coche. Delhi y Jodphur también están comunicados por tren. Es un viaje de casi doce horas. Se pueden consultar horarios, precios y líneas en <www.erail.in>.

DÓNDE ALOJARSE

«Dilwara es un pueblo adorable, de cuento, con casas y tiendas antiguas, calles sinuosas y gente amable. Uno de los pueblos más encantados y encantadores que he conocido en mi vida.

»El Devigarh es un palacio-fuerte del siglo XVIII –que se alza sobre las colinas de Aravalli–. No es un motel de carretera, vaya. Y yo, cuando se trata de hoteles buenos..., digamos que me abro de piernas. Y el Devigarh... bueno. Es la cima de la montaña. Lo máximo.»

Construido con mármol de extracción local, el fuerte quedó ultimado en 1760 y, en 1999, tras un proceso de restauración de quince años, abrió sus puertas como hotel de lujo. Todas las habitaciones son *suites*, con un nivel que oscila entre lo lujoso y lo desmesurado; el servicio es soberbio, igual que la comida, los cocteles y las vistas.

RAAS DEVIGARH: NH8, cerca del Templo Eklingji Delwara, Udaipur, Rajastán 313202, tel. +91 291 2636455, <www.raasdevigarh.com> (precio de una *suite:* desde 17 800 rupias aprox. / 234 dólares la noche aprox.)

UDAIPUR

«Creada tras turbulentas luchas por el control de la región, la ciudad de Udaipur data de finales del siglo XVI. Hoy en día es el hogar de 400.000 rajastaníes. En esta ciudad, como no podía ser de otra manera, la mayoría de las transacciones comerciales se llevan a cabo en plena calle. Las calles están plagadas de vendedores de todas clases, con sus verduras, sus especias, sus panes, sus frutas y cualquier otra cosa que vayas necesitando a lo largo del día.

»Natraj es una institución, un restaurante que no sirve carne, pero sí el tradicional almuerzo *thali* en modo bufet libre. Yo odio a los *hippies* y, aunque la verdura no me disgusta, normalmente la prefiero acompañada de una buena ración de cerdo. Pero una comida *thali* es un portento, uno de los básicos del exceso en la cocina rajastaní cotidiana, algo que incluso hace de la comida vegetariana algo sabroso, divertido y vibrante. Los platos no son complicados: lentejas, ocra, papas, pepinillos, nata, frijoles y otros clásicos de Rajastán. El Natraj es un restaurante local donde los haya. Familias, niños, obreros, meseros corriendo de aquí para allá con ollas de repuestos. En cuanto te descuidas, te rellenan el plato. Te encuentras una nueva pila de alimentos. Es una lluvia constante.»

NATRAJ DINING HALL AND RESTAURANT: City Station Road, 22-24, Udaipur, Rajastán, tel. +91 94147 57893 (precio medio de un plato: 160 rupias aprox. / 2 dólares aprox.)

AVENTURA EN EL JAISALMER ANCESTRAL

«A Jaisalmer se viene, sobre todo, para visitar el inmenso fuerte situado en su centro, una ciudad dentro de una ciudad. Construido a

mediados del siglo XII, el Fuerte Jaisalmer, con sus inmensos muros de arenisca, es el único fuerte viviente, o habitado, del mundo. Después de atravesar una serie de imponentes puertas, el visitante se encuentra con un laberinto de callejuelas repletas de vendedores y casas ancestrales. Intramuros aún viven miles de personas. Y no pocas vacas, por supuesto.»

Tengamos en cuenta que, si bien este monumento Patrimonio de la Humanidad de la Unesco alberga entre sus muros hoteles abiertos, el uso de redes de cañerías modernas y el deterioro causado por el turismo que se aloja *in situ* ha acelerado la decadencia de esta majestuosa reliquia; una alternativa es buscar alojamiento en algún lugar cercano. La siguiente página web ofrece enlaces a hoteles del lugar.

FUERTE JAISALMER: Fort Road, cerca de Gopa Chowk, Amar Sagar Pol, Jaisalmer, Rajastán 345001, <www.tourism.rajasthan.gov.in/jaisalmer.html>

«¿No ves más que colores, sonidos, movimiento... y tipos montados en camellos tocando instrumentos de metal? Es una de esas escenas en las que te sientes como un turista boquiabierto... en el buen sentido. Bienvenidos al Festival Anual del Desierto de Jaisalmer, en el que una vez al año cientos de rajastaníes vestidos a la usanza tradicional, llegados desde cientos de kilómetros de distancia, se reúnen para celebrar su cultura.»

En Rajastán, durante todo el año hay decenas de festivales y ferias organizados por la oficina regional de turismo. En <www.tourism.rajasthan.gov.in>, una página web muy bien mantenida, se puede consultar toda la información sobre fechas exactas, direcciones, hoteles, etcétera. En caso de disponer de ella, también se puede acudir a una agencia de viajes local de confianza. Hay muchas que dan servicio a Rajastán.

IRLANDA

DUBLÍN

«Irlanda: no conozco ningún otro lugar del mundo en el que la palabra, hablada y escrita, sea tan celebrada. En el que el arte de contar historias, ya sea a través de la poesía, de la prosa o de la canción, sea parte tan inherente, tan influyente, tan fundamental de la literatura en lengua inglesa que nosotros, todos nosotros, lo consideramos casi como un derecho de nacimiento.

»La mayoría de esas historias han sido tristes o coléricas, han celebrado la fuerza que vence a la adversidad y a la opresión, han lamentado lo malo, conmemorado lo perdido. La historia, contada por medio de la palabra o la canción, parece, siempre, haber ocurrido ayer.»

CÓMO LLEGAR, CÓMO MOVERSE

El visitante llega al **Aeropuerto de Dublín (DUB)**, en el que operan decenas de compañías aéreas internacionales y nacionales. Utilizan dos terminales. Para trasladarse del aeropuerto a la ciudad existe una oferta de distintos autobuses locales, directos o de lanzadera, cuyos precios oscilan entre los 8.50 y los 30 dólares. En la página web oficial del aeropuerto, <www.dublinairport.com>, se puede consultar toda la información. Un taxi del aeropuerto al centro de la ciudad cuesta en torno a los 30 dólares. Los taxistas no esperan que les des propina necesariamente, pero la costumbre de sumar un 10 por ciento al precio del trayecto se está extendiendo y se agradece.

En un episodio de *The Layover*, Tony explica por qué prefiere los taxis a los autobuses. **«Sale un poco más caro, pero no mucho. Y te dan conversación, y eso en Irlanda se saborea. Cualquiera que tenga algo de corazón, algo de alma, algo de sensibilidad hacia el prójimo, o hacia la palabra escrita, o sencillamente sepa apreciar una copa bien servida, esa persona va a amar esta ciudad indiscutiblemente.»**

EL REY DE PUB CITY

«Aquí ¿qué hacen mejor que en ningún sitio? Respuesta: la Guinness. Ese brebaje exquisito, mágico según algunos, nutritivo probablemente, incomparable. Este divino brebaje es tan sabroso, tan cremoso, tan semejante al chocolate en sus ricas y reconfortantes cualidades emborrachantes que la diferencia entre lo que te dan aquí y el líquido que te ponen de cualquier manera en ese sitio de donde vienes es como lo que va del día a la noche. Lo uno es cerveza; lo otro, cánticos angelicales, trombones celestiales.»

Uno de sus locales preferidos para tomarse una Guinness era un bar del barrio de Glasnevin llamado **John Kavanagh. «Este local, al que aquí llaman Gravediggers, o Sepultureros, por su cercanía con el cementerio de al lado, permanece gloriosamente inasequible al puto paso del tiempo.»** No hay música, ni baile, ni tele, ni wifi, ni reservaciones de grupos que obliguen a cerrar la sala. No es más que un bar para beber en compañía, muchas veces junto a deudos que van o vienen de entierros, como ha sucedido desde 1833.

Después de tomarte unas pintas, si se te antoja algún nutritivo plato de bar, lo tienes: un cuenco de **«*coddle*, un buen estofado de salchicha, tocino, cebolla y papa, cocido en caldo a fuego lento...**

Si lo oyes, lo quieres. Y hay más: pata de cerdo cocinada en sidra a fuego lento. A lo mejor piensas que eso, no. Pero, ay, amigo, sigue mi consejo: eso, sí».

JOHN KAVANAGH: Prospect Square, 1, Glasnevin, Dublín, D09 CF72, tel. +353 1830 7978 (los precios de las bebidas y los platos oscilan entre los 3 euros / 3.60 dólares y los 11 euros / 13 dólares)

The Chop House «es lo que algunos solían llamar un gastropub, un término imbécil acuñado por aquellos que por algún motivo consideraban que una pinta bien servida no podía o no debía coexistir con una buena carta de comidas. Debo confesar que yo era uno de esos imbéciles». Desengañado de esta idea, Tony definió la de esta visita como **«la mejor puta comida que me han servido en Dublín».**

El chef Kevin Arundel y su mujer y socia, Jillian Mulcahy, llevan más de una década haciendo una cocina creativa, de acento francés, en un pub reconvertido, sirviendo propuestas como langostinos a la plancha al limón, chile, ajo y mantequilla al pimentón ahumado, chuletón para dos y un *parfait* de hígado de foie gras y pollo con gelatina de naranja sanguina.

THE CHOP HOUSE: Shelbourne Road, 2, Ballsbridge, Dublín 4, tel. +353 16602390, <www.thechophouse.ie> (aperitivos: 10 euros / 12 dólares aprox.; un plato principal: 30 euros / 36.50 dólares aprox.)

ISRAEL

JERUSALÉN

«Empieza mirando a tu alrededor. Es como dice la gente. Bonito. Impresionante. Urbano, sofisticado, moderno, como el sur de California, pero más agradable. Entonces ves a los jóvenes reclutas por la calle y empiezas a entender la idea. Esto es Jerusalén.

»Israel limita con Egipto, Jordania, Siria y el Líbano. En 1967, tras la guerra de los Seis Días, Israel tomó el control de la Franja de Gaza, la península del Sinaí, Cisjordania y los altos del Golán, y se anexó Jerusalén oriental. En 2003, Israel empezó a construir un muro a lo largo de la Línea Verde, que representaba la frontera entre Israel y Palestina.

»Probablemente sea el territorio más disputado del mundo. Y no es posible, de ninguna de las maneras, hablar de ello sin que alguien –o todo el mundo– se enoje. Quizá por eso tardé tanto tiempo en venir a visitarlo. Un lugar en el que incluso los nombres de las cosas normales son disputados ferozmente.

»El hecho de que yo no me criara en la fe, que creciera sin ningún apego especial o lealtad hacia Israel, no significa que mucha gente de este mundo no me odie como cuestión de principio. Eso lo sé. Pero el Estado de Israel: nunca he sabido qué pensar.

»Muchos me considerarán un filoterrorista, un títere del sionismo, un judío que se odia a sí mismo, un apologista del imperialismo americano, un orientalista, un socialista, un fascista, un agente de la CIA y cosas peores. Así que esto es lo que digo: nada.»

CÓMO LLEGAR, CÓMO MOVERSE

Situado a diecinueve kilómetros de Tel Aviv y a cuarenta y cinco de Jerusalén, el **Aeropuerto Ben Gurion (TLV)** es el principal punto de entrada internacional de Israel. Es punto de entrada y salida de vuelos al interior de Israel y a toda Asia, a toda Europa, a algunas ciudades africanas y a América del Norte y del Sur.

Hay una amplia oferta de coches de renta, y a 88 nuevos séqueles israelíes por día (27 dólares), resultan bastante asequibles. Un taxi del aeropuerto al centro de Jerusalén representa una hora de viaje y el precio debería ascender a unos 265 séqueles / 80 dólares aprox. En Israel los taxistas no esperan que les des propina.

Entre la terminal 3 de TLV y la estación central de autobuses de Jerusalén hay un autobús lanzadera que sale cada hora. Un boleto sencillo cuesta 15 séqueles / 5 dólares aprox.; se compran al subir al autobús, en efectivo. En <www.bus.co.il> dispones de información actualizada sobre líneas y precios.

Una vez en Jerusalén es fácil parar un taxi o pedirlo. El típico viaje de ocho kilómetros debería salir por unos 40 séqueles / 12 dólares aprox. También hay una amplia red de autobuses y una línea de tren ligero que funcionan con tarjetas inteligentes Rav-Kav, que se cargan por anticipado. Dispones de toda la información en <www.egged.co.il>.

HOTEL AMERICAN COLONY Y RESTAURANTE MAJDA: UN OASIS DE TRANQUILIDAD

Durante su estancia en Jerusalén, Tony mantuvo su base de operaciones en el **Hotel American Colony,** un lujoso complejo frecuentado por periodistas, funcionarios de la ONU, diplomáticos y celebridades. El Colony fue una colonia cristiana utópica fundada por Horatio y Anna

Spafford, una acaudalada pareja de Chicago que buscaban aliviar el dolor de la pérdida de sus cuatro hijas, que habían muerto ahogadas en un naufragio. Poco dados al proselitismo, los Spafford y su círculo fueron bien recibidos por la sociedad del lugar; la colonia prosperó durante seis décadas, sobreviviendo a una plaga literal de langostas y a dos guerras mundiales, pero en la década de los cincuenta se disolvió a consecuencia de ciertos conflictos internos. Los nuevos propietarios reconvirtieron el edificio en el hotel actual.

En el Ala Antigua del hotel vivían un pachá y sus cuatro esposas; hay cuatro edificios en total, cada uno con su propio jardín frondoso. El Hotel American Colony ofrece calma e intimidad, aunque a Tony le fascinaba la llamada a la oración de la mañana.

HOTEL AMERICAN COLONY: Louis Vincent Street, 1, Jerusalén 97200, tel. +972 2 627 9777, <www.americancolony.com> (precio de una habitación: desde 700 séqueles aprox. / 213 dólares la noche aprox.)

«Después de visitar Madja, por un momento uno casi es capaz de creer que es posible alguna clase de paz, de reconciliación, de encuentro intelectual, de cordura. Es un restaurante situado en lo que parece un pueblo idílico de los Montes de Judea.

»Michal Balanes es judío. Jakob Bahrun, de un pueblo vecino, es musulmán. Son socios, copropietarios del Majda, y están casados. Juntos cultivan y crían gran parte de lo que se consume en su cocina. Su cocina refleja sus distintas procedencias y lo que tienen en común.»

En el Madja una comida puede incluir huevos con pimiento y tomate u ocra asada a la cebolla y la menta. **«Acabo de tener una comida exquisita sin pensar por un momento en el hecho de que es completamente vegetariana. Si cualquiera de los restaurantes vegetarianos de Nueva York sirvieran algo remotamente parecido a esto, yo... ¿me convertiría? Me lo pensaría.»**

MAJDA: Ein Rafa, tel. +972 2 579 7108, <www.majda.co.il> (precio medio de una comida: 175 séqueles aprox. / 52 dólares por persona aprox.)

ITALIA

NÁPOLES

Con la inmersión en la gastronomía napolitana clásica que realizó para *No Reservations*, Tony pretendía reconciliarse con la profunda atracción que sentía por la cultura italoamericana pese a que esta no formara parte de su ADN.

«Nápoles, la Nápoles de nuestra imaginación colectiva. La tierra de los antepasados, esa en la que a uno siempre le han hecho creer que empezó todo. Con una cucharada de nostalgia y mucha salsa, nos decían que la comida italiana que nos comíamos en Estados Unidos procedía de aquí. ¿Pero hasta qué punto lo que sabíamos de la comida napolitana era italiano, o de Nápoles siquiera?

»Al principio, en Nápoles nada parece tener ni pies ni cabeza: ni cómo conducen, ni cómo recorren las calles del histórico casco viejo de Nápoles.

»Los demás italianos te dicen que Nápoles ni siquiera es Italia.

»Pero es que esa, precisamente, es una actitud muy italiana, una casi nación de ciudades-estado para las cuales el pueblo más cercano siempre será el peor del mundo. El chiste es que esta ciudad está llena de ladrones y que uno tiende a perder las cosas que deja sin vigilancia, incluyendo, por ejemplo, el control de la industria de los residuos, lo cual puede deberse al hecho de que aquí quien manda es la Camorra, la mafia siciliana en su poderosa versión napolitana.

»Esta región ha tenido pocos momentos de tranquilidad a lo largo de su historia. Vivir a la sombra del Vesubio, invasiones, la Segunda

Guerra Mundial... Es como si todo el mundo quisiera acabar con Nápoles.»

CÓMO LLEGAR, CÓMO MOVERSE

La mayoría de los aviones que aterrizan en el **Aeropuerto Internacional de Nápoles (NAP),** también llamado **Capodochino,** proceden de otras ciudades europeas, pero también hay algunos vuelos directos desde Nueva York y algunas ciudades de Oriente Medio. Está situado a unos ocho kilómetros del centro de la ciudad; el trayecto en taxi dura entre quince y treinta minutos, según el tráfico, y cuesta unos 24 dólares. No se suele dar propina, pero la costumbre se está extendiendo entre los turistas occidentales. Agradecen que les dejes entre el 10 y el 15 por ciento del precio del viaje.

Para trasladarse a la ciudad o venir de ella también hay autobuses urbanos y de lanzadera. En <www.unicocampania.it> ofrecen información sobre horarios, rutas y precios.

Situada en la Piazza Garibaldi, la céntrica **Napoli Centrale** es la principal estación de tren de la ciudad. Comunica con el resto de Italia y más allá de sus fronteras. También se puede salir y llegar a Nápoles por vía marítima, en crucero o en uno de los transbordadores que parten de la céntrica Stazione Marittima.

Descubrir Nápoles caminando es todo un placer visual, aunque hay algunas pendientes, o, si lo prefieres, en la mayoría de las plazas hay paradas de taxis. En toda la ciudad hay bocas de metro y también bajo la estación Napoli Centrale. También hay red municipal de autobuses, de tranvía y de funicular. En <www.anm.it> dispones de toda la información.

COMERSE LA HISTORIA DE LA GASTRONOMÍA ITALOAMERICANA

«Nápoles es una ciudad preciosa. Eso es Nápoles. Y vieja. Y como es vieja, puede arrogarse el honor de haber acuñado una serie de emblemáticas innovaciones de la cultura italiana, como la pizza, esas tablas o discos de pasta cubierta de salsa de tomate, queso y otras cosas, puede. Sencillo, ¿no?

»Yo comí mucha pizza napolitana de pequeño. ¿Y qué quieren decir con ese término? En 2004, el Ministerio de Agricultura italiano fue tan lejos como para establecer unos criterios sobre cómo debe hacerse la pizza napolitana: dimensiones, grosor de la corteza, ingredientes, incluso temperatura de cocción. Y este sitio, la Pizzería Pellone, es, por consenso general en Nápoles, un excelente ejemplo de producto acorde con los estándares industriales, e incluso uno de los mejores haciendo esto, la pizza margarita, la representante del minimalismo clásico.» Pellone también trafica con una pizza frita –*calzone frito*, en realidad– rellena de ricotta y crujientes virutas de cerdo frito.

PIZZERÍA PELLONE: Via Nazionale, 93, 80143 Nápoles, tel. +39 081 553 8614, <www.pellonepizzeria.it> (precio medio de una pizza: 7 euros / 8.50 dólares aprox.)

«A ver, los de "*vade retro*, boquerón": prepárense para dejarse convencer, y posiblemente conquistar, por Al Convento, un restaurante situado en un antiguo convento del pueblo de Cetara, en el que los *alici* son la especialidad local y las estrellas de la carta del chef Pasquale Torrente.

»Estamos hablando de un alimento que nada tiene que ver con el aceitoso, salado y maloliente emplasto que quizá recuerdes de tus años de desesperación universitaria. Boquerones blancos, casi dulces, en escabeche; boquerones con tomate tostado a fuego lento y

fritos con cebolla»; y albóndigas de boquerón rellenas de mozzarella ahumada, una versión de la *parmigiana* de berenjena rellena de boquerones y *linguine puttanesca* con, por supuesto, boquerones frescos.

AL CONVENTO: Piazza San Francesco, 16, 80410 Cetara, tel. +39 089 261039 (precio medio de un plato principal: 35 euros / 42 dólares aprox.)

Después de salir a bucear en busca de erizos de mar frescos, bajo un cielo amenazador (y comérselos a la intemperie, recién capturados), el chef Rocco Iannone llevó a Tony de vuelta a su restaurante, **Pappacarbone**, a disfrutar de un almuerzo improvisado, compuesto por aquellos ingredientes frescos que tenía a mano: pulpo frito local, queso *caciocavallo* a la parrilla con habas, alcachofa, cebolleta y panceta, y espaguetis *frutti di mare* con dos clases de almeja local. A Tony le entusiasmó la técnica de Iannone para cocer la pasta: la retira del agua hirviendo y termina de cocerla en la sartén, junto con el marisco, el vino, el caldo y las hierbas aromáticas. **«Acabar de cocer la pasta en su salsa, de forma que la absorba, marca toda la diferencia. Es mágico.»**

PAPPACARBONE: Via Rosario Senatore, 30, 84103 Cava de' Tirrena, tel. +39 347 797 0604, <www.ristrorantepappacarbone.com> (un menú degustación: 70 euros / 85 dólares por persona)

ROMA

«Enamorarse de Roma, como tantos han descubierto a lo largo de la historia, es fácil. Es una ciudad seductoramente bella. Ha sufrido y sobrevivido a muchos acontecimientos. Ya solo quedan ruinas de sus antiguas glorias, de los tiempos del Imperio, pero son unas ruinas que enamoran. Aquí entras en trance. Piensas que, pase lo que pase, este bonito sueño ha de ser eterno. Hasta que te das de bruces con la realidad.

»Antes de la Primera Guerra Mundial, a Benito Mussolini lo consideraban un bufón y un loco. Un orador neurótico, pontificante y populachero que venía de un pueblo llamado Predappio. Años después, sin embargo, la nación se encontraba dividida y en crisis. Se veía a sí misma como un país rodeado de enemigos internos y

externos. Necesitaba a alguien que le dijera que podía devolver a Italia su grandeza. Y Mussolini era un hombre a caballo que dijo: "Síganme". Y ellos lo hicieron. Cuando los fascistas entraron en Roma, el primer ministro dimitió y el rey nombró líder a Benito Mussolini. Puede pasar en cualquier parte. Pasó aquí. Casi un siglo más tarde, esto es lo que ha dejado atrás Mussolini: la Roma en la que muchos romanos siguen viviendo ahora.

»Sea la Roma que sea, la tuya, la mía, la de Federico Fellini, Roma es una ciudad hermosa, tan bella como dice la gente. Para mí no se trata de esas grandezas de las que te habla la gente –las esculturas, las imponentes plazas y edificios, los monumentos–, aunque son increíbles. Para mí se trata de las cosas pequeñas, los pequeños detalles, la increíble espectacularidad de cada pequeña menudencia.»

CÓMO LLEGAR, CÓMO MOVERSE

El aeropuerto de Roma, el **Leonardo da Vinci-Fiumicino (FCO),** se encuentra situado a **«unos treinta kilómetros del centro de la capital de Italia, pero podría ser otro planeta»**, dice Tony en su arranque de *The Layover*, después de un aterrizaje muy mañanero, procedente de Nueva York. Fiumicino es el mayor aeropuerto de Italia, uno de los principales centros de conexión europeos, con vuelos con llegada y salida a ciudades de todo el mundo.

«El aeropuerto de Fiumicino cuenta con la habitual oferta de medios de transporte. Lo más fácil, pero también lo más caro, es tomar un taxi que te lleve directo a tu hotel. Por eso se paga un precio cerrado de [58 dólares]. Hay autobuses lanzadera que te cobran [16 dólares] y que deberían cubrir el trayecto en unos cuarenta minutos, pero el tráfico puede ser impredecible. Esta vez yo opto por el tren expreso [Leonardo]. [22 dólares] y solo media hora de trayecto. Tiene fama de rápido, eficiente y cómodo, pero yo, francamente,

empiezo a arrepentirme de la decisión tomada cuando contemplo otra interminable pasarela. No lo hagas, hombre. Toma un taxi, sobre todo si llevas maletas.» Los taxistas italianos no esperan que les des propina, pero puedes redondear el precio.

Roma tiene un segundo aeropuerto mucho más pequeño, el **Ciampino Giovan Battista Pastine (CIA),** de una sola terminal, en el que sobre todo operan compañías *low cost* dentro del continente europeo. Se encuentra situado a unos once kilómetros del centro de la ciudad. Dispones de taxis que cubrirán el trayecto por un precio cerrado de 36.50 dólares y también autobús directo a la céntrica estación Termini de Roma. El boleto sencillo cuesta entre 7 y 12 dólares y se puede adquirir en la zona de llegadas.

Tony no era muy fan de **Roma Termini,** la mayor estación ferroviaria de Italia. **«El gran intercambiador de Roma y, en mi opinión, la casa del sablazo. Tiene todo el encanto de la estación Penn de Nueva York, es decir, ninguno.»** Desde que hizo estas duras declaraciones en 2012, sin embargo, las autoridades romanas han introducido algunas mejoras: ahora la estación cuenta con una más que aceptable zona de hostelería, el llamado Mercato Centrale, y una estructura un poco menos caótica en lo que respecta a salidas de la estación y opciones de estacionamiento.

La oferta de transporte público romano incluye red de tres líneas de metro, red de autobuses y red de tranvía. Un trayecto en cualquiera de estos medios cuesta 1.80 dólares, a pagar mediante una tarjeta combinada que se puede adquirir en las estaciones de metro y en muchas tiendas y quioscos de prensa.

Hay paradas de taxis en muchas de las *piazze* (plazas) más famosas de Roma. Si tomas uno de ellos, revisa que tenga licencia oficial: son los coches blancos que llevan rótulo en el techo, número de teléfono en los laterales y taxímetro operativo. Las estafas a los viajeros que pretenden tomar un taxi a las puertas de la estación Termini son las más tristemente célebres. Si no tienes una parada de taxis cerca, tendrás que pedir un coche por teléfono (o pedir a alguien del lugar que lo haga por ti); en ese caso, ten en cuenta que el taxímetro empieza a correr cuando el chofer acepta el viaje, no cuando recoge al viajero. Un viaje en taxi suele costar entre 7 y 24 dólares, y una propina del 10 por ciento por buen servicio siempre es bienvenida. Y, por supuesto, recorrer Roma a pie es una experiencia maravillosamente agradable en casi cualquier época del año, con muchas cosas que ver y que comer a lo largo del trayecto.

DORMIR EN ROMA

«Yo recomiendo el Centro Storico, el casco viejo, desde donde el turista se encuentra a un paso de todas las cosas interesantes a las que quiera echar un vistazo como mínimo. Los hoteles son caros, así que, si prefieres una pensión más barata, reserva con antelación, porque tienden a llenarse rápido.»

Lindando con el Centro Storico se encuentra Monti, un vecindario que antes fue barrio chino y en el que encontrarás una serie de pensiones limpias, tranquilas y de precio módico, entre ellas el **Hotel Raffaello**, un establecimiento de cuarenta y una habitaciones ubicado en un edificio decimonónico en el que se ha instalado un pequeño elevador que llega hasta el *mezzanine*. Los baños privados son relativamente grandes, las sábanas están limpias, la decoración es clásica y con encanto (aunque un poco anticuada) y los empleados son amables y serviciales. El hotel se encuentra situado a corta distancia de la estación de metro Cavour (línea B), y al Coliseo y al Foro Romano también se puede llegar caminando, igual que a la ya mencionada estación Termini.

«Pero si quieres hacer un dispendio, alojarte a lo grande y pagar un riñón por el privilegio, el Hotel de Russie es un establecimiento discreto a la par que opulento, y está en la misma calle de la escalinata de la Piazza di Spagna, pero al mismo tiempo cómodamente apartado de ella. Pero repito: es caro.» Construido en 2000, este hotel de ciento veinte habitaciones, acogedor y elegante, cuenta con terraza ajardinada y patio, *spa*, baño turco, peluquería y una excelente oferta de comida y bebida. Es familiar y el personal de recepción es de los mejores de Roma.

HOTEL RAFFAELLO: Via Urbana, 3, Roma 00814, tel. +39 06 488 4342, <www.hotelraffaello.it> (precio de una habitación: desde 75 euros / 91 dólares la noche aprox.)

HOTEL DE RUSSIE: Via del Babuino, 9, Roma 00187, tel. +39 06 328 881, <www.roocofortehotels.com> (precio de una habitación: desde 450 euros / 548 dólares la noche aprox.)

COMER EN ROMA

Puedes creer que has venido a Roma por los monumentos, por el arte y la cultura modernos, por aprender el idioma. Pero no. En realidad, has venido por la comida, por la forma en que la preparan, y la comparten, y la consumen, y la celebran por su perfección básica. No pierdas tiempo ni espacio en desayunar fuerte; los italianos se conforman con un *cornetto* (un bollo más dulce, más suave y menos mantecoso que un croissant) y un café expreso o capuchino. Se reservan para la comida y la cena.

«¿Qué especialidad romana te recomiendo para un almuerzo ligero o un tentempié, por ejemplo? Pues... una buena *porchetta*. Esto es I Porchettoni, y aquí saben lo que hacen. La *porchetta*, el orgullo de Roma, consiste en un cerdo entero, deshuesado, relleno de hierbas y asado al espetón. Suele servirse acompañado de una jarra de cerveza italiana helada.» I Porchettoni es una *fraschetta*, un restaurante sencillo, tipo tasca, con mesas comunitarias con manteles de papel, cristalería recia y platos de plástico, de la clase que se puede encontrar en el vecino pueblo de montaña llamado Ariccia. Además de la excelente *porchetta*, ofrecen las clásicas variedades de pasta (espaguetis *cacio e pepe*, *penne arrabiata* y, solo los jueves, ñoquis), platos principales (callos a la romana, salchicha a la parrilla, filete, cerdo braseado en leche) y vino y cerveza de la casa.

I PORCHETTONI: Via dei Marrucini, 18, 00185 Roma, tel. +39 06 4958598 (no tienen página web) (una comida de dos platos, con vino: 25 euros / 30 dólares por persona aprox.)

«Bienvenidos a Roscioli, el imperio familiar de la buena cocina clásica. Nosotros diríamos *delicatessen*, pero no es un *delicatessen* realmente, es el palacio de los manjares: *salume*, queso, atún. Aquí las palabras no llegan. También es panadería, y otras cosas. Tienen pan hecho a mano y *pizza bianca*. El pan es de los que te levantan el pito solo de escucharlo. Y el *prosciutto*, claro. *Prosciutto, prosciutto, prosciutto*. Carajo, qué bueno.»

El Roscioli comprende una serie de locales separados por pocos metros, y que cumplen distintas funciones: un lujoso *delicatessen* con restaurante de comidas y cenas; una panadería con panes y pizzas de calidad extraordinaria que se venden al peso *(al taglio)*; y una cafetería. Los precios son un poco elevados, y las tiendas pueden ser un poco estrechas, pero la calidad de los alimentos, las bebidas y el servicio equilibra con creces la experiencia.

ROSCIOLI SALUMERIA CON CUCINA (DELICATESSEN Y RESTAURANTE): Via dei Giubbonari, 21, 00186, Roma tel. +39 06 6875287, <www.salumeriaroscioli.com> (los precios varían; una comida suele costar entre 40 euros / 48 dólares y 50 euros / 60 dólares por persona aprox.)

ANTICO FORNO ROSCIOLI (PANADERÍA CON SÁNDWICHES Y PIZZAS): Via dei Chiavari, 34, 00186 Roma, tel. +39 06 686 4045, <www.anticotfornoroscioli.it> (distintos precios; pizza: 8 euros / 9 dólares el kilo aprox.)

ROSCIOLI CAFFÈ (CAFÉ BAR CON PASTELERÍA, SÁNDWICHES, VINO Y COCTELES): Piazza Benedetto Cairoli, 16, 00186 Roma, tel. +39 06 8916 5330, <www.cafferoscioli.com> (distintos precios; un café con bollo: 4 euros / 5 dólares aprox.)

Fuera del Centro Storico, en Roma abundan las *trattorie* discretas, pero buenas, que a Tony le gustaban por sus cartas clásicas de calidad y su relajado ambiente. Un ejemplo:

«Betto e Mary es un restaurante de barrio modesto, típicamente romano y nada turístico, desde luego. El dueño se sienta como si fuera un amigo de siempre y nos cuenta lo que tiene, nos pregunta qué se nos antoja y, de pronto, aparecen unos *antipasti* a base de brócoli y hongos fritos, berenjena con aceituna y pimiento, pimientos rojos asados con *pignoli* y *nervetti* –una receta tradicional milanesa con tendón troceado, cocinado a fuego lento, cartílago y jarrete o pata de ternera– **muy muy tierna, tierna de ternera. Le sigue un plato muy vieja escuela: carne de caballo desmenuzada, con rúcula y queso parmesano. Vamos, basta. En Estados Unidos no nos comemos a los caballos, pero los matamos por manadas y le vendemos la carne a Canadá. Somos unos hipócritas. A continuación, *rigatoni* con ragú de rabo de buey. Yo oigo mentar el rabo de buey y el ragú y ya solo quiero lanzarme a la yugular de cualquiera para arrancarle un pedazo de carne. Ah, y *fettuccini* con alcachofas y mollejas. Mmm, qué bueno».**

BETTO E MARY: Via dei Savorgnan, 99, 00176 Roma, tel. +39 06 6477 1096 (no tienen página web) (cenas: 20 euros / 24 dólares por persona aprox.)

Tony no las conoció personalmente, pero las tres *trattorie* siguientes ofrecen una experiencia similar y tienen una oferta de recetas romanas clásicas de la misma o mejor calidad que la que podemos encontrar en Betto e Mary. En todas estas casas es muy recomendable reservar mesa previamente.

Dar Moschino es un acogedor y animado restaurante familiar que lleva cuarenta años sirviendo a sus clientes en un tranquilo rincón del barrio de Garbatella, al sur del centro de la ciudad. Forrada con madera, la sala está llena de imágenes de caballos de carreras y la decoración y el servicio han cambiado muy poco a lo largo de los años, para alegría y comodidad de los parroquianos que abarrotan unas mesas muy pegadas unas a otras. Entre las especialidades de la casa tenemos la *gricia* (*rigatoni* con *guanciale*, queso *pecorino* rallado y pimienta negra molida), callos asados a la romana, tiernas albóndigas de ternera y conejo *alla cacciatora*, que se recomienda pedir con una de sus guarniciones de papa cocida en su justo punto.

Piatto Romano es el local de referencia de los vecinos de Testaccio; el servicio es agradable y eficiente. Aquí no hay que perderse los *rigatoni* con *pajata*: intestinos de ternera rellenos de leche materna y cocinados en salsa de tomate picante. Los dueños suelen complementar el menú habitual con insólitas verduras de jardín que cultivan ellos mismos no lejos de allí, como malva, *ramolaccio* y hojas de rábano negro.

En el Trastevere, **Tavernaccia da Bruno** es el sitio más adecuado para disfrutar de una comida tan simple como excelente y de un servicio amable en una sala luminosa y cálida. El restaurante lleva cinco décadas en manos de la misma familia, cincuenta años sirviendo clásicos de la gastronomía romana flanqueados por algunos platos típicos de Umbría y Cerdeña, como un sobresaliente cochinillo asado a la leña. Los domingos no te pierdas la lasaña boloñesa.

DAR MOSCHINO: Piazza Benedetto Brin, 5, 00154 Roma, tel. +39 06 513 9473 (no tienen página web) (precio medio de una comida: 25 euros / 30 dólares por persona aprox.)

PIATTO ROMANO: Via Giovanni Battista Bodoni, 62, 00153 Roma, tel. +39 06 6401 4447, <www.piattoromano.com> (precio medio de una comida: 30 dólares / 36 dólares por persona aprox.)

TAVERNACCIA DA BRUNO: Via Giovanna da Castel Bolognese, 63, 00153 Roma, tel. +39 06 581 2792, <www.latavernacciaroma.com> (precio medio de una comida: 30 euros / 36 dólares por persona aprox.)

En Roma priva la pizza. Es una ciudad conocida tanto por su pizza al corte, o al peso (*pizza al taglio*), como por la llamada *pizza tonda*, esas tortas redondas de corteza fina que abundan en los restaurantes con servicio completo. Y luego está **«Pizzarium, el restaurante de [Gabriele] Bonci, el lugar que rompe con lo clásico»**. Bonci es **«un *pizzaiolo* solitario que regenta una pizzería tan pequeña como insólitamente innovadora en los aledaños del Vaticano, un lugar donde en los últimos años dice haber inventado mil quinientas versiones de la pizza clásica. Y aún tiene cuerda para rato. Aquí, como siempre en el caso de la buena pizza, se empieza por la masa, una masa noble y auténtica, siendo la mejor pizza el resultado de un antiguo y bien mantenido cultivo bacteriano, el iniciador o *starter*. Bonci trabaja con uno de doscientos años de antigüedad»**.

Una de las sorprendentes mezclas de Bonci: foie gras con cereza. **«Está delicioso. Gloria pura. La grasa del foie, la dulzura de la cereza... Extraordinario.»** Y quizá hasta el más ferviente detractor de la pizza hawaiana se verá conquistado por la versión de Pizzarium, en la que una nueva cebolla caramelizada acude al rescate de la típica cobertura de jamón y piña. **«Eso no debería estar bueno. Pero estaba buenísimo.»**

Pizzarium tiene un éxito loco, por supuesto. Así que prepárate para las hordas de turistas en las horas pico. Pero debes saber que vale la pena.

PIZZARIUM GABRIELE BONCI: Via della Meloria, 43, 00136 Roma, tel. +39 06 3974 5416, <www.bonci.it> (la pizza se vende al peso; precio medio: 10 euros / 12 dólares el kilo aprox.)

«Me encuentro en el Freni e Frizioni, o "frenos y embragues", un taller de coches reconvertido en bar. Hay bufet libre para que los

universitarios repongan fuerzas entre copas y embarazos no deseados.

»Aquí estoy, sentado cómodamente, tomándome un negroni. Bueno, me voy a tomar unos cuantos.

»Por cierto, cuando se hace el negroni en casa, es un tercio de ginebra de la buena, un tercio de Campari y un tercio de vermú dulce. A mí no me gusta mucho la ginebra. Ni el Campari ni el vermú dulce. Pero cuando los juntas, tienes un amigo.

»Se dice que fue el conde Negroni quien inventó este excelente coctel en Florencia. Insatisfecho con el contenido en alcohol de su coctel americano de Campari y vermú dulce, sugirió a su mesero que subiera el nivel de riesgo añadiendo ginebra. Había nacido un clásico... y muchos incidentes recordados vagamente o perdidos en el recuerdo.»

Para encontrar otro buen negroni en Roma, Sara Pampaloni, amiga de siempre y conseguidora de Tony, recomienda cualquier bar histórico del centro, como el **Canova** de la Piazza del Popolo, o «cualquier local donde una botella de Campari no dure más de una hora abierta».

FRENI E FRIZIONI: Via del Politeama, 4, 00153, Roma, tel. +39 06 4549 7499, <www.freniefrizioni.com> (copas a 8 euros / 9 dólares aprox., con bufet incluido)

CANOVA: Piazza del Popolo, 16, 00187, Roma, tel. +39 06361 2231, <www.canovapiazzadelpopolo.it> (cocteles a 10 euros / 12 dólares aprox.)

CERDEÑA

«¿Qué hace uno cuando ya ha hecho realidad todos sus sueños? Yo he vivido tres o cuatro vidas bien plenas, a la mayoría de las cuales he sobrevivido para mi sorpresa. Esto es como una partida de regalo, inmerecida, probablemente, pero la vida, cual enloquecida máquina de *pinball*, sigue escupiendo puntos extra sin importar cómo juegue.

(Y yo, por supuesto, me imagino a mí mismo desplomándome entre las tomateras de un jardín de alguna parte mientras persigo a mi nieto con una rodaja de naranja en la boca.)

»Para un tipo que pasa tan poco tiempo en casa, y que tiene una visión tan distorsionada de lo que es un hogar, o de lo que podría ser, últimamente me siento asquerosamente feliz.»

Esta es la atípicamente sentimental coda que Tony dio a un episodio muy personal de *No Reservations*, para el que él y su familia viajaron a Cerdeña. Su mujer, Ottavia, pasaba los veranos con su numerosa familia en esa apartada isla del Mediterráneo, y Tony había caído prendado de aquella cultura ancestral, inmutable en gran medida, de la importancia del cuchillo en su tradición y, por supuesto, de la gastronomía.

«Este es un lugar inhóspito –roca y acero– en el que la vida siempre ha sido dura, pero más aún para los invasores. Aquí hay que tener un cuchillo, y todo el mundo lo tiene. Las cosas se siguen haciendo a mano. Se siguen respetando las viejas costumbres, se respeta el hecho mismo del aislamiento de la isla. La gente tiene cerca a la familia. Mi familia es muy pequeña. Incluso en las fiestas, en las comidas solo nos juntábamos yo, mi padre, mi madre, mi hermano pequeño y, a lo mejor, un primo de vez en cuando. Quizá por eso, entre otras cosas, siempre me ha disgustado el hecho de no ser italoamericano, por eso siempre he envidiado eso, esas escenas de las películas en las que toda la familia se reúne en torno a una mesa larga entre niños que corretean. Me gustaba incluso cuando se peleaban.

»Cerdeña es la clase de sitio en el que hay que conocer a alguien. Aquí las estampas de las defensas de los coches proclaman con orgullo que esto no es Italia. Y lo dicen en serio. Cerdeña se encuentra al oeste de Italia, a seis o siete horas –en barco– de la Italia central, y tiene su propio idioma, su propia cultura, una tradición de aislamiento, la tradición del clan. Es un sitio en el que la gente aún te sigue diciendo, entre bromas y verdades, que en el pueblo de al lado hay bandoleros.

»La ley europea, el idioma italiano, los siglos veinte y veintiuno... aquí han llegado un poco tarde, y a mí me parece de perlas, porque la comida... la comida es fantástica. Es todo lo que a uno le gusta de Italia, pero con un no sé qué de más... más intenso. Y visualmente es otro mundo.

»Un par de peculiaridades de las que hay que tomar nota de inmediato, porque van a repetirse continuamente: las comidas casi siempre empiezan, de una forma u otra, con carne curada de elaboración casera, una selección de jamones, salchichas, quizá un poco de queso *pecorino* (esta es la tierra de las ovejas). Y mucho de ese omnipresente pan plano de Cerdeña, el *pane carasau*.

»Pasta, o pastas en muchos casos, generalmente propias de la región y también, siempre, de confección casera. Y luego [un] hogar abierto u hoguera y, junto a ella, normalmente, grandes tacos de carne chisporroteando al espetón.»

CÓMO LLEGAR, CÓMO MOVERSE

El mayor de los tres aeropuertos de Cerdeña se encuentra en la capital, **Cagliari (CAG),** en la parte sur de la isla, y en él operan una serie de compañías aéreas regionales europeas. Del aeropuerto al centro de la ciudad son quince o veinte minutos por carretera, un trayecto en taxi que sale por unos 24 dólares. Agradecen las propinas, pero no esperan recibirlas. También hay líneas de autobuses que comunican con la ciudad, y quien prefiera ponerse al volante puede recurrir a media docena de compañías de renta de coches. También hay un ferry que cubre el trayecto entre Nápoles y Cagliari.

El **Aeropuerto Olbia Costa Esmeralda (OLB),** sin embargo, está más cerca de las ciudades que visitó Tony con *No Reservations*. Situado en la parte noreste de la isla, es el que mayor volumen de tráfico presenta en la temporada de verano. Recibe visitantes de la Europa continental llegados en vuelos de un puñado de aerolíneas regionales. Para desplazarse al sur hay autobuses que trasladan al pasajero a la ciudad de Olbia o a una estación de tren cercana, y también hay taxis y coches de renta. Si tienes tiempo y ganas, también puedes ir de Roma a Olbia en ferry.

DÓNDE HOSPEDARSE

«Me estoy convirtiendo en un asiduo de Su Gologone–observó Tony sobre el hotel en el que se hospedó junto a su familia durante su visita a Cerdeña. Situado a unos veinticinco kilómetros del litoral oriental, en las montañas de Barbagia, es un lujoso, pero discreto balneario de estilo mediterráneo, con mucho espacio para pasear y holgazanear y una piscina de agua de manantial–. **El restaurante es de corte tradicional, un sitio cuya cocina es muy admirada por la gente del lugar. Y esto en un país en el que comer en restaurantes se considera un defecto de carácter.»**

SU GOLOGONE: Località Su Gologone, 0825 Olinea, Cerdeña, tel. +39 0784 287512, <www.sugologone.it> (precio de una habitación: desde 180 euros / 220 dólares por noche aprox.)

AGRITURISMO EN CERDEÑA

«A mí me gusta pensar que el futuro del sector turístico sardo pasa por el *agriturismo* familiar. Qué diablos, el futuro del sector turístico mundial. Sa Rocca es un *agriturismo* ganado a la roca, como una cueva. ¿Qué es un *agriturismo*? Para mí, la mejor institución de la historia. Básicamente es un establecimiento pequeño, muy auténtico, muy de la tierra, alojado en una casa particular, en una granja... Italia y Cerdeña están sembradas de ellos, y en ellos los menús, cortos y normalmente cerrados, son explícitamente locales. Es fantástico. Aquí uno puede recorrer el país saltando entre restaurantes, engullendo especialidades locales.»

Para Tony, Ottavia y la numerosa familia con la que visitaron el restaurante, que también recibe clientes que no se hospedan en sus modestas, pero cómodas habitaciones, esto incluyó jamón sardo, que es parecido al *prosciutto* italiano, pero cortado en rebanadas más gruesas; unas hebras de pasta enrolladas a mano que se llaman *maccheroni stabusa*, en salsa de tomate; queso de oveja asado con miel de la tierra; y una especialidad en decadencia, el **«*capretto arrosto stidiale*, que creo que significa "espetón de cabrito asado a fuego abierto", pero que aquí viene rociado con jugo de lardo asado, dados de grasa de cerdo ligeramente curada con hierbas y especias, que le da al cabrito ese color dorado oscuro, esa textura crujiente y ese sabor intenso que no se parece a nada».**

AGRITURISMO SA ROCCA: Strada Nebida-Buggerru S. P. 83, km 13, 09016 Nebida, Cerdeña, tel. +39 0781 183 6196, <www.agriturismosarocca.it> (precio medio de una habitación: 67 euros / 81 dólares aprox.; precio medio por plato: 18 euros / 22 dólares aprox.)

«Zia Forica es la típica tasca de obreros. En una cultura que no se caracteriza por su comida rápida, esto es lo más rápido que tienen:

un sitio en el que apareces, engulles unas tapas, un filete de burro rápido, y fuera. Yo vine por los caracoles, las alcachofas y la cordula», una especialidad eminentemente local que consiste en intestinos de cabrito o cordero lechal, enrollados en torno a un abanico de otras partes de órganos del mismo animal y asados al espetón o a fuego lento con chícharos.

ZIA FORICA: Corso Margherita di Savoia, 39, 07100 Sassari, Cerdeña, tel. +39 079 233556 (no tienen página web) (precio medio de un plato principal: 7-9 euros / 8-10 dólares)

JAPÓN

OSAKA: LA CIUDAD DE LOS EXCESOS

«Bienvenidos a Osaka, la capital de la región japonesa de Kansai, la ciudad que ama el trabajo y la diversión. A Osaka se le suele comparar con Tokio. La Tokio sofisticada, un poco reservada, frente a la Osaka llana y directa. Pero para mí lo que cuenta es que la historia y la geografía han conspirado para convertir a Osaka en el corazón de la gastronomía japonesa. Ya en tiempos muy remotos, su situación geográfica, en el mar interior de Japón, y su proximidad a las mejores tierras cultivables hicieron que Osaka fuera considerada como la cocina del país.

»Con el tiempo, en Osaka emergió una numerosa clase mercantil. La sociedad japonesa siempre había desdeñado a los mercaderes, pero las leyes que se promulgaron a finales del siglo XVI dieron carta de oficialidad a este desprecio asignándoles la posición social más baja y prohibiéndoles hacer ostentación de riqueza a través de la ropa que vestían, de las casas que construían, de casi todo, más o menos, salvo la comida y la diversión. Y así, una ciudad plagada de mercaderes se vio obligada a gastar todo su dinero en comida, bebida y juerga. Y así nació la idea del *kuidare*, que traducido literalmente significa "dejar que la comida te lleve a la quiebra". En el uso común, sin embargo, el término designa cualquier periodo largo de tiempo que se dedique a comer y a beber en exceso, para, de ser posible, acabar desmoronado en el suelo.»

CÓMO LLEGAR

Osaka tiene dos aeropuertos. Situado en la bahía de Osaka, a unos treinta kilómetros al sur del centro de la ciudad, el **Aeropuerto Internacional de Kansai (KIX)** opera vuelos internacionales y distintos enlaces diarios con ciudades japonesas. A los dos trenes del aeropuerto, el tren expreso Nankai (1.075 yenes / 10.50 dólares) y el tren expreso Rapi:t (1.500 yenes / 15 dólares aprox.), los dos explotados por la empresa privada Nankai Electric Railway, puede accederse desde el segundo piso de la terminal de pasajeros. Los dos cubren el trayecto hasta la estación de Nankai Namba que, en realidad, es un enorme intercambiador con conexión directa con el metro, con Japan Rail (JR) y con la terminal de autobuses de largo recorrido. También hay autobuses limusina con parada en distintos hoteles y lugares de interés de la ciudad (1.700 yenes / 16 dólares aprox.) y taxis (10.800 yenes aprox. / 103 dólares aprox.). Dar propina a los taxistas no forma parte de la cultura japonesa; si pagas en efectivo, te devolverán el cambio exacto, o, para no cargar moneda, también puedes redondear hasta los siguientes cien yenes.

El **Aeropuerto de Itami (ITM)** –también llamado **Internacional de Osaka** (aunque solo cubre vuelos nacionales)– está situado a unos diez kilómetros al norte del centro de la ciudad, al que te puedes trasladar en autobús (500-900 yenes / 5-8.50 dólares aprox.), autobús limusina (2.100 yenes / 20 dólares aprox.), tren monorraíl (325 yenes / 3 dólares aprox.) o taxi (5.500 yenes / 52 dólares aprox.).

Una vez en el centro, la mejor opción para visitar esta inmensa ciudad, tercera por tamaño en Japón, solo por detrás de Tokio y Yokohama, es la extensa y cómoda red de metro o el tren JR Loop Line. Los letreros y anuncios están en inglés, por lo que les resultará más fácil orientarse a los usuarios que en japonés.

OSAKA ES UNA CIUDAD DE BEISBOL

«Los estadounidenses se creen los dueños del beisbol. Porque, vamos a ver, la supuesta Serie Mundial apenas reconoce la existencia de Canadá. Pero Japón lleva practicando este deporte desde 1873. Y, sin duda, es el deporte de masas más popular del país.

»Los jugadores estadounidenses de la disciplina japonesa se quejan de ciertas diferencias técnicas –que si la pelota es más pequeña, que si la zona de *strike* es más grande–, pero lo que realmente les desconcierta son los valores culturales.

»Los héroes del beisbol americano tratan de diferenciarse de sus compañeros de equipo intentando conseguir unos promedios estadísticos muy altos, el gran *home run* que permite ganar un partido. Los héroes japoneses de beisbol hacen toques de sacrificio para llenar las bases. Aquí el más elogiado es el que hace un importante sacrificio personal por el equipo. Y para los clubes de aficionados japoneses, los *oendan*, elogiar equivale a disfraces extravagantes, cánticos disciplinados y volumen acústico a todo lo que da.

»Gosakudon es uno de los restaurantes de beisbol que en esta ciudad están dedicados a los Hanshin Tigers de Osaka. Nada consolida más la posición de Osaka como segunda ciudad japonesa que su rivalidad con los Gigantes de Tokio. La relación que mantienen no es muy distinta de la rivalidad que enfrenta a los Yankees de Nueva York con los Red Sox de Boston, donde los Tigers serían los Red Sox, con su afición rabiosamente entregada y los constantes desengaños que le deparan unos Gigantes más poderosos y mejor financiados.»

La especialidad del Gosakudon es el sushi, la brocheta de marisco a la parrilla y la cerveza, y su ambiente siempre es animado y cálido.

GOSAKUDON: 13-1 4 Horikoshicho, Tennoji Ward, Osaka, prefectura de Osaka 543-0056, tel. +81 50 3466 5529, <www.gosakudon-tennoujikouenmae.gorp.jp> (precio medio de una comida: 3 000–3 500 yenes / 29-34 dólares aprox.)

PULPO POR DOQUIER

Entre las especialidades más conocidas de Osaka están el *takoyaki* (bolas de masa frita rellenas de pulpo), el *okonomiyaki* (tortitas saladas a la plancha, rellenas de carne, pescado y verdura de una u otra clase) y el *horumonyaki* (carnes procedentes de distintos órganos, asadas al espetón).

«En Osaka se pueden comer unos buenos *takoyaki* a cualquier hora del día o de la noche. Nosotros elegimos el Pizza Ball House por su cristalera, que es de lo más surrealista e inquietante [contiene un maniquí en forma de pulpo que aparece cocinando un *takoyaki* relleno de pulpo]. Por suerte, el octocanibalismo es de esas cosas que me causan indignación moral sin quitarme el hambre.» El comensal puede preparar su propio *takoyaki* en su mesa, seleccionando al gusto unos complementos que se sirven ya picados –cebolleta, queso–, o dejar el trabajo a los expertos empleados.

TAKONOTETSU PIZZA BALL HOUSE: Kakudacho, 1-10, Kita Ward, Osaka, prefectura de Osaka, tel. +81 06 6345 0301, <www. takonotetsu.co.jp> (*takoyaki* y otros platos: 640–1 030 yenes / 6-9 dólares aprox.)

«La región de Kansai está orgullosa de su *okonomiyaki.* Los nombres que la gente le da a este plato –pizza, tortita o tortilla al estilo japonés– no le hacen justicia. *Okonomi* significa "lo que quieras" y, *yaki,* "a la parrilla". Así que, una vez preparada la masa base, con harina, boniato rallado, agua y huevo, se puede añadir casi cualquier cosa. De esta receta hay muchas variantes regionales, pero, como no podía ser de otra manera, los habitantes de Osaka prefieren el estilo libre, el todo vale. ¿Lo quieres con tocino? ¿Ya dije que suele venir con cobertura de salsa dulce y mayonesa japonesa?» El *okonomiyaki,* como el *takoyaki,* es un plato omnipresente en Osaka; el de Tony cayó en **Fukutaro.**

FUKUTARO: 2-Chome-3 17 Sennichimae, Chuo-ku Osaka 542- 0074, tel. +81 6 6634 2951, <www.2951.jp> (una tabla de *okonomiyaki*: 900–1 800 yenes / 7-17 dólares aprox.)

«*Horumonyaki*: el ancestral arte de asar órganos de vaca y cerdo. Esto, en Japón, es una comida de obreros, y el Horomunyaki Dojo es un restaurante de obreros. Callos, hígado, lengua, careta, mandíbulas..., ah y, eso es, riñón... Y la favorita de la tierra, la más popular: la grasa. Yo, cuando era pequeño, odiaba todo eso. Lo odiaba con toda mi alma. Ahora me encanta. Toda gran cultura gastronómica aprovecha todas esas partes. Me encanta este restaurante.»

HORUMONYAKI DOJO: 3-2-23 Ebisuhigashi, Naniwa-ku, Osaka, tel. +81 6 6631 3466 (raciones a 300-800 yenes / 3-8 dólares aprox.)

TOKIO

Tony volvía a Tokio una y otra vez, relamiéndose con la idea de que, por mucho tiempo que pasara en esta ciudad, no haría sino arañar la superficie de toda su generosa oferta.

«De Tokio ¿qué hay que saber? Aguas profundas. Muy profundas. La primera vez que vine, fue una experiencia transformadora. Poderosa y violenta. Fue como tomar ácido por primera vez. En plan, ¿y ahora qué hago? Ahora veo el mundo con otros ojos.

»Yo suelo comparar la experiencia de conocer Japón, de conocer Tokio, con lo que debieron sentir Eric Clapton y Pete Townshend –los dioses de la guitarra de Inglaterra– cuando vino a la ciudad Jimi Hendrix. Te lo dicen y vas a verlo, y una ventana se abre a algo completamente nuevo. Y piensas: "¿Qué sentido tiene esto? ¿Y ahora qué digo yo después de esto? ¿Ahora qué hago?"»

CÓMO LLEGAR, CÓMO MOVERSE

Tokio cuenta con dos aeropuertos internacionales, **Narita (NRT)** y **Haneda (HND)**. El mayor es Narita. A diario recibe muchos más vuelos internacionales, y los boletos de avión con destino a Narita suelen ser más baratos que si aterrizas en Haneda, aunque el trayecto a la ciudad es más largo (casi sesenta kilómetros desde a Narita a la estación de Tokio, frente a los veintidós desde Haneda). Este desplazamiento se hace en tren Japan Rail, en autobús limusina o en un coche privado que puede reservar tu hotel.

El extenso servicio de metro de la ciudad comprende dos redes, **Tokyo Metro** y **Metro Toei,** cuyos trenes son impecablemente puntuales, rápidos, seguros y limpios, con letreros y anuncios en inglés y en japonés. La página web de **Tokyo Metro** <www.tokyometro.jp> cuenta con una guía del usuario descargable, y también existe una completa aplicación gratuita con planos, horarios, precios, etc.; la página web de **Metro Toei** <www.kotsu.metro.tokyo.jp>, aunque menos completa, también ofrece amplia información útil. La forma más sencilla de usar las dos redes indistintamente es comprar una tarjeta Pasmo recargable en las taquillas o máquinas de venta de cualquier estación.

Los taxis de Tokio, aunque no son baratos (los precios están en la línea de los de Manhattan, París y otras ciudades occidentales caras), están impolutos, son fáciles de parar por la calle y aceptan pago en efectivo y tarjeta de crédito. No esperan propina, aunque, si pagas en efectivo, puedes redondear hasta los siguientes cien yenes para no cargar con moneda pequeña.

DÓNDE ALOJARSE

Tony disfrutó enormemente de su estancia en el lujoso y tranquilo hotel **Park Hyatt Tokyo**, un establecimiento que ocupa los catorce últimos pisos de un rascacielos de cincuenta y dos pisos de la zona de Shinjuku, cuya aparición estelar en la película de 2003 *Lost in Translation* conquistó los corazones de los turistas adinerados que visitaban la ciudad. Tomarse una copa en el New York Bar puede ser una turistada inevitable desde hace mucho tiempo, pero sigue siendo una bonita manera de disfrutar de un coctel bien mezclado y de las amplias vistas nocturnas de la ciudad. Por la mañana te puedes tomar un desayuno japonés completo y, a lo mejor, si el día está despejado, admirar el monte Fuji desde la piscina del piso cuarenta y siete. Para conseguir reservación en restaurantes, transporte al aeropuerto o, si quieres, boletos de tren a otras ciudades japonesas, es imprescindible pasar por la recepción del hotel.

PARK HYATT TOKIO: 3-7-1-2 Nishishinjuku, Tokio, 163-1055, tel. +03 81 3 5322 1234, <www.hyatt.com/es-ES/hotel/japan/park-hyatt-tokyo/tyoph> (precio de una habitación: desde 65 000 yenes / 626 dólares la noche aprox.)

COMER Y BEBER

«Para mí, quizá lo más importante que hay que saber de Tokio es que prácticamente todos los chefs que he conocido en mi vida, si les preguntas: "Si tuvieras que pasar el resto de tu vida en un país, comiendo lo que comen ellos el resto de tu vida, ¿cuál sería?". Todos van a contestar lo mismo: Japón. Tokio. Y punto.

»Para mí, eso cierra el debate. Es un baño de humildad. Vienes aquí y ves con qué precisión, con qué perfección se puede trabajar con muy pocos componentes. Y te vas cambiado... y un poco asustado.

»En la zona de Shinagawa hay un ejemplo excepcional, un restaurante que se llama Toriki, propiedad del señor y la señora Aihara, y que satisface una de mis obsesiones personales: un *yakitori* excelente, o sea, en esencia, pedacitos de –generalmente– pollo, a menudo en brochetas. Toriki es insólito en el sentido de que prefieren usar una parrilla eléctrica antes que carbón tradicional. Creen que mantener un calor constante de 480 a 515 grados centígrados mejora el producto.» El señor Aihara va troceando el ave entera (que mata él mismo) según van llegando las comandas.

TORIKI: 3-11-13 Hatanodai, Shinagawa-ku Tokio, tel. +81 3 3785 8472, <www.toriki.jpn.org> (precio medio de una cena: 4 000-10 000 yenes / 38-96 dólares aprox.)

«Bajando un tramo de escaleras situado junto a una boca de metro, en el sótano de un anodino edificio de oficinas, no se nota por el aspecto, pero Sukiyabashi Jiro tiene tres estrellas Michelin y, según muchos, el mejor sushi del mundo.

»Si hablamos de sushi, Jiro Ono aspira a la perfección ahora y siempre. ¿Qué diferencia hay entre un sushi correcto y uno perfecto? Los ingredientes, la técnica, el control de los tiempos. Cada elemento se sirve en el momento exacto, a la temperatura exacta y

en la fase de preparación exacta, y eso merece cierto respeto por parte del comensal, porque la perfección debe merecerlo. Hablamos, en definitiva, de hacer las cosas bien. Yo me comí un menú de tres estrellas, de quince platos –el mejor sushi de mi vida–, en veinte minutos. Hay algunas cosas que no se deben hacer: no uses nada que no sean los dedos. Salsa de soya o wasabi añadido, bajo ningún concepto. El plato llega como él dice que hay que comerlo. Y así te lo debes comer.»

SUKIYABASHI JIRO: 4-2-15 Chuo-ku, Tokyo Tsukamoto Sogyo, edificio B, 1.º piso, Tokio, tel. +81 3 3535 3600, <www.sushi-jiro.jp> (precio cerrado: 33 000 yenes / 288 dólares aprox.)

«Y luego está el Ginza Sushi-Ko de Tokio. El original. Ciento treinta años de antigüedad y, durante todo ese tiempo, así es, de un modo u otro, como empieza el día: descamando y limpiando el pescado, haciendo la preparación de la cocina. Aquí, al joven Masa [Takayama, del Masa de Nueva York] lo contrató Shokunin Toshiaku Sugiyama como aprendiz. Este es su hijo, Mamoru Sugyiyama, el hombre que ahora está al frente del Sushi Ko. La cuarta generación, la encargada de mantener el nivel de calidad y la tradición familiar.»

Cuando visitó la casa con *Parts Unknown*, Tony degustó un **«jurel a la brasa sobre cebolla verde y jengibre con lluvia de soya casera; *maguro* [o] atún rojo preparado al clásico estilo *zuke; tamago-yaki* con muchos huevos de camarón».**

GINZA SUSHI-KO: 7-7 Ginza 7-Chome, Chuo-Ku, Tokio, tel. +81 3 3571 4558, <www.ginza-sushikou.sakura.ne.jp> (comidas: 15 000 yenes / 143 dólares aprox.; cenas: 25 000 yenes / 243 dólares aprox.)

DIVERSIÓN AL ESTILO TOKIO

En el populoso Shinjuku se encuentra la cara más sórdida de Tokio: la noche, la comida barata, las hordas de gente noctámbula.

«Se dice que la Yakuza... –la hermandad líder del sector del ocio y los servicios financieros, como dicen ellos– ejem... *supervisa* todo lo que pasa aquí en Shinjuku: principalmente, los salones recreativos, el juego, el *pachinko*, el ocio para adultos, las *sex shops*, los clubes eróticos y otros servicios complementarios.»

Una de esas ofertas de ocio: el casi apoplético espectáculo multimedia de baile, música, títeres y extravagancia generalizada que dos veces por noche ofrece el **Robot Restaurant,** del cual Tony cayó sinceramente prendado, a pesar de un toque kitsch turístico francamente desmesurado.

El restaurante Robot es, quizá, la atracción más ruidosa y brillantemente iluminada del extremadamente estridente barrio de Kabukicho, que forma parte del distrito de Shinjuku. **«Aquí es donde se pone en marcha la vida subterránea, la identidad reprimida del varón japonés, y también de alguna mujer. Prepárate para el mejor espectáculo de la historia del entretenimiento. Yo he visto a Jimi Hendrix. He visto a Janis Joplin. He visto a David Bowie. *Diamond Dogs*. He visto a Colleen Dewhurst y a Jason Robards en *A Moon for the Misbegotten*, dirigida por José Quintero, en Broadway. Pero esto... Esto es el mejor espectáculo que he visto en mi vida. Lo tenía todo. Fue el mejor espectáculo de la historia del entretenimiento.»**

ROBOT RESTAURANT: 1-Chome-7-7 Kabukicho, Shinjuku-ku, Tokio, tel. +81 3 3200 5500, <www.shinjuku-robot.com> (entrada de acceso: 8 000 yenes / 75 dólares aprox.; comida: 1 000–1 500 yenes / 9-14 dólares aprox.)

A unas manzanas del restaurante Robot se encuentra el comparativamente oscuro y tranquilo laberinto de calles repletas de bares llamado Golden Gai. **«Este es, desde hace tiempo, mi sitio preferido para beber en Tokio. Hay cientos de bares de tamaño microscópico, cada uno diferente al resto, cada uno con su propia microparroquia. Me encanta esto, el Bar Albatross. Unos pocos asientos, alcohol del fuerte, el tugurio por antonomasia.»** Los empleados del Bar Albatross son amables, sobre todo con los clientes que vienen a beber solos y con los que hablan inglés. Te esperan obras de taxidermia felina, bolas de espejo, lámparas de cristal y demás decoración extravagante.

BAR ALBATROSS GOLDEN GAI: 1 Chome-1-7 Kabukicho, Shinjuku-ku, Tokio 160-0021, tel. +81 3 3203 3699, <www.alba-s.com> (bebidas: 500-1 200 yenes / 5-11.50 dólares aprox.)

KENIA

«Kenia es tan distinta de otros países de África como Texas de Marte. Tiene sus propios problemas y su propia cualidad extraordinaria. Es dinámica, es mutable, es fantástica.

»Aquí hay raíces. Quiero decir que –lo dicen los mejores científicos– para nosotros todo empezó en este barrio: tribus de cazadores-recolectores, los pueblos bantú y nilótico, mercaderes árabes y persas, comerciantes portugueses, omaníes. Todos dejaron su huella. Pero quizá la influencia más profunda es la que dejó el Imperio británico entre 1895 y 1964.

»El sistema británico de educación, gobierno y justicia, así como sus valores, en cierta medida, le fueron impuestos a un pueblo nativo. Y, para bien o para mal, pusieron los cimientos de la Kenia moderna. Ese sistema, por ejemplo, abolió la esclavitud. Eso es cierto. Y levantó infraestructuras modernas. Y también era un sistema completa e intrínsecamente explotador, a menudo violento y, bueno, racista. Favorecía a los colonos, terratenientes y empresarios extranjeros blancos de todas las maneras posibles. Kenia existía para hacer ricos a los blancos procedentes de lejanas latitudes.

»Pero, en 1963, Kenia obtuvo la independencia y eligió a su primer presidente, Jomo Kenyatta, y, desde entonces, ha luchado denodadamente por sacudirse los últimos vestigios del dominio colonial sin perder lo que funcionaba. Según la mayoría de las fuentes, las cosas van bien. La Kenia de hoy en día es un país espectacularmente bello. Hay una clase media en expansión, un sistema educativo muy bien valorado y un sector profesional entusiasta y políglota.»

CÓMO LLEGAR, CÓMO MOVERSE

En Nairobi se aterriza en el **Aeropuerto Internacional Jomo Kenyatta (NBO).** En su origen se llamaba Embakasi, por el barrio periférico en el que se encuentra situado, pero en 1978 lo rebautizaron con el nombre del primer presidente y primer ministro de Kenia. Centro de conexión de Kenya Airways, opera vuelos con procedencia o destino a numerosas ciudades de África y algunas de China, Oriente Medio y Europa, y un solo vuelo con salida y destino al aeropuerto neoyorquino JFK.

Pide a tu hotel que te reserve un coche previamente o toma un taxi oficial en la parada señalizada situada en la puerta de la zona de llegadas. En el aeropuerto se pueden rentar coches y también hay una red de autobuses no muy caros. El aeropuerto se encuentra situado a unos dieciséis kilómetros del centro de la ciudad y un taxi cuesta unos 2 000 chelines kenianos / unos 18 dólares, según el destino. Los taxistas no esperan que les des propina, pero no se ofenderán si redondeas el precio hasta los siguientes cien chelines.

En Nairobi la gente se mueve en *matatus*, una red informal de minibuses-taxi que opera en una amplia zona geográfica de la ciudad y su extrarradio. Pero ten cuidado: estos vehículos no tienen fama de cómodos ni seguros. Hay varias líneas de autobús de propiedad privada, con distintas estaciones repartidas por el centro de la ciudad. El precio de un viaje en *matatu* o en autobús oscila entre los 50 y los 200 chelines / entre 0.45 y 1.80 dólares aprox. Los taxis son una opción más fiable, pero también un poco más cara. Cobran entre 300 y 1000 chelines / entre 2.50 y 9 dólares por trayecto.

PRIMERA COMIDA EN NAIROBI

«*Nairobi* significa "agua fría" en masái. Es la capital de Kenia, con un área metropolitana en la que viven seis millones y medio de personas. La ciudad creció en torno a una estación de ferrocarril británica durante la época colonial, a medio camino entre otros territorios británicos de Uganda y el puerto costero de Mombasa.»

El barrio más grande de la ciudad es Kibera. **«Kibera es gigantesco. En él viven unas 172 000 personas. Es un inmenso laberinto de viviendas, centros de culto y pequeños negocios que viven en competencia. En él se encuentra una gran parte de la población activa de Nairobi. O sea, sin Kibera, la ciudad se para.»**

Pasa por **Mama Oliech's**, una pequeña cadena local que destaca por ofrecer pescado salvaje del lago Naivasha, no tilapia criada en China, que en Nairobi es mucho más común. Mama Oliech murió hace poco tiempo, pero el negocio ha mantenido su actividad. ¿Y aquí qué se pide? **«Tilapia del lago Naivasha, frita y luego cocinada con tomate y especias, y servida como se debe: con espina y acompañada de una cerveza Tusker helada.»**

MAMA OLIECH'S: Marcus Garvey Road, Nairobi, tel. +254 701 707070 (una ración: 350-680 chelines / 3-6 dólares aprox.)

DE SAFARI

«A unas horas de Nairobi por carretera, el mundo cambia. La África de los sueños, de las películas, el mundo natural. Pero un mundo que vive bajo una amenaza constante. La reserva Lewa Wildlife Conservancy intenta resolver el problema de mantener todo esto vivo y seguro sin excluir o marginar a los pueblos que han vivido aquí desde hace siglos. Es un equilibrio delicado: el hombre y la naturaleza; cómo

atender responsablemente las necesidades del uno sin afectar negativamente a la otra, en un mundo de recursos cada vez más escasos. El hecho es que, sin la intervención del hombre, probablemente estas magníficas bestias ya no existirían. La gente paga mucho dinero por venir a ver a estos animales. Y sin ese dinero, con toda probabilidad, habrían sido exterminados hace mucho tiempo.»

Lewa está situada en una parte de un antiguo rancho ganadero, unas tierras que, en 1983 y a petición del Gobierno de Kenia, se convirtieron en refugio de una población de rinocerontes que se encontraba en grave peligro de extinción y que, desde entonces, ha pasado de los 15 ejemplares iniciales a los 169 actuales. Lewa también se ha

convertido en hábitat protegido de cebras, elefantes, leones, guepardos, hienas, leopardos y licaones.

Los hoteles de lujo y los safaris con guía experto generan los fondos necesarios para mantener los planes; un plan de educación para la conservación que acoge a más de tres mil niños al año, de forma gratuita, es un modo de educar a las generaciones futuras en la importancia de la protección de la fauna salvaje.

«La caza furtiva es, por supuesto, un peligro sempiterno para la población animal de Lewa y para las personas que los cuidan. Implantado en un área de doscientos cincuenta kilómetros cuadrados, el plan de Lewa contra la caza furtiva es necesariamente agresivo, inclusivo y vanguardista. Se nutre de rastreadores locales, de las últimas tecnologías de rastreo y, algo que quizá sea lo más importante, de una buena difusión colectiva y una buena recogida de información. Si los de aquí no están de tu parte, eso va a ser un hándicap importante.»

LEWA WILDLIFE CONSERVANCY: Tel. +254 64 31405 <www.lewa.org>. Para solicitar una visita, contactar con los administradores a través de la página web, por teléfono o recurriendo a un guía turístico especializado.

LAOS

Como estudioso que era de la historia de Estados Unidos del siglo XX, sobre todo de las intrigas y actividades secretas del Gobierno norteamericano, Tony cayó prendado de Laos (oficialmente, República Democrática Popular Lao), un país al que viajó por primera vez en 2008, con *No Reservations*, y al que volvió en 2016 con *Parts Unknown*.

«Laos fue un fabuloso reino de montañas brumosas y opio; exprotectorado de Francia; país interior de misterio, colindante con China, Tailandia, Camboya y, azares del destino, Vietnam.

»A principios de los años sesenta llegaron a Laos tres jóvenes e idealistas funcionarios de la CIA a aquel aletargado país de poco más de dos millones de habitantes, la mayoría de ellos campesinos productores de arroz. Llegaron con la misión de detener el avance del comunismo. Reclutar y entrenar guerreros de la montaña para librar una guerra no declarada contra los norvietnamitas y los *pathet lao* [comunistas]. La de Laos fue una guerra secreta. Los rusos estaban al tanto. Y los chinos. Y vietnamitas y laosianos, por supuesto. Los únicos que no sabían nada eran el público norteamericano y el Congreso de Estados Unidos.

»Estados Unidos lanzó más de medio millón de misiones aéreas sobre este pequeño país del Sudeste Asiático. Arrojó más bombas sobre este suelo que todas las que se lanzaron sobre Alemania y Japón durante toda la Segunda Guerra Mundial. Aún resuenan los ecos de lo que sucedió aquí, de lo que se hizo, en el presunto nombre de la libertad de los valores democráticos occidentales. Se calcula que el 30 por ciento de las bombas que se arrojaron sobre Laos no llegaron

a explotar. El suelo sigue sembrado de estos y otros UXO, artefactos no explotados que siguen cobrándose vidas y extremidades. Desde que acabó la guerra de Vietnam y nosotros nos largamos de aquí, dejando nuestra guerra secreta aquí plantada, veinte mil personas han muerto o quedado mutiladas, muchas de las cuales ni siquiera habían nacido en el momento del conflicto.»

CÓMO LLEGAR

Desde Estados Unidos, con uno o dos enlaces, se puede entrar por el **Aeropuerto Internacional Wattay (VTE)**, el de Vientián, la capital del país, que comparte frontera con Tailandia. En Wattay, una instalación que fue objeto de una importante remodelación en 2018, operan Lao Airlines, AirAsia, China Eastern Airlines, China Southern Airlines, Thai Airways y Vietnam Airlines. Pide por anticipado al hotel que te reserve un medio de transporte que te traslade a la ciudad o acude al mostrador de taxis de la zona de llegadas del aeropuerto. Deberás comprar un cupón de transporte; una berlina cuesta 57 000 kips / unos 6 dólares y un microbús 66 000 kips / unos 7 dólares. Es un trayecto de unos seis kilómetros que se cubre en quince minutos aproximadamente. Por 15 000 kips / unos 1.8 dólares también se puede tomar un autobús lanzadera que cubre el trayecto entre el aeropuerto y la estación de autobuses de Vientián en treinta o cuarenta minutos. Encontrarás más información en <www.vientianebus.org>.

También se puede entrar en el país a través del **Aeropuerto Internacional de Luang Prabang (LPQ)**, que es más pequeño y cuyos vuelos nacionales e internacionales comparten terminal. Aquí operan Bangkok Airways, Lao Airlines y Vietnam Airlines. Este aeropuerto se encuentra a unos cuatro kilómetros del centro de la ciudad de Luang Prabang; un taxi cuesta unos 62 000 kips / unos 6.70 dólares.

Los que vayan a pasar mucho tiempo en el Sudeste Asiático y vayan a visitar varios países pueden entrar en Vientián en tren desde Bangkok, Hanói y Nom Pen, aunque los itinerarios son demasiado complicados y cambiantes para poder dar cuenta de ellos en este libro; si deseas información más detallada, es mejor consultar <Rome2Rio.com> o la guía o gurú de viajes de internet que te proporcione más confianza.

DÓNDE ALOJARSE

En Luang Prabang, Tony se enamoró de su *suite* del inmaculado y silencioso hotel **Amantaka**, un establecimiento ubicado en un centenario edificio colonial francés restaurado que aparece rodeado de mangos y en el que se puede disfrutar de gastronomía de alta calidad, un servicio impecable, una piscina tranquila y el *spa* integrado en el hotel.

AMANTAKA: 55/3 Kingkitsarath Road, Ban Thongchaleun, Luang Prabang, tel. +856 71 860 333, <www.aman.com/resorts/amantaka> (precio de una habitación: 8 millones de kips aprox. / 852 dólares por noche aprox.)

Durante su visita al **Páramo de las Tinajas** (véase página 332), Tony se alojó en el **Auberge de la Plaine des Jarres**, una colección de catorce cabañas estilo Alpes suizos desplegadas sobre una ladera y rodeadas de coníferas. La instalación es bastante rústica, pero está considerada como la opción local más agradable. Cuenta con restaurante francés-laosiano, magníficas vistas y chimenea en todas las habitaciones.

AUBERGE DE LA PLAINE DES JARRES: Domaine de Phouphadeng, Phonsavan, tel. +020 235 3333 (una habitación cuesta en torno a los 450 000 kips / 48 dólares por noche aprox.)

EN LUANG PRABANG

«Luang Prabang, la capital ancestral de Laos, es una aletargada ciudad de palacios y templos ricamente ornamentados. Esta ciudad observa con entusiasmo el Wan Awk Phansa, el gran festival que marca el final de la Cuaresma budista. Las festividades culminan en la última luna llena de octubre, con un festival de farolitos de fuego que simboliza la expulsión de los pecados.»

En Luang Prabang, en 2016, Tony contó con la compañía de James Syhabout, un chef con raíces laosianas, nacido en el norte de Tailandia y coautor, junto a John Birdsall, de *Hawker Fare*, un libro de cocina que Tony publicó a través de su sello.

Según Syhabout, en Luang Prabang los sitios donde comer se encuentran fijándose. «Aquí no hay restaurantes restaurantes. Los sitios a los que a mí me gusta ir son más bien pequeños locales improvisados en casas particulares. Un local en la planta baja de una casa en la que la familia vive en el piso de arriba. En esta ciudad hay muchos sitios así. En la ruta principal, sigue a la multitud. Si ves a cuatro policías o trabajadores de la construcción sentados en taburetes de plástico en un puesto de fideos, vete para allá.»

EL PÁRAMO DE LAS TINAJAS

El **Páramo de las Tinajas** es una colección de millares de vasijas gigantes de piedra caliza, de origen aún desconocido, que aparecen diseminadas por una amplia zona de la provincia laosiana de Xiangkhoang. Y, por supuesto, este páramo que tanto recuerda a Stonehenge o a la isla de Pascua, aunque con muchos menos visitantes, no podía dejar de despertar el interés de Tony.

«Ya desde mis primeras lecturas sobre Laos, el Páramo de las Tinajas me sonó de lo más misterioso y sugerente. Quieres saber de inmediato cómo es ese sitio, dónde está, *qué* es. Yo era ese joven de imaginación exaltada que leía historias acerca de esos espías tipo coronel Kurtz que en una guerra secreta encabezaban las batallas de las tribus que cultivaban opio y vivían en las montañas.»

Como la zona está plagada de artefactos no explotados, solo unas pocas áreas del Páramo de las Tinajas han sido minuciosamente despejadas y declaradas seguras para el visitante. Al lugar se accede por la vía rápida, tomando un corto vuelo que sale todos los días de Vientián o Luang Prabang con destino Phonsavan, o por la vía lenta, en autobús público o minibús: once horas desde Vientián, ocho desde Luang Prabang. Una vez en la ciudad, puedes rentar un *sorngtaaou* (una camioneta con asientos corridos), una moto o reservar una visita guiada, normalmente en microbús, en una agencia de viajes o una casa de huéspedes del lugar. De estas últimas la oferta es escasa, pero son limpias y resultan prácticas.

MACAO

«Macao: para quien nunca haya estado aquí, lo más probable es que no tenga ni idea de cómo es. Para mí siempre había sido el sitio del que venían los petardos, y poco más. Tenía la vaga idea de que aquello era chino, y más tarde me enteré de que también era más o menos portugués.

»En realidad, fue colonizado por Portugal en el siglo XVI, cuando este país prácticamente gobernaba los mares. Primera y última colonia europea en China, puerto comercial, especias y aromas de todas las demás colonias portuguesas en África, la India y el estrecho de Malaca, mezcla de europeos y chinos, y, en fin, lo que salió al otro lado resultó único y extraordinario. Ser macaense no es ser chino ni portugués, sino algo complejo y singular.

»En la costa sur de China, a sesenta kilómetros al oeste de Hong Kong, en Macao ya no manda el comercio, ni los petardos, ni los portugueses, ni siquiera los chinos, el pueblo que recuperó el territorio en 1999. En esta pequeña isla manda el gran dios de los juegos de azar.» (Técnicamente, Macao es una región administrativa especial de la República Popular China, dotada de gobierno propio y de una economía capitalista sostenida por el juego legal y por el turismo derivado.)

«Aquí vienen a jugar millones de personas todos los años; la mayoría son chinos y, de estos, la mayoría procede de la China continental. En Macao todo gira en torno al juego y, más en concreto, en torno a la suerte. Todo está concebido en torno al *feng shui* del gran premio.»

CÓMO LLEGAR, CÓMO MOVERSE

El **Aeropuerto Internacional de Macao (MFM),** en el que operan unas dos docenas de compañías aéreas regionales, ofrece vuelos entre Macao y la China continental, Taiwán, Seúl, Manila, Bangkok, Singapur y otros destinos. Hay líneas de autobús de la red pública, Transmac, que salen del aeropuerto (véase <www.transmac.com.mo>) y un autobús lanzadera, el Express Link, que llega hasta las estaciones de ferry de Nueva Macao y Taipa (véase <www.macau-airport.com>).

El trayecto en taxi desde el aeropuerto a uno de los grandes hoteles dura alrededor de diez minutos y cuesta unas 73 patacas / unos 9 dólares. En Macao no es costumbre dar propina a los taxistas, pero sí agradecen que redondees el precio hasta la siguiente pataca.

¿QUÉ ES LA GASTRONOMÍA MACAENSE?

Si quieres conocer realmente la gastronomía macaense, acude a **APOMAC**, un club de funcionarios jubilados (es el acrónimo de Associação dos Aposentados, Reformados e Pensionistas de Macau) que cuenta con una cantina abierta al público en general. **«Es un clásico popular especializado en gastronomía macaense. Los portugueses llegaron aquí, y siguieron llegando, después de haber estado en todo el mundo. Habían estado en Brasil, en el Nuevo Mundo, en toda África y la India.»**

La cocina macaense resultante, tal como se sirve en APOMAC, es una amalgama de platos cocinados en aceite de oliva y sazonados con salsa de soya, y con mucho marisco asado, estofado y curry. Prueba el *minchi*, carne picada de cerdo o ternera sazonada con salsa Worcestershire, soya, azúcar moreno, pimienta, canela y curry en polvo, acompañada de dados de papa salteada o frita en aceite abundante, arroz blanco y huevo frito. La sala, con sus paneles de madera oscura y su amable y cordial personal de servicio, parece una cápsula del tiempo procedente de los años cincuenta.

APOMAC Macao: Avenida de Sidonio Pais, 49-B, bajo, China Plaza, tel. +853 2852 4325, <www.apomac.net> (un menú cuesta 55 patacas / 6.70 dólares aprox.)

Y AHORA, A VIVIR UNA AVENTURA

Y si ahora quieres explorar tu yo más aventurero e impulsivo, qué mejor manera de hacerlo que lanzarte a practicar el *puenting* desde la Torre Macao, con sus 338 metros de altura.

«No sé por qué quise hacerlo, o qué fue lo que me indujo, en el momento en que vi a la gente lanzarse desde ahí arriba, a decidir que yo también quería dar el salto con cuerda más alto del mundo. Les diré qué es lo más difícil: no es lanzarte a la ciudad desde las alturas, lo más difícil es esa inestable pasarela de metal sobre la que tienes que arrastrarte bajo la llovizna fría, con las piernas temblando y los pies atados, mientras cada terminación nerviosa manda a tu cerebro mensajes que dicen: "Date la vuelta. Date la vuelta".

»En ese momento solo quieres saltar, hacerlo de una vez. Pero entonces lanzan los cables y notas el tirón. Y oyes la cuenta atrás. Y entonces caes, caes de cabeza a través del espacio. Y durante seis largos segundos, pero, curiosamente, un tiempo no lo bastante largo, atraviesas el aire a nado, y la vida ya no duele.»

CENTRO DE CONVENCIONES Y OCIO DE LA TORRE DE MACAO: Largo da Torre de Macau, tel. +853 2893 3339, <www.macautower.com.mo> (un salto con cuerda cuesta 3 600 patacas aprox. / 450 dólares aprox.)

VIVE PARA CONTARLO, COME CERDO

«Y llega el momento del cerdo. La rueda, internet, la jarra de cerveza, la guitarra eléctrica: todos ellos, grandes inventos que hicieron del mundo un lugar mejor, pero hay que añadir otra innovación: el bollo de chuleta de cerdo. Producto del genio, creación genuinamente macaense que perdurará en la historia.

»¿Un delicioso pan con jugosa chuleta de cerdo? Aquí, en Tai Lei Loi Kei, en el pueblo de Taipa, hacen uno de los mejores, algunos incluso dicen que la versión original, como demuestra la sala repleta de comensales que disfrutan de este jugoso y sabroso manjar.» La chuleta con hueso se adoba en calientes y sabrosas especias, se fríe con mucho aceite y se sirve entre dos rebanadas de bollo portugués. (Nota para cocineros: nuestro libro de cocina de 2016, *Appetites*, contiene una receta que rinde homenaje a esta elaboración.)

TAI LEI LOI KEI: Rua Correria da Silva, 35, Taipa, tel. +853 2882 7150, <www.taileiloi.com.mo> (precio de un bollo de chuleta de cerdo: 44 patacas aprox. / 5.40 dólares aprox.)

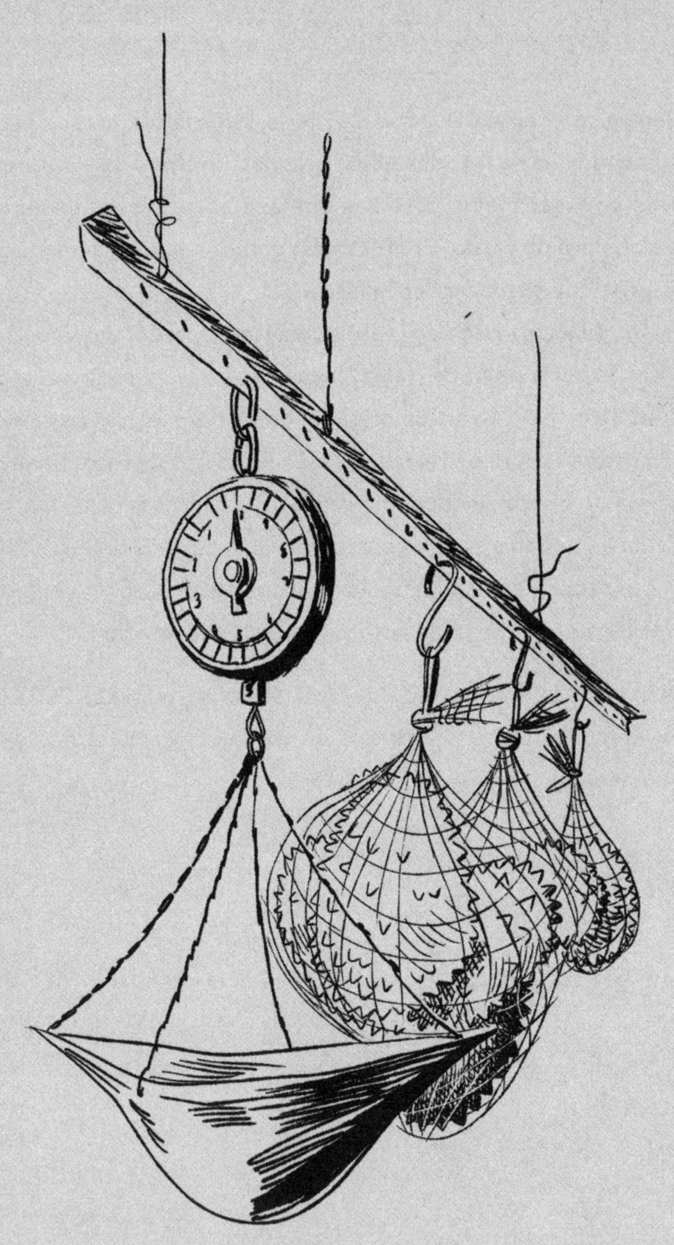

MALASIA

LA AVENTURA DE BORNEO: KUALA LUMPUR, KUCHING, CASA IBAN EN EL RÍO SKRANG

«Kuala Lumpur se erige sobre una de las tórridas selvas ecuatoriales del Sudeste Asiático. Es la capital de Malasia, una metrópoli caótica, multiétnica, multicultural y moderna, poblada por ciudadanos malayos, chinos e indios.»

Tony viajó a Malasia por primera vez en 2005 y de nuevo en 2015, siguiendo el mismo itinerario: Kuala Lumpur, Kuching y río Skrang arriba, en barco, hasta una casa iban. Se trataba de **«cumplir una promesa que les hice hace una década a mis amigos excazadores de cabezas de que volvería para el Gawai, la fiesta anual de la cosecha de arroz del pueblo iban»**.

Tony también tenía otra razón más personal para repetir este viaje. **«La primera vez que vine aquí, me sentía extraño. Mi vida estaba dando un giro tanto personal como profesional. Me encontraba en una especie de tierra de nadie entre [mi] vida anterior y lo que pudiera traer el futuro. Y ahora, en muchos sentidos, estoy rehaciendo el camino andado, para ver si el dolor sigue ahí.»**

KUALA LUMPUR: CÓMO LLEGAR, CÓMO MOVERSE

El **Aeropuerto Internacional de Kuala Lumpur (KUL)** es el punto de entrada más habitual para los viajeros que llegan a Malasia procedentes de Estados Unidos. En la actualidad, no hay vuelos directos desde Estados Unidos, pero sí muchos desde las ciudades nodales europeas y asiáticas, con aerolíneas como Cathay Pacific, Emirates, All Nippon Airways (ANA), Delta, British Airways y otras de las grandes compañías.

El aeropuerto se encuentra situado a unos cuarenta y cinco kilómetros del centro de Kuala Lumpur. El trayecto en taxi con taxímetro o en una limusina del aeropuerto cuesta unos 85 ringits malayos / 20 dólares y dura unos cincuenta minutos. Los taxistas no esperan que les des propina, pero puedes redondear el precio al alza. Los trenes KLIA Transit y KLIA Express te trasladan entre el aeropuerto y la estación KL Sentral por 42 ringits / 10 dólares por persona aproximadamente, pero para llegar hasta el centro de la ciudad hay que enlazar con el metro, y eso puede no ser tan sencillo cuando se lleva equipaje.

En Kuala Lumpur es fácil parar un taxi, pero revisa que el conductor ponga en marcha el taxímetro: con los turistas, algunos taxistas intentan negociar un precio cerrado que casi con toda seguridad va a ser más elevado que el que marque el contador. A un taxista contratado por un día, que te lleve a varios destinos, puedes dejarle una propina de entre 25 y 50 ringits. Kuala Lumpur tiene una buena red de tren ligero, compuesta por tres líneas. En <www.wonderfulmalaysia.com> encontrarás información detallada, enlaces a planos de ruta y muchos otros datos útiles sobre cómo viajar en Malasia.

TINTA EN KUALA LUMPUR

Tony se hizo uno de sus primeros tatuajes ante las cámaras en Malasia. **«Mi amigo Eddie David es una leyenda del tatuaje aquí en Kuala Lumpur. También es miembro de pleno derecho de los iban, una de las tribus más antiguas de Malasia. En su local, Borneo Ink, Eddie me tatuó un uróboro al estilo iban, el símbolo de una serpiente que se muerde la cola: la vida, la muerte, el flujo y reflujo eternos.»**

BORNEO INK: Jalan 27/70a, 8-3, 3.º piso, Desa Sri Hartamas, 50480 Kuala Lumpur, Wilayah Persekutuan Kuala Lumpur, tel. +60 3 2300 1151, <www.borneoink.com> (distintos precios)

LA TÍA AINI

Exactriz del cine malasio, la tía Aini regenta desde hace muchos años el popular restaurante de estilo *kampong* que lleva su nombre, **Aunty Aini's Garden Café. «La encantadora y, por falta de una palabra mejor, fabulosa Aini fue una actriz del cine malasio que ahora tiene un próspero restaurante especializado en platos *kampong*, en clásicos populares de la cocina de campo o rural, todos ellos preparados con delicadeza y precisión extraordinarias. Son auténticos manjares.»** Ofrecen un surtido de *laksas*, guisos al curry, sopas y platos a base de fideos, y no dejes que el menú occidental, una concesión a los turistas tímidos, y quizá a sus hijos, te cause rechazo (pero no te molestes en pedirlo).

AUNTY AINI'S GARDEN CAFÉ: Batu 16, Jalan Sepang Kampung Chelet, Nilai 71800, tel. +60 6 799 1276 (precio de un plato: entre 8 y 39 ringits / entre 2.50 y 10 dólares aprox.)

LAKSA EN KUCHING

«Al término de un vuelo de dos horas desde Kuala Lumpur, aterrizo en Borneo, una isla que está dividida entre Malasia, Brunéi e Indonesia y que es la tercera mayor del mundo.

»Kuching, capital del Sarawak malasio, es una somnolienta ciudad dotada de una pintoresca historia propia de los relatos de aventuras infantiles del siglo XIX: piratas, cazadores de cabezas, oportunistas; [se trata de] los antiguos dominios de sir James Brooke, un inglés al que dieron en llamar el Rajá Blanco. Durante un siglo, generaciones de la familia Brooke gobernaron Sarawak como reino independiente. Formaron su propio ejército, los Rangers de Sarawak, que también ejercían de guardia personal del rajá.

»Mañana seguiré el asfalto hasta donde termine y luego serán barcos el resto del camino. Pero primero, el desayuno, y para eso, por suerte, sé perfectamente adónde ir. Kuching es famoso por uno de los más exquisitos manjares matutinos picantes, el plutonio nuclear de los desayunos.

»¡He aquí el *laksa!*

»La cosa empieza inofensiva, con una generosa ración de fideos *bee hoon*, huevo frito y camarones, pero lo que sigue lleva este plato a un nivel mucho más elevado: un picante, fabuloso, sustancioso y diabólico caldo de leche de coco, curry, chile picante de Sarawak, todo lo cual forma un líquido cuyos sabores combinados producen un tan abrasador como delicioso asalto a los sentidos. Es una obra maestra del dolor y el placer.»

Ten en cuenta que el **Choon Hui Café**, o **Choon Hui Kopitiam**, como también lo llaman, es un local que solo sirve desayunos y que permanece abierto entre las 6:30 de la mañana y las 12 del mediodía, y que cierra los lunes.

CHOON HUI KOPITIAM: Jalan Ban Hock, 34, 93100 Kuching, Sarawak, tel. +60 82 243 857 (precio de un plato: entre 5 y 11 ringits / entre 1.50 y 2.60 dólares aprox.)

EN LA CASA IBAN

Un trayecto de cuatro horas en coche desde Kuching y otras tres o cuatro en embarcación descubierta por el río Skrang: los viajes de Tony a la casa iban fueron, en cierto modo, su propio *ba jelai*, ese viaje iniciático que constituye un rito de paso para los hombres del pueblo iban.

Dijo Tony en 2005: **«A mí me gusta mucho esta parte del oficio de hacer televisión. Me gusta la idea del *ba jelai* de los iban. Y quizá el viaje que yo mismo estoy haciendo –aprovechar mi trabajo en la tele para conocer sitios lindos– no esté tan lejos de esa costumbre de los iban. O eso me gusta pensar a mí. Durante mi travesía pienso en todos los sitios en los que he estado y en los que aún me faltan por conocer. Esto no es una autopista occidental, amigos. En nuestro viaje río arriba nos alejamos cada vez más del mundo que yo conozco y nos acercamos a uno que pertenece a otros. Es muy emocionante no saber adónde vas.»**

Si quieres vivir la experiencia de pasar una o dos noches en una casa iban, algunas comunidades ofrecen estancias de pago de una noche organizadas por agencias de viajes locales o por la Junta de Turismo de Sarawak <www.sarawaktourism.com>, un servicio que incluye un guía-traductor para facilitar la comunicación. Investiga, busca una agencia de prestigio y prepárate para la falta de intimidad e instalaciones modernas y para la abundancia de insectos. Antes de desplazarte, investiga qué regalos del mundo exterior pueden ser más apreciados y a quién hay que dárselos al llegar.

PENANG

«Yo me enamoré de Oriente, profunda y desesperadamente, cuando contemplé cómo unos delicados dedos abrían un *nasi lemak*. Como el origami, es un pequeño y seductor paquete de arroz y sambal, pasta de camarón y chile, delicadamente envuelto en hojas de plátano. Ahí caí. Desde ese momento ya no hubo vuelta atrás. Cuando lo vi por primera vez, sentí que necesitaba más de aquello.»

Con «aquello» se refería a la comida malaya. Tony y los miembros del equipo de *No Reservations* viajaron a Penang en 2012, atraídos por la promesa del vibrante mundo de una gastronomía callejera nacida de las culturas china, malaya e india, ingredientes y técnicas que confluyeron y se fusionaron en esta isla de la costa noroeste de la Malasia peninsular.

«Esta parte del mundo me ha sorprendido. Son los condimentos, el chile, el chile tailandés. Cuando lo pruebas, ya no hay vuelta atrás. Abren las regiones más profundas de tu paladar, esas que hasta ahora no sabías que existían.»

CÓMO LLEGAR

El **Aeropuerto Internacional de Penang (PEN)** está situado en el extremo sureste de la isla. Hay vuelos diarios con salida o llegada a la Malasia peninsular, Singapur, Tailandia, Filipinas, China, Japón e Indonesia. Existe una línea de autobuses, Rapid Penang, que une el aeropuerto con distintos puntos de la isla por unos pocos ringits malayos (menos de 1 dólar), pero el trayecto en taxi (20-50 ringits / entre 5 y 12 dólares) es más directo.

HASTA REVENTAR

Mientras el complejo del templo Kek Lok Si es invadido por grupos de turistas, tú dirígete directamente al cercano **Penang Air Itam Laksa**, un puesto al aire libre que data de 1955. Más rico en pescado, hierbas y tamarindo agrio que el *laksa* de Kuching, el *assam laksa* de aquí te hará soñar.

«Cada vez que vengo a Malasia, tengo que tomarme un *laksa*. Es todo lo que me gusta reunido en un solo tazón. Un caldo de pescado muy fuerte, casi como el del sur de Francia, hecho a base de caballa, creo. Si te gustan los fideos y todas las cosas picantes que se sirven en tazones, te enamorarás de esto. Imagina un mundo sin las típicas cadenas de comida rápida que invaden nuestros minicentros comerciales. Imagina que lo que hubiera fueran locales de titularidad y gestión individual, que sirvieran comida como esta por todo el país. ¿Te imaginas qué delicia?»

PENANG AIR ITAM LAKSA: Jalan Pasar, Paya Terubong, 111500 George Town, Palau Pinang, tel. +60 12 500 7063 (un tazón de *laksa*: 5 ringits / 1.22 dólares aprox.)

«Calle de día, paraíso gastronómico de noche»: bienvenidos a los **Puestos de Comida de New Lane.** Aquí encontrarás *char koay teow*, una elaboración que la guía de Tony, la escritora gastronómica local Helen Ong, ha descrito como «manteca de cerdo, camarones, fideos, brotes de soya, ajo picado, chile molido... y el ingrediente realmente especial: la salsa. Que no es la salsa de soya de toda la vida. Cada puesto tiene su receta secreta. Pero el secreto de un buen *char koay teow* es la temperatura de la sartén».

PUESTOS DE COMIDA DE NEW LANE: Lorong Baru, George Town, 10450 Pula Pinang, tel. +60 16 443 7463 (distintos precios)

CAFE BABA
FAMOUS IN MEDINA

MARRUECOS

TÁNGER

«Cuando yo era un joven airado, desengañado del mundo, desencantado con mi generación, decepcionado de la "contracultura", empeñado en encontrar modelos de conducta, la paranoia y el resentimiento de William S. Burroughs, sus apetitos antisociales, su ingenio cáustico, violentamente surrealista, y su gusto por las sustancias de uso regulado parecía reflejar perfectamente mis propias inquietudes.

»Yo quería escribir. Quería desvincularme de todo aquello con lo que había crecido. Quería, en resumen, estar en otro sitio. Y la Tánger –la "interzona" de la que habló Burroughs– en la que se vio exiliado, colgado, escribiendo las páginas que acabarían convirtiéndose en el *Almuerzo desnudo*, le sonó a paraíso exótico a mi ingenuo y joven espíritu.»

Gobernada por un puñado de países europeos entre 1923 y 1956, la Tánger de la época era una ciudad en la que se permitían conductas, tendencias y apetitos que quizá se desaprobaban en el resto del mundo, siendo el resultado una ciudad asequiblemente hedonista, llena de expatriados y diferenciada en cierta medida de las culturas árabe y bereber que siguen definiendo el resto de Marruecos.

«En el extremo norte de África, a corta distancia en ferry de España, la ciudad de Tánger era un imán de escritores, desterrados

mantenidos, espías y artistas. Matisse, Genet, William Burroughs... Por aquí vinieron muchos, y esos muchos se quedaron por un tiempo o pasaron el rato. Pero nadie se quedó más tiempo, o llegó a verse más asociado con Tánger, que el novelista y compositor Paul Bowles. En libros como *El cielo protector* creó una visión romántica de Tánger que ha perdurado hasta hoy, una ensoñación que para muchos se ha vuelto casi inseparable de la realidad.»

Como el Haight-Ashbury de San Francisco o la Times Square de los tiempos más sórdidos y oscuros de Nueva York, la época de aquella Tánger convertida en desinhibido patio de recreo para artistas descarriados quedó atrás hace muchos años. El rey actual, Mohamed VI, ha invertido cerca de mil millones de euros en la ampliación del puerto, que ahora es el más grande del Mediterráneo.

Lo cual no quita lo siguiente: **«No hay ciudad como esta en el mundo. Sus imágenes, sus olores, sus sonidos, sus sabores son únicos. Es más fácil perderse en el ideal romántico que valorar la ciudad real: una metrópoli portuaria cada vez más moderna, separada de Europa por una corta travesía en barco. Quizá lo mejor sea hacer las dos cosas: vive el sueño un rato, pero aguza la vista. Y ten cuidado. Como verás, muchos visitantes vinieron a Tánger a pasar unas breves vacaciones y se quedaron para toda la vida. Eso es Tánger».**

CÓMO LLEGAR, CÓMO MOVERSE

El **Aeropuerto Ibn Battouta de Tánger (TNG)** cubre vuelos con salida y destino a otras ciudades de Marruecos, algunas ciudades europeas y Estambul; las principales aerolíneas que ofrecen vuelos a Tánger son Air Arabia Maroc, Royal Air Maroc y Ryanair, la compañía de bajo costo. Para ir del aeropuerto al centro de la ciudad puedes contratar previamente transporte privado, rentar un coche o tomar lo que llaman un «grand taxi», un vehículo de seis lugares cuyo chofer puede optar por llenarlo de pasajeros antes de salir del aeropuerto. El aeropuerto está situado a una media hora por carretera del centro de la ciudad o zona turística, en la que se encuentran la mayoría de los hoteles. Las tarifas por viaje, reguladas por el Gobierno, se mueven en torno a los 250 dírhams marroquíes / unos 28 dólares; puedes dejar una propina de entre 5 y 10 dírhams por el servicio.

Y, por supuesto, hay varios servicios de transbordador entre España y Tánger; la ruta más directa, y aquella con mayor frecuencia de salidas, es la que une Tarifa con Tánger. El boleto de ida cuesta unos 415 dírhams / 46 dólares aprox.; uno de ida y vuelta, unos 740 dírhams / 82 dólares aprox. La travesía dura una hora en cualquiera de los dos sentidos.

Y como la red de trenes de Marruecos tiene fama de ser la mejor de África, puede ser aconsejable trasladarse a Tánger a bordo de uno de los convoyes de la compañía ferroviaria nacional, que está gestionada por la Office National des Chemins de Fer (ONCF). Los boletos se compran en <www.oncf.ma> o en las estaciones, donde hay cabinas atendidas por personal y cada vez más máquinas de venta de boletos. Recuerda comprar tus boletos para la estación de Tanger Ville, no para la de Tanger Morora, que está situada a unos kilómetros de la ciudad.

Una vez en el centro, Tánger es una ciudad muy peatonal, aunque bastante empinada en algunos tramos. Hay taxis, pero no muchos, así que busca transporte antes de salir o, si necesitas un coche indiscutiblemente, pide al personal de tu hotel que te ayude a conseguir uno.

LA CULTURA DEL CAFÉ, CONSERVADA EN ÁMBAR (Y EN HUMO)

Los tiempos del esplendor literario acabaron hace décadas y la expansión del puerto ha traído una nueva energía y prosperidad a la somnolienta ciudad de Tánger, pero algunas cosas no han cambiado, como la cultura del café, esa que gira en torno al café o al té de menta dulce y, en algunos sitios, al hachís.

«El Grand Socco es la puerta de entrada a la medina, en la que se encuentra la casba que, por cierto, significa "fortaleza". Al este está el puerto de Tánger. Y en medio de todo se levanta el Petit Socco. Lo que el tío Bill Burroughs llamó "la última estación", el lugar de encuentro, la centralita de Tánger. Los motivos para afincarse en Tánger varían. Pero todo el mundo, tarde o temprano, desde que hay memoria, viene al Café Tingis.» Esta cafetería, que apenas ha experimentado cambios desde los tiempos de Burroughs, presenta un aspecto cercano al abandono. Aquí se viene a ver pasar gente desde la terraza, a tomarse un té o un café muy fuerte, y por el ambiente; a comer, se va a otros sitios.

CAFÉ TINGIS: Rue Almohades, Tánger (no tienen teléfono ni página web) (café y té: unos 10 dírhams / 1.22 dólares aprox.)

Y al **Café Baba,** un local de la casba que tampoco ha cambiado mucho desde su inauguración en 1943 (aunque ahora cuenta con una televisión de pantalla plana que pasa partidos de futbol y similares), también se va por el té, y quizá también por el aroma del recuerdo de las visitas de los Rolling Stones, de los Beatles, de The Clash. Ah, y claro, a lo mejor también se viene porque permiten fumar hachís sin disimulo, esa sustancia que, como dijo Tony, crea **«una espesa y lenta neblina de humo que huele como mi dormitorio de la universidad, 1972».** Los fans de Jim Jarmusch quizá reconozcan el Café Baba por una escena de *Solo los amantes sobreviven* (2014), la película de vampiros del director.

CAFÉ BABA: Rue Zaitouni, Tánger, tel. +212 699 309943 (café y té: 10 dírhams aprox. / 1.22 dólares aprox.)

«Tánger está situada en el punto de encuentro entre el océano Atlántico y el mar Mediterráneo. La costa marroquí es una fecunda zona de pesca y aquí mucha gente vive del mar.» Con el método local de pesca de cerco, que consiste en arrastrar una red con plomo por el fondo del mar, que va recogiendo todo lo que encuentra a su paso, se captura pescado y marisco de distintas especies que, en parte, se venden a Mohammad Boulage, chef y propietario de **Le Saveur de Poisson.**

«Boulage es oriundo de la vecina región montañosa del Rif. Y él compra allí gran parte de sus materias primas, sus productos agrícolas y sus verduras. La trastienda del establecimiento está dedicada a la clasificación y secado de distintas hierbas, con las que Boulage confecciona una mezcla secreta que, según él, posee toda clase de propiedades saludables y de las que levantan el miembro. A ver: si todas las recetas que a lo largo de los años me han dicho que me iban a poner "fuerte" funcionaran realmente, ahí abajo yo tendría montada una tienda de campaña permanente, así que esas cosas yo me las tomo con reservas.»

Las cenas en Le Saveur de Poisson se componen de multitud de platos, empezando por un aperitivo a base de aceitunas, nueces asadas, pan recién hecho y **«un pastoso puré de higos, pasas y fresas, repleto, claro está, de las potentes hierbas y especias de Mohammad»**

El plato principal consiste en un tayín de pescado que cambia todos los días, según lo que haya llegado, pero que suele incluir tiburón, calamar y rape, todo ello **«cocinado a fuego lento sobre carbón, en el clásico plato de barro cocido que le da su nombre. La tapa cónica del tayín sirve para hacer que el vapor se condense sobre la comida y que esta se mantenga húmeda y tierna»**

Después del tayín suele venir un plato de pescado entero o kebab de pescado y un postre a base de fruta y frutos secos endulzados con miel. **«Esta es la versión tangerina del "de la tierra a la mesa"... Espectacular. Vale la pena; excéntrico y muy bueno.»** Le Saveur es un restaurante bastante conocido; es muy aconsejable reservar previamente.

LE SAVEUR DE POISSON: Escalier Waller, 2, Tánger, tel. +212 5393 36326 (no tienen página web) (una comida de varios platos: 195 dírhams aprox. / 22 dólares aprox.)

MÉXICO

Tony hizo varias visitas a México a lo largo de los años. Pretendía arrojar luz sobre una cultura compleja que en el lado estadounidense de la frontera con frecuencia se reduce a una sola dimensión distorsionada. Intentó deslindar la realidad del mito y ayudar a contar algunas historias sobre la vida cotidiana de los mexicanos comunes, esos que viven regidos por un gobierno abiertamente corrupto, en una sociedad profundamente afectada por la narcoviolencia y la injusticia económica.

«A los estadounidenses nos encanta la comida mexicana. Consumimos nachos, tacos, burritos, tortas, enchiladas, tamales y cualquier cosa con pinta de "mexicana" en cantidades industriales. Nos encantan las bebidas mexicanas, y nos tomamos cantidades gigantescas de tequila, mezcal y cerveza mexicana todos los años. Nos encantan los mexicanos... y es que a muchos de ellos los tenemos de empleados. Pese a esa actitud tan absurdamente hipócrita que mantenemos respecto a la inmigración, exigimos que los mexicanos nos cocinen gran parte de la comida que comemos, que nos cultiven los ingredientes que necesitamos para hacer esa comida, que nos limpien las casas, que nos corten el césped, que nos laven los platos, que nos cuiden a los hijos. Como sabe cualquier chef, todo el sector servicios –el negocio de la restauración tal y como lo conocemos– de la mayoría de las ciudades de Estados Unidos se vendría abajo de la noche a la mañana sin los trabajadores mexicanos.

»Nos gustan las drogas mexicanas. Quizá no tú personalmente, pero sí "nosotros", como país, sin duda, las consumimos en cantidades titánicas... y nos tomamos enormes molestias y nos gastamos

sumas elevadísimas para adquirirlas. Nos gusta la música mexicana, las playas mexicanas, la arquitectura mexicana, su interiorismo, el cine mexicano.

»Y, entonces ¿por qué no nos gusta México?

»Mírenlo. Es un país precioso. Tiene algunas de las playas más bellas del mundo. Montaña, desierto, selva. Una hermosa arquitectura colonial, un pasado trágico, elegante, violento, ridículo, heroico, doloroso, lamentable. Las tierras del vino mexicano rivalizan en belleza con las de la Toscana. Sus complejos arqueológicos, los restos de los grandes imperios, no tienen parangón en ninguna parte del mundo.»

CIUDAD DE MÉXICO

«Ciudad de México, el aquí llamado Distrito Federal o DF: con diecinueve millones de habitantes, es la segunda ciudad más grande del mundo. Responsable de una quinta parte de la economía del Estado y de casi una quinta parte de su población total, por sí sola intenta mantener empleada a gran parte del país. Como empresa no debería funcionar, pero de alguna manera lo hace.»

CÓMO LLEGAR, CÓMO MOVERSE

El **Aeropuerto Internacional de Ciudad de México** también es conocido como **Aeropuerto Internacional Benito Juárez (MEX)**, por el hombre que presidió el país entre 1861 y 1872. Considerado un héroe nacional, Juárez se opuso a la ocupación extranjera de México e intentó reforzar el apoyo constitucional a una república democrática federal. MEX es el aeropuerto con más volumen de tráfico de Latinoamérica; es centro de conexión de Aeroméxico y también de las compañías Interjet, Volaris y Aeromar.

MEX se encuentra situado a unos once kilómetros del centro de la Ciudad de México. Los taxis autorizados que esperan en las paradas situadas frente a las terminales cobran una tarifa cerrada de 250 pesos / unos 12 dólares por llevarte a la ciudad. Antes de tomar uno de estos taxis, compra un boleto en el puesto de Transporte Terrestre. Ya en la ciudad, puedes parar un taxi con taxímetro en la calle. Cuestan unos 15 pesos / 0.70 dólares por milla; los taxis que se piden por teléfono o mediante aplicación de celular cobran 30 pesos / unos 1.40 dólares por milla y tienen fama de ser más seguros.

Desde el aeropuerto también se puede tomar un autobús; el boleto vale 30 pesos / unos 1.40 dólares y el viaje dura alrededor de media hora. En <www.metrobus.cdmx.gob.mx> ofrecen información sobre horarios y rutas desde el aeropuerto y sobre la amplia red de autobuses y metro que cubre Ciudad de México.

A poca distancia de la terminal 1 también hay una estación de metro; el boleto vale 5 pesos / unos 0.20 dólares y el trayecto dura entre cuarenta y cincuenta minutos, según el lugar al que te dirijas.

COMER EN CIUDAD DE MÉXICO: MÁS ALLÁ DEL QUESO FUNDIDO

«El secreto de la comida mexicana está en tomarse el tiempo necesario para prepararla, en esas horas de cocción lenta. Está en las manos, en la gente que hace las cosas, que lo hace todo a mano ese día. Está en la gente que te habla con su comida, que te dice algo sobre sí misma, sobre su país, sobre su barrio, sobre su ciudad, sobre su familia. Está en una comida callejera que está entre las mejores y de servicio más rápido del mundo. Y, sí, están los tacos.»

Las manos del chef Eduardo García, antes joven cocinero en el restaurante neoyorquino Le Bernardin y ahora empresario en su ciudad natal, han dejado una huella especial en el paisaje gastronómico de Ciudad de México.

«Eduardo García ha ascendido en una escala que lo ha llevado a convertirse en el chef y dueño del restaurante más demandado de la ciudad. García dirige Máximo Bistrot junto con su mujer, Gabriela. Y esto es lo que hay que aguantar cuando uno regenta el restaurante de moda en Ciudad de México: en 2013, la hija consentida del jefe de la oficina general del consumidor de México entra en el establecimiento y exige que le den mesa, cuando no hay ninguna disponible, por supuesto. Cuando García contesta: "Lo siento, no es posible", la señora suelta aquello de: "¿Usted sabe con quién está hablando?", llama a papá y hace que la inspección de sanidad cierre el restaurante.»

Pero, por suerte para García, las redes sociales se hicieron eco de la noticia, dejando en evidencia al Gobierno y obligando a reabrir el local rápidamente. Respecto a la comida:

«En este momento, una desafiante, joven y creativa generación de cocineros mexicanos como Eduardo está haciendo una de las nuevas cocinas más interesantes del mundo, una mezcla de tradición antiquísima y novedad ultimísima», incluyendo, en el caso de Máximo Bistrot, confit de cerdo con salsa sobre tortilla de harina caliente y abulones con chile, limón y mantequilla quemada: simple, equilibrado, elegante y moderno.

MÁXIMO BISTROT: Tonalá, 133, 06700 Ciudad de México, tel. +52 55 5264 4291, <www.maximobistrot.com.mx> (aperitivos: 120-300 pesos / 6-14 dólares aprox.; un plato principal: 310-530 pesos / 15-26 dólares aprox.)

«En una cantina, los aperitivos son gratuitos. Cuanto más bebes, más puedes comer, y eso es un poderoso incentivo para generar un ambiente distendido.» Al principio, a Tony le sorprendió la cortesía que le ofrecían –junto a la acostumbrada comida gratuita– en la **Cantina La Mascota.** Algunos dirán que el precio de la comida va incluido en el de las bebidas, que es ligeramente superior a la media, pero yo creo que convendrás conmigo en que el total de la experiencia es superior a la suma de sus partes.

«Cuando escucho la palabra "cantina", por supuesto pienso en una tabernucha llena de borrachos tirados por ahí, prostitutas sin dientes y perros callejeros. Yo, para no desentonar, evité afeitarme durante dos días. Pero no: este local es mucho más agradable de lo que me habían hecho creer las películas de Peckinpah, aunque es verdad que el desayuno empieza con tequila.»

Un aperitivo típico de La Mascota puede incluir **«carnitas: carne de cerdo tierna, guisada, jugosa y desmenuzada, servida sobre una tortilla de harina caliente que debe consumirse de inmediato, mientras los jugos calientes te corren por la barbilla y una salsa fuertemente sazonada te invade el fondo de la garganta. Más tequila y más comida: sopa de habas y sopa de nopal. Es delicioso, es gratuito».**

CANTINA LA MASCOTA: Mesones, 20, Centro Histórico, 06010 Ciudad de México, tel. +52 55 5709 3414 (no tienen página web) (cerveza: 95 pesos / 5 dólares aprox.; whisky y tequila: 155 pesos / 7 dólares aprox. **NOTA:** la comida es gratuita, pero es costumbre dar propina al mesero que te la sirve, aparte de la que dejes a los que te traen las bebidas.

En algunas ciudades (París, Roma), Tony recomienda saltarse el desayuno. Para dejar algo de valioso espacio para la cena y la comida. En Ciudad de México es muy aconsejable disfrutar del desayuno o por lo menos de uno específico.

«Son las 5:30 de la mañana en Ciudad de México, afuera aún no ha amanecido, pero nosotros tenemos que levantarnos pronto si queremos evitar las filas que se forman en este local. Fonda Margarita es un local familiar famoso por sus desayunos. Lleva mucho tiempo sirviendo unas cosas buenísimas.»

No dejes de probar las **«gigantescas marmitas de barro con carne y frijoles que se cocinan a fuego lento sobre un lecho de carbón».** Fonda Margarita tiene **«todas las marcas de la excelencia: largas mesas colectivas de madera, decoración minimalista, menús en la pared y el penetrante aroma de una comida inconfundiblemente casera. Huevos y frijoles solos o, en el caso de los huevos rancheros, sobre tortillas de harina. Puede parecer una cosa muy simple, pero los frijoles, ay, los frijoles... En mi país a uno no se le ocurriría pensar en comerse un guiso a esta hora de la mañana. Pero aquí, dada la oportunidad única de dar una batida a todos estos platos de la cocina de la abuela, dotados de alma y maravillosa tradición –lomo de cerdo en salsa verde, carne en salsa de chile pasilla, pata de cerdo, cordero guisado y chicharrón frito, piel de cerdo en la misma vibrante salsa de tomate verde, tortitas, albóndigas de cerdo con salsa de tomate picante con chiles jalapeños–, vas a querer probar cada una de estas maravillas».**

Fonda Margarita solo sirve desayunos, hasta las 11:30 de la mañana, a residentes y turistas en más o menos la misma medida.

FONDA MARGARITA: Adolfo Prieto, 1364B, Tlacoquemecatl del Valle, Ciudad de México, tel. +52 55 5559 6358 (no tienen página web) (un plato principal: 45-65 pesos / 2.50-3.50 dólares aprox.)

«En Ciudad de México, como en cualquier cultura ilustrada, reina la cocina callejera. Desde un carrito situado en una esquina, toscos anexos a restaurantes y negocios que ya existen o simplemente una parrilla cubierta por un toldo, lo bueno se encuentra en la calle.»

Puesto que ya pasó más de una década desde que Tony se echó a las calles de DF acompañado por un equipo de grabación, es aconsejable consultar una buena fuente de información sobre comida callejera para saber dónde se hace ahora, y por quién, la cocina que vale la pena. Sin embargo, en el momento de escribir estas líneas, los siguientes proveedores de comida callejera siguen trabajando bien:

«En Ciudad de México no hay que dejar de probar los tacos al pastor, el plato más conocido y típico de Ciudad de México. El Huequito despacha miles de estas perversas maravillas todos los días». El taquero corta trozos de cerdo en adobo que giran en un trompo, los deposita sobre una tortilla de maíz o harina caliente y los cubre con salsa verde. Inaugurado en 1959, en la actualidad El Huequito cuenta con varios restaurantes abiertos en Ciudad de México, pero en la calle se dice que el mejor es el primer puestecito al aire libre.

EL HUEQUITO: Ayuntamiento, 21, Ciudad de México, tel. +52 55 5518 3313, <www.elhuequito.com.mx> (tacos: 20 pesos aprox. / 1 dólar aprox.)

Tony, acompañado por el guía local David Lida, degustó las quesadillas azules que prepara **doña Anastasia,** una leyenda de la comida callejera.

«Las manos de doña Anastasia se tornan más azules conforme avanza el día, mientras amasa y cocina sus extraordinarias tortillas azules, rellenándolas y cocinándolas en su comal, como ha hecho todos los días durante los ocho últimos años.» Las va rellenando al gusto: **«Hay salchichas, sesos y carne, pero David y yo elegimos espinaca salteada y flor de calabaza. Están sublimes. Cada tortilla de masa de maíz azul, recién hecha aquí mismo. Se salen del mundo. La mejor tortilla que ha habido nunca. Y ni siquiera lleva cerdo.»**

DOÑA ANASTASIA: Esquina entre Bajío y Chilipancingo, de lunes a viernes, barrio Roma Sur (1 quesadilla: 20 pesos aprox. / 1 dólar aprox.)

OAXACA

«En Oaxaca, las tradiciones e ingredientes ancestrales autóctonos definen no solo el mezcal, sino también la comida. En México no conozco ciudad donde se cocine mejor. Creemos conocer y amar esta gastronomía, pero lo cierto es que apenas hemos empezado a rascar la superficie de lo que es realmente la comida mexicana. No es queso fundido sobre un plato de nachos. No es una cocina fácil ni sencilla. No es comida para compartir con los colegas en los descansos de los partidos. Es más: es cocina antigua; más incluso que las grandes gastronomías europeas y, en muchos casos, de una complejidad, refinamiento, sutileza y sofisticación profundos.»

CÓMO LLEGAR, CÓMO MOVERSE

El **Aeropuerto Internacional de Xoxocotlàn (OAX)** consta de una sola terminal que cubre vuelos con salida y destino a distintos puntos del interior de México, así como a Los Ángeles, Houston y Dallas. Se encuentra situado a unos ocho kilómetros al sur del centrò histórico de Oaxaca; un trayecto en taxi privado dura entre veinte y treinta minutos y cuesta 150 pesos / unos 7 dólares; un microbús del aeropuerto cuesta 48 pesos / unos 2 dólares; en cualquiera de los dos casos hay que adquirir un boleto en la terminal y dejar una propina de 10 pesos por el buen servicio.

Oaxaca es una ciudad muy agradable para descubrir a pie, y con muchas cosas que ver (y comer) por el camino. Para distancias más largas, se puede parar un taxi o recurrir al hotel para que te pida uno. Pero, como no todos los taxistas usan el taxímetro, hay que pedirle al conductor que lo ponga en marcha o negociar previamente la tarifa. Oaxaca tiene algunas líneas de autobuses, pero son de propiedad privada y no es fácil obtener información sobre horarios, rutas y precios.

«OAXACA ES A MÉXICO LO QUE LYON A FRANCIA»

«Cuando hablamos de Oaxaca, hablamos de una gastronomía muy elaborada, muy compleja. La gente no comprende hasta qué punto pueden llegar a ser complejas y elaboradas las salsas de aquí. Por experiencia digo que Oaxaca es a México lo que Lyon a Francia.

»Alejandro Ruiz Olmedo es uno de los mejores chefs de México. La cocina de Olmedo –su determinación, su pasión– tiene unas raíces muy antiguas y profundas. Empezó a cocinar cuando aún era un niño. Su madre murió cuando él tenía doce años y la responsabilidad de criar y dar de comer a sus cinco hermanos recayó sobre él. Ahora

se inspira mucho en la Central de Abasto, el mercado central de Oaxaca.»

En 2013, con *Parts Unknown*, Tony recorrió todo el mercado, que se extiende a lo largo de varios bloques y consiste en una serie de callejones entoldados y espacios edificados semicerrados en los que los tenderos venden fruta, verdura, hierbas, carne, huevos, especias, chapulines asados y queso, junto con una extensísima selección de carnes estofadas, asadas y a la parrilla, tacos, quesadillas, guisos, sopas, bocadillos, jugos de fruta recién exprimidos, productos de panadería y mucho más. Uno podría pasarse un día entero recorriendo este mercado. Busca, como hicieron Tony y Alejandro, las *tlayudas* con flores de calabaza y quesillo preparadas en comal de barro, los tacos de barbacoa y el consomé, todo ello acompañado con refresco de fruta Jarritos o cerveza fría.

CENTRAL DE ABASTO: Juárez Maza, 68090 Oaxaca, tel. +52 951 278 7315 (no tienen página web) (distintos precios)

Vale la pena contratar un chofer para que lo lleve a uno al **Restaurante Tlamanalli**, un local de las afueras situado en **«un apacible pueblito llamado Teotitlán del Valle, a unos veinticuatro kilómetros de Oaxaca. Es un pueblo en el que las artes, artesanías y tradiciones del México prehispánico se celebran y ofrecen como objeto de consumo. Abigail Mendoza y su hermana Refina son zapotecas: uno de los pueblos originarios del México anterior a los españoles. Y a los aztecas. Este es su restaurante, en el que Abigail se dedica a moler maíz a mano, a hacer masa y mole así, a la manera absurdamente fiel, tradicional, trabajosa y difícil en que le enseñaron a hacer estas cosas, y la forma en que lleva haciéndolas desde que tenía seis años».**

Entre las maravillas de la carta se encuentra la **«*segueza*, una receta a base de mole y pollo. Esta salsa de mole, como tantos de los moles tradicionales que elaboran maestras como Abigail, incluye treinta y cinco clases distintas de chiles y requiere más de dos semanas de**

preparación. Y otro clásico zapoteca, el chile de agua, un plato más sencillo a base de sesos de vaca y cerdo cocinados con chile, tomate y yerba santa. Tradición pura, vamos».

RESTAURANTE TLAMANALLI: Teotitlán del Valle, Oaxaca 70420, tel. +52 951 524 4006 (no tienen página web) (se come por 350 pesos por persona aprox. / 17 dólares aprox.)

MOZAMBIQUE

En Mozambique, Tony descubrió un país bonito y acogedor en el que con frecuencia no había comida ni dinero ni trabajo suficiente, y menos a medida que se adentraba en el interior de la tierra.

«En 1975, un Mozambique recién independizado empezaba a mirar hacia delante, soñando con un futuro mejor. Pero no había de conocerlo. Sin embargo, al cabo de dieciséis años de guerra civil –una de las más brutales e insensatas que se han librado en África–, el país no tiró la toalla. Alzó de nuevo la cabeza y emprendió la ímproba y formidable tarea de reconstruirlo... todo... desde cero.

»En el mundo quedan muy pocos lugares como Mozambique. Hace buen tiempo. La gente es muy linda y, la comida, extraordinaria.

»Pero hoy en día es poco más que otra parada en el circuito turístico de siempre. Así pensando llegué yo por primera vez a este país de África oriental de veintitrés millones de habitantes.

»Hay que decir que Mozambique es uno de los niños bonitos del Banco Mundial. Lo consideran un modelo de éxito africano, y el hecho es que aquí la cosa va bien, incluso muy bien, comparada con cómo ha ido en el pasado. Quinientos años de un colonialismo verdaderamente atroz, dieciocho años de un comunismo entusiasta, pero inepto, dieciséis años de una brutal e insensata guerra civil que acabó hace menos de dos décadas dejaron un Mozambique atravesado por

un tejido social devastado, una economía arruinada y unas infraestructuras que solo viven en el recuerdo.

»Pero, increíblemente, en todo el país la gente, esa gente a la que la historia ha jodido tan tenazmente, es de una amabilidad no menos persistente.»

Y de Ilha de Mozambique decía Tony: **«Hay muy pocos rincones bonitos del globo que no estén marcados por las pisadas de turistas bien calzados. Creo que Ilha de Mozambique [Isla de Mozambique] es uno de esos lugares. Situada en las aguas turquesas del océano Índico, esta franja insular de arena y roca fue la primera colonia europea en África oriental. Vasco de Gama desembarcó aquí en 1498, cuando surcaba los vientos alisios en busca de la ruta de las especias hacia la India. Pero antes que él, bajando desde el golfo o desde el otro lado del océano Índico, habían llegado griegos, persas, chinos, árabes, indios... Pasa el tiempo suficiente en esta isla y encontrarás que el resto de África es un continente diferente. En realidad, la Isla de Mozambique [es] una ruina, una sombra de su esplendor antiguo, un monumento arrasado de la memoria de una colonia construida sobre las espaldas de los esclavos, de los ocupados. Lo que una vez fueron mansiones de cuento de hadas, majestuosos paseos, decadentes, bellos, pero patéticos».**

La isla tiene una población de unos dieciocho mil habitantes, la mayoría de los cuales vive en la pobreza. Si los promotores hoteleros del extranjero pusieran a esta isla en su punto de mira, habría trabajo para algunos, pero otros muchos se convertirían en un obstáculo:

«Si vienen turistas, ¿adónde irán todos los residentes de la isla, la mayoría de los cuales viven en condiciones inhumanas, nada turísticas? Habrá que reubicarlos, por supuesto. Los verán como una rémora para el bien común».

CÓMO LLEGAR, CÓMO MOVERSE

Mozambique tiene tres aeropuertos internacionales, el mayor de los cuales es el **Aeropuerto Internacional de Maputo (MPM).** Situada en la costa sur del país, Maputo es la capital de Mozambique. MPM ofrece principalmente vuelos con salida y destino al resto de Mozambique y otros países africanos, pero también conexiones con Doha, Estambul y Lisboa. El aeropuerto se encuentra situado a poco más de tres kilómetros del centro de la ciudad; un taxi cuesta en torno a los 600 meticales mozambiqueños / unos 8 dólares, y el trayecto dura alrededor de veinte minutos. Como muchos taxis no usan taxímetro, es mejor negociar una tarifa cerrada; al precio según taxímetro añádele una propina del 10 por ciento. Algunos hoteles, previo acuerdo, envían un autobús lanzadera al aeropuerto.

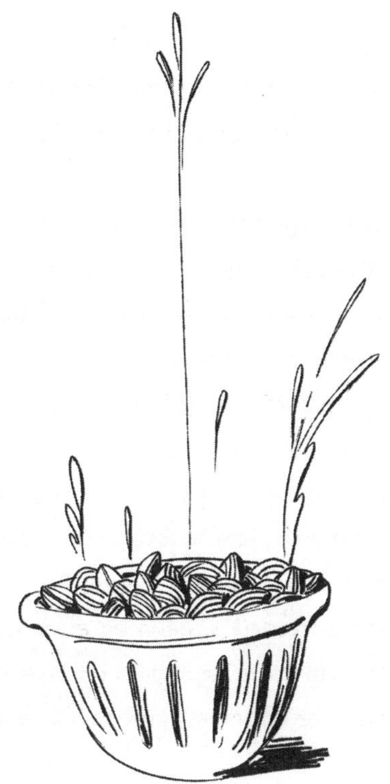

Situado en el noreste del país, el **Aeropuerto Internacional de Nampula (APL)** es el más cercano a la Isla de Mozambique, la pequeña y poco urbanizada isla comunicada con el continente mediante un puente de carretera. En Nampula operan vuelos desde Nairobi, Johannesburgo y del interior de Mozambique; cuando llegues, busca un taxi que te lleve a la Ilha, un viaje de dos horas y media que suele costar en torno a los 3 000 meticales / unos 40 dólares por trayecto. Y, como en la isla la oferta de alojamiento se reduce a unas pocas pensiones, lo mejor es hospedarse en el continente y visitar la isla durante el día.

COMER EN MOZAMBIQUE: INFLUENCIAS DEL MUNDO, ABUNDANCIA COSTERA Y PIRI PIRI

Después de viajar a muchos otros puntos del continente, Tony concluyó que la comida que había degustado en Mozambique era **«la mejor que he probado en África»**.

En las mesas mozambiqueñas se ven, se palpan y se saborean numerosas influencias culturales: **«Especias brasileñas, curry indio, lo mejor de África y de Asia, comerciantes árabes, una deslumbrante mezcla de influencias afroportuguesas, latinoamericanas, panárabes y asiáticas. Y en gran parte de la costa mozambiqueña, en los buenos y en los malos tiempos, siempre ha abundado un pescado y un marisco excelentes. Además de esa leche de coco que aquí se usa tan abundantemente, el popular pimiento picante local, el *piri piri*, es el ingrediente que hace única la gastronomía mozambiqueña.»**

Beira, una ciudad portuaria situada en el centro del país, es **«un lugar que mantiene su historia expuesta; las cicatrices están por doquier»**. En un restaurante informal llamado **Copacabana**, prueba una de las recetas más célebres de Mozambique. **«El pollo al *piri piri* es el plato nacional, posiblemente. Está por doquier: en restaurantes, en las esquinas de las calles, en quiosquitos de playa como este»**, un local rodeado de **«arena, aire salado, los sonidos del oleaje en la distancia, el olor a ave asada, las especias del carbón»**, y, la recompensa, **«el pollo. Mientras el pollo se asa, lo van regando con *piri piri.* Agrio, ligeramente ácido, con un punto cítrico... Esta mierda la administran como si fuera cocaína pura. O sea, que el plato solo tiene una pizca de ello. ¿Y qué es esta sustancia tan apreciada? Aceite de cacahuate, jugo de limón, ajo picado, tomate..., pero es el pimiento *piri piri* el que le da su picor característico»**.

Los ciclones Idai y Kenneth golpearon la costa de Mozambique con un mes de diferencia, en marzo y abril de 2019, con consecuencias especialmente devastadoras para Beira. El Copacabana, una vulnerable construcción de techo de paja en la que las paredes brillan por su ausencia, sufrió daños considerables, pero, por suerte, ahora ha sido remodelado y ha vuelto a abrir sus puertas en la misma sede.

COPACABANA: Avenida de Bagamoyo, Beira, Mozambique 2678, tel. +258 82 6480673 (no tienen página web) (1 700 meticales / 23 dólares por persona aprox., bebidas incluidas)

MYANMAR

El episodio que inauguró el programa *Parts Unknown* se grabó a finales de 2012, en Myanmar, un país que llevaba décadas cerrado a los visitantes extranjeros, y que ahora se encontraba en la antesala de una época más abierta. Tony y su equipo de grabación aterrizaron solo unos días después de que el presidente Barack Obama abandonara el país, el primer líder estadounidense que visitaba esta tierra.

«Bajo dominio británico durante casi cien años, el país tenía su capital en Rangún. La nación que apostó por la autodeterminación tras ayudar a los británicos a expulsar a los japoneses obtuvo la independencia en 1948. Al cabo de una década de inestabilidad, sin embargo, los militares se consolidaron en el poder y ya no lo abandonaron.

»¿Elecciones? Haberlas, las había, pero los resultados eran ignorados, y la oposición, castigada o totalmente silenciada. Birmania, ahora Myanmar, el país en el que Orwell había sido policía colonial, en el que había llegado a aborrecer un aparato político propio de un estado de seguridad, se tornó más orwelliana de lo que él mismo podía haber imaginado; [era] una nación en la que era peligroso hasta opinar algo.

»Y en este momento en que la puerta se abre, mis técnicos y yo somos los primeros en dejar constancia de lo que durante décadas había permanecido oculto a la vista del mundo. Y, mientras tanto, este país de ochenta millones de habitantes del Sudeste Asiático contiene la respiración colectivamente, a la espera de nuevos acontecimientos.»

CÓMO LLEGAR

Al **Aeropuerto Internacional de Yangón (RGN)** no llegan vuelos directos desde Estados Unidos, pero sí hay muchos enlaces desde Doha, Singapur, Seúl, Hong Kong, Bangkok y otras ciudades nodales asiáticas. El aeropuerto se encuentra situado a unos quince kilómetros del centro de la ciudad. Pide a tu hotel de Yangón que te busque transporte por carretera o toma un taxi; cualquiera de las dos opciones supone un viaje de entre treinta y cincuenta minutos, según cómo esté el tráfico. Un taxi del aeropuerto al hotel debería salirte en unos 10 000 kiats de Myanmar / unos 7 dólares. No es costumbre dar propina, pero puedes redondear el precio.

NOTA: desde la liberación de Aung San Suu Kyi y el fin del régimen militar en 2011, el país ha experimentado una nueva afluencia de visitantes y capital extranjeros, pero desde 2016, el turismo ha sufrido un freno causado por las noticias relativas a la violencia étnica y el traslado de musulmanes rohinyá por parte de la policía y el ejército en el estado de Rakáin. Hay hoteles recién construidos que están casi desiertos, y hacer turismo fuera de algunas zonas estrictamente delimitadas puede resultar una actividad de riesgo, incluso expresamente prohibida en algunos casos. Antes de empezar a preparar tu viaje, solicita información a la embajada o consulado de tu país.

TRES CLÁSICOS DE YANGÓN

El hotel preferido de Tony era **The Strand**, uno de los vestigios del régimen colonial británico. Construido en 1901, The Strand, como sus majestuosos homónimos de Singapur, Nom Pen, Saigón y Bangkok, ha visto pasar décadas de esplendor y de abandono extremo. Tras la remodelación de 2016, en la actualidad está abonado al primer concepto.

THE STRAND: Strand Road, 92, Yangón, tel. +95 243 377, <www.hotelthestrand.com> (precio de una habitación: desde 500 000 kiats aprox. / 365 dólares por noche aprox.).

«En Yangón, el protagonista de las mañanas siempre ha sido el té. Se trata de un té negro al estilo indio, generalmente acompañado de una densa nube de leche condensada.» Para tomar el té y un buen desayuno en Yangón, Tony tenía su local de referencia: el salón de té **Seit Taing Kya. «Al fondo del local, un caldero lleno de salados pececillos burbujea sobre brasas de madera dura. Dedos que trabajan montañas de frijoles dulces, uno de los rellenos de las distintas clases de pasteles que allí moldean e introducen en un viejo horno de piedra. En otra esquina, el alegre ruido del pan recién hecho, prensado contra la pared de barro de un horno *tandoor*. Y también, por supuesto, huevos que se balancean y chisporrotean en el caldo de magia negra de los peces, las hierbas y las especias. ¿*Mohinga?* Esto tengo que probarlo.»** Al caldo se le añade arroz o fideos de arroz y alguna mezcla a base de frijoles crujientes, cilantro y otras hierbas, gajos de lima y trozos de vísceras fritas.

SALÓN DE TÉ SEIT TAING KYA: Ma Po Street, 44, Myenigone, Municipio de Sanchaung, Yangón, tel. +95 1535564 (un té: 700 kiats aprox. / 0.40 dólares aprox.; una ración: 1 500-2 000 kiats / 1-1.50 dólares aprox.)

El **Morning Star Tea House** de Yangón es el local donde uno encuentra **«la receta reina de la más arraigada tradición local, el *lahpet thoke*, la ensalada de hojas de té fermentadas. Lo sé. No suena bien. Pero no te dejes engañar. A las hojas de té fermentadas se les añade col, tomate y una lluvia de crujientes detalles: cacahuates tostados, por ejemplo. Se condimenta con lima y salsa de pescado»**.

MORNING STAR TEA HOUSE: Saya San Road, Yangón (no tienen teléfono ni página web) (*laphet thoke:* 1 500 kiats aprox. / 1 dólar aprox.)

EL TREN A BAGAN Y LOS TEMPLOS

«Expreso nocturno a Bagan: seiscientos kilómetros de lo que va a resultar un viaje de los que ablandan los riñones. Pero me han dicho que la visita a Bagan, la capital ancestral de Myanmar, es obligada. Al otro lado de la ventanilla, el mundo moderno parece retroceder hasta extinguirse, como si el siglo pasado nunca hubiera existido. Ni tampoco el que vino antes. Atravesamos el país continental más extenso del Sudeste Asiático.»

Si decides tomar el tren, tu viaje puede transcurrir como el de Tony, a un ritmo ridículamente lento, con infinidad de paradas locales y a bordo de un convoy que va adquiriendo una velocidad alarmante para una vía férrea que ha demostrado ofrecer unas condiciones de seguridad manifiestamente mejorables. La duración de un viaje de diez horas puede multiplicarse por dos; cualquier posible incomodidad se puede aliviar mediante la ingesta constante de cerveza, bocadillos y el tipo de chistes de humor negro que uno hace cuando sabe que se enfrenta a la muerte. En la central de reservas de Myanmar Railways de Yangón se pueden adquirir por anticipado, entre las siete de la mañana y las tres de la tarde, boletos para este y otros trayectos. También se pueden comprar a través de una agencia de viajes reputada, que suelen cobrar un cargo por el servicio.

Respecto a los templos, pagodas y monasterios que en Bagan se construyeron hace más de un milenio, a lo largo de dos siglos y medio, en honor del budismo theravada, en 2012 Tony y Philippe Lajaunie, su escudero y exjefe en el restaurante Les Halles de Nueva York, los encontraron agradablemente despejados de hordas de turistas. **«De esta ciudad ancestral, de una magnitud y una belleza casi sin igual, cabría esperar verla infestada de turistas, tiendas de *souvenirs*, cafeterías, visitantes provistos de audioguías. Pero no... Antes te toparás con una cabra que con un ciudadano extranjero. Hoy en día permanecen en pie más de tres mil pagodas, templos y monasterios. En el interior de casi todos ellos, una figura de Buda, y cada una de ellas diferente.»**

La belleza, el colosalismo, la manifestación física de la fe religiosa... Todo ello es una experiencia potente que, como señaló Tony tan acertadamente, fue posible gracias, en parte, al **«trabajo esclavo. Yo pienso: "¿Construyes tantos templos, miles de ellos, en un periodo de tiempo tan relativamente breve? Pues mira, lo más probable es que allí alguien estuviera trabajando, por decirlo de alguna manera, por menos del salario mínimo"».**

Después de visitar el templo, acude a **Sarabha** y descubrirás un paraíso diferente. **«Es el mejor restaurante del país hasta ahora. En este establecimiento enclavado entre las ruinas del templo, creo que vas a captar un aroma suculento. Curry cocinado a fuego lento y servido con guarnición de sopa agria de hojas de rosa de Abisinia. Y, como acompañamiento, chile frito molido, brotes de soya en escabeche... Ya te haces una idea.»**

SARABHA: Villas Taunghi del municipio de Nyaung Oo, tel. +95 9968 172009 (un plato principal: 5 500-8 500 kiats / 3.50-6 dólares aprox.)

NIGERIA

LAGOS

«Lagos: la megaciudad de Nigeria. Una de las expresiones más dinámicas, desinhibidas y enérgicas del capitalismo de libre mercado y del emprendimiento individual en todo el mundo. Compra, vende, cambia, regatea, atrapa. Espabila, búscate la vida. Dicen que hay que tener tres fuentes de ingresos distintas.

»Con unas infraestructuras sobreexplotadas hasta lo ridículo [y] una historia de líderes flagrantemente corruptos, aquí hace tiempo que aprendieron que nadie les iba a echar una mano en este mundo. Agarra una escoba, un martillo. Cómprate un taxi, un camión. Funda un banco, una empresa rentabilísima, y trabaja.»

Esta estrategia, observó Tony, no ofrece un rendimiento parejo a los distintos ciudadanos de Nigeria, como demuestra **«Victoria Island, el jardín de los sueños, aquel en el que los ganadores trabajan y juegan»**. En este barrio agresivamente opulento viven los grandes beneficiarios de los sectores más rentables de la economía nigeriana: el petróleo, la agricultura y los servicios financieros.

Y en el inevitable extremo opuesto del espectro de la renta se encuentra Makoko, una inmensa ciudad dentro de una ciudad, situada al borde del golfo, de la cual dijo Tony: **«Esto antes era un pueblo de pescadores. Pero empezó a llegar gente, sin planes, a construir sus propias casas»**.

La mayoría de los cien mil habitantes de Makoko recorren sus acuosas calles en canoa. Para el forastero, esto es un arrabal horrendo, pero también es la prueba viviente del ingenio del nigeriano acostumbrado a tomar riesgos. Cuenta con agua potable, electricidad, colegios, hoteles, hospitales, barberías y tiendas de alimentación. El Gobierno, ¡oh, sorpresa!, pretende desmantelar esta comunidad no planificada, no regulada y que no paga impuestos para dedicar el terreno a levantar hoteles y otros negocios más suculentos. Bajo una amenaza similar se encuentra Computer Village, un caótico complejo de negocios de venta y reparación de materiales electrónicos que, según dicen, genera dos mil millones de dólares en ventas anuales; en 2017, las autoridades nigerianas, alegando problemas de congestión vial y contaminación, anunciaron su intención de trasladar el complejo a las afueras de la ciudad.

«El dinero público se genera en Lagos, no tanto a través del petróleo como del mercado libre, que aquí es como un salvaje oeste del emprendimiento privado regido por la ley de la selva. Los auténticos dueños de la calle, los poderes fácticos de la ley y el orden, son los líderes de las pandillas. Los escuderos de los líderes se ocupan de cobrar ese impuesto de la calle con el que gravan... digamos... todo lo habido y por haber. Están a las órdenes del jefe regional, el rey de los líderes. Taxis, autobuses, toda actividad renta. Policías, políticos, líderes empresariales. Todo el mundo se lleva su parte. Es una realidad que forma parte de la vida cotidiana de Lagos.»

Femi Kuti, hijo del fallecido Fela Kuti, la leyenda de la música, ha explicado lo siguiente: «Si querías presentarte a las elecciones, tenías que ir a ver a todos los líderes de las pandillas. Para conseguir que todos sus chicos te voten hay que soltar mucho dinero. Y, si eso lo haces bien, seguramente ganarás.»

«A mí no me gusta hablar mal de Nigeria, por todo lo que se oye –dijo Kadaria Ahmed, periodista y responsable de medios–. Sí, hay corrupción, el problema es la corrupción; el problema es el hecho de que los recursos que deberían ir a parar a la gente no están yendo a parar a la gente. Años de Gobierno militar han redundado en un embrutecimiento de la población. Se combatía la opinión. Se notaba un declive en la educación. Y eso fue así durante treinta años.

»En este país, el mayor obstáculo es la clase política –decía Ahmed–, porque lo que pasa en Nigeria es que el que pierde las elecciones se pasa al otro partido. Y entonces las gana. Y si las pierde, se vuelve al otro partido. Y por eso siempre son los mismos. Se aferran al cargo con uñas y dientes. Y luchan para mantener el sistema tal como está.»

CÓMO LLEGAR, CÓMO MOVERSE

El **Aeropuerto Internacional Murtala Mohammed (LOS)** es el aeropuerto internacional más grande del país. En él operan vuelos con salida y llegada a otros puntos de Nigeria, muchos países africanos y algunas ciudades de Oriente Medio, Europa y Estados Unidos, Nueva York y Atlanta incluidas. Es centro de conexión de Arik Air, una aerolínea nigeriana; y en él también operan algunas de las principales compañías aéreas del mundo, como British Airways, Emirates, KLM y Virgin Atlantic.

LOS se encuentra situado a unos quince kilómetros del centro de Lagos, lo que supone un trayecto de entre una y tres horas, según el tráfico, que puede ser terrible. La mayoría de las fuentes recomiendan contratar transporte hasta tu hotel por anticipado, para evitar la avalancha de conductores, cambistas, etc., que te asaltarán a las puertas de la terminal, sobre todo si te ven inseguro. Si puedes, reserva lugar en un autobús lanzadera que te lleve a tu hotel. Si no, en Lagos funcionan servicios de transporte compartido como Uber y también hay taxis sin taxímetro. Tendrás que negociar el precio del viaje antes de salir y pagar por anticipado. La tarifa debería ascender a unos 11 000 nairas nigerianos / unos 29 dólares. No es necesario dar propina, pero agradecerán si les dejan un 10 por ciento por la calidad del servicio.

EL SABOR DE LAGOS EN UN *BUKA* («MAMA PUT»)

El término *buka* designa uno de esos restaurantes informales, abiertos por los laterales, que se encuentran repartidos por toda Nigeria. Regentados por mujeres en su mayoría, estos establecimientos tienen una sustanciosa oferta de comidas y suelen estar especializados en un solo plato, aunque las cartas son extensas. A los *bukas* también los llaman coloquialmente restaurantes «Mama Put», porque la comida es tan buena que un cliente habitual puede pedir que la dueña, o «mama», le ponga (*put* en inglés) más en su plato.

«Cocinar bien lleva su tiempo. Ahora que cada vez más hombres y mujeres de Lagos se están incorporando a la población activa, cada vez menos de ellos cocinan a la antigua: elaboraciones largas, de horas enteras a fuego lento.» Los *bukas* cubren esta necesidad.

En Computer Village, **Stella's Kitchen** tiene fama de limpio y de ser un poco más caro que el *buka* clásico. Su cocina está especializada en un ñame machacado muy adecuado para acompañar una sopa de *egusi* espesada con cabra, semillas de melón y chiles sobre una base de caldo de pescado.

Y no olvides incluir en la agenda una comida en **Yakoyo**, un nombre yoruba que quiere decir «ven a llenarte.» Entre las especialidades de la casa está el arroz Jollof y *amala*, que consiste en rodajas de ñame convertidas en una harina que luego se cuece al vapor. Con esta se hacen unas bolas que puedes remojar en una sopa de cangrejo, chile, algarroba y hoja de yute. Y no te saltes la cabra asada.

STELLA'S KITCHEN: Calle Francis Oremeji, 16, Ikeja, Lagos (no tienen teléfono ni página web) (una comida completa: 2 000 nairas aprox. / 5.50 dólares aprox.)

YAKOYO: Olabode House, 217 Ikorodu Road, Ilupeju, Lagos, tel. +234 807 538 5987 (no tienen página web) (una comida completa: 2 000 nairas aprox. / 5.50 dólares aprox.)

OMÁN

Tony y el equipo de *Parts Unknown* viajaron a Omán a finales de 2016. Para entonces, Tony llevaba quince años recorriendo el mundo, pero Omán dejó boquiabierto al viajero hastiado. Mientras preparábamos este capítulo dijo: **«Aquí vamos a intentar esforzarnos. Este país me encanta. Quiero animar a la gente a que vaya.»**

«No es fácil de encontrar en el mapa. Tiene unas playas alucinantes. Montañas. Un desierto impoluto. Practica un islamismo tolerante, no sectario. Es uno de los países más bonitos, amables, generosos y hospitalarios que he conocido. Hablo de Omán.

»Omán no responde a lo esperado. Según la cruel lógica del mundo, no debería existir. Pero existe, y es alucinante. El sultanato de Omán es una monarquía absoluta, un Estado en su mayoría islámico y un punto de paso estratégico y vital para el abastecimiento internacional de petróleo. Se encuentra rodeado de algunas de las potencias más discutidas y discutibles de la región. Y, sin embargo, aquí está, un país relativamente pequeño, tolerante, acogedor con el extranjero, pacífico y extraordinariamente bello. Pero Omán se enfrenta a un futuro incierto, marcado por problemas de sucesión y de unas reservas de petróleo menguantes. El futuro es un gran interrogante... del que no suele hablarse.

»Hay que entender que Omán es un país que se encuentra colgado en lo más alto de la costa del océano Índico. El antiguo imperio se extendía desde Pakistán hasta África oriental, con importantes rutas comerciales que iban desde el África meridional hasta los es-

trechos de China, Indonesia y bien entrada Asia oriental. El Omán contemporáneo ocupa una fracción de ese tamaño, pero su ADN, su cultura, su gastronomía y, hasta cierto punto, su actitud para con el resto del mundo son un reflejo de esa historia.

»En los años treinta, Winston Churchill reemplazó el carbón por el petróleo como nueva fuente de energía de la Marina Real [británica]. Y, de pronto, todo cambió. Como necesitaban petróleo, ahora Omán era vital, no por sus limitadas reservas de crudo, sino por su situación geográfica: el estrecho de Ormuz, la arteria femoral del golfo Pérsico. Por este paso circula el 20 por ciento del petróleo mundial, lo cual lo convierte en una de las vías navegables más importantes del planeta, si no la principal.

»El sultán Qabus bin Said Al Said es su admirado y enigmático gobernante, su monarca absoluto, el mandatario que rige los destinos de Omán [desde 1970]. Durante este tiempo, el sultán ha convertido un país que era, literalmente, un desierto primitivo y atrasado en una sociedad moderna, funcional y más o menos laica... Normalmente, esta clase de empeños personales no son tan recomendables. Porque históricamente no suelen funcionar. Pero si nos paramos a observar la situación actual del país, impresiona bastante.

»Omán no es tu sistema ni el mío, no es perfecto ni una democracia al estilo occidental, ni muchísimo menos, pero aquí se siente el orgullo de una identidad colectiva, el orgullo de ser omaní. También es de destacar la importancia que el sultán ha dado al papel de la mujer en la sociedad. Ha impuesto, al menos a nivel político, la igualdad de acceso a la educación, al trabajo y al ejercicio del poder político.»
Nota: el sultán murió en enero de 2020 y su primo Haitham bin Tariq ha asumido el poder en Omán.

CÓMO LLEGAR, CÓMO MOVERSE, DÓNDE ALOJARSE

Los vuelos procedentes del extranjero aterrizan, casi invariablemente, en el **Aeropuerto Internacional de Mascate (MCT)**, situado a unos treinta kilómetros de la capital del país, Mascate. Centro de conexión de Oman Air, este aeropuerto opera vuelos con salida y llegada a Omán, a la región de Oriente Medio y a numerosos destinos del subcontinente indio, África, Asia y Europa.

En el mostrador de Mwaslat, en la zona de llegadas, se puede reservar un taxi con taxímetro, de los rojos y negros. También hay parada de taxis en la puerta, pero, como no tienen obligación de usar taxímetro, es mejor negociar un precio cerrado. El trayecto en taxi desde el aeropuerto a un hotel de Mascate cuesta una media de 12 riales omaníes / unos 31 dólares. Los taxistas no esperan propinas, pero agradecerán recibirlas. También hay distintos servicios de autobús lanzadera que unen el aeropuerto con los hoteles y en MCT se puede rentar un coche.

Una vez en Mascate, puedes moverte en taxi o en autobús urbano, los llamados *baizas*, que son de color naranja y blanco. Es costumbre compartir taxi para reducir gastos. La red ferroviaria de Omán se encuentra en fase de desarrollo en el momento de escribir estas líneas.

HOTELES: UN PALACIO LITERAL, UN REFUGIO DE MONTAÑA, UN OASIS EN EL DESIERTO

Durante su estancia en Mascate, que convirtió en su centro de operaciones, Tony se alojó en el **Al-Bustan Palace**, un resort de la cadena Ritz-Carlton que se encuentra situado entre los montes al-Hajar y el mar de Omán y que, originalmente, se construyó para albergar el palacio del sultán Qabus bin Said Al Said. El complejo cuenta con un excelente *spa*, múltiples piscinas descubiertas, servicio de playa, kayak y esnórquel, un restaurante de alta cocina china, un bufet de desayuno de primera clase y el tipo de servicio refinado y lujo decorativo que cabe esperar de un lugar como este.

AL-BUSTAN PALACE: Quron Beach / PO Box 1998, Mascate 114, tel. +968 24 799666, <www.ritzcarlton/en/hotels/oman/al-bustan> (precio de una habitación: desde 150 riales / 428 dólares la noche aprox.)

«Aquí todo cambia conforme te alejas de la costa y te adentras en el interior. Este es el corazón conservador del país, su centro espiritual. Una de las peculiaridades de Omán es que no es suní ni chiita, sino ibadí: una forma antiquísima y especialmente tolerante de islamismo no sectario. Una distinción que nosotros los occidentales deberíamos tener presente. El islam no es una religión monolítica, tiene numerosas ramas.

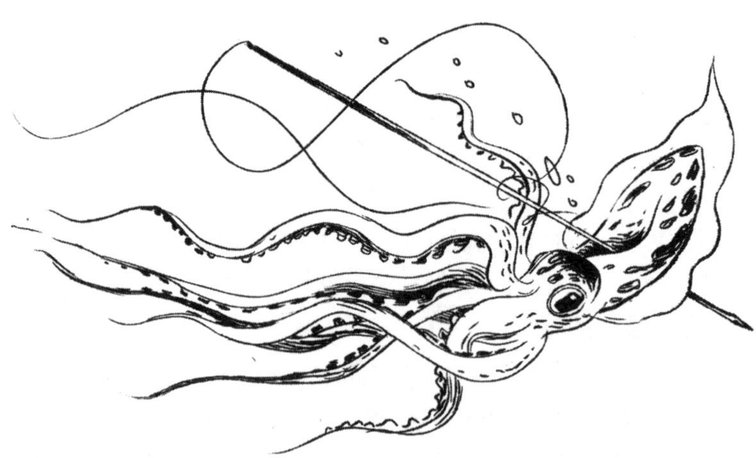

»Se puede decir que la teología ibadí constituye la piedra angular de muchos de los códigos de conducta omaníes. Pone en valor conceptos como la cortesía, la aceptación, la unidad y la tolerancia. Y quizá a causa de esto, el sultanato ha elevado el tacto diplomático a rango de política exterior. Internamente, Omán también ha evitado el radicalismo y la violencia sectaria. La doctrina ibadí considera infame derramar sangre por cuestiones religiosas, a menos que sea por causa de un ataque.

»El terrorismo y la violencia del vecino Yemen se antojan muy lejanos aquí arriba, en Jabal al-Akhdar, la Montaña Verde.»

Para quien desee conocer al-Jabal al-Akhdar, a dos horas en coche desde Mascate hacia el interior, el **Anantara al-Jabal al-Akhdar Resort** es un complejo de superlujo construido a casi dos mil metros de altitud, en la meseta Saiq de la montaña que da nombre al lugar. El complejo está situado al borde de un cañón, con magníficas vistas desde casi todos los puntos, sobre todo desde la piscina infinita construida al borde del acantilado y el mirador bautizado en honor de una de sus visitantes, la desaparecida princesa Diana. Excursiones guiadas y visitas culturales, una amplia gama de servicios de *spa*, clases de cocina y de *fitness*, una extensa oferta gastronómica y la clase de aislamiento suntuoso y tranquilo que ofrece la ubicación del hotel son algunos de los muchos motivos que llevaron a Tony a enamorarse de este lugar. Hay que decir que la carretera que asciende por la montaña es lo bastante empinada como para que resulte imposible superarla sin un vehículo 4x4; el complejo ofrece un servicio –de pago– de traslado con chofer desde la base. Un trayecto que dura treinta y cinco minutos.

ANANTARA AL-JABAL AL-AKHDAR RESORT: Apartado de correos 110, código postal 621, al-Jabal al-Akhdar, Nizwa, tel. +968 25 21 8000, <www.anantara.com/es/jabal-akhdar> (precio de una habitación: desde 200 riales / 523 dólares la noche aprox.)

«Doscientos kilómetros al sur de Mascate acaba el asfalto y empieza esto: Arenas de Sharqiya, en la linde de Rub' al Khali, el desierto de arena más grande del mundo. Y, cuando te adentras en la arena suave, las cosas cambian, todo cambia, tú cambias. Esta es, por tradición, la tierra de los beduinos, el pueblo que durante miles de años recorrió estos áridos, secos y aparentemente interminables parajes y los convirtió en su hogar.»

Cuando vayas a Arenas de Sharqiya, instálate en el **Thousand Nights Camp**. Es uno de los pocos poblados permanentes de la región que ofrecen al visitante una inmersión en la vida de las dunas, añadiendo ciertas comodidades, desde las tradicionales tiendas de campaña a la manera árabe (dispuestas en torno a un baño compartido) hasta otras más lujosas y espaciosas, pasando por la opción de una casa independiente.

THOUSAND NIGHTS CAMP: Apartado de correos 9, código postal 115, Mandinate al-Sultan Qaboos, tel. +968 9944 8158, <www.thousandnightsoman.com> (precio de una habitación/tienda de campaña: desde 100 riales / 260 dólares la noche)

COMER EN OMÁN: REFLEJOS DE UN IMPERIO

«En Omán la comida es una mezcla de aromas, ingredientes y sabores de Arabia y de todo el antiguo Imperio omaní.» Los elementos comunes de la dieta omaní incluyen arroz, dátiles, una infusión ligera de café mezclado con cardamomo y un agua de rosas llamada *kahwa*, carne, pescado y marisco asado o a la parrilla, pan plano y verduras cocidas con clavo y coco. Es una gastronomía claramente influida por los ingredientes y técnicas de Zanzíbar, una región que antiguamente formó parte del sultanato omaní.

«Bait al-Luban es una antigua casa de huéspedes reconvertida en restaurante en la que se pueden degustar platos como *pakora* y *kashori*, ambos originarios de la India; *chapati*, del este de África; y *shuwa*, un clásico que en Omán se reserva para ocasiones especiales. Lo hacen en todo el mundo, en una u otra versión, pero el *shuwa* es especial. Toman una cabra, la embadurnan con una pasta picante a base de comino, cilantro, pimiento rojo, canela, cardamomo y nuez moscada, envuelven la carne en hojas de palma o de plátano, cavan un hoyo, arrojan en él parte de la carne, la cubren y la dejan un día o dos enterrada, sobre un lecho de brasas calientes.»

BAIT AL-LUBAN: Calle Al-Mina, Carretera de Muttrah, Mascate, tel. +968 24 711842, <www.baitalluban.com> (un plato principal: 6.50 riales / 17 dólares)

PERÚ

LIMA

En *Parts Unknown*, Tony combinó una visita a la cosmopolita Lima, la capital gastronómica de Latinoamérica, con un *tour* por una remota plantación de cacao. Tony había entrado en el negocio del chocolate de alta gama junto a Eric Ripert, y ahora quería conocer a las personas que se encontraban en el origen de la cadena de suministro, en el cañón del Marañón.

«Perú es un país que históricamente ha vuelto locos a los hombres: locos por el oro, por la coca, por su mágica historia ancestral. Pero ahora hay otra cosa que atrae al forastero a sus recónditos valles. Algo que a nosotros nos encanta. Nos obsesiona, lo devoramos, lo idolatramos. Hablo del chocolate. Eso que una vez fue una golosina común y corriente está adquiriendo una sutileza digna del vino más refinado. Y eso dificulta aún más la búsqueda de una materia prima de calidad.

»Un profeta dijo una vez: "No me digas qué dice un hombre, no me digas qué sabe un hombre. Dime adónde ha viajado". Y eso me plantea interrogantes. ¿Nos volvemos más inteligentes y preclaros a medida que viajamos? ¿Viajar nos hace sabios? Creo que no hay mejor lugar que Perú para descubrir esto. Perú ha atraído al mundo desde que llegó Pizarro en busca de oro. Producto de una difícil mezcla de influencias españolas e indígenas, en la actualidad Perú es un país de contrastes extremos: el presente frente al pasado; frondosas

selvas, montañas nevadas, ciudades vibrantes; lo asimilado y lo contrario. Con frecuencia son esos mismos contrastes los que atraen a la gente a esta tierra.»

CÓMO LLEGAR, CÓMO MOVERSE

Bautizado en honor de un famoso aviador de principios del siglo XX, el **Aeropuerto Internacional Jorge Chávez (LIM)** es el principal aeropuerto internacional del país. En él operan vuelos con salida y destino al interior de Perú y Latinoamérica, Centroamérica y algunas ciudades norteamericanas y europeas.

Airport Express Lima es un servicio de autobuses con aire acondicionado (¡y wifi y baño!) que ofrece traslados seguros desde el aeropuerto a una de las siete paradas que hace frente a otros tantos hoteles de Miraflores, el barrio en el que te hospedarás casi con toda seguridad. Compra tu boleto dentro del aeropuerto; cuesta unos 25 soles peruanos / unos 7 dólares el boleto sencillo o 50 soles / unos 13 dólares el de ida y vuelta. También puedes trasladarte hasta tu hotel en taxi (pero no en Uber, un servicio que ha sido prohibido en el aeropuerto y que no se considera seguro). El aeropuerto se encuentra situado a unos veinte kilómetros de Miraflores; el trayecto en taxi dura una media hora y cuesta entre 50 y 60 soles / entre 13 y 17 dólares. Los taxistas no esperan recibir propina.

Ya en la ciudad, puedes arriesgarte a tomar un taxi, pero, aparte de unas pocas empresas bien consolidadas, la mayoría de estos vehículos no están regulados ni llevan taxímetro. Así que es mejor negociar el precio y, en algunos casos, indicar el camino al conductor, porque mucha gente viene del campo en busca de trabajo y no hay barreras que impidan establecerse como taxista. Lima tiene una red oficial de autobuses, el Metropolitano, y una red no regulada de minibuses, los llamados colectivos, que son económicos, pero que son lentos, no están regulados y no están hechos para el turista timorato, despistado o que no hable español.

EL CEVICHE Y EL ANCESTRAL ARTE ERÓTICO LIMEÑO

«Lima es el centro cultural y la capital gastronómica de un país que en la última década ha explotado con decenas de chefs, cocineros y restaurantes capaces de medirse con los mejores del mundo. Desde hace mucho tiempo, la peruana está considerada como una de las mejores gastronomías latinoamericanas. En Perú hay muchos productos que el público estadounidense no conoce en absoluto. Son platos que, cuando los pruebas, no se parecen a nada. Son únicos. Entre los siglos XIX y XX llegaron a Perú, como jornaleros y labradores, un gran número de inmigrantes chinos y japoneses. Y aquí su influencia se palpa –en la comida, principalmente– en mayor medida que en cualquier país del continente. Es esta influencia, y los ingredientes de la Amazonia y de los Andes, la que realmente hace única la cocina peruana. Son sabores que no se encuentran en ningún otro rincón del planeta.»

Para un almuerzo íntimo en Lima, nada mejor que **Chez Wong**, literalmente, «la casa» de Javier Wong, un chef que lleva treinta y cinco años sirviendo ceviche en el pequeño restaurante de seis mesas que tiene abierto en su casa. Wong trabaja con una docena de pescadores. El restaurante solo sirve comidas y es el propio Wong el que corta y sazona todo el pescado.

«La casa solo sirve el menú que él haga ese día, el mismo para todo el mundo. Y hoy, el lenguado que ha comprado en el mercado tiene una pinta estupenda, así que eso vamos a comer.» Una de las propuestas clásicas de Wong es el ceviche de pulpo y lenguado: un *tiradito* de lenguado con nueces, lima, ají limo y aceite de sésamo.

(Eric Ripert comentó que pensaba adaptar el ceviche a su carta de Le Bernardin, su restaurante de Nueva York.) Y no te pierdas las propuestas más raras, como el queso fresco con piña. **«Esto no debería estar bueno, pero lo está.»**

CHEZ WONG: Enrique León García, 114, 15043 Lima, tel. +51 1 4706217 (no tienen página web) (un plato principal: 85 soles / 24 dólares aprox.)

Tras la obligada ronda en torno al oro y demás artefactos precolombinos del magnífico **Museo Larco**, por qué no echarle un vistazo a la Galería Erótica, en la que se exhibe un gran número de espléndidos ejemplos de cerámica pre y poscolombina y otras obras que muestran toda clase de seres humanos y animales practicando la cópula en las más variadas formas. **«Suena tan divertido como una feria del Renacimiento en versión nudista, pero la verdad es que está genial. Descubres que en aquellos tiempos la cosa podía ser bastante interesante. Pues sí, a esa gente a veces se le iba la cabeza, se desinhibía y, por lo visto, podía llegar a ser bastante depravada. Nada nuevo bajo el sol que esos cachondos precolombinos no hubieran pensado antes.»**

MUSEO LARCO: Avenida Simón Bolívar, 1515, 15084 Pueblo Libre, Lima, tel. +51 1 4611312, <www.museolarco.org> (entrada general para adultos: 30 soles / 8.50 dólares aprox.)

CUZCO Y MACHU PICCHU

Para visitar el Machu Picchu primero hay que trasladarse a Cuzco, la ciudad altoandina.

«En sus calles, los turistas que admiran los edificios de la colonia española construidos sobre la piedra de las ruinas incas se cruzan con el habitante del pueblo andino tradicional. Este es un buen lugar para

descubrir tanto la belleza como los difíciles contrastes de la historia de Perú... y ejercitarse en la difícil tarea de respirar a esa altura.»

Entre Lima y Cuzco median casi quinientos kilómetros en línea recta, pero esta distancia casi se duplica al volante, dado el trazado de unas carreteras que evitan el paso directo por algunos traicioneros tramos de montaña. Hay rutas de autobuses turísticos que tardan tres días en cubrir el trayecto. Van trazando un bucle hacia el sur y haciendo paradas nocturnas, lo que deja al viajero mucho más tiempo para aclimatarse al cambio de altitud (Lima se encuentra situada a unos 150 metros sobre el nivel del mar; Cuzco, a casi 3 500). También hay autobuses «rápidos», con una ruta más directa de veintidós horas, pero se dice que en ellos se produce conducción temeraria e incluso secuestros armados.

El vuelo de Lima al **Aeropuerto Alejandro Velasco Astete (CUS)** de Cuzco dura poco más de una hora; son varias las compañías aéreas peruanas que ofrecen esa ruta. Prepárate para el impacto de la altura cuando llegues. Puedes contratar uno de los medios de transporte que ofrece el aeropuerto dentro de este, por unos 50 soles / unos 14 dólares, o arriesgarte a tomar un taxi de los que esperan frente al aeropuerto, que te cobrarán entre 15 y 35 soles / 4 y 10 dólares, según tu capacidad negociadora.

Cuzco, como Lima, puede recorrerse a pie, en taxi, en autobús o en microbús.

Y la última etapa de tu viaje a la ciudadela de Machu Picchu puedes hacerla en tren (más información en <perurail.com>) o acudir a un turoperador fiable y contratar una excursión a pie guiada.

HOTEL EN CUZCO: UN NUEVO ALIENTO

Durante tu estancia en Cuzco, en el **Belmond Hotel Monasterio, «un seminario jesuita de cuatrocientos años de antigüedad reconvertido**

en hotel de cinco estrellas», encontrarás confort y la posibilidad de respirar holgadamente. **«Su decoración de época evoca poderosamente la presencia española. Iluminación espiritual: eso es lo que los conquistadores les llevaron a los incas. Estaban convencidos de ello. Lo que libraban, según ellos, era una guerra por las almas. Pero aquí, bajo este aire enrarecido, yo solo libro una guerra por recuperar el aliento. El hotel intenta ayudar por todos los medios, echando el resto en el empeño de bombear oxígeno puro en las habitaciones.»** El hotel no tiene piscina ni gimnasio, pero sí cuatro jardines, dos restaurantes *gourmet*, una capilla consagrada e impresionantes obras de arte del siglo XVII.

BELMOND HOTEL MONASTERIO: Calle Plazoleta Nazarenas, 337, Cuzco, tel. +51 84 604 000, <www.belmond.com/es/hotels/south-america/peru/cusco/belmond-palacio-nazarenas> (precio de una habitación: desde 1 000 soles / 280 dólares la noche)

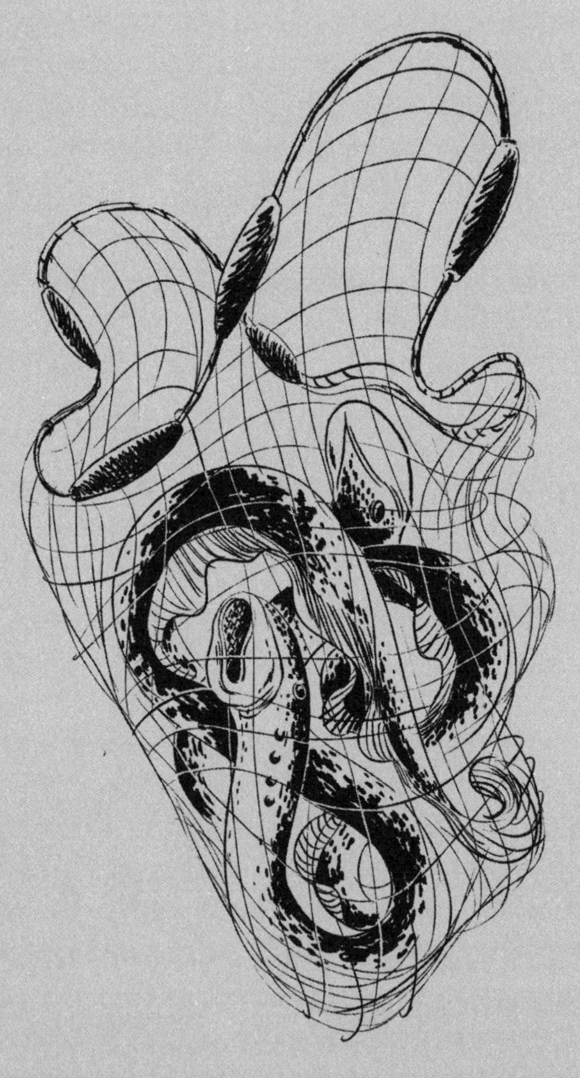

PORTUGAL

Tony oyó hablar por primera vez de Portugal y su gastronomía cuando trabajaba como joven lavaplatos y cocinero en Provincetown, Massachusetts, donde gran parte de la población de trabajadores de la restauración, pescadores y sus familias eran de ascendencia portuguesa.

«Portugal, un país minúsculo donde los haya, encajonado entre España y el océano Atlántico, ha ejercido una influencia en el mundo verdaderamente desproporcionada para su tamaño. Durante la "Era de los Descubrimientos", los portugueses partieron al mar en gran número y ganaron fama por su pericia como navegantes, constructores navales, exploradores. Conquistaron gran parte del mundo, creando un imperio que se extendía desde Brasil hasta África y las Indias Orientales.

»Todo lo viejo vuelve a ser nuevo. [O] quizá no. A veces me da por pensar que, en realidad, nada cambia. En mis tiempos, cuando salté de las cocinas al mundo para aprender a hacer televisión, viajé al norte de Portugal. No sospechaba lo que me esperaba.»

Descubrió que las ardientes y accidentadas sopas y guisos de col, papa y chorizo que él relacionaba con el Portugal continental, en realidad, eran recetas propias de las islas Azores, el archipiélago del Atlántico Norte, una región autónoma del país que cuenta con su propia tradición gastronómica y cultural. La mayoría de la gente cuya cocina le gustaba a Tony en Massachusetts eran inmigrantes de las Azores, y en estas islas fue donde, en busca de las diferencias entre el Portugal continental y el insular, grabó un capítulo de *No Reservations*. Este episodio posiblemente ha quedado en la memoria por la perpleja reacción de Tony ante el fuerte aroma de las sulfurosas aguas termales («como un pedo húmedo») en las que un cocinero local le coció un huevo.

LISBOA

CÓMO LLEGAR, CÓMO MOVERSE

Lisboa, la capital de Portugal, pasa por ser la puerta de entrada al país. A su aeropuerto, el **Humberto Delgado o Portela**, lo llaman simplemente **Aeropuerto de Lisboa (LIS)**; en él operan las principales compañías aéreas de Estados Unidos, TAP Air Portugal, la aerolínea de bandera del país, y las compañías europeas más importantes. El aeropuerto dispone de autobús lanzadera (el Aerobús; cuesta 5 dólares para un trayecto de tres cuartos de hora más o menos), estación de metro (1.70 dólares por un trayecto de treinta y cinco minutos, incluyendo un trasbordo inevitable) y taxis, que cobran unos 24 dólares por trasladar al viajero al centro de la ciudad desde el aeropuerto, un viaje de unos diez kilómetros que dura veinte minutos aproximadamente.

Lisboa tiene varias estaciones de tren, la mayor de las cuales es la Gare do Oriente, una maravilla modernista diseñada por Santiago Calatrava, el prestigioso arquitecto español. La ciudad cuenta con una red de metro de cuatro líneas, el Metro de Lisboa.

COMER EN LISBOA: UN PLACER SIN ASPAVIENTOS

«Lisboa: una ciudad antigua, el corazón de la Era de los Descubrimientos, en tiempos el imperio más rico del mundo. Aquí hay historia, mucha historia. Es una ciudad preciosa. A los lisboetas les gusta su comida. Hablan mucho de ella, y tienen unas opiniones muy categóricas sobre qué y dónde debe comer el visitante. Ramiro es uno de esos establecimientos que adoran los lisboetas, ahora y siempre. También puede ser definido como un restaurante para chefs, porque cuenta con una de esas cartas sin complicaciones por las que suspiran los chefs cansados de salsas y aderezos. Una avalancha de marisco minimalista de calidad máxima. Aquí no elaboran el producto demasiado. Empieza por el marisco y acaba por el sándwich de carne.» Ramiro es un local de tres pisos muy concurrido, sin lujos, pero con meseros amables y educados y una oferta gastronómica sencilla e impecable.

Aquí se puede hacer una comida épica a base de percebes, camarones, cigalas, almejas y, de postre, un panecillo con filete al ajo y mostaza, todo ello bien acompañado con cerveza.

RAMIRO: Avenida Almirante Reis, 1, 1150-007 Lisboa, tel. +351 21 885 1024, <www.geral24128.wixsite.com/cervejariaramiro/copia-home> (precio medio de una comida para dos: 75-100 euros / 90-120 dólares aprox.)

«Siempre que puedo, me gusta comer allí donde también puedo cubrir mis necesidades pesqueras: Sol e Pesca, en la parte fea de la ciudad, una calle poblada de prostitutas de mala dentadura y peso pesado. Amén de mi querencia por los aparejos de pesca, últimamente he adquirido una pasión profunda y sincera por las cosas buenas –anguilas, sardinas– que vienen en lata.»

También hay distintas variedades de atún y huevas de atún, jurel, pulpo, calamar, etc., que se sirven con pan y vino. Tony comió y bebió entre cañas, redes y carretes de pesca junto a Pedro Gonçalves y Tó Trips de **Dead Combo**, **«una de las mejores y más interesantes bandas de Lisboa»**, y el grupo que puso música a todo el episodio.

SOL E PESCA: Rua Nova de Carvalho, 14, 1200-019 Lisboa, tel. +351 21 346 7203 (precio medio de una comida: 20-30 euros / 24-36 dólares aprox.)

OPORTO

CÓMO LLEGAR

El **Aeropuerto de Oporto**, oficialmente **Francisco Sá Carneiro**, también es centro de conexión de TAP Air Portugal y opera vuelos de varias compañías aéreas europeas. El metro de la ciudad, Metro do Porto, comunica el aeropuerto con el centro por unos 3.50 dólares, y también hay varios servicios de autobús lanzadera con distintos precios, así como taxis con taxímetro que trasladan al viajero al centro por unos 30 dólares.

Porto Campanhã es la estación ferroviaria por la que pasan las principales líneas de tren que salen y entran de la ciudad; mucho más bonita, con su elaborada decoración de azulejos, la estación Beaux Arts **São Bento** es el nudo que conecta una serie de líneas de tren de cercanías.

COMER DESPUÉS DE BEBER

«¿Qué hace uno cuando no quedan más que vísceras, pezuñas y partes sueltas? Pues pensar cómo convertirlas en delicias, por supuesto.» Y en esto, los portugueses son expertos.

«Aquí las comidas no son ligeras, o por lo menos no suelen serlo. A los portugueses les gusta el cerdo; les encanta.» En **A Cozinha do Martinho**, un restaurante casero, pero refinado, empieza con unas *patinhas*, o pequeñas sardinas enteras, y sigue con *tripas à moda do Porto*: una receta clásica a base de tripa de vaca, frijoles y distintas partes del cerdo **(«salchicha, tocino, oreja de cerdo, curado y ahumado»).**

A COZINHA DO MARTINHO: Rua da Costa Cabral, 2598, Oporto, tel. +351 91 959 5316 (no tienen página web) (precio medio de una comida: 30 euros / 36 dólares por persona aprox.)

En Oporto nunca faltan esa clase de cenas tardías a base de carne grasa que ejercen una atracción natural sobre aquellos que se toman un par de copas en algunas de sus veladas. **«Los que me conocen mínimamente saben de la perversa atracción que siento por el hot dog mutante»,** decía Tony, a modo de presentación del cachorro, un bocadillo caliente de salchicha recién hecha, queso y salsa picante envueltos en un panecillo portugués fino y crujiente, tostado y cortado en raciones del tamaño de tapas, para un consumo más pulcro y eficiente, y, de ser posible, servido con una cerveza fría Super Bock en **Cervejaria Gazela.** Es un local muy popular y concurrido, pero vale la pena esperar a que quede espacio libre en la barra, en una de las mesas corridas de las paredes o en una de las pocas mesitas altas. Y para los reacios a las especias y el cerdo, también hay un sándwich de carne básico y papas fritas doradas y crujientes.

CERVEJARIA GAZELA: Travessa Cimo de Vila 4, 4000-171 Oporto, tel. +351 222 054 869, <www.cervejariagazela.pt> (dirección del local original; el más reciente y de mayor tamaño se encuentra en Rua de Entreparedes, 8-10, 4000-434 Oporto, tel. +351 221 124 981 [misma página web que el Gazela original]) (un hot dog: 3 euros / 4 dólares aprox.)

«Carne, queso, grasa y pan... Una combinación inmortal.» Pocas recetas demuestran este aserto mejor que el otro sándwich estrella de Oporto, la *francesinha*, una especie de *croque monsieur* turbo bañado en una carnosa y contundente salsa de cerveza y tomate (cuyos ingredientes exactos son un secreto que todos sus elaboradores guardan celosamente) que es mejor comer con cuchillo y tenedor.

«[El nombre] quiere decir "niña francesa", pero yo creo que no es tan pequeña. Pesa una tonelada: pan, jamón, carne, salchicha y un poco de *linguiça* [longaniza]. Toda una creación.»

CAFÉ O AFONSO: Rua da Torrinha, 219, 4050-610, Porto, tel. +351 22 200 0395 (no tienen página web) (un sándwich: 10 euros / 12 dólares)

REINO UNIDO

LONDRES, INGLATERRA

Con cada uno de sus programas de televisión, Tony paraba en Londres con frecuencia. La consideraba una buena ciudad en la que promocionar y vender sus libros. Durante la grabación de la versión británica del concurso de cocina *The Taste*, estuvo un mes viviendo allí, con sus colegas y amigos Nigella Lawson y Ludo Lefebvre. Su última visita televisada, en 2016, tuvo lugar –por pura coincidencia– con el referéndum del Brexit, que dejó a los ciudadanos londinenses perplejos, preocupados y prestos a ahogar sus miedos y penas en los legendarios pubs y restaurantes de la ciudad.

«Londres, Inglaterra, la capital que recibe más visitantes internacionales que cualquier otra ciudad del mundo. ¿Bastión de las buenas maneras? Pues no, la verdad. No el Londres que yo conozco. De hecho, ¿hasta qué punto es inglés Londres? El plato nacional, uno que es más popular que el *fish and chips*, con diferencia, es el pollo *tikka masala*, y cualquiera que piense que la gastronomía inglesa es mala está muy obsoleto. De hecho, Londres es capital gastronómica desde hace tiempo. De los pubs ya tienes idea, y en verdad son tan maravillosos y estupendos como dicen. A la gente de aquí le gusta beber, demasiado, muchas veces, y otras no sabe hacerlo, hay que reconocerlo.

»Así que quizá entiendas por qué Londres es una de mis ciudades favoritas, un segundo hogar con frecuencia. Visitar esta tierra me

da la oportunidad de ver a viejos amigos, chefs a los que admiro y, por supuesto, saborear esa clase de gastronomía única que hemos perdido, que tan difícil es encontrar en Nueva York. Los mejores ingredientes, la mejor ejecución, a la altura de aquellos, y el amor por lo que significa, ha significado y debe significar cocinar y cenar como un ciudadano inglés.»

CÓMO LLEGAR, CÓMO MOVERSE

Londres tiene dos grandes aeropuertos: **Heathrow (LHR)**, un gigantesco centro de conexión internacional con cinco terminales y una actividad inmensa, y **Gatwick (LGW)**, también un gran aeropuerto internacional, aunque un poco más pequeño y menos concurrido que el primero. Los dos disponen de enlaces ferroviarios que comunican con el centro de Londres por mucho menos dinero y en mucho menos tiempo que un taxi, que puede costar entre 45 y 70 libras / entre 60 y 97 dólares, más la acostumbrada propina del 10 o 15 por ciento.

La ciudad tiene una serie de grandes estaciones de tren de las que parten líneas que comunican con la periferia y con el resto del Reino Unido, terminales como Waterloo, Paddington, King's Cross y St Pancras, que es la estación de salida y llegada del tren Eurostar que une Londres con París y Bruselas.

Para moverse por Londres, lo mejor es recurrir al metro, el llamado Underground o The Tube. **«Un abono de un día vale para veinticuatro horas y sirve para ir a cualquier sitio. Pero muévete rápido. En las horas pico, no lleves mochila en los vagones. Cede siempre el asiento a las mujeres embarazadas, aunque no seas tú el causante de su estado. Si lo haces así, tú y el Metro de Londres –posiblemente– podrán hacerse amigos.»**

Pero si prefieres un taxi: **«Tienes que saber algo: no tomes nunca un *minicab*. Toma solo taxis negros. Los taxis negros llevan taxímetro.**

Sabes cuánto pagas. Y, además, no solo saben a dónde van, sino que conocen rutas alternativas para llegar a ese destino. Los *minicabs* te cobran lo que se les hinchan los huevos y es extremadamente remota la posibilidad de que sepan hacia dónde se dirigen.» A los taxis negros los puedes parar por la calle o tomarlos en las paradas que se encuentran frente a los hoteles y en los principales lugares de interés turístico.

EL HAZLITT'S, «UN BARCO ESCORADO»

«Yo tengo base de operaciones en ciertas ciudades; Londres es una de ellas. Y en pleno barrio de los teatros, el Soho, en tres edificios georgianos que datan de 1718, se encuentra uno de mis oasis personales, el Hazlitt's, un hotel *boutique* que cuenta con muchos escritores entre sus clientes.

»De este hotel debes saber que todo está inclinado, como quien dice. Aquí siempre me siento como si estuviera en un barco escorado. Las puertas no llegan a tocar el suelo, los muebles están ladeados. Es una de las cosas que más me gustan de este sitio.»

Con sus veintitrés habitaciones y *suites* repletas de muebles antiguos y obras de arte, el Hazlitt's también es conocido por su biblioteca. Los escritores que acuden al establecimiento, incluido Tony, suelen dejar ejemplares de sus libros en la librería. El hotel no tiene restaurante, pero el servicio de habitaciones de veinticuatro horas y el bar *self-service* (sin meseros, pero dotado de su máquina de cobro automático y su lista de precios) permiten a los clientes alimentarse e hidratarse adecuadamente.

HAZLITT'S: Frith Street, 6, W1D 3JA Londres, tel. +44 20 7434 1771, <www.hazlittshotel.com> (precio de una habitación: 320 £ / 438 dólares la noche aprox.)

CALZADO A MEDIDA

«La relación que mantienen los zapateros artesanales ingleses con sus clientes me tiene fascinado desde que vi la obra de teatro de Alan Bennett *An Englishman Abroad*, crónica de la vida real del espía y comerciante británico Guy Burgess en Moscú después de su deserción. Burgess desertó a Rusia, pero siguió encargando sus zapatos a medida al mismo profesional de Londres. Este detalle me llamó la atención. ¿Por qué eran tan especiales?»

Para descubrirlo, Tony se personó en el taller del maestro zapatero **George Cleverley.**

«Zapatos de confección manual: menudo lujo, pero, bueno, ¿cuánto cuestan hoy en día unos zapatos decentes? Tienen unos precios absurdos. Son unos zapatos para toda la vida.» Los zapateros te hacen una impresión del pie, te toman las medidas meticulosamente, antes y durante el proceso de fabricación, y suelen tomarse todo el tiempo que necesitan para crear y entregar un clásico zapato de caballero confeccionado a medida. Fallecido el señor Cleverley en 1991, ahora lleva el negocio George Glasgow sénior –veinte años de experiencia trabajando con Cleverley–, su hijo, George Glasgow Jr., y un pequeño grupo de artesanos expertos.

GEORGE CLEVERLEY & CO. LTD. The Royal Arcade 13, Old Bond Street 28, Londres W1S 4SL, tel. +44 20 7493 0443, <www.georgecleverley.com> (distintos precios)

COMER COMO UN INGLÉS

«En Sweetings, según me dicen, te hacen sentir como si hubieras vuelto al internado, pero sin la vara y la sodomía. Tu mesero es tu mesero para siempre. Esperas hasta que él y solo él tenga una mesa libre. Es una relación más larga que algunos matrimonios.»

Para comer en **Sweetings**, una institución del marisco que lleva sirviendo comida inglesa reconfortantemente predecible (*rarebit* –pan tostado con queso– galés, coctel de camarones, pastel de pescado, tostadas de huevas de bacalao) a una clientela corporativa desde 1889, pide chícharos blandos, camarones *scampi*, papas fritas y abadejo ahumado con huevos escalfados. Durante muchos años, Sweetings solo sirvió comidas, aunque las mejores de ellas, bien acompañadas, a menudo se prolongaban hasta la hora de la cena; a finales de 2018, esta centenaria marisquería del distrito financiero de Londres se aventuró por fin a ofrecer alguno que otro turno de cena.

SWEETINGS: Queen Victoria Street, 39, Londres, EC 4N 4SF, tel. +44 020 7248 3062, <www.sweetingsrestaurant.co.uk/menu> (precio medio de una comida: 50-75 £ / 70-110 dólares por persona aprox.)

«En una llamativa, pero dolorosa ironía, mientras la demanda de despojos cae en picado entre las clases trabajadoras, en el otro extremo del espectro gastronómico, los *gourmets* y comidistas pagan fortunas por los ingredientes que antes eran el alimento de los pobres. Nadie ha tenido mayor influencia en este cambio que el propio Buda reencarnado, el líder espiritual de todos los adeptos del aprovechamiento íntegro del cerdo, Fergus Henderson.

»Cuando Fergus Henderson abrió el restaurante St. John, y al poco publicó su libro *Nose to Tail Eating*, nos dio permiso, a todos los que cocinamos en cualquier parte del mundo occidental, para redescubrir los deliciosos misterios de las otras partes del cerdo. Redirigió la atención hacia una tradición gastronómica que había estado denostada, groseramente infravalorada hasta ese momento.»

Tony volvió al St. John repetidas veces, y siempre encontraba muchas cosas sobre las que impartir su evangelio. **«Tuétano con pan tostado, ensalada de alcaparras al perejil y una pizca de sal marina, mi plato favorito en el mundo. O eso pensaba yo. La siguiente receta lleva**

las cosas a un nivel completamente distinto: el pastel de sangre inglés, por fin tratado con el respeto y la técnica francesa que siempre ha merecido. Ah, pastel de sangre. Eso sí que es bonito. Eso es pudin negro como es debido: un embutido de sangre oscuro, intenso, húmedo, con dos huevos solo ligeramente fritos, por favor. Perfecto.»

Situado en un salón sencillo, pero elegante, del barrio de Clerkenwell, el St. John también se distingue por un pastel de carne y riñón de unas dimensiones suficientes para no menos de dos comensales hambrientos; sus ensaladas de temporada sin pretensiones; y unos postres tan sencillos como magníficos, como el arroz con leche caliente con compota de fruta o el pan de jengibre con salsa de caramelo.

ST. JOHN: St. John Street, 26, Clerkenwell, Londres EC1M 4AY, tel. +44 020 7251 0848, <www.stjohnrestaurant.com> (50-75 £ / 90-105 dólares por persona aprox.)

... Y BEBER COMO UN INGLÉS (TAMBIÉN)

Allá donde iba, Tony siempre acudía en busca de la cara un poco más oscura de la ciudad, la que se manifestaba en algunos de sus antros. En el Soho londinense hablamos de un local **«al que llaman tanto Trisha's como Hideout o New Evaristo Club. Estos nombres conducen a una puerta de apariencia inofensiva, sin ningún rótulo, que da paso una de las auténticas maravillas de la ciudad de Londres»**.

Es una especie de club privado, pero dejan entrar más o menos a cualquiera que acuda a cambio de unas pocas libras y una firma en un libro. En su origen un bar italiano de copas y juegos, funciona como club desde hace más de setenta y cinco años, sin que el tiempo lo haya alterado demasiado, si bien algunas fotos de apreciados clientes asiduos y famosos muy queridos, vivos y muertos, han sido añadidas al ajado despliegue decorativo de sus paredes. Las copas no son nada del otro mundo, la hora de cierre es más tardía que la de la mayoría de los bares ingleses (la 1 de la madrugada) y entre el público se da una saludable mezcla de clientes habituales, periodistas, actores, turistas e inclasificables raros. Tony insistió en que incluyéramos este bar en esta guía con estas sencillas palabras: **«Es genial.»**

TRISHA'S/NEW EVARISTO CLUB/THE HIDEOUT: Greek Street, 57, Londres W1D 3DX, tel. +44 020 7437 9536 (no tienen página web) (cocteles: 6 £ aprox. / 8.50 dólares aprox.)

EDIMBURGO, ESCOCIA

Con su natural pericia para encontrarse en el lugar adecuado en el momento preciso, Tony y el equipo de *Parts Unknown* estaban en Escocia justo cuando se acababa de celebrar el referéndum de 2014, en el que el pueblo escocés decidía si se separaba o no del Reino Unido.

«En Edimburgo me siento como en casa. Tiene un pasado criminal, por lo menos en lo que respecta a parte de su gastronomía. Pero la cosa está cada vez mejor. Probablemente, es una de las ciudades más bonitas del mundo, y está orgullosa de su historia, de su identidad nacional distintiva.»

CÓMO LLEGAR, CÓMO MOVERSE

El **Aeropuerto de Edimburgo (EDI)** es el más activo de Escocia. Opera vuelos con salida y destino a la mayoría de las principales ciudades europeas y algunos puntos de Norteamérica, Oriente Medio y Asia. El visitante puede llegar al centro de la ciudad en autobús, tren, tranvía o taxi. Del aeropuerto al centro hay trece kilómetros que en taxi se cubren en unos veinte minutos, a un precio de 20 libras / unos 28 dólares. Los taxistas no esperan recibir propina, pero siempre es una muestra de cortesía redondear el precio en libras y, si el conductor te ayuda con las maletas, darle una pequeña propina. En la ciudad hay líneas de autobús y taxis.

A Tony le fascinaba la importancia que se daba a la palabra escrita en el Reino Unido, y en todas sus visitas a las islas británicas solía buscar la compañía de otros escritores. En Edimburgo acompañó al autor de novela policíaca Ian Rankin al pub favorito del escritor, el **Oxford Bar,** que Rankin ha utilizado como escenario de las aventuras del inspector Rebus, el protagonista de muchos de sus libros. Anodino, brillantemente iluminado, sin música agresiva, sin oferta de comida, solo un lugar de cita al que la gente acude a reunirse, a beber y a hablar. Y el Oxford Bar también era el bar escocés favorito de Tony.

Dijo Rankin: «Me pareció el tipo de bar al que iría a beber mi chico [Rebus]. Muy natural, sin pretensiones, muy básico, muy minimalista. Casi como un club privado. Donde se conoce todo el mundo... La clase de Edimburgo sobre el que yo escribía era ese Edimburgo secreto que no veían los turistas, las cosas que pasaban bajo la superficie, y me pareció que [el Oxford Bar] representaban bien eso». A finales de 2018, Harry Cullen, al mando del Oxford durante muchos años, entregó las riendas del local a una pariente suya, Kirsty Grant, que en el periódico *Scotsman* prometió no introducir cambios en esa institución de la ciudad de Edimburgo. Quería, dijo, que el establecimiento siguiera siendo «un bar como es debido».

OXFORD BAR: Young St, 8, Edimburgo EH2 4JB, tel. +44 131 539 7119 (precio medio de las bebidas: 4 £ / 5.50 dólares aprox.)

GLASGOW, ESCOCIA

«Una de mis ciudades favoritas del mundo. Iba a decir una de mis ciudades favoritas de Europa, pero ¿Glasgow es Europa? Yo creo que no. Da la impresión de ser más antigua. A muchos extranjeros, Glasgow puede parecerles un lugar duro, incluso temible. Un lugar olvidado por la historia.

»Al final, el 55 por ciento de los escoceses votaron a favor de permanecer en el Reino Unido. Lo cual quiere decir que casi la mitad de la población seguía soñando con la independencia. Y puesto que el 73.5 por ciento de los adolescentes votaron que sí, Inglaterra empezó a asustarse ante la perspectiva de asistir a la desintegración de su unión con Escocia. La idea tiene un enorme calado en esta ciudad. Más que en ninguna otra. Glasgow lleva mucho tiempo soportando, entre otras cosas, el estigma de ser la zona más violenta del Reino Unido. Es el ciclo consabido: tiempos difíciles, desaparición de la base industrial, desempleo, sensación de apatía general, de que el Gobierno no puede o no quiere arreglar lo fallido. Que en los pasillos del poder de Londres y Edimburgo, Glasgow le tiene sin cuidado.»

CÓMO LLEGAR, CÓMO MOVERSE

El **Aeropuerto Internacional de Glasgow (GLA)** opera vuelos con salida y destino a la Europa continental, Norteamérica y Oriente Medio. Para llegar a Glasgow desde el aeropuerto puedes tomar un autobús rápido del aeropuerto o uno urbano, o acudir a alguna de las paradas de taxis, que admiten reservación. El aeropuerto se encuentra a unos quince kilómetros del centro de la ciudad, y un viaje en taxi cuesta unas 17 libras / unos 23.50 dólares. El metro de Glasgow, de quince estaciones, y que traza un círculo en torno al río Clyde, cubre las zonas oeste y central de la ciudad.

MADRUGADAS DE FRITURAS

«Todos tenemos nuestras idiosincrasias nacionales. La de Escocia consiste en sumergirlo todo en aceite y freírlo. Y yo solo deseo zambullirme en una burbujeante marmita de grasa bien caliente. Me está llamando: aquel lugar de mi pasado en el que fui feliz, en el que, joven y despreocupado, disfruté entregándome al arte de los alimentos fritos.»

Ese lugar feliz es el **University Café**, una centenaria casa especializada en *fish and chips* (fritura de pescado con papas) y conocida por su carta de preparaciones fritas.

«Sí, tienen su chocolatina Mars frita. Y su pizza frita. Nada que no haya visto ya. Pero Carlo y su hermano gemelo mantienen viva la llama de la tradición de la familia Verrecchia desde 1918, y en esa tradición no hay chocolatinas. Yo pido *un fish and chips* y un *haggis* [morcilla escocesa].

»Abadejo rebozado y perdido en un mar de misterioso aceite de la vida, entre sabores acumulados de muchas cosas mágicas, se mece y oscila como el arca de Noé, trayendo consigo toda la infinita variedad de la vida.

»*Haggis* frito, mi favorito: siniestras partes de oveja, en este caso en forma de tubo, y si no te gusta el hígado y los pulmones partidos y todas esas cosas tan ricas, la salsa de curry te sacará de tu error, no lo dudes... No hay plato en el mundo más injustamente denostado que el *haggis*. La verdad es que sus ingredientes no son más insólitos, ni más extraños, ni menos apetecibles que cualquier hot dog que tú te hayas podido comer en tu vida. ¿Cuántas glándulas anales hay en un *nugget* de pollo? Yo no lo sé, y no pretendo sugerir que en un *nugget*

de pollo haya glándula anal alguna, pero ¿a ti te sorprendería que las hubiera?»

THE UNIVERSITY CAFÉ: Byres Rd, 87, Glasgow G11 5HN,
tel. +44 141 339 5217 (no tienen página web) (distintos productos: entre 2 y 7 £ / 2.50-10 dólares aprox.)

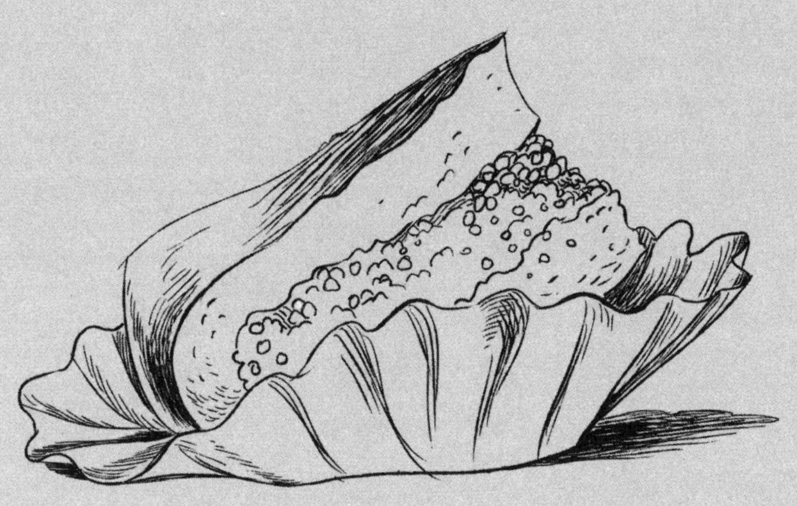

SINGAPUR

En 2017, hablando de Singapur, Tony escribió lo siguiente en la revista *Food & Wine*: **«A mí, las ciudades en las que las calles están demasiado limpias, todo el mundo se comporta civilizadamente y los trenes siempre llegan puntuales, normalmente o me dan pavor o me matan de aburrimiento. Pero, para mí, la ciudad estado de Singapur es la gran excepción. Puede ser por el bochorno y la humedad, que difuminan los nítidos bordes del estado niñera/centro comercial. O quizá la abundancia de vicios legales, que compensan un poco la ilegalidad de mascar chicle, arrojar basura y disentir públicamente. O quizá es que me he enamorado de gran parte de su gastronomía, esa gran democratizadora, sobre todo la que se sirve en los fragantes confines de los famosos centros de comida rápida, que el Gobierno quisiera replicar por decenas.**

»Impoluta, eficaz, segura, protegida, controlada, una ciudad estado utópica dirigida como una multinacional. Bienvenidos a "Singapore Incorporated"».

El país que ahora se llama Singapur fue un importante puerto comercial ya en el siglo XIII. Establecido como colonia británica y centro de intercambio comercial estratégico en 1819, por iniciativa de Stamford Raffles y la Compañía Británica de las Indias Orientales, Singapur es un Estado independiente desde 1965.

«Con el primer ministro Lee Kuan Yeu, el primero de su historia, al timón, el pequeño Singapur, aquel puesto avanzado del tercer mundo, se convirtió, como es sabido, en un país del primer mundo en una sola generación. En algunos aspectos, Singapur es un Estado de bienestar que se hace cargo de los menos afortunados, pero en el

fondo es una meritocracia despiadada. Si obedeces las –numerosas– reglas y trabajas, vives bien. Ese es el mensaje.

»Para ser un estado en el que unos gramos de hierba te pueden suponer diez años de cárcel, y la misma cantidad de heroína puede significar la muerte, y donde el chicle es ilegal, efectivamente, el número de vicios que están permitidos es realmente sorprendente. La edad mínima para consumir alcohol son los dieciocho años. La prostitución es legal, y las trabajadoras del sexo se someten a chequeos médicos frecuentes. Hay casinos y clubes de *striptease.* El Gobierno parece entender que cierto grado de represión exige algunas válvulas de escape. Bebe, coge y darás menos problemas. ¿Quizá esa es la idea? O quizá solo son negocios.»

CÓMO LLEGAR

«El Aeropuerto Changi de Singapur (SIN) es uno de los pocos del mundo que quizá incitan a llegar con tiempo. Tiene los servicios habituales de un buen aeropuerto: hoteles, salas de estar, tiendas que venden cosas que de verdad quieres comprar. Hay comida decente en una variedad aceptable. Pero aquí es mucho más que eso, en serio: este aeropuerto tiene cine gratuito, internet gratis, sillones reclinables, salones para fumadores, un supertobogán, jardines interiores, zona de juegos infantiles, salas de televisión y ocio, zona de experiencias 3D, piscina en la azotea, salón tropical con tina de hidromasaje, salas de siesta y ducha, servicios de peluquería y estética, el jardín de mariposas que quizá nos gustaría visitar, estanque *koi*...»

Una vez en tierra, en este Singapur casi siempre caluroso y húmedo, no es tan mala idea confiar tus desplazamientos a la sólida red de transporte público, que aquí se llama Singapore Mass Rapid Transit (SMRT), y que cuenta con aire acondicionado. Hay líneas de tren y de autobús que comunican el aeropuerto con el centro de la ciudad en cuarenta y cinco minutos, por 2 dólares de Singapur (SGD) / 1.50 dólares aprox.

«En mi país no me emociona viajar en metro; de hecho, intento evitarlo. Pero el de aquí está muy limpio, como casi todo en Singapur. Está nuevo y reluciente. Y lo más importante: hace fresco.» También es eficaz y muy completo.

El precio de un boleto sencillo se calcula en función de la ruta y la distancia, y va desde los 0.75 SGD / unos 0.60 dólares hasta los 3 SGD / unos 2.50 dólares. Los turistas pueden adquirir abonos de transporte de uno, dos o tres días. El SMRT también gestiona el servicio de autobuses de la ciudad estado, e incluso sus taxis; un viaje en taxi del aeropuerto al hotel suele suponer unos treinta minutos de trayecto y un precio de unos 30 SGD / unos 22.50 dólares.

Singapur también es, en teoría, una ciudad para transeúntes, aunque la temperatura media está en torno a los 30 °C y llueve unos diez días al mes. Así que, como se suele decir, el kilometraje es variable.

Y, finalmente, un aviso a los prudentes. **«Con todo lo que he venido por aquí, creo que nunca he visto un policía. Pero ojo, cuando dicen: "En Singapur, nada de drogas", lo dicen en serio. Muy muy en serio. Si vienes aquí con droga, aunque solo sea una bolsa de hierba, es porque eres un auténtico imbécil.»**

EL HOTEL

«Te lo digo ya. Yo vengo al Grand Hyatt porque aquí es donde me hospedan desde hace años, y a estas alturas ya me tratan muy bien.»

A veces, esto es un festival del lujo. Las *suites* más grandes y suntuosas cuentan con su sauna y su sala de vapor privadas, pero hasta la habitación más modesta del Grand Hyatt es tranquila y elegante, igual que las zonas comunes. El hotel tiene su cascada interior, su *spa* de rigor, su piscina exterior y una variada oferta gastronómica.

El restaurante del hotel, el StraitsKitchen, también es espléndido. Cocineros expertos preparan y presentan platos típicos de la comida ambulante malaya, china e india en cocinas abiertas bien diferenciadas, pero reunidas bajo un mismo techo, un concepto que, mal hecho, podría sonar a cultura de parque temático... Pero es que en el Grand Hyatt está muy bien hecho.

GRAND HYATT SINGAPORE: Scotts Road, 10, Singapur 228211, tel. +65 6416 7016, <www.hyatt.com/es-ES/hotel/singapore/grand-hyatt-singapore/sinrs> (precio de una habitación: desde 380 SGD / 290 dólares la noche aprox.)

LA COMIDA, O POR QUÉ VENIMOS

«Nueva York es la ciudad que nunca duerme, pero Singapur es la ciudad que nunca deja de comer. Para el gastroturista, para el que viaja para comer, para el comidista serio de todo pelaje, Singapur es, probablemente, el lugar al que ir para obtener un rendimiento máximo en un tiempo mínimo. En esta pequeña ciudad estado, que se puede cruzar en coche en cuarenta y cinco minutos, es posible encontrar más variedad, más oferta, más especialidades (¡baratas!) de muchos países que en cualquier otra parte del mundo: especialidades de todas las regiones de China y bajando los estrechos; cocina malaya; india.

»Aquí hay para todos los gustos; y a los singapurenses les gusta su comida, y no son snobs a este respecto, cosa que se agradece. Pero la entienden. Ya sea un restaurante caro o un puestito de la calle, lo importante es acertar. Lo peor que te puede pasar en Singapur es comer mal, pero ni siquiera eso es muy probable que te ocurra.»

LOS INFLUYENTES MERCADOS GASTRONÓMICOS DE SINGAPUR

«Los *hawker centers* o mercados gastronómicos de Singapur fueron una brillante estrategia destinada a integrar y controlar lo que antes había sido una cultura tan caótica como generalizada de carritos de comida ambulante.»

Un poco de historia: desde mediados del siglo XIX, los vendedores ambulantes de Singapur, ya fuera recorriendo las calles, en su plaza estable o de puerta en puerta, vendían de todo, desde comida preparada, productos agrícolas, carnes y bebidas calientes hasta tabaco, artículos para el hogar y servicios como peluquería y hojalatería. Era un modo de ganarse la vida o de complementar los ingresos del hogar sin una gran inversión económica, pero no carecía de problemas asociados: aglomeraciones públicas, unas condiciones higiénicas a veces un poco dudosas, acumulación de basura.

En la década de los treinta, se calculaba que eran seis mil los vendedores ambulantes con licencia y cuatro mil más los que operaban sin ella. Para solucionar los mencionados problemas de calidad de vida, el Gobierno de Singapur trazó un plan destinado a regular mejor, a lo largo de varias décadas, el negocio de la venta ambulante, para lo cual acabó construyendo esos *hawker centers* o mercados gastronómicos que frecuentan los singapurenses y los visitantes hambrientos. A día de hoy, el Gobierno supervisa ciento catorce *hawker centers* y prevé construir otros veinte.

«Estos centros son estructuras cubiertas, abiertas al aire libre, pero organizadas en casetas con agua corriente regulada, refrigeración y estrictas normas de manipulación de alimentos. Es decir, que uno no tiene que preocuparse de que lo envenenen.

»Aquí se pueden desayunar muchas cosas buenas. Recuerda: esta es una cultura en la que nadie se avergüenza por zamparse un enorme tazón de humeantes fideos o *laksa* a primera hora de la mañana. Un puesto tras

otro, a menudo ordenados por nacionalidades: chino por ahí, halal malayo por allá, indio por acullá. Cada dueño o encargado ofrece una o dos especialidades de la casa. Es lo que hacen ellos... Lo que mejor hacen.

»En esta clase de lugares hay una amplia oferta de desayunos. Arroz con pollo deshuesado *tiong bahru*, leche de soya *teck seng*, costillas de cerdo *min nan*, fideos de camarón y el famoso pastel de zanahoria *kampong*.» Este plato especial consiste en un pastel al vapor a base de *daikon* fresco y escabechado y harina de arroz, cortado en dados y frito con huevos y aderezo. La versión «blanca» incluye un aderezo más delicado, pimienta blanca y cebolleta, mientras que la «negra» se cocina con una espesa salsa de soya azucarada. La oferta es ilimitada, pero empieza por el **centro gastronómico de *Tiong Bahru*** y pide *chwee kueh*, una bandeja de pasteles de arroz esféricos, cocidos al vapor y cubiertos de rábano en escabeche dulce y salado y salsa de chile opcional.

CENTRO GASTRONÓMICO TIONG BAHRU: Seng Poh Road, 30, Singapur (no tienen teléfono ni página web) (los precios varían según la tienda)

«La mayoría de los puestos de comida son empresas familiares, y Whampoa no es una excepción. Lo insólito es el hecho de que Li Ruifang dejó un empleo de oficina para trabajar con sus padres, una decisión que contradice una tendencia que ha dejado a los mercados gastronómicos con una población laboral envejecida, incapaz de inyectar sangre nueva en generaciones de experiencia.» El plato estrella, una combinación de sustanciosos fideos de trigo amarillo y *bee hoon* –*vermicelli* de arroz– más finos, mezclados con camarones enteros y una contundente salsa de sambal picante y coronados con pedacitos de echalote crujiente, es una receta que permanece inalterada desde la década de 1950, la época en que el abuelo de Ruifang fundó el negocio.

Whampoa forma parte del animado Centro Gastronómico Tekka, que incluye un mercado de pescado y carne, el mercado de restauración y distintas tiendas de alimentos secos. Situado en la Pequeña

India de Singapur, tiene una amplia oferta de platos preparados del subcontinente, así que deja espacio para uno de los mejores *biryani* del mundo, para unos *dosas* y para mucho más.

545 WHAMPOA PRAWN NOODLE: Buffalo Road, 665, Mercado Gastronómico Tekka, 01-326 Singapur 210665 (no tienen teléfono ni página web) (un plato: 3-4 SGD / 2.50-3 dólares aprox.)

El puesto de tortitas llamado **The Tanglin Halt Original Peanut Pancake** está especializado en una clase de tortita dura dulce que se elabora con una masa de harina de trigo que se bate a mano, se salpica con cacahuate picado, se fermenta con levadura natural y se rellena con más cacahuate y con azúcar de caña. **«Esta gente tiene fama por el cuidado con que selecciona, asa y muele los cacahuates de la casa, algo que otros negocios hacen por la vía rápida.»** También hay tortitas redondas rellenas de masa dulce elaborada con sésamo negro, ñame, pandano, judía roja y judía verde. El puesto abre a las 3:30 de la madrugada, los martes, jueves, sábados y domingos exclusivamente, y a menudo agota el género antes de la hora oficial de cierre, las once de la mañana, así que revisa tu agenda, ponte la alarma y no llegues tarde.

TANGLIN HALT ORIGINAL PEANUT PANCAKE: Tanglin Halt Road, 48A, Singapur 148813 (no tienen teléfono ni página web) (tortitas de cacahuate: 0.80 SGD / 0.60 dólares; tortitas redondas de distintas variedades: 0.90-1.20 SGD / 0.60-0.85 dólares aprox.)

¿Que se te antoja algo más sustancioso, la clase de desayuno que pueda enviarte de vuelta a la cama o ayudarte a dormir durante el largo vuelo de regreso? Pues pasa por el Hong Lim Hawker Centre y prueba un plato muy popular:

«Ah, helo aquí, el formidable *char kway tiao*. Siempre que vengo a Singapur, me como uno de estos. Es el desayuno más insano del mundo; es literalmente como manteca de cerdo, trozos de manteca de cerdo crujientes, moluscos bien sanos, pasta de camarones y una

montaña de fideos. Y también es *fabulosamente* calórico; originalmente lo inventaron como comida de obreros. Así que no es muy estético, no es el desayuno más sano del universo. Pero está exquisito. Si quieres entrar en ese Speedo de lamé plateado, esto no va a ser buena idea.

OUTRAM PARK FRIED KWAY TIAO MEE: Complejo Hong Lim, 531A Upper Cross Street n.º 02-17, Singapur (no tienen teléfono ni página web) (ración de fideos: 4-6 SGD / 3-5 dólares aprox.)

El arroz con pollo puede no tener una pinta muy atrayente, pero es sublime cuando está bien hecho, y es uno de los platos más conocidos y populares de Singapur. **«No te lo pierdas. A lo mejor no te gusta enormemente, pero es el plato que puede ayudarte a entender mejor Singapur. Es una maravilla. Tan austero, tan simple.»**

El pollo se cuece ligeramente, se congela, se cuelga a secar y se sirve con hueso, con una delicada capa de gelatinosa grasa suspendida entre la piel y la carne. El arroz se cuece en un caldo de pollo enriquecido con alguna mezcla de pimienta blanca, ajo, jengibre, citronela, hoja de pandano, salsa de soya y aceite de sésamo; este plato se suele servir con salsa de chile, salsa de soya enriquecida y jengibre en escabeche, para poder personalizar cada bocado.

Uno de los locales más populares para comer arroz con pollo es **Tian Tian**, cuyos dueños llevan preparando esta receta de la misma manera, en el mismo puesto del Centro Gastronómico Maxwell, desde 1985; en 2017, Michelin les concedió la designación de restaurante Bib Gourmand. En **Chin Chin Eating House** también hacen un arroz excepcional. **«Este restaurante está en manos de la misma familia desde 1934. A eso se llama continuidad.»**

TIAN TIAN HAINANESE CHICKEN RICE: Calle Kadayanallur, 1, 01-10/11 Centro Gastronómico Maxwell, 069120 Singapur, tel. +65 9691 4852 (no tienen página web) (una ración de arroz con pollo: 3.5 SGD / 3 dólares aprox.)

CHIN CHIN EATING HOUSE: Calle Purvis, 19, 188598 Singapur, tel. +65 6337 4640, <www.chinchineatinghouse.com> (una ración de arroz con pollo: 4 SGD / 3 dólares aprox.; precio medio de una comida: 15 SGD / 11.50 dólares aprox.)

El *nasi lemak* es otro clásico de Singapur que no hay que perderse. **«De camino al aeropuerto, el Changi Village Hawker Centre, situado en un barrio residencial, ofrece una versión de calidad célebre. No parece gran cosa, pero créeme: lo es. Huevo, pollo o pescado frito, sambal y arroz con coco. Lo dan al final de esa fila tan larga que apenas avanza. Pero, cuando se trata de lo mejor, vale la pena la espera. Y yo sé por experiencia que este lo es.**

»Es una de las cosas que más me gustan de estos mercados gastronómicos. Que ves que venden *nasi lemak* aquí y allá. Y que aquí hay una fila que apenas se mueve, media hora o cuarenta minutos de espera bajo un calor bochornoso... ¿para el mismo plato que también venden un poco más allá? Pero para ese nadie espera. El pueblo ha hablado.»

PUESTO DE COMIDA MUSULMANA INTERNATIONAL NASI LEMAK: Changi Village Hawker Centre, 2 Changi Village Road, 01-03 500002 Singapur, tel. +65 8400 6882 (no tienen página web) (una ración de *nasi lemak*: 3-4.5 SGD / 2.50-3.50 dólares aprox.)

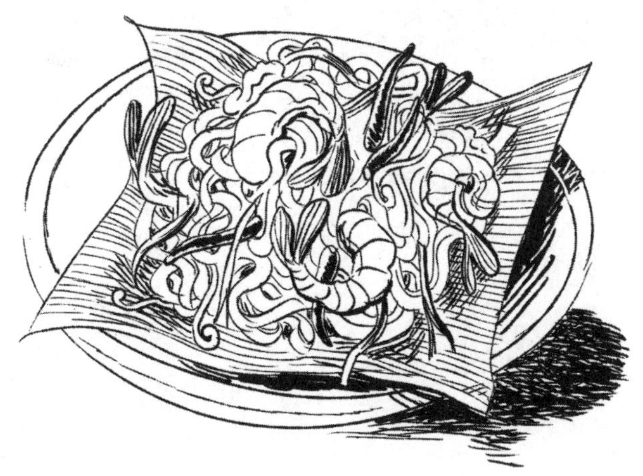

SRI LANKA

«Calor. Un calor que no da tregua. Un calor de tres mudas de ropa, de tres duchas diarias. Me siento hinchado, inflado, mareado, exhausto; completamente derrotado por el calor. Y la disparatada realidad cotidiana de una ciudad del sur de Asia, las calles atestadas, las aglomeraciones de las zonas comerciales, ese sol ecuatorial implacable, la humedad, el tráfico, no hacen sino alimentar la sensación de irrealidad.» Así se lamentaba Tony al término de sus primeras veinticuatro horas en Sri Lanka.

El equipo de *No Reservations* grabó un episodio en la sofocante Colombo, ciudad cerrada y acorazada, en 2008, un año antes de que la larga guerra civil en ese país llegara a su fin. Observó Tony: **«En alguna parte hay una frase sobre la época del imperio y las exploraciones que dice así: "Toda Europa se ha enamorado de Ceilán". Los portugueses creían haber descubierto el Jardín del Edén, la joya de la corona del comercio de especias –cardamomo, canela, nuez moscada, clavo, pimienta, macis, jengibre–, el objeto de deseo de tantos imperios. A Ceilán, la actual Sri Lanka, los chinos la llamaban "la Tierra sin Dolor". Aunque no creo que nadie pueda decir eso ahora».**

Tony volvió al país en 2017, esta vez con *Parts Unknown*, para ver qué era lo que había cambiado, qué se había abierto, cuáles habían sido las consecuencias a largo plazo de veinticinco años de guerra. Y comentó: **«Allá donde mires, construcción, expansión, nuevos hoteles, dinero extranjero... Algo parecido a la esperanza. Cientos de miles de muertos y desaparecidos después, este es un país en paz, y nosotros podemos ir donde nos plazca.»**

UNA LARGA GUERRA CIVIL

«Entre 1983 y 2009, la cruenta guerra civil de Sri Lanka dividió la isla en dos, partiendo el país a lo largo de una frontera religiosa: la mayoría cingalesa budista en el sur, la minoría hindú tamil en el norte. Años de abuso y represión condujeron a la creación de los Tigres de Liberación del Eelam Tamil (LTTE) y su campaña destinada a fundar un estado independiente. El conflicto llegó a su fin en 2009, pero los campamentos de refugiados continúan ocupados por un elevadísimo número de desplazados internos.»

CÓMO LLEGAR, CÓMO MOVERSE

Sri Lanka es un país insular situado al sudeste del subcontinente indio; mirando el mapa es fácil adivinar en qué punto conectaban la isla y la masa continental en el océano Índico. La capital del país es Colombo, y el **Aeropuerto de Bandaranaike (CMB)**, situado a unos treinta kilómetros al norte de la ciudad, es su principal centro de conexión internacional. En él operan unas pocas decenas de compañías aéreas, entre las que se cuentan Cathay Pacific, Air India, Emirates, KLM, Korean Air, y Etihad Airways. En el extremo sureste de la isla, el **Mattala Rajapaksa (HRI)**, el aeropuerto internacional secundario, trabaja con SriLankan Airlines, flydubai y Sriwijaya Air.

Puedes rentar un coche y desplazarte por Sri Lanka al volante, pero una opción mucho más descansada y sorprendentemente asequible es rentar un coche con chofer. Pregunta en tu hotel o agencia de viajes. En las ciudades hay una amplia oferta de taxis y *tuk-tuks.*

Desplazarse entre ciudades en tren es una opción relativamente barata –con **Sri Lanka Railways**, la compañía ferroviaria de gestión pública–. Proporciona la oportunidad de admirar el paisaje y es una buena forma de conocer de primera mano la vida de Sri Lanka.

En 2017, Tony y su equipo de grabación se desplazaron de Colombo a Jaffna en tren. Tardaron diez horas. **«Estación de Colombo, primera hora de la mañana. Andenes repletos de una mezcla de empleados, viajeros de larga distancia y alguno que otro turista. Abandonamos la órbita de Colombo y salimos a campo abierto. En los compartimentos de segunda y tercera clase, una mezcla de personas, de olores, de momentos cotidianos. Los empleados se suben en una estación y se bajan en otra. Los que son como yo tienen para largo. El solo hecho de que el tren *Jaffna Queen* esté circulando es un paso simbólico hacia la reunificación. En plena escalada de la lucha por un estado tamil independiente en el norte de Sri Lanka, los Tigres de Liberación del Eelam Tamil destruyeron esta vía férrea. Durante las dos últimas décadas de guerra, Jaffna permaneció prácticamente aislada del resto del mundo.»** (Para más información sobre la gastronomía de Jaffna y Colombo, consulta el artículo de Vidya Balachander en la página 438).

«Cerca ya del final del trayecto, pasajeros cansados se despiertan para descubrir que el mundo ha cambiado. El aire es más espeso al otro lado de la ventanilla; huele a sal y a mar.»

UN HOTEL COLONIAL A LA ANTIGUA USANZA

«Bajo las ventanas del Hotel Galle Face, el océano Índico se estrella contra el malecón. Estalla un trueno, un relámpago ilumina el horizonte. A lo lejos, oscuras siluetas de petroleros procedentes de Indonesia y del este se deslizan despacio hacia el golfo Pérsico y más allá. Aquí me despierto yo cada mañana; aquí regreso todas las noches. Este hotel es un poco siniestro, pero un poco a la manera chula de Graham Greene, en plan "gran hotel colonial en tiempos de guerra poscolonial". Y sí, en la playa hay hombres de aspecto patibulario con armas colgando. Y sí, hay cuervos por todas partes, cientos de ellos. Unos cabrones gigantes,

escandalosos, un ejército de ellos, chillando y bajando en picado al otro lado de tu ventana. Y por lo visto, ese tipo armado con una pobre resortera es el único encargado de alejarlos de los huéspedes y sus desayunos.» Cada atardecer, durante la ceremonia de arriada de la bandera nacional, situada entre la veranda y el mar, toca un gaitero; es una tradición que vale la pena presenciar mientras se disfruta de un *gin-tonic* procedente del excelente bar.

HOTEL GALLE FACE: Galle Road, 2, Colombo 3, tel. +94 112 541 010, <www.gallefacehotel.com> (precio de una habitación: desde 23 300 rupias / 121 dólares la noche aprox.)

COMER EN SRI LANKA: SABORES FUERTES, COMER CON LOS DEDOS

Especias asadas enteras, templadas en aceite de mostaza; penetrantes salsas salpicadas de hojas de curry y espesadas con leche de coco; esas elásticas tortitas de arroz que llaman *appam* e *idli*; pescado entero, cangrejo de río y cabra o pollo cubiertos de ardiente pasta de especias y acompañados de condimentos dulces, ácidos, salados y picantes, o *sambol*; comidas callejeras calientes, crujientes, que se comen con los dedos, las llamadas *short eats*; contundentes natillas y batidos con sabor a fruta deshidratada y anacardo; té esmeradamente preparado en la tierra de la que procede: las comidas y bebidas esrilanquesas son, en una palabra, intensas.

Si vienes a Colombo a buscar comida de la calle en la calle, probablemente saldrás decepcionado: aquí no abundan los vendedores ambulantes, la mayoría aparecen apiñados en Galle Road, a las puertas de famosos bares de madrugada.

Pero no temas: entre la playa y la calle, en el **Galle Face Green**, un histórico parque a modo de paseo marítimo, se extiende una larga hilera de puestos de comida ambulantes. Con su oferta de samosas de pescado, *isso wade* (pastel de harina de lentejas con camarones), marisco a la parrilla, cangrejo picante, *kottu roti* (*roti* a la parrilla con verdura, huevo y, como acompañamiento opcional, carne y salsa de curry), fruta sazonada con sal y pimentón y tentempiés envasados, estos puestos siguen la doctrina halal, por lo que no venden cerdo ni alcohol (aunque si se lo pides, muchos meseros te pasarán discretamente un par de cervezas). Busca los puestos más frecuentados por los residentes y zambúllete. La cosa se anima al caer el sol.

MERCADO NOCTURNO DE GALLE FACE GREEN: Colombo-Galle Main Road, 56, Colombo (no tienen teléfono ni página web) (los precios varían; una comida para dos, con bebidas incluidas: 3 000 rupias / 16 dólares aprox.)

Unas palabras más sobre la gastronomía de Colombo y Jaffna

VIDYA BALACHANDER

Vidya Balachander, periodista, colaboró como asesora local en el episodio de Parts Unknown *que se grabó en Sri Lanka en 2017. Nacida y criada en Mumbai, vivió en Colombo durante cinco años. Ahora reside en Dubái.*

Yo escribo sobre gastronomía. Soy periodista gastronómica. Más en concreto, en los últimos años he intentado especializarme en emplear la comida como un prisma desde el que hablar de otros asuntos varios; en este país, por ejemplo, de la historia y de la cultura.

Antes vivía en Mumbai. Cuando me instalé en Colombo, quise encontrar una especie de asidero en esta ciudad. Y para mí ese asidero fue la comida, porque era algo conocido. Yo empecé a descubrir Sri Lanka empleando la comida a modo de guía. No es fácil encontrar literatura gastronómica sobre Sri Lanka.

Creo que lo único que la gente sabía de Sri Lanka era en el contexto de la guerra, ¿verdad? Era lo único que sabía la gente. No ha sido hasta después de 2009, y una vez terminada la guerra, cuando el país ha encontrado su camino, digamos; la gente aún está descubriendo cosas de las que sentirse orgullosa, en cierto modo. Y creo que descubrirán que, sobre todo en Jaffna, que tan aislada estuvo durante tres décadas, hay cierta confusión sobre esa identidad, sobre lo que hace especial la gastronomía de Jaffna. Yo he intentado encontrar la respuesta. Y no ha sido fácil encontrar comida de Jaffna en Jaffna. La guerra tuvo algo que ver con eso; simplemente, comer fuera nunca fue una prioridad para la gente. Cuando te encuentras en estado de sitio, pasas la vida escondiéndote. Así que el mismo concepto de placer es nuevo.

En los dos últimos años las cosas han cambiado, desde luego, pero lo han hecho muy lentamente. Ahora hay más restaurantes que hacen una cocina de Jaffna «auténtica», y algunos establecimientos de Colombo incluso sirven especialidades del norte, como el *odiyal kool*, estofado de marisco muy picante con cangrejo, camarones, pescado, arroz y verduras como las hojas de moringa, espesado con *odiyal maa*, o harina seca de palma de Palmira. Ahora en el norte también hay una cadena de restaurantes de gestión pública llamada Ammachi. Los llevan mujeres afectadas por la guerra y sirven tentempiés del sur de la India y de Sri Lanka a precios muy razonables.

Yo todavía no comprendo por qué en Colombo no hay una cultura de comida ambulante más consolidada. Es que no hay motivo para que no la haya. Pero hay falta de ella, sobre todo en comparación con Mumbai, que tiene una extraordinaria cultura de comida callejera. Y en comparación con Bangkok, Singapur, Hong Kong o Ciudad Ho Chi Minh. A mí me parece que la experiencia de comer en Colombo, a diferencia de las que he vivido en todas esas ciudades, es más bien solitaria.

Pero los *short eats*, los aperitivos que se comen con los dedos, están bien. Y las camionetas en las que se vende pan. Mi suegro vive en Colombo 7 [Jardines de Canela], la parte más elitista de la ciudad; la gente vive como escondida detrás de esos muros, pero cuando llega el señor del pan –y de su camioneta sale una melodía conocida–, ves cómo abren las puertas de sus casas y le preguntan qué tiene.

Algunas de esas variedades de pan son exclusivas de Sri Lanka. Uno de ellos parece un croissant espolvoreado de azúcar, pero mucho más denso. Se llama *kimbula banis. Kimbula* significa «cocodrilo». O sea, que es una manera de hacer comunidad. A mí me parece que a veces esta comunidad vive muy separada, y es algo deliberado. Solo estos episodios relacionados con la comida sacan a la gente de sus casas y la animan a reconocer la existencia de las personas que la rodean. A mí me gustaría que esa inmediatez en torno al disfrute de la comida se diera con más frecuencia. En Colombo extraño eso de saber que ese señor hace unos bocadillos estupendos y que la gente está dispuesta a hacer fila durante horas, como hacen en Mumbai.

TAIPEI HUAXI ST.
TOURIST NIGHT MARKET

TAIWÁN

Para la segunda temporada de *The Layover*, Taiwán fue parada obligada para Tony, que había oído hablar de su excelente comida callejera y de sus vastos mercados nocturnos.

«Taiwán es una China en versión realidad alternativa, la China que podría haber sido, la que nunca dio la espalda a la tradición: sibarita, *gourmet*, orientada al comercio. Esta tierra fue colonizada por los españoles y más tarde por los holandeses. Durante la dinastía Qing, Taipéi se convirtió en la capital regional de la isla. Los japoneses gobernaron el lugar durante casi cincuenta años, entre 1895 y 1945, y en él dejaron un montón de edificios horrendos y unos hechos históricos bastante feos.

»Pero también dejaron el barrio japonés de Taipéi, un perdurable crisol de influencias y la pasión por el *sushi* y los *izakayas*, y un montón de bares. En 1949, Chiang Kai-shek y sus nacionalistas chinos (supongo que caritativamente se les podría llamar anticomunistas) se retiraron a Taiwán desde el continente, cediendo el país a Mao Zedong. Fueron dos millones de personas, muchas de ellas con formación militar o administrativa, las que invadieron Taiwán. El monumento a Chiang Kai-shek de Zhongzheng es un homenaje a este volátil general que fue, sin lugar a discusión, la figura más relevante de la historia de Taiwán.»

CÓMO LLEGAR, CÓMO MOVERSE

El punto de entrada más frecuente es el **Aeropuerto Internacional Taoyuan de Taiwán (TPE).** Situado a una hora y media al oeste de Taipéi, es uno de los aeropuertos de mayor tamaño y con más tráfico de Asia, con sus decenas de compañías aéreas internacionales, nacionales y regionales. Consta de dos terminales de varios pisos, y hay una tercera en construcción que se prevé terminar en 2023. Entre las dos terminales y el centro de Taipéi circulan, con paradas intermitentes, trenes expresos y de cercanías que forman parte de la Red de Tránsito Rápido Masivo de Taoyuan (MRT). En <www.tymetro.com.tw> dispones de información sobre rutas, horarios y precios.

Cada terminal cuenta con una estación de autobuses que comunica con Taipéi y con otras ciudades de la isla, y también dispones de paradas de taxis con taxímetro frente a todas las zonas de llegadas. La ciudad de Taipéi se encuentra situada a poco menos de una hora del aeropuerto por carretera, con tráfico denso, y el trayecto cuesta entre 1200 y 1400 nuevos dólares taiwaneses (TWD) / entre 42 y 49 dólares. Los taxistas no esperan que les des propina.

El segundo punto de entrada es el **Aeropuerto Songshan de Taipéi**, oficialmente **Aeropuerto Internacional de Taipéi (TSA).** Situado dentro de los límites de la ciudad de Taipéi, opera vuelos nacionales de Taiwán y unos pocos con destino a algunos puntos de la China continental, Seúl y Tokio. El visitante puede llegar al centro de Taipéi tomando un tren MRT, un autobús urbano o un taxi, un trayecto de unos veinte minutos por el que te cobrarán alrededor de 600 TWD / 22 dólares.

Una vez en Taipéi, moverse en taxi por la ciudad es una opción relativamente barata, y las redes de metro y autobuses MRT son aún más económicas y manejables.

COMER EN TAIWÁN

«Taiwán tiene una de las gastronomías más interesantes de Asia, sobre todo de comida ambulante. En Taipéi hay muchos mercados nocturnos, es famoso por ellos, pero este es el que yo quería conocer. A media hora de la ciudad en tren de cercanías –en dirección a la costa del Pacífico–, se encuentra Keelung, la ciudad portuaria con el mejor mercado nocturno.»

Al **Mercado Nocturno Maiokou de Keelung** (pronunciado «jilún» en mandarín, se encuentra junto al puerto de la ciudad muy cerca de la estación de tren) hay que llegar con hambre. Aquí podrás degustar una sopa de *jiaozi* de arroz, que viene a consistir en arroz licuado y cocido al vapor con champiñones, brotes de bambú, lirios atigrados secos, camarones y ostras secos y tiras de cerdo; *gua bao*, **«un panecillo al vapor relleno de panceta de cerdo que se deshace en la boca, braseada en salsa de soya, vino, echalotes y polvo de cinco especias, y servido con hojas de mostaza en escabeche, cilantro y cacahuate triturado»**; una rica y cremosa variedad de *uni* (erizo de mar), esa *delicatessen* del mar, servido en su caparazón; minicangrejos de caparazón duro, aderezados, para comer enteros; centollo cocido al vapor y salteado con echalotes y ajo; y *ba-wan*, o albóndigas taiwanesas, envueltas en piel de arroz cocido al vapor, junto con bambú, cerdo y champiñones, y sazonadas con ajo y soya.

«Mira, yo he estado en muchos mercados de la calle. Y este es pura magia. Lo más extraordinario es la variedad. Es enloquecedor. Por mí, podríamos quedarnos en el hotel de al lado y pasarnos lo que queda de programa recorriendo el mercado mientras vamos comiendo.»

MERCADO NOCTURNO MIAOKOU DE KEELUNG: Aisi Road, 20, distrito de Ren'ai, Keelung City, Taiwán 200 (no tienen teléfono), <www.taiwan.net.tw> (distintos precios)

El otro mercado de visita obligada en Taipéi es el **Mercado Nocturno de Raohe**. **«Aquí se puede ir de compras, se pueden comprar las típicas camisetas, vestidos baratos, zapatos y montones de fundas para celulares, si las necesitaras. Y animales de compañía. Si ese tofu tan apestoso, que aquí abunda tanto, no te apasiona, tienes un exquisito pastel de sangre de cerdo al vapor con salsa agridulce. Ahora estoy buscando el *hu jiao bing*, una masa de harina de trigo que se rellena de cerdo a la pimienta y cebolleta y se cuece en un horno de barro cilíndrico que recuerda mucho a un *tandoor* indio.»** Este plato se encuentra en el puesto Bollo de Pimienta Negra Fuzhou. También destacan el omelette de ostras, el mochi y las costillas de cerdo a las hierbas medicinales.

MERCADO NOCTURNO RAOHE: Calle Raohe, frente a la estación de Songshan, distrito de Songshan, Taipéi, tel. +886 2 2763 5733, <www.travel.taipei/zh-tw/attraction/details/1538> (distintos precios)

«En Din Tai Fung son maestros –y cuando digo maestros, quiero decir maestros– de las bolas de sopa. Es una cadena. Ya hay muchos abiertos. En teoría eso significaría que no pueden ser buenos, ¿no? Pues la verdad es que, si hablamos de una receta concreta, puede haber cosas igual de buenas en este mundo, pero también es posible afirmar razonablemente que en el mundo no hay nada mejor que lo que ahora vamos a ver.

»Estamos hablando de un extraordinario trabajo artesanal, pero también de algo que se reproduce miles de veces constantemente, fresco, bajo nuestros pies, y también en otros muchos puntos de venta. Están por doquier. Hasta donde yo sé, todos son buenos, pero esta… esta es la nave nodriza. Esta es la punta de lanza de las bolas de masa. Un placer embriagador, inimaginable hasta que lo pruebas. Yo probé mi primera bola de sopa aquí hace años, y fue una experiencia profundamente religiosa. Son para pasar todo el día comiéndolas. Nadie que venga a Taipéi puede dejar de venir aquí, y ellos lo saben, y están preparados.»

DIN TAI FUNG: 194, Sección 2, Calle Xinyi, distrito Da'an, Taipéi, tel. +886 2 2321 8928, <www.dintaifung.com.tw> (diez bolas de masa: 210 TWD / 7 dólares aprox.)

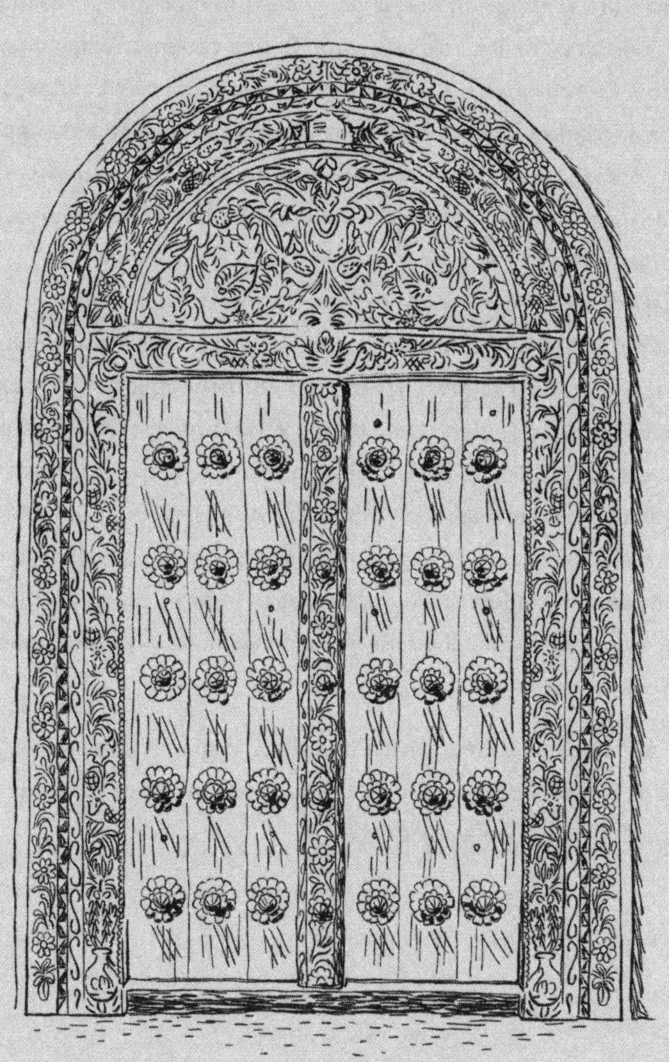

TANZANIA

Interesados por los masáis, por la fauna salvaje y por la promesa de un hotel de lujo para safaris, Tony y el equipo de *Parts Unknown* viajaron a este país de África oriental en 2014. En Tanzania, Tony se planteó interrogantes sobre la África fantaseada por Occidente: ¿Existe y, si es así, quién tiene acceso a ella, y por qué?

«Llegar en coche al Serengueti es una locura. Al cabo de un rato, hasta te acostumbras a esa escena digna del *Libro de la Selva* que se está produciendo delante de tu coche. La jirafa, el ñu, la cebra... Todos parecen colegas. No se pelean. Por doquier, miles y miles de ñus haciendo su migración anual. Un círculo muy extenso que cubre Tanzania y se adentra en Kenia, en busca de los mejores pastos. Buscan agua, hierba y un sitio donde puedan hacer bebés.

»Durante todos estos años, mi equipo y yo hemos grabado en Liberia, Ghana, Namibia, Sudáfrica, Mozambique, el Congo y buena parte del norte de África. Pero lo que nunca hemos hecho es ir en busca de aquellas primeras impresiones, las del África de las películas de Hollywood, de esos documentales sobre naturaleza con los que crecimos muchos de nosotros: grandes manadas de animales salvajes surcando el Serengueti, leones y jirafas y cebras e hipopótamos, la ropa de safari, los Land Rovers y los no menos magníficos "nativos", con sus túnicas de vivos colores. ¿Esa África existe? Y, si la respuesta es sí, ¿cómo existe? ¿Y para quién?

»Esa África, la del CinemaScope, *existe*, efectivamente. Se encuentra en el Ngorongoro, ese cráter indeciblemente bello, y sus alrededores, allí donde los leones y sus adversarios tradicionales, los guerreros masáis, siguen viviendo como hace cien años.

»Los leones sobreviven porque están protegidos. Las visitas a Tanzania para ver y fotografiar a estas bellas, pero letales bestias (y otros animales) es una actividad industrial importante, que lleva muchos millones al país cada año. Proteger a los animales y el medio ambiente en el que viven es un esfuerzo que compensa económicamente.

»Los masáis son pastores... y guerreros. La posición que ocupan dentro de su tribu, la imagen que tienen de sí mismos, están basadas en gran medida en su función tradicional de defensores de sus manadas, de guerreros, de asesinos de leones. Los leones, cuando consiguen atraparlos, se comen el ganado y a las cabras. Los masáis protegen al ganado y a las cabras. Su supervivencia depende de ellos. Los leones recorren vastos terrenos disputándose el alimento con otros depredadores de todas las especies. Los masáis pastorean a su ganado a lo largo y ancho de la tierra. Así lo han hecho durante siglos.

»Son de las últimas grandes tribus guerreras de la tierra. Seminómadas, creen que todo el ganado del mundo es un regalo de los dioses a ellos. Recorren las llanuras de Tanzania en compañía de sus animales, y se establecen allí donde encuentran los mejores pastos. Su ganado lo es todo para ellos, el sustento de la familia, su moneda de cambio, su fuente de leche dadora de vida y, en ocasiones especiales, de carne y sangre.

»Los leones son unas hermosas bestias que valen muchos millones de dólares, procedentes de los miles y miles de personas que en todo el mundo quieren venir a verlos y admirarlos a Tanzania.

»Los masáis son un hermoso pueblo al que no tanta gente del mundo quiere venir a ver y admirar.

»Ya ves dónde está el problema.

»Hay mucha gente muy esforzada y bien intencionada que intenta ayudar a resolver este conflicto de intereses. Pero el problema hace que se suscite de nuevo la pregunta que con tanta frecuencia nos asalta a nosotros en nuestros desplazamientos: ¿para quién existe el mundo natural?, ¿para la gente que vive en él... que siempre ha vivido en él? Incluso cuando esa gente... ¿molesta? ¿O para los animales que también han vivido siempre allí, pero que, como sus adversarios, están amenazados, que ya no pueden sobrevivir sin la intervención de bien calzados y pálidos (por lo general) expertos?

»La pregunta es incómoda. Uno tendría que ser un auténtico monstruo para sugerir que el uno debe ser sacrificado por el bien del otro. Pero la lenta rueda de la historia ya está tomando esa decisión por nosotros, y la respuesta no suele ser agradable.»

CÓMO LLEGAR, CÓMO MOVERSE

Se aterriza en el **Aeropuerto Internacional de Kilimanjaro (JRO)**, que opera vuelos con salida y destino a otros puntos de Tanzania y África oriental, así como Doha, Fráncfort y Ámsterdam. Es muy aconsejable pedir a tu hotel o a la empresa que organice tu safari que te reserve un medio de transporte antes de viajar; un traslado de ida cuesta alrededor de 690 000 chelines tanzanos / unos 300 dólares.

LUJO AL BORDE DEL CRÁTER

Durante sus excursiones por el Serengueti, Tony se alojó en el **&Beyond Ngorongoro Crater Lodge**, un lugar donde resuena con fuerza el eco de la época colonial:

«Para estar aquí, esto es muy, pero muy agradable. Después de pasar un largo día en la selva, te espera un baño de burbujas bien caliente. Quizá un jerez seco servido en decantador de cristal tallado. A la mañana siguiente, te levantas y desayunas en tu habitación, en el balcón quizá. Servicio de plata, café caliente, croissant recién hecho.» El complejo incluye dieciocho *suites* de lujo, con su chimenea, su bañera y su wifi. Los precios –elevados, hay que decirlo– incluyen comidas, excursiones diarias por la naturaleza, servicio de lavandería, seguro de evacuación, y todo, salvo licores de calidad extra.

«El cráter del Ngorongoro fue antiguamente un inmenso volcán que, hace dos millones y medio de años, se derrumbó sobre sí mismo creando una caldera, un auténtico mundo perdido. En el interior del cráter, todo un ecosistema dentro de un ecosistema.» El cráter mide unos veinte kilómetros en su punto más ancho y tiene un borde arbolado y un suelo de pasto abierto que constituye un hábitat excelente para los ya mencionados leones, hipopótamos y elefantes, así como para los rinocerontes, leopardos, facoceros, gacelas y búfalos. El lago Magadi, que no es muy profundo, es un acogedor hábitat para el flamenco rosado.

«Los animales apenas se mueven. Vienen a beber debajo de mi habitación, como quien dice. Hasta el baño tiene buenas vistas. ¿Un entorno natural idílico y una buena red de cañerías? El paraíso, vamos.» Solo hay que obedecer las reglas de la casa y no salir solo a la naturaleza, sobre todo de noche.

«Aquí más te vale no perderte. Más te vale no regresar caminando, fuera de tu coche o herido, por ejemplo. La naturaleza, como se suele decir, es una amante cruel. Cuida de los suyos implacablemente. Y todo esto está plagado de pruebas –de cadáveres de animales, quiero decir– **de esa cruel aritmética llamada "supervivencia".»**

&BEYOND NGORONGORO CRATER LODGE: Zona de Conservación Ngorongoro, tel. +27 11 809 4300, <www.andbeyond.com/our-lodges/africa/tanzania/ngorongoro-crater/andbeyond-ngorongoro-crater-lodge/> (precios desde 2 500 000 chelines tanzanos / 1 085 dólares por persona y noche aprox.)

TRINIDAD Y TOBAGO

El calendario del viaje de Tony a Trinidad y Tobago, con *Parts Unknown*, se estableció con vistas a convertir la visita en un descanso del invierno neoyorquino, pero, al mismo tiempo, esta fue fijada para unas semanas antes del comienzo del legendario Carnaval del país, debido a la conocida aversión de Tony al caos tumultuario de semejantes acontecimientos.

«Trinidad y Tobago: un país, dos islas muy diferentes, dos lugares muy diferentes. Una sola isla esperabas encontrarte cuando llegaste vistiendo chanclas y camisa hawaiana, o embadurnado de manteca de cacao.» Eso sería Tobago. De las dos islas, es la más pequeña, la menos desarrollada, la más relajada, con más playas y más orientada al sector servicios, y de cultura claramente africana. **«Tobago es con lo que sueñas cuando te despides del bufet del crucero *SS Norway*. Días de holganza en la playa, cocteles con sombrilla, villas, a ritmo de calipso todo ello.**

»La otra –Trinidad, cincuenta kilómetros al suroeste– **no tiene nada que ver con todo eso.**

»Las caras que ves por la calle tienen rasgos africanos, indios, chinos y de Oriente Medio. Y todos los tonos intermedios. Este mosaico de identidades y colores étnicos es una herencia directa del pasado

colonial de Trinidad.» Trinidad está más industrializada, tiene más ajetreo; cultural y religiosamente es mucho más diversa que Tobago, aunque las dos islas comparten elementos de idioma, historia y economía.

«Situadas en el extremo sur del mar Caribe, a once kilómetros de la costa de Venezuela, Trinidad y Tobago son importantes puertos de escala desde hace mucho tiempo. Como con tantas islas de la zona, todo el mundo ha pasado por allí en algún momento. Los usuales cazadores de fortuna europeos. Los españoles vinieron buscando oro. Más tarde fueron los holandeses, los franceses y los británicos quienes sucesivamente hicieron su apuesta por lo que era el auténtico dinero de la época: el azúcar. Una economía basada en los trabajadores de las plantaciones y en la esclavitud. Y por fin a la isla le cayó el gran premio: el petróleo.» Trinidad y Tobago sigue siendo el mayor productor de petróleo y gas natural de la zona del Caribe.

«Ninguna isla del mundo es el paraíso en la tierra, por mucho que pueda parecerlo desde las cajas de cemento, los cubículos de cristal o las cajas de madera en las que vivimos algunos de nosotros. Y en el mundo no hay baile, música ni buena comida que pueda unir por sí solo lo que tiende a separar a la gente. Lo que a primera vista puede parecer un utópico potaje de etnias y culturas que viven juntas bajo palmeras que se mecen suavemente es una cuestión mucho más complicada, por supuesto. Pero Trinidad y Tobago lo ha hecho mejor que muchos, y lo ha hecho con estilo y con singular orgullo étnico.»

CÓMO LLEGAR, CÓMO MOVERSE

El **Aeropuerto Internacional de Piarco (POS) de Puerto España** es el casi inevitable punto de entrada por vía aérea, aunque Tobago también tiene un pequeño aeropuerto internacional, el **Aeropuerto Internacional Arthur Napoleon Raymond Robinson (TAB**; hasta 2011, Aeropuerto Internacional de Crown Point). Piarco es el principal centro de conexión de Caribbean Airlines, y en los dos aeropuertos operan vuelos procedentes de otros puntos del Caribe, de Norteamérica y de unas pocas ciudades europeas.

En POS puedes tomar un taxi a Puerto España, que está a veintisiete kilómetros de distancia aproximadamente. Por este viaje de media hora calcula un precio de unos 240 dólares trinitenses / unos 36.50 dólares, y revisa que el taxista disponga de licencia oficial. Son los que llevan uniforme de camisa blanca y pantalón oscuro y cuentan con tarjeta identificativa oficial. Se acostumbra a dejar una propina de entre el 10 y el 15 por ciento del precio total.

También hay un autobús, gestionado por la Public Transport Service Corporation (PTSC) de Trinidad y Tobago que, en intervalos de una hora, une Piarco con City Gate, la principal estación de autobuses, que se encuentra situada en el histórico Muelle Sur, en lo que antes era la estación de la ya desaparecida red de Ferrocarriles del Gobierno de Trinidad. En el salón recreativo o en el quiosco de prensa del aeropuerto puedes comprar tus boletos de autobús de ida por 27 TTD / unos 3.60 dólares, y los de la vuelta puedes adquirirlos en la estación de autobuses.

Desde el aeropuerto de Tobago, un taxi oficial (su número de matrícula empezará por H) puede llevarte a tu hotel o a cualquier otro destino por un precio que varía entre los 34 y los 475 TTD / entre 5 y 70 dólares, más una propina de entre el 10 y el 15 por ciento, según tu destino.

COMER EN TRINIDAD: EL DOBLES

«Medio siglo después de que Trinidad se independizara del Imperio británico, sorprende la escasez de restos arquitectónicos que quedan. Pero la faz del país –y de su población– cambió para siempre cuando en 1834 acabó la esclavitud y Gran Bretaña se vio necesitada de mano de obra barata –que no libre– para sus plantaciones. La encontró en el este de la India. Entre el fin de la esclavitud directa y el comienzo de la Primera Guerra Mundial, 150 000 siervos contratados fueron traídos aquí desde la India. La servidumbre por contrato es esclavitud encubierta. A las personas a las que traían aquí desde la India las compraban, las vendían y las trataban como objetos, pero les decían que, si cumplían cinco años de un trabajo a menudo extenuante, quedarían en libertad.

»Uno de los legados más perdurables de este sistema es la huella indeleble que la cocina india ha dejado en Trinidad; uno de los ejemplos más representativos es esa (especie de) sándwich caliente rápido que se toma para desayunar y al que llaman dobles.

»La gente se me acerca por la calle y lo primero que me preguntan es: "¿Ya probaste el dobles?". Así que aquí estoy, comiéndome un puto dobles, ¿de acuerdo?

»El dobles es la versión caribeña de la *channa bhatura* india: dos láminas de pan blando, tierno, tipo indio, cubiertas con una rezumante pila de garbanzos al curry, salsa de pimienta y mango.»

El pan, al que llaman *bara*, se fríe sumergido en aceite, la masa a veces se anima con cúrcuma, y los garbanzos al curry, sazonados con comino, cebolla, ajo y polvo de curry, se llama *channa*. También pueden añadirse distintas clases de conservas de tamarindo, pepino o coco; y algo esencial para la experiencia del dobles: la salsa de pimienta picante, a escoger entre tres intensidades: suave, media y picante.

Caveat emptor: la escritora y poetisa trinitense Anu Lakhan, que reveló su receta de dobles en *Parts Unknown*, advertía lo siguiente: «En Trinidad y Tobago, lo que para una persona es suave para otra significa acabar en urgencias».

Para evitar que se deshaga, el montaje entero viene envuelto en papel de cera; es muy recomendable usar más de una servilleta.

Mientras se comía su dobles a la puerta del **U-Wee,** sentado en una silla, haciendo malabares con los fragmentos para no derramar nada, comentaba Tony: **«Estructuralmente tengo algunas dudas. Yo no quiero que esto rezume. Eso nunca es bueno.** –Y acababa reconociendo–: **Yo creo que aquí no hay carne, pero me gusta. Está muy bueno».**

U-WEE DOUBLES & ROTI SHOP: Augustine Street, M9V St. Augustine, Trinidad (no tienen teléfono ni página web) (un dobles: 5-8 TTD / 0.70-1.22 dólares aprox.)

URUGUAY

«Intrigantes indicios que apuntan a una historia familiar alternativa en Uruguay. ¿Quiénes somos en realidad?» Cuando él y su hermano viajaron juntos al país, en 2008, con *No Reservations*, con la esperanza de investigar su genealogía, obtuvieron resultados poco concluyentes (véase el artículo de Christopher Bourdain «El sueño de Uruguay», en la página 464). Tony regresó a Uruguay unos años después, con *Parts Unknown*.

Entre el siglo XVI y principios del XIX, Uruguay fue colonia española, con ocasionales incursiones de los portugueses. Uruguay, como Estados Unidos, se benefició económicamente de la Segunda Guerra Mundial, y en las décadas de los sesenta y setenta conoció una oleada de activismo social y político, aglutinado en torno a los movimientos estudiantiles, que atrajo la atención no deseada de los estamentos del poder.

«Se podría decir que la idea de la existencia de movimientos socialistas (o, Dios nos librara, comunistas) en la Latinoamérica de la década de los sesenta era una cuestión que preocupaba mucho a Estados Unidos y a sus aliados de la región más inclinados hacia el autoritarismo. Por ello, la aparición del radical Movimiento de Liberación Nacional, también llamado Tupamaros, hizo sonar las alarmas en la CIA.

»Con el apoyo, solapado o explícito, de nuestro país, se declaró el estado de emergencia y una dictadura de derecha se apoderó de los instrumentos de poder, dando comienzo a un periodo de represión que abarcó desde el año 1973 hasta 1985. Con el apoyo y frecuente asesoramiento de funcionarios de la CIA formados en lo que ahora llamamos "métodos de interrogación mejorados", algunos de los

hijos de puta más brutales de las juntas militares más abominables del mundo aplastaron mentes y cuerpos en celdas de toda América Latina. A mediados de los años ochenta, el pueblo de Uruguay decidió que ya había tenido bastante. Huelgas y manifestaciones multitudinarias obligaron por fin al gobierno a convocar elecciones, y los militares fueron apartados del poder.»

Sobre el Uruguay moderno decía Tony: **«Es uno de mis países favoritos. De Uruguay hay que saber lo siguiente: Es progresista. La marihuana es legal. Es fácil abortar. Matrimonio gay, sanidad pública universal, educación gratuita, estudios universitarios incluidos. Y la democracia no es un juego. En las últimas elecciones votó el 96 por ciento del censo electoral».**

CÓMO LLEGAR

El **Aeropuerto Internacional de Carrasco (MVD)** es el punto de entrada a Montevideo y al resto de Uruguay. En el momento de escribir estas líneas, los únicos vuelos procedentes de Estados Unidos tienen origen en Miami. También hay algunos con salida en Madrid y en algunas ciudades de América del Sur y Central. El aeropuerto se encuentra situado a unos veinticuatro kilómetros del centro de la ciudad, a unos treinta o cuarenta minutos por carretera. Para llegar a tu hotel puedes reservar un coche privado por internet, por unos 1 500 pesos uruguayos (unos 34 dólares), o tomar un taxi, una opción que requiere menos planificación, pero que suele resultar menos cómoda (y no menos cara). También hay un servicio de autobuses que comunica el aeropuerto con el centro de la ciudad, pero suelen ir abarrotados y no todos tienen espacio para maletas.

Los viajeros que ya se encuentren en Argentina también pueden optar por cruzar el Río de la Plata, que, en realidad, es un estuario, en un ferry que une Buenos Aires con Montevideo, una travesía de entre dos y poco más de cuatro horas de duración y que cuesta entre 1900 y 5 600 pesos / entre 44 y 130 dólares por trayecto, según la hora del día y de si viajas solo en barco o el traslado también incluye autobús. Recuerda que, al tratarse de una travesía internacional, deberás pasar control de seguridad, de pasaportes y de aduana, como si entraras por vía aérea. Las dos compañías de transporte principales son Buquebus <www.buquebus.com> y Colonia Express <www.argentina.coloniaexpress.com>.

MONTEVIDEO

«Fundada por los españoles a principios del siglo XVIII, Montevideo exuda una modernidad decadente, una grandeza decrépita en sus barrios más antiguos. Esta ciudad no es solo lo que es, sino lo que no es. No es una ciudad abarrotada de gente. No hay demasiada presencia policial, ni fotos del benévolo presidente eterno, ni nada de eso. Uruguay es un país relativamente pequeño, y de Montevideo diré que es adorable, si puedo atreverme. Es la única gran ciudad del país, la que alberga a la mitad de sus habitantes (aunque eso no es mucho decir).

»El Mercado del Puerto de Montevideo se construyó, en viga y cristal, en 1868. Una manzana más allá ya te alcanza su olor, ese olor espléndido. Te dobla las piernas con su canto de sirena: humo de madera, carnes chisporroteantes, de todas las variedades posibles.

»El mercado actual conserva su estructura imponente, pero ha sido prácticamente tomado por el más fantástico de los utensilios de cocina: la parrilla. Ni el mismo Prometeo podría haber imaginado tan magistral aprovechamiento del carbón y el fuego. Enormes columnas de madera dura, constantemente repuesta, reducida a brasas resplandecientes. Con un rastrillo, el carbón se va apilando bajo las varillas de una parrilla gigantesca. Arrojan más madera. El carbón se calienta, alimentado por la chisporroteante grasa de mil cortes de

carne, de entrañas suculentas. Lomo de cerdo, chuletas, rebanadas de cordero, aves, bistecs, vacío de ternera, filetes, cuartos enteros, un mosaico de salchichas, todo silba, todo chisporrotea, y el olor que flota sobre todo ello: una gloriosa y alegre miasma de carne.»

Si quieres disfrutar de un auténtico banquete carnívoro, acude a **Estancia del Puerto**; dirígete a cualquier proveedor con una larga fila de clientes lugareños y, si te gusta el alcohol ligero, prueba el siete y tres, una especialidad local que consiste en siete partes de vino tinto y tres de refresco de cola.

MERCADO DEL PUERTO: Rambla 25 de Agosto de 1825, 228, 11000 Montevideo, <www.mercadodelpuerto.com> (distintos precios)

«Situado en el barrio montevideano de Carrasco, el Bar Arocena está especializado en el bocadillo uruguayo por excelencia, el legendario chivito. Lo sirven las veinticuatro horas del día, siete días a la semana, desde 1923. El príncipe, el rey, el Gargantúa de los bocadillos, el chivito: una terrorífica montaña de proteína construida a base de carne, jamón, tocino, queso, huevo duro, mayonesa y guarnición.»

BAR AROCENA: Avenida Alfredo Arocena, 11500 Montevideo
(un chivito: unos 425 pesos / 10 dólares aprox.)

GARZÓN

«ME VINE AQUÍ PARA VOLVER A EMPEZAR EN SILENCIO.»

«El somnoliento Garzón es un pueblo situado a unos treinta kilómetros de la costa. Número de habitantes: doscientos. Pero uno de ellos es un chef extraordinario, uno que ha abandonado la carrera del oro de la restauración en el vecino José Ignacio para instalarse en estas tranquilas y espectrales calles.

»Francis Mallmann nació y se crio en Argentina, pero ahora es

más feliz en el país de su madre. ¿Y qué es lo que busca? Tranquilidad encontró mucha, sin duda, pero con una trayectoria tan exitosa como la suya, y repartida por tres continentes, tiene que haber algo más, algo que puede tener que ver con el distante crepitar de las llamas, con la carne de animal sellada.

»La comida llega servida en unas sencillas tablas de madera. Nada de pedanterías. Cerdo asado, calabaza cocinada en ceniza, verduras asadas sobre piedras calientes. Elemental, fundamental, suculento. Muy poco aderezo. Cítricos para el toque ácido, sal marina, pimienta, aceite de oliva. ¿Para qué más? Los métodos de Mallmann apenas difieren de los de la cueva, pero la ejecución es un poco más precisa.» La oferta gastronómica del **Restaurante Garzón** no puede ser más simple, pero, debido quizá a su ubicación tan apartada, también es muy cara: los aperitivos cuestan en torno a los 1700 pesos / 40 dólares; un plato principal: unos 2 900 pesos / unos 67 dólares; y los vinos de mesa de la tierra: unos 4 200 pesos / unos 100 dólares la botella. El establecimiento también comprende un hotel de cinco habitaciones, que cuestan casi 38 000 pesos / unos 888 dólares la noche.

RESTAURANTE GARZÓN: Costa José Ignacio, 20401 Garzón, departamento de Maldonado, tel. +598 4410 2811, <www.restaurantegarzon.com> (véase precios más arriba)

El sueño de Uruguay

CHRISTOPHER BOURDAIN

«Un arcón de fotos antiguas, decrépitos documentos encontrados en Francia hace treinta y cinco años. Cuando éramos pequeños, mi hermano y yo las mirábamos y nos preguntábamos quién era toda esa gente. Aurelien Bourdain, nuestro bisabuelo: como la mayor parte de la gente de la parte de Francia en la que pasábamos las vacaciones de niños, era ostrero. En aquel entonces, eso era, prácticamente, todo lo que sabíamos sobre la genealogía de la familia Bourdain. Pero el viejo arcón contenía pistas sobre una misteriosa travesía transatlántica a una remota capital de Latinoamérica.

»Cuando murió nuestra tía Jeanne, en 1972, Chris y yo ayudamos a vaciar su casa. Así, durante aquel verano, y por la curiosidad que nos provocaba aquel tesoro oculto de descoloridas fotos y documentos que evocaban toda clase de aventuras y matrimonios mixtos latinoamericanos, nos convertimos en genealogistas aficionados. Mi hermano nunca dejó de serlo.»

Esta es la voz en *off* de Tony en el arranque del capítulo de Uruguay de *No Reservations*, el de 2008, en el que yo lo acompañé. Tony cargó un poco las tintas, por aquello de la emoción dramática, pero en lo esencial estaba en lo cierto: la historia que nos había contado nuestro padre cuando éramos pequeños era que su madre y su padre habían llegado de Francia por separado hacia el final de la Primera Guerra Mundial, que se habían conocido en Nueva York y allí se habían casado. Nosotros, por ende, éramos franceses. Y nuestros primeros viajes al extranjero, en 1966 y 1967, los habíamos hecho a Francia. En las dos ocasiones visitamos a la tía de nuestro padre, Jeanne, en su casa de La Teste, en el suroeste de Francia.

Pero más tarde, ya en nuestra adolescencia, en 1972, a la muerte de *tante* Jeanne, volvimos a La Teste, sobre todo para ayudar a vaciar la casa y prepararla para ponerla a la venta. Fue entonces cuando encontramos esos viejos documentos. Y en ellos descubrimos la existencia de al menos dos antepasados llamados Jean que habían vivido en el sur de Brasil y en Uruguay a mediados del siglo XIX, y que se habían regresado definitivamente a Francia después de 1860.

Ah, y la tatarabuela uruguaya.

¡O sea, que éramos latinos! Aquella historia nos fascinó. ¿Cuántos de nuestros parientes habían vivido en Uruguay? ¿Cómo se habían ganado la vida? ¿Como pescadores? ¿Vendiendo caracoles con una carreta o prendas de ropa francesas o perfumes? La idea aún más interesante de que podían haber sido traficantes de armas surgió años después, cuando descubrí que toda aquella región de Latinoamérica había sido un foco de contiendas entre las potencias locales y las intrusivas europeas a mediados del siglo XIX.

Y, de todas maneras, ¿qué sabíamos nosotros, ni nadie, sobre Uruguay? En los colegios de Estados Unidos de las décadas de los sesenta y setenta, a lo mejor aprendías algo sobre los incas, los mayas, los aztecas, y también sobre los primeros exploradores europeos, pero nadie te enseñaba nada sobre Latinoamérica después de que los europeos llegaran al continente y diezmaran sus culturas ancestrales. Y no creo que ahora la situación sea tan diferente.

Y la *World Book Encyclopedia*, la versión impresa de Google para aquellos niños que éramos, no resultaba muy útil. Uruguay era poco más que una nota a pie de página. Allí criaban ganado, un poco como en Argentina.

El hecho de no tener una idea formada sobre ese país espesaba el misterio en torno a la presencia de la familia Bourdain en aquella tierra.

A finales de 2007, Tony me ofreció acompañarlo en la grabación de un episodio de *No Reservations* en Uruguay. En mi anterior aventura televisiva con Tony, en Francia, en 2001, me lo había pasado en grande, y siempre había albergado la esperanza de volver a viajar con él. La verdad es que lo habría acompañado de buena gana a donde fuera. ¿El Congo, los pantanos de Luisiana, el desierto de Gobi? Sí, sí y sí.

En teoría, a este capítulo yo estaba invitado por el tema de la investigación genealógica, pero, en realidad, el episodio trataba de cómo Tony descubría el mundo de la gastronomía uruguaya. Es cierto que por mi parte hubo una visita de quince minutos a la embajada francesa, sin cámaras presentes, un infructuoso intento de obtener algo de información histórica, pero nuestra campaña de investigación familiar no fue más allá de esto.

El capítulo, por suerte, se grabó en febrero, que en Uruguay es verano (y la vida es bella). Cuando llegó el día, pasé directamente de mi cómodo, pero no muy emocionante trabajo en Nueva York a un avión que me llevó a Montevideo en compañía de mi itinerante hermano y de su séquito, su gente de la productora: los productores Max Landes y Diane Schutz y los operadores de cámara Zach Zamboni y Todd Liebler.

Yo intentaba que no se me notara el hecho de que para mí aquello eran unas vacaciones divertidísimas, una desconexión completa de mi vida de siempre, porque para ellos no era más que trabajo.

Yo suelo ser bastante intrépido como viajero. Cuando llego a un sitio nuevo, lejos de mi casa, lo primero que pienso es: «Esta puede ser la última vez que esté aquí». Me gusta hacer una primera toma de contacto dando un largo paseo, aunque sea de noche o esté lloviendo. En este caso, pues, decidí salir a descubrir el lugar en cuanto llegamos a Montevideo.

A Zach y a Max se les antojó venirse conmigo y, como todos queríamos comer, salimos juntos. Nuestra meta era el Mercado del Puerto, el famoso mercado gastronómico central de Montevideo, pero, para llegar hasta allí, antes deambulamos un poco por el casco viejo.

Siempre he sentido un cariño especial por los sitios que exudan un esplendor decrépito, esos que ya han visto pasar su apogeo: ruinosas estaciones de tren que una vez fueron imponentes; sistemas de canales de la Primera Revolución Industrial; fábricas centenarias ya desaparecidas; deterioradas mansiones de grandes personajes que cayeron en el olvido hace mucho tiempo. La ciudad vieja de Montevideo, con esa enorme estación de tren desierta y su barrio de casas coloniales majestuosas, pero con un aura de encantamiento, en tonos pastel, abandonadas y tapiadas desde hace tiempo, responde a esta descripción perfectamente. Me gustó. Como Salvador de Bahía, La Habana y Buenos Aires, en los siglos XVIII y XIX esta ciudad fue un inmenso centro de intercambio comercial transatlántico con España, Portugal y otras naciones, pero para el siglo XX todas ellas, en cuanto a importancia y prosperidad, habían entrado en decadencia.

Max, Zach y yo llegamos por fin al Mercado del Puerto, un fantástico paraíso decimonónico poblado de vendedores de carnes y de bebidas situados al frente de casetas individuales cubiertas por un alto techo ennegrecido por el humo, todo ello agolpado entre las paredes de una nave inmensa. Por el lugar vagaban unos cuantos viejos con guitarras que cantaban canciones antiguas por las que la gente les pagaba con dinero o con bebidas. En un bar estuvimos platicando con algunos vecinos y bebiendo medio y medio, una mezcla de vinos blancos tranquilos y espumosos que entra muy bien. Estas primeras horas sobre el terreno marcaron la pauta de un viaje muy divertido.

Durante esta primera estancia, y cuando volví al país con Tony, observé el método particular de hacer el asado uruguayo: el secreto está en mantener la parrilla metálica inclinada diagonalmente, muy cerca del fuego de leña, pero no sobre él directamente. De vez en cuando, el operario deposita bajo la parrilla una fina capa de las brasas calientes del fuego. Esta técnica produce unas carnes que se encuentran entre las mejores y más sabrosas del mundo. Seré adepto de este método el resto de mi vida.

En una de las primeras escenas que compartimos frente a las cámaras, Tony me recogía en un Chevy Bel Air de 1951 (supuestamente, el mismo coche que sale en *Corrupción en Miami*, la película de 2006, que incluye escenas ambientadas en La Habana, pero filmadas en Montevideo). La premisa era que estábamos haciendo turismo, recorriendo la parte antigua de la ciudad.

Los espectadores, sin embargo, no veían a Max y a nuestra enlace en la ciudad, Sofía, que permanecieron agachados en el suelo del asiento trasero durante todo el accidentado y sinuoso trayecto. Si hubieran sido unos centímetros más bajos, su forzado abrazo podría haber resultado singularmente romántico, pero creo que la realidad era más dolorosa que eso.

Zach, por su parte, viajaba a lomos de una pequeña motocicleta, de espaldas, filmando nuestra excursión fraterna con gran riesgo de su salud y seguridad personal, y sin tener idea de hacia dónde iba a inclinarse su conductor en cada momento. Pero de alguna manera sobrevivió a la experiencia.

Durante los días que siguieron, viajamos a Los Mortados, una finca ganadera situada en el estado interior de Lavalleja, donde disfrutamos de un maravilloso banquete al aire libre, una de mis partes favoritas de este viaje (pese a una escena un tanto emotiva en la que despachan a un armadillo). El viaje hasta allí fue largo y solitario: en Uruguay, a treinta kilómetros de la costa empieza a haber muy poca gente, solo pastos con vacas y otros animales. Podíamos estar entre veinte y treinta minutos sin ver un solo edificio, aunque no faltaban las vallas.

Paramos a comer en un bar tipo *saloon* situado en una minúscula aldea que parecía sacada de un western de Sergio Leone. Yo casi esperaba ver entrar a Lee Van Cleef con el arma en el cinturón, mientras de fondo sonaba la música de Ennio Morricone de *El bueno, el feo y el malo.*

A continuación, paramos en Cabo Polonio, una lengua de tierra situada en el ángulo entre dos anchas y bonitas franjas de playa virgen de la costa atlántica. Cabo Polonio está a kilómetros de distancia de cualquier parte, más cerca de Brasil que de cualquiera de las grandes ciudades de Uruguay. Y es el lugar en el que una comuna *hippie* de los años sesenta ha sobrevivido de alguna manera hasta el siglo XXI, un poco como el enclave de Christiania en Copenhague, pero en una playa y sin servicios públicos.

Era evidente que algunos de sus habitantes se habían tomado en serio la idea de Timothy Leary de «despertar, sintonizar, desconectar». La cosa no dejaba de resultar interesante, creo, pero, para mí, aquel lugar tenía un aura de «isla de los juguetes renegados». La verdad es que no era lo mío. Pero supongo que prefiero que siga así antes que verlo convertido en otro enclave para ricos.

Otra escala que hicimos más tarde en la ruta del litoral oriental fue, sin duda, uno de los momentos más vívidos y memorables de aquella aventura: el chef argentino Francis Mallmann había hecho cortar en mariposa a una vaca (!). Habían dispuesto al animal sobre una estructura que guardaba un inquietante parecido con un crucifijo, en una plaza cercana a su restaurante, y la habían cocinado a baja temperatura durante días, sobre una hoguera. Esto no es algo que los de Nueva York solamos hacer en los jardines de nuestras casas. Pero aquello era fabuloso en todos los aspectos, absolutamente suculento, y, además, me encantó saber que Mallmann hacía trocear la inacabable montaña de restos para repartirlos por todo el pueblo. Ingenio y generosidad.

Nuestra última escala, en la famosa franja turística llamada Punta del Este, incluyó la pequeña ciudad homónima y algunas otras poblaciones costeras. Algunas zonas son como Rodeo Drive: atraen a una superexclusiva casta de millonarios argentinos y uruguayos y propietarios de segundas residencias. El pueblo de José Ignacio, con sus edificios de madera bañados por el sol, es más discreto, mucho más Fire Island que los Hamptons. Un lugar de los míos.

Creo que la parte que más me gustó de todo el viaje fue nuestra visita al restaurante La Huella, en la playa. Hacía un tiempo muy agradable y yo estaba contento y relajado. Acababa de pasar unos días viajando con Tony y su divertido grupo de escuderos, viendo cosas interesantes y disfrutando de unas comidas fantásticas (¡y no yendo al trabajo!). En La Huella me tomé un mojito riquísimo, muy agradecido (bueno, más de uno), y a la mesa iban llegando toda clase de platos a cual más suculento, mientras el oleaje se veía y oía a lo lejos.

Todo aquello era relajado y modesto, como el mismo Uruguay. A mí me encanta viajar, y he tenido la suerte de haberlo podido hacer a menudo. He observado que algunos países se esfuerzan en recordarnos que destacan en esto o aquello, o que tuvieron un imperio en el pasado, o que ahora son importantes por... algo.

Uruguay es delicioso porque es modesto. Allí no hay palacios, ni pirámides, ni museos navales. Lo que ofrece son grandes espacios, un litoral muy bello y una forma de vida tranquila. La buena comida y bebida abundan y son asequibles. Y su gente parece disfrutar con los pequeños placeres de la vida, como la singular costumbre nacional de llevar a todas partes un decorativo termo del que van bebiendo mate. Es como «la hora del té durante todo el día». Me gustaría volver, reencontrarme con algunas de las personas a las que conocí durante la grabación de aquel episodio en 2008, y brindar por Tony.

VIETNAM

«¿Lo hueles? El escape de la moto, la salsa de pescado, el incienso, el olor a algo en la lejanía. ¿Eso es cerdo asándose al carbón?

»Vietnam: te atrapa y no te deja ir. Una vez que te enamoras, es para toda la vida. Yo llevo viniendo aquí desde el año 2000, la primera vez que visité esta parte del mundo, y desde entonces ocupa un lugar especial en mi corazón y en mi imaginación. Y sigo viniendo; tengo que hacerlo.»

VIETNAM CENTRAL: HOI AN Y HUE

Ignoradas con frecuencia por los turistas occidentales a la hora de preparar su primera estancia en Vietnam, Hoi An y Hue ofrecen una experiencia más tranquila, relativamente, que las de Hanói o Saigón, aunque ambas son ciudades vibrantes por derecho propio, con sus especialidades gastronómicas regionales y su abundancia de puntos de interés cultural e histórico.

CÓMO LLEGAR

Ninguna de las dos localidades tiene aeropuerto. La mayor ciudad de la región, Da Nang, cuenta con el **Aeropuerto Internacional de Da Nang (DAD)**, que se encuentra situado a unos dos kilómetros del centro, a unos treinta kilómetros de Hoi An y a unos ciento diez de Hue. Frente a la zona de llegadas esperan taxis, y en la terminal hay un reducido número de servicios de renta de coches. El trayecto en taxi o en coche contratado desde DAD a Hoi An dura entre treinta y cuarenta minutos y cuesta entre 345 000 y 700 000 dongs vietnamitas, o entre 15 y 30 dólares. Desplazarse a Hue por el mismo medio lleva alrededor de dos horas y cuesta entre 1 150 y 1 610 millones de dongs, entre 50 y 70 dólares. Los taxistas agradecen las propinas, pero no esperan recibirlas.

Entre Da Nang y Hue puedes tomar el tren Reunification Express, gestionado por Vietnam Railways, en dirección norte, para un trayecto de unas dos horas y media (puedes consultar horarios y tarifas y adquirir boletos en <www.vietnam-railway.com>). Este tren no tiene parada en Hoi An, pero, como en este caso la distancia es relativamente corta, para esto lo más conveniente es tomar un taxi.

HOI AN: APACIBLEMENTE INTACTA

«Situada en la región central de Vietnam, Hôi An logró escapar en gran medida de la destrucción causada por la guerra. Salió de ella más o menos en el mismo estado en que se encontraba antes de comienzos del siglo XX. Sus pintorescas calles y ancestrales tiendas datan de la época en que la ciudad era capital comercial y mercante para comerciantes chinos y japoneses adinerados. Aquí se respira esa paz tan característica de la región central. Esto es auténtico. Aquí no hay "distritos de mejora", no hay un esfuerzo. Esto es lo que hay, y eso es lo bueno.»

El bocadillo banh mi favorito de Tony en todo Vietnam se encuentra en un local llamado **Bánh Mì Phuong**. **«En plena ciudad vieja, en el mercado central, un transeúnte me susurró que este banh mi era el mejor de la ciudad, y a mí me pareció muy creíble que así fuera. Algunos banh mi son muy ligeros. Este lleva toda clase de complementos. Este es un banh mi deluxe. Un plato de banh mi con todo encima. Paté de hígado,**

pepino, esta clase de jamón, paté de pescado, mayonesa. Solo la baguette es prodigiosa. ¿Cómo se mantienen tan crujientes, tan tostadas y frescas por fuera? ¿Tan esponjosas y perfectas por dentro?»

BÁNH MÌ PHUONG: Phan Chu Trinh, 2b, Cam Chau, Hoi An, Quang Nam 560000, tel. +84 905743773, <www.tiembanhmiphuong.blogspot.com> (unos 29 000 dongs / 1.22 dólares aprox.)

HUE: UNA CIUDAD DE ESPECTROS

En la ciudad de Hue y su periferia descubrimos **«vastos palacios, pagodas y mausoleos»**, lo que posiblemente es **«el centro de la vida intelectual, artística, gastronómica y religiosa del país».**

«Hue se encuentra situada en las orillas norte y sur del río Perfume, en Vietnam central. Con la montaña detrás y el mar delante, una disposición determinada por criterios tanto militares como espirituales. Durante 143 años, Hue fue la sede del poder de la dinastía Nguyen, que gobernó el país entero hasta finales del siglo XIX, cuando los franceses tomaron el poder y se hicieron del control de la tierra. Los franceses permitieron que el trono imperial ostentara el poder nominal hasta el final de la Segunda Guerra Mundial, en 1945.»

Los estudiosos de la guerra de Vietnam, o aquellos con edad suficiente para haber estado presentes durante el conflicto o poco después, quizá conozcan la expresión «Ofensiva Tet», una acción coordinada que devastó gran parte de Hue. **«El lugar que Hue ocupa en la historia cambió para siempre durante la guerra de Vietnam. En 1968, Hue se convirtió en escenario de algunos de los combates más violentos de la guerra. Durante el Año Nuevo Lunar, la fiesta del Tet, que solía marcar un cese de hostilidades, más de un centenar de ciudades de Vietnam del Sur fueron atacadas por los norvietnamitas y el Viet Cong. Hue no tardó en caer.»**

BUN BO HUE

En medio del animado **Mercado de Dong Ba** de Hue es posible que encuentres la sopa de tus sueños. **«En la jerarquía de los manjares de tazón que se degustan sorbiéndolos, ninguno supera al *bún bò Hue*. Aquí, Kim Chau crea un elaborado caldo de mezcla de huesos al aroma de hierba de limón, especias y pasta de camarones fermentada. En el fondo del tazón, fideos de arroz, acompañados por –no, colmados de– tierna pierna de ternera cocinada a fuego lento, albóndigas de carne de cangrejo, pata de cerdo y *huyet* (pastel de sangre). Acompañado de lima en rodajas, cilantro, cebolleta, salsa picante, flores de plátano en tiras y brotes de soya verde, este caldo es un prodigio de sabor y textura. La mejor sopa del mundo. Es que es... una sopa tan elaborada y compleja como la de cualquier restaurante francés. El *summum*. Realmente.»**

MERCADO DE DONG BA: BÚN BÒ HUE KIM CHAU: Tran Hung Dao, 2, Phu Hoa, Hue, tel. +84 234 3524663, <www.chodongba.com.vn> (50 000 dongs / 2.50 dólares aprox.)

HANÓI

La estancia de Tony en Hanói en 2016, marcada por una comida sin etiqueta, a base de *bun cha*, con el entonces presidente Barack Obama, marcó el último de una serie de arrebatados episodios en torno a Vietnam, cada uno de ellos una variación sobre el tema del profundo e indesmayable amor que Tony sentía por esta tierra.

CÓMO LLEGAR

Situado a unos cuarenta y cinco kilómetros del centro de la ciudad, el **Internacional Noi Ba (HAN)** es el aeropuerto de Hanói. La terminal 2, construida en 2014, opera vuelos internacionales de compañías como Cathay Pacific, Korean Air, ANA, Vietnam Airlines, Thai Airways y Air Asia.

Frente a la zona de llegadas hay taxis estacionados. Negocia el precio de la carrera antes de salir. Calcula en torno a los 420 000 dongs / 18 dólares. Los taxistas no esperan que les des propina, pero las agradecen. Para evitar el famoso timo consistente en que el taxista te lleva a un hotel diferente, porque, dice, el que reservaste está clausurado o se mudó de sede, quizá te interese pedir un taxi por anticipado a través de tu hotel.

RECUERDOS DEL METROPOLE

En Hanói, Tony, fiel a su estilo, gustaba de alojarse en el fastuosamente remodelado **Sofitel Legend Metropole Hanoi**, el antiguo Hotel Metropole, que se encuentra situado en el Barrio Francés de la ciudad, frente a la Ópera de Hanói. **«Aquí vivieron durante décadas escritores, espías y personajes de memoria infausta.»** La piscina, inmensa y atrayente, y el acceso al refugio antiaéreo, vestigio de la guerra de Estados Unidos con Vietnam, tampoco carecían de interés.

Construido por los franceses e inaugurado en 1901, este hotel fue bautizado como Thong Nhat, u Hotel de la Reunificación, en el periodo que siguió a la independencia de Francia. En 1936, Charlie Chaplin y Paulette Goddard pasaron su luna de miel en el Metropole; Graham Greene se hospedó en el lugar en 1951, mientras escribía *El americano impasible;* y en él se alojó Jane Fonda durante su escandalosa estancia en la ciudad en 1972.

SOFITEL LEGEND METROPOLE HANOI: Calle Ngo Quyen 15, distrito de Hoan Kiem, Hanói, tel. +84 24 38266919, <www.sofitel-legend-metropole-hanoi.com> (una habitación: desde 5.8 millones de dongs / 260 dólares la noche aprox.)

CARACOLES PARA EMPEZAR

«*Bún ốc:* primera comida en Hanói, y esto aquí lo hacen mejor que en cualquier otra ciudad. Un maravilloso caldo picante con tomate, hierbas, fideos y caracoles frescos. Bien. Ya estoy en Hanói oficialmente. Mmm. Mágico.» Los huesos de cerdo o pollo le dan ese sabor a carne y, el toque cítrico, la hierba de limón; los fideos que lo absorben en parte son de arroz. Además de los caracoles, el tazón suele completarse con tofu frito, camarones o croquetas de pescado y, aparte, como acompañamiento, rodajas de lima y *rau ram*, la hierba mentolada picante a la que también llaman cilantro vietnamita.

BÚN ỐC PHO CO: Luong Ngoc Quyen, 36, Hong Buom, distrito de Hoan Kiem, Hanói, tel. +84 125 4733723 (35 000-45 000 dongs / 1.50-2 dólares aprox.)

GRACIAS, OBAMA

Parece que todo el mundo ha oído hablar del *pho*, la sopa de fideos con carne que suele emplearse como droga de iniciación para aquellos que aún no han descubierto la maravillosa gastronomía de Vietnam. Después de la comida que Tony compartió con el presidente Barack Obama en 2016, mucha gente más descubrió la existencia del *bun cha*, una mezcla de panceta a la parrilla con empanadas de cerdo que se sirve con hierbas, chile, fideos de arroz y un caldo para mojar picante, agrio, dulce y con sabor a pescado.

En su primera visita a Hanói, Tony descubrió que allí se practicaba el marketing orgánico: **«Engañosamente simple. Un *hibachi* improvisado en plena acera. Un local oscuro, manchado de hollín, abierto a la calle. La maestra del *bun cha* aviva el carbón hasta que enrojece, hasta que alcanza la temperatura exacta para que el exterior del cerdo se ase sin que el interior se seque. Del cerdo marinado gotea una grasa que se evapora en un humo que impregna la carne con su aroma. Con ayuda de un buen ventilador, el resto del humo se convierte en publicidad gratuita, en un mecanismo promocional que atrae a los transeúntes con su olor tentador.**

»En mi opinión, no hay mejor lugar para agasajar al líder del mundo libre que uno de esos bares de fideos clásicos, familiares, auténticos, que se encuentran por todo Hanói. Una cena con cerveza cuesta unos seis dólares. Sospecho que el presidente no asiste a muchas cenas de Estado como esta. Y no hay plato más típico y exclusivo de Hanói que el *bun cha*».

BUN CHA HUONG LIEN: Le Van Huu, 29, Pham Dinh Ho, Hoi Ba Trung, Hanói, tel. +84 439 434106 (una comida suele costar en torno a los 140 000 dongs / 6 dólares aprox.)

SAIGÓN / CIUDAD HO CHI MINH

«Desde el momento en que llegué a este país, supe que mi vida había cambiado. De pronto ya no podía conformarme con mi vida de antes. Necesitaba una nueva, una en la que pudiera seguir viniendo a esta tierra. Las calles, el espasmódico esfuerzo que supone el reto de vadear el incesante tráfico. Las pautas aparentemente impenetrables.

La preparación mental que requiere tan solo cruzar una calle. La sobrecarga sensorial, el *shot* de cafeína falsa de la percepción aumentada, una que siempre conduce a algo interesante.

»La primera vez que estuve aquí [en 2000], aún veías el Saigón de la novela de Graham Greene *El americano impasible*. Esto seguía siendo una ciudad de bicicletas, de motos, de taxis triciclos. Había el olor de la quema de incienso en las pagodas, el carbón de los restaurantes a pie de calle, el gasóleo, el jazmín. Pasaban mujeres pedaleando, elegantes con sus *ao dais* y sus sombreros cónicos. Y los lugares emblemáticos, como el Hotel Majestic, el teatro de la ópera, el Caravelle, desde cuya azotea podías ver pasar la guerra en otros tiempos.

»Ahora se diría que casi todo el mundo ha hecho realidad eso que entonces era un sueño: tener una Honda. Las bicicletas han dado paso a los ciclomotores y a las motocicletas. Los tradicionales sombreros cónicos, a los cascos. Lo antiguo sigue existiendo, pero entre la vieja arquitectura colonial francesa y, en torno a ella, en todas partes hay construcciones modernas. El boom de la construcción. El impacto de lo nuevo.»

CÓMO LLEGAR

En el **Aeropuerto Internacional Tan Son Nhat (SGN)**, el mayor del país, operan muchas grandes aerolíneas, como Cathay Pacific, United, Emirates, Korean Air, ANA, Singapore y Air France, así como algunas regionales.

Puedes pedir un taxi dentro del aeropuerto, previo pago, o acudir a la parada de taxis. El trayecto desde el aeropuerto, que se encuentra situado a unos seis kilómetros del centro de la ciudad, cuesta entre 185 000 y 462 000 dongs / entre 8 y 20 dólares aprox. Los taxistas no esperan recibir propina, pero siempre las agradecen. También hay autobuses lanzadera amarillos con aire acondicionado, que trasladan al pasajero del aeropuerto a la ciudad por 23 000-46 000 dongs / 1.22-1.80 dólares aprox. Guíate por los rótulos en inglés a la salida de la terminal.

HISTORIA VIVA EN EL CONTINENTAL

Cuando visitaba la ciudad, a Tony le gustaba hospedarse en el **Hotel Continental Saigón**. Terminado en 1880, en estilo colonial francés, este fue el primer hotel de Vietnam. Se construyó para los colonos franceses y lo llamaron así por el Continental de París. Graham Greene fue un cliente estable. Uno de los escenarios clave de *El americano impasible*, este hotel sirvió como base de operaciones de periodistas, contratistas y otros habituales durante la guerra con Estados Unidos. Al bar situado a pie de calle los corresponsales de guerra de los años setenta lo llamaban *the continental shelf* (la plataforma continental); y entre los blancos muros del establecimiento aún se yerguen los *frangipani* que se plantaron en el patio interior hace más de un siglo. Tras ganar la guerra, en 1975, el Gobierno norvietnamita nacionalizó el hotel, y ahora continúa controlándolo a través de Saigon Tourist, la empresa pública de turismo. Hoy en día, si bien carece del toque suntuoso que caracteriza a otras reliquias de la época colonial, el Continental es un refugio en el que descansar del bullicio, el ruido y el calor de la ciudad de Saigón en un entorno fresco y en medio de una relativa opulencia.

HOTEL CONTINENTAL SAIGON: Calle Dong Khoi, 132-134, distrito 1, Ciudad Ho Chi Minh, tel. +84 2838 299 201, <www.continentalsaigon.com> (una habitación: a partir de 2 millones de dongs / 88 dólares la noche aprox.)

BEBER EN EL REX

Antiguo garaje y concesionario de automóviles para empresarios de la colonia francesa, el **Rex** se convirtió en hotel a finales de la década de los cincuenta, y durante la guerra con Estados Unidos acogió reuniones informativas militares diarias que fueron cínicamente bautizadas como «las Varietés de las Cinco de la Tarde». Tras la caída de la ciudad, el Rex, como el Continental, pasó a manos del Estado. A Tony le gustaba el bar de la azotea, desde el que se puede contemplar la vida de la calle. Decía que tomarse un par de copas allí era algo «un must».

REX HOTEL SAIGON: Nguyen Hue, 141, Ben Nghe, distrito 1, Ciudad Ho Chi Minh, tel. +84 28 3829 2185, <www.rexhotelsaigon.com> (una habitación: desde 3.5 millones de dongs aprox. / 153 dólares la noche aprox.)

LA DAMA DE LOS ALMUERZOS

«A Nguyen Thi Thanh la llaman "The Lunch Lady" o "la Dama de los Almuerzos". Es un poco aventurera, porque cada día hace una sopa diferente, que elabora ella misma de principio a fin, en una suerte de menú cíclico para la semana.»

Una de estas propuestas es el *bún bò Hue*: **«Carne de vaca al estilo Hue, y creo que hay sangre de cerdo de por medio. Caldo de hueso de cerdo y vaca, luego carne fileteada de cerdo y vaca, jamón, pata de cerdo. Pudin de sangre de cerdo, cebolla, jengibre, fideos de arroz. Multitud de especias especiales, partes repugnantes, secretos industriales celosamente guardados. La magia de una sopa entre sopas».** Pagarás en torno a los 46 000-69 000 dongs / 1.80-3 dólares aprox. Y una advertencia: si el mesero deposita en tu mesa unos rollitos primavera y te los comes, los van a añadir a tu cuenta sin solicitud previa.

Desde que apareció en televisión junto a Tony, Nguyen Thi Thanh ha pasado de ser una leyenda local a convertirse en una demandada presencia internacional. Años después de su primer contacto con los medios, sigue dando de comer a hordas de clientes nacionales y extranjeros.

QUAN AN LUNCH LADY: Phuong Da Kao (junto a Hoang Sa), distrito 1, Ciudad Ho Chi Minh (no tienen teléfono ni página web) (46 000-69 000 dongs / 1.80-3 dólares aprox.)

MERCADO DE BENH THANH

El mercado de Ben Thanh, en realidad, son dos cosas: un mercado diurno de productos textiles, calzado, *souvenirs*, productos electrónicos, artículos para el hogar, productos agrícolas, pescado, marisco, aves vivas y comida preparada; y otro nocturno, en el que se aglomeran todavía más vendedores de alimentos y bebidas, un animado centro en el que descubrir productos que se cuentan entre los mejores de la ciudad.

«El olor de multitud de aves vivas y de la preparación de multitud de alimentos compone una embriagadora mezcla.» En Benh Thanh se pueden catar muchas propuestas: **«Todo es espectacularmente fresco y huele bien. Y siempre impresiona ver el orgullo que desprenden todos los comerciantes. Todos quieren que pruebes su comida».**

MERCADO DE BENH THANH: Le Loi, Ben Thanh, distrito 1, Ciudad Ho Chi Minh, tel. +84 283829 9274, <www.chobenthanh.org.vn> (distintos precios)

APÉNDICE: REFERENCIAS CINEMATOGRÁFICAS

BUENOS AIRES, ARGENTINA: *Deseando amar* (Wong Kar-wai, 2000) no transcurre en Buenos Aires, sino en Hong Kong, pero Tony y su equipo utilizaron esta película y su evocación del anhelo y la soledad, intercalados con breves momentos de felicidad, como inspiración del episodio porteño de *Parts Unknown.*

VIENA, AUSTRIA: En el episodio vienés de *No Reservations*, Tony menciona expresamente la angustiosa escena de la rueda de la fortuna de *El tercer hombre* (Carol Reed, 1949).

BORNEO, CAMBOYA, VIETNAM: A lo largo de los muchos años que pasaron haciendo televisión, Tony y sus colaboradores técnicos se inspiraron repetidas veces en los ambientes de *Apocalypse Now* (1979), el clásico de la guerra de Vietnam dirigido por Francis Ford Coppola, una película que está basada en la novela corta de Joseph Conrad *El corazón de las tinieblas* (1902), sobre un viaje por el río Congo, y que Coppola y John Milius adaptaron libremente.

QUEBEC, CANADÁ: A la hora de dirigir el episodio de Quebec de *Parts Unknown* entre las silenciosas tierras norteñas de nieve y hielo, Michael Steed se inspiró en *Fargo* (Joel y Ethan Coen, 1996), y en *Dulce porvenir* (Atom Egoyan, 1997).

HONG KONG: El uso por parte del director Wong Kar-wai de los característicos rótulos luminosos de Hong Kong, su abundancia de escaleras mecánicas, su denso desarrollo vertical y el cinematográfico puerto de la ciudad, tal como aparecen en sus películas *Chungking Express* (1994), *Fallen Angels* (1995) y *Deseando amar* (2000), inspiró algunos episodios de *No Reservations, The Layover* y *Parts Unknown.*

HELSINKI, FINLANDIA: El componente de humor negro del episodio finlandés de *No Reservations* bebe de las películas *Noche en la Tierra* (Jim Jarmusch, 1991) y *La chica de la fábrica de cerillas* (Aki Kaurismäki, 1990).

MARSELLA, FRANCIA: A la hora de preparar el episodio de *Parts Unknown* que se grabó en Marsella, su director, Toby Oppenheimer, recurrió a algunas de las películas más ligeras de Éric Rohmer, el director de la Nouvelle Vague francesa, títulos como *La rodilla de Claire* (1970) y *Pauline en la playa* (1983).

PUNYAB, LA INDIA: Algunos de los planos de la escena del tren del episodio del Punyab de *Parts Unknown* están fuertemente influidos por *Viaje a Darjeeling*, la película de 2007 de Wes Anderson.

ROMA, ITALIA: Para algunos episodios de *No Reservations, The Layover* y *Parts Unknown*, Tony y sus técnicos tomaron elementos de *La dolce vita* (Federico Fellini, 1960), *Mamma Roma* (Pier Paolo Pasolini, 1962) y *Via Veneto* (Giuseppe Lipartiti, 1964).

CERDEÑA, ITALIA: A la hora de preparar las escenas del clan familiar de este episodio de *No Reservations* en el que aparece la familia de su mujer, Ottavia, Tony se inspiró en los aspectos no violentos y no delictivos de *El padrino* (Francis Ford Coppola, 1972). Dice Tony aquí: **«Y yo, por supuesto, me imagino a mí mismo desplomándome entre las tomateras de un jardín de algún lugar mientras persigo a mi nieto con una rodaja de naranja en la boca»**, en lo que es una referencia directa a la dulce muerte del personaje de Don Corleone (Marlon Brando) en esta película.

TOKIO, JAPÓN: En el episodio de Tokio de *Parts Unknown*, el director Nick Brigden emuló el hipercinético montaje y esa intensidad conseguida a base de primeros planos de *Tokyo Fist*, la película de Shin'ya Tsukamoto de 1995.

LAGOS, NIGERIA: Dirigida por Jean-Jacques Flori y Stéphane Tchal-Gadjieff en 1982, *Musique au poing* proporciona contexto narrativo e historia musical a este episodio de *Parts Unknown*, según su director, Morgan Fallon.

LOS ÁNGELES, CALIFORNIA: En clave *noir*, *Collateral* (Michael Mann, 2004) muestra un submundo de Los Ángeles que aparece reflejado en los episodios de *No Reservations*, *The Layover* y *Parts Unknown* que se grabaron en esta ciudad.

MIAMI, FLORIDA: Tony y el equipo de *Parts Unknown* recrearon una fiesta, en un hotel de Miami, que rinde homenaje a la fiesta de cumpleaños de *La gran belleza*, la película italiana de Paolo Sorrentino de 2013. Tony, por supuesto, interpretaba al personaje protagonista, Jep Gambardella, al que Roger Ebert describía, en su crítica de la película, como «un intelectual prescriptor de tendencias tan sobrestimulado como indiferente... La gente va y viene en la vida de Jep. Y todos, aunque no lo sepan, le hacen un poco más sabio».

NUEVA YORK, NUEVA YORK: El director Michael Steed acudió a *Estilo salvaje* (Charlie Ahearn, 1982) y a las películas de no ficción de Stan Brakhage para establecer el tono del episodio de *Parts Unknown* que se desarrolla en el Lower East Side de Manhattan.

VIRGINIA OCCIDENTAL: *American Honey* (Andrea Arnold, 2016) es una película que observa la belleza, las contradicciones, las pequeñas alegrías de la vida cotidiana de un modo que inspira el trabajo del director Morgan Fallon en el episodio de Virginia Occidental de *Parts Unknown*.

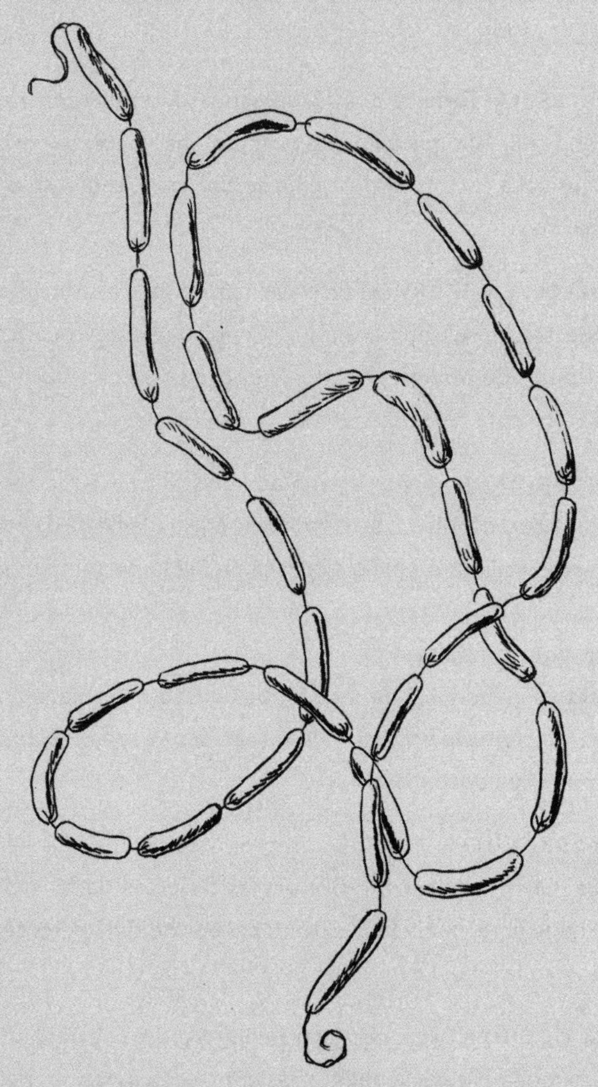

AGRADECIMIENTOS

Tengo una enorme deuda de gratitud con Tony, cuyo carisma, curiosidad, inteligencia, ingenio y generosidad de espíritu son la razón de ser de este libro. La fe que depositó en mí lo significó todo.

Muchísimas gracias a la gente de Ecco –Sara Birmingham, Sonya Cheuse, Meghan Deans, Gabriella Doob, Ashlyn Edwards, Dan Halpern, Doug Johnson, David Koral, Renata De Oliveira, Miriam Parker, Allison Saltzman, Rachel Sargent, Michael Siebert y Rima Weinberg–, cuyo talento creativo y formidables competencias han logrado que esta idea se plasme en algo concreto.

También quiero dar las gracias a Kimberly Witherspoon y Jessica Mileo, de Inkwell Management, por su asesoramiento creativo, por su autoridad y por mantenerme a flote.

Gracias a Wesley Allsbrook por sus perfectas ilustraciones. Estoy segura de que a Tony Bourdain le habrían encantado.

Gracias a aquellos que con sus recuerdos y reflexiones han contribuido generosamente a dar forma a este texto. Hablo de Jen Agg, Steve Albini, Vidya Balachander, Christopher Bourdain, Bill Buford, B. J. Dennis, Nari Kye, Claude Tayag, Daniel Vaughn y Matt Walsh.

Muchísimas gracias a Chris Collins y Lydia Tenaglia, de Zero Point Zero Production, Inc., por hacer tan buena televisión junto a Tony y un estelar equipo de directores, productores, directores de fotografía y montadores, gente como Jeff Allen, Jared Andrukanis, Nick Brigden, Helen Cho, Morgan Fallon, Josh Ferrell, Sally Freeman, Nari Kye (¡de nuevo!), Todd Liebler, Alex Lowry, Toby Oppenheimer, Lorca Shepperd, Michael Steed, Tom Vitale y Sandy Zweig. Todos ellos contestaron con agrado a mis numerosísimas preguntas.

Gracias también a las siguientes personas, que respondieron a más preguntas, ofrecieron su asesoramiento, compañía y hospitalidad en los viajes, y que ayudaron a dar forma a este libro de muchas otras maneras: Seema Ahmed, Hashim Badani, Jonathan Bakalarz, Raphael Bianchini, Daniel Boulud, Jessica Bradford, Kee Byung-kuen, Jessica Delisle, Lolis Elie, Paula Froelich, Jonathan Hayes, Fergus Henderson, Kate Kunath, Akiko Kurematsu, Matt Lee, Ted Lee, Esther Liberman, Yusra y Mohamed Ali Makim, David Mau, Claudia McKenna-Lieto, Dave McMillan, Max Monesson, Antonio Mora, Fred Morin, Inky Nakpil, Aik Wye Ng, Esther Ng, Cory Pagett, Sara Pampaloni, Matt Sartwell, KF Seetoh, Crispy Soloperto, Katherine Spiers, Gabriele Stabile, James Syhabout, Yoshi Tezuka, Nathan Thornburgh, Chris Thornton, Alicia Tobin, Alison Tozzi Liu, Jason Wang, Maisie Wilhelm, y Amos y Emily Zeeberg.

CITAS

INTRODUCCIÓN

Página 5: Todas las citas textuales están extraídas de *Parts Unknown*, episodio 1201, «Kenya».

ARGENTINA

Páginas 7-11: Todas las citas textuales están extraídas de *Parts Unknown*, episodio 708, «Buenos Aires».

AUSTRALIA

Páginas 13-21: Todas las citas textuales están extraídas de *No Reservations*, temporada 5, episodio 11, «Australia».

AUSTRIA

Páginas 23-27: Todas las citas textuales están extraídas de *No Reservations*, temporada 7, episodio 4, «Vienna».

BRASIL

Páginas 29-31: Todas las citas textuales están extraídas de *Parts Unknown*, episodio 308, «Bahia, Brazil».

BUTÁN

Páginas 33-37: Todas las citas textuales están extraídas de *Parts Unknown*, episodio 1108, «Bhutan».

CAMBOYA

Páginas 39-45: Todas las citas textuales están extraídas de *No Reservations*, temporada 7, episodio 2, «Cambodia».

CANADÁ

Página 47: «Empiezo confesando mi parcialidad... una razón primordial para venir aquí.» **Páginas 51-52:** «Una vez cada pocas décadas, cada siglo, quizá... La tradición de la Cabane à sucre... Que empiece la fiesta... y tortilla de tocino de maple.» Comentarios extraídos de *Parts Unknown*, episodio 104, «Québec».

Página 48: «Montreal está cerca... a unos treinta kilómetros del centro de la ciudad.» **Página 48:** «Dicen que la red de metro de Montreal... sino en kilómetros por hora... Yo, la verdad, no sé cómo es... una ciudad muy peligrosa.» **Página 49:** «Un pub, un pub canadiense... servido con papas cocidas... Montreal es una ciudad de chefs... Y cambia a diario.» **Página 50**: «Carne ahumada... bueno que te noquee... con la conciencia tranquila.» Comentarios extraídos de *The Layover*, temporada 1, episodio 4, «Montreal».

Páginas 52-60: Todas las citas textuales están extraídas de *The Layover*, temporada 1, episodio 8, «Toronto».

Páginas 61-65: Todas las citas textuales están extraídas de *No Reservations*, temporada 4, episodio 3, «Vancouver».

CHINA

Página 67: «Es China, pero no es China. Hong Kong es Hong Kong... para ti no hay esperanza.» **Página 68:** «El porche a la China continental y al resto de Asia... Una escala importante, una parada frecuente». **Página 69:** «Por la forma en que hablan de su red de metro... más de sesenta destinos de forma sencilla y cómoda.» **Páginas 69-70:** «A mí siempre me preguntan... si dices Hong Kong... Sí, a mí me gusta el cerdo... lo mejor es el ganso.» Comentarios extraídos de *The Layover*, temporada 1, episodio 3, «Hong Kong».

Página 71: «Al principio, Hong Kong se antoja un mundo totalmente extraño... Me muevo instintivamente.» **Páginas 71-72:** «Es una auténtica maravilla... y es por algo... El Lau Sum Kee lo lleva la tercera generación de una familia que sigue elaborando sus wantanes al cien por ciento... el resultado es el fideo perfecto.» Comentarios extraídos de *No Reservations*, temporada 3, episodio 13, «Hong Kong».

Página 67: «Cuando viajamos... el equipaje que cargamos.» **Páginas 67-68:** «Hace años, cuando vi por primera vez... mi deseo me fuera negado. Me equivoqué.» **Página 70:** «Lenta pero inexorablemente, la pasión por el dinero... calentar el wok... ave troceada... me van a poner fuerte.» **Páginas 72-73:** «La chef y dueña del local, May Chow... Y todos son manjares extraordinarios.» [May Chow] «¿Cómo ser modernos... volver a ponerla de moda.» Comentarios extraídos de *Parts Unknown*, episodio 1105, «Hong Kong».

Página 73: «Para quien viva en Manhattan... el más codicioso y burgués de los capitalistas imperialistas.» **Página 77:** «¿Qué clase de cocina es la típica de Shanghái?... Lo mejor de los dos mundos: buenas salsas, buenos ingredientes... *Xiao long bao:* literalmente, "cesta de panecillos humeantes"... ya vale la pena el viaje.» **Página 78:** «Aparte de las bolas de sopa... costillas al comino. Este plato lo tienen que hacer dos cocineros trabajando a la vez... el sabor del propio wok.» Comentarios extraídos de *Parts Unknown*, episodio 401, «Shanghai».

Página 73: «Shanghái: una superpotencia económica en explosión... capital del mundo.» **Página 78:** «¿Y eso cómo se hace?... Peligrosa, imposible, indeciblemente exquisita.» Comentarios extraídos de *No Reservations*, temporada 3, episodio 4, «Shanghai».

Páginas 79-83: Todas las citas textuales están extraídas de *Parts Unknown*, episodio 803, «Sichuan, China».

COREA DEL SUR

Página 85: «Muchos de los mejores momentos... por unos momentos o unas horas, cambias... A veces, algo dentro ti... Nari Kye hizo eso por mí.» **Página 87:** «Corea es una cultura de pescado y arroz... es el mejor sitio para empezar.» Comentarios extraídos de *No Reservations*, temporada 2, episodio 11, «Korea».

Página 87: «Explica Nari: "Es una reunión de empresa... *saam cha* es el karaoke... Los coreanos son escrupulosamente fieles al lema "trabajo y juerga"... no acabar pedo durante estas salidas".» Comentarios extraídos de *Parts Unknown*, episodio 501, «South Korea».

CROACIA

Páginas 93-97: Todas las citas textuales están extraídas de *No Reservations*, temporada 8, episodio 3, «Croacia».

CUBA

Página 99: «Esta es la Cuba con la que yo me crie... dos naciones en eterno estado de guerra.» **Página 100:** «Al margen de lo que pienses del Gobierno... los engranajes del sistema siguen atrapados en el tiempo en gran parte... Yo he viajado a todas partes... Míralo, porque es bello, y sigue estando aquí.» **Página 103:** «[Antes], en los paladares se comía arroz con frijoles. Ahora, sushi; hasta cierto punto, una señal de apocalipsis inminente.» Comentarios extraídos de *Parts Unknown*, episodio 601, «Cuba».

Página 104: «El último plano del programa de Cuba para mí [fue] muy gratificante... sin que yo tuviera que decirle al espectador lo que tenía que sentir.» Comentarios extraídos de *Prime Cuts*, temporada 6.

Páginas 102-103: «[Elizabeth es] la clase de empresaria dura, trabajadora y resuelta... Todo depende de a quién conozcas... Hoy toca cerdo... nosotros y ellos.» **Páginas 104-105:** «Yo siempre había soñado con ver un partido de beisbol cubano... va en detrimento de un partido de beisbol... derecho oficial de reunión... del toque de sacrificio con un debate político.» Comentarios extraídos de *No Reservations*, temporada 7, episodio 9, «Cuba».

EL LÍBANO

Página 107: «Era mucho más avanzada... su cultura y su país.» **Página 109:** «Es justo la clase de restaurante... muy tradicional.» Comentarios extraídos de *No Reservations*, episodio 214, «Beirut».

Páginas 107-108: «En los años sesenta lo llamaban el París del Mediterráneo... inexplicablemente cómodo, contento, en mi propia casa.» **Página 109:** «Legendario en Beirut, Le Chef... Aquí viene todo el mundo.» «Kamal Mouzawak es el fundador de Souk El Tayeb... de marcado sabor local.» Comentarios extraídos de *No Reservations*, episodio 620, «Beirut».

ESPAÑA

Página 113: «Fuera de Asia, la mejor... la mayoría de los españoles consideran un derecho natural... ¿¡Cómo puede ser tan bueno un jamón!?... eso es lo bueno de España.» **Páginas 114-115:** «Si yo viviera ahí enfrente... las conservas.» **Página 115:** «Ponerse a picar comida de este nivel en una barra de bar... Es como tantos otros bares de viejo... a la lata sin transición.» **Página 116:** «Te puedo asegurar que esto... que en conserva está aún mejor.» **Páginas 118-119:** «En un mundo perfecto, en otra vida... Sencillo, tradicional y tremendamente gratificante.» Comentarios extraídos de *No Reservations*, temporada 4, episodio 17, «Spain».

Páginas 116-117: «Cabría decir que... Preciosa... En el corazón... siempre muy vasca... Mi padre murió muy joven... que le aprecio.» **Páginas 117-118:** «una conexión con el lugar... cuando nada podría ser mejor... En Getaria, junto al mar, Elkano... gelatina natural del pescado». **Página 118:** «Pero el plato que atrae a Elkano a comensales apasionados... manjares épicos todos ellos.» **Página 118:** «Ganbara, mi restaurante favorito... en confraternización con los hongos calientes.» **Página 119:** «No es exagerado decir... de los ingredientes locales... Sin género de dudas, una de las mejores comidas de mi vida... La una no puede existir sin la otra.» Comentarios extraídos de *Parts Unknown*, episodio 902, «Basque Country».

ESTADOS UNIDOS

Páginas 121-122: «Soy un mentiroso... Es el país del relumbrón y la fantasía". Pero es que hace tiempo... rollo raro sacado de un millón de películas.» **Páginas 122-123:** «LAX me gusta porque... en Burbank.» **Páginas 123-124:** «Hay algunas redes de transporte público... Es así y punto... Soy totalmente fiel... algunos no salieron... El edificio principal es mítico... Bienvenidos a mi hotel de la felicidad.» **Página 124:** «La primera vez que vine aquí... Son caras.» **Página 125:** «Es un ritual. Al salir del aeropuerto... Es estupendo... cocinada con mostaza y cebolla asada... Toma eso esa, payaso malo.» **Página 126:** «En Atwater Village... en una cocina del tamaño de un armario.» **Página 126:** «Este es el último refugio... Como que tiene su encanto.» **Páginas 129-130:** «una de las últimas grandes librerías independientes... A todo el mundo le encanta esta librería». Comentarios extraídos de *The Layover*, temporada 1, episodio 9, «Los Angeles».

Páginas 130-131: «Miami te conquista sin que lo percibas... series de televisión hechas realidad. Los soñadores, los visionarios... había tierra (más o menos) firme.» **Página 131:** «Y en la década de los ochenta... le devolvió su atractivo.» **Páginas 132-133:** «Hay un sitio al que siempre vuelvo... instalados en trescientos hoteles de Miami y Miami Beach... Es un glorioso refugio... Es mi favorito de Miami.» Comentarios extraídos de *Parts Unknown*, episodio 502, «Miami».

Páginas 130-131: «Y los barrios de la Pequeña Habana y el Pequeño Haití... con todo lo bueno que traen.» **Página 132:** «Yo no vengo aquí solo por el bar... Aquí me siento como en casa.» Comentarios extraídos de *The Layover*, temporada 1, episodio 5, «Miami».

Páginas 134-140: Todas las citas textuales están extraídas de *The Layover*, temporada 2, episodio 4, «Atlanta».

Página 140: «Yo he hecho televisión en Los Ángeles... Chicago es una ciudad.» Comentarios extraídos de *No Reservations*, temporada 5, episodio 1, «Chicago».

Página 140: «Es una de las ciudades verdaderamente... sin complejos de inferioridad.» **Páginas 141-142:** «El que sabe sale hacia el aeropuerto medio dormido... ciudad de las maravillas... Lo primero que hay que decir es que... atrapado en la ciudad de Chicago.» **Páginas 142-143:** «Hay que decir que el Aeropuerto Internacional Midway de Chicago... Estoy instalado en el Four Seasons... y más grandes de la industria.» **Páginas 144-145:** «A mí me gustan los museos... Museo Internacional de Ciencias Quirúrgicas, junto a Lake Shore Drive... Me interesa lo de la trepanación... Antiguamente... No lo intenten en casa, niños... Esto es un sueño hecho realidad.» **Página 145:** «En una discreta esquina del Old Town... un senado romano del discurso ilustrado... Numerosas figuras señeras... paredes de sus baños... escritor, pintor de fama mundial... Bruce Cameron Elliot.» **Página 147:** «De camino a mi temido aeropuerto de O'Hare... la carne de vaca italiana... Muy popular entre los vecinos de Chicago... Dios mío, pero miren esto. Increíble.» Comentarios extraídos de *The Layover*, temporada 2, episodio 7, «Chicago».

Páginas 146-147: «Cuando cae la tarde en el Old Town de Chicago... esta metrópoli verdadera... Vamos a necesitar una tonelada de servilletas... Es una belleza. Y está exquisito.» Comentarios extraídos de *Parts Unknown*, episodio 702, «Chicago».

Páginas 152-157: Todas las citas textuales están extraídas de *The Layover*, temporada 2, episodio 10, «New Orleans».

Páginas 157-160: Todas las citas textuales están extraídas de *Parts Unknown*, episodio 407, «Massachusetts».

Páginas 161-162: «De aquí viene todo lo genuinamente americano... el sueño americano, venías aquí... Es una de las ciudades más hermosas de Estados Unidos... Aquí dan ganas de sacar fotos... Cuesta apartar la mirada de las ruinas. Eso lo olvidamos.» **Página 163:** «Le dices a la gente que te vas a Detroit... saben algo de hot dogs, ¿no?... No sabes lo arraigada... cuando está bien hecha, es como una sinfonía.» Comentarios extraídos de *Parts Unknown*, episodio 208, «Detroit».

Página 164: «Cuando una comida empieza... "pollo de ciudad" que en realidad es ternera ensartada... Sé de gente que cambia el pollo... que era un lujo relativo.»

Páginas 164-165: «Huele la sangre... días y también por las noches... Porque, vamos a ver, es completamente absurdo... bolos de pluma y mejillones".» Comentarios extraídos de *No Reservations*, temporada 5, episodio 10, «Rust Belt».

Páginas 156-167: «Hay gente que tiene que vivir en los espacios abiertos... La próxima vez que apagues un ciclo informativo... No hay otro igual: Montana... Muchos han venido... se establecieron aquí, en el valle del río Yellowstone.» Comentarios extraídos de *Parts Unknown*, episodio 704, «Montana».

Página 168: «Livingston, Montana, es una ciudad única... Me gusta este pueblo... Descendientes de los primeros vaqueros... Pero en el pueblo lo querían.» **Páginas 169-170:** «Es un buen hotel... lo que en Montana saben hacer mejor. En una cocina pequeña... desde que esto empezó... que se pueda encontrar en ningún otro lugar del mundo.» Comentarios extraídos de *No Reservations*, temporada 5, episodio 17, «Montana».

Páginas 170-173: Todas las citas textuales están extraídas de *Parts Unknown*, episodio 505, «New Jersey».

Páginas 181-182: «El Lower East Side... Han cambiado mucho.» Comentarios extraídos de *Parts Unknown*, episodio 1207, «Lower East Side».

Página 179: «Incluso entre las ruinas del Nueva York de finales de la década de los sesenta... dejar de reconocerlos.» **Página 182:** «Desde el principio... Si lo pruebas, compras seguro... Hace cien años... más de 73 dólares el kilo.» **Páginas 182-183:** «Katz's Delicatessen, el local neoyorquino por excelencia... ser neoyorquino... Pastrami con pan de centeno... pepinillos encurtidos y refresco de vainilla.» **Página 184:** «Para un niño que se crio en Nueva Jersey... algunos otros clásicos de aquellos tiempos... Al principio, mi familia... cuando todo era nuevo.» **Página 184:** «Gracias a Dios por la carnicería porcina Esposito... ahí mismo, en mi ventana.» **Página 185:** «Parece que ahora todos los chefs estrella... por espinacas a la crema y rösti de papa, puede.» **Página 187:** «Un agujero negro en el universo... platos que ya eran antiguos cuando yo era pequeño... Soy feliz... el orden del universo.» **Página 190:** «¿Saben qué me gusta?... sobre temas relacionados con la gastronomía.» Comentarios extraídos de *No Reservations*, temporada 5, episodio 8, «Disappearing Nueva York».

Página 180: «Son todos bastante malos... taxis y tomar uno amarillo.» **Página 181:** «Traza un dibujo de cuadrícula... incluye un transbordo gratis.» **Página 186:** «La institución neoyorquina por excelencia... lo que extraño es esto.» Comentarios extraídos de *The Layover*, temporada 1, episodio 1, «New York City».

Páginas 188-189: «Es una institución neoyorquina... me pido esturión... no lo dijo.» Comentarios extraídos de *A Cook's Tour*, temporada 1, episodio 19, «My Hometown Favorites».

Páginas 189-190: «Los viejos maestros, los cocineros de antaño... un arte casi olvidado... Para mí, el culmen del arte charcutero... dorada gelatina natural. La especialidad de la casa... ligeramente maléficas. Y por fin el fromage de tête... mezcla de sabores y texturas.» Comentarios extraídos de *No Reservations*, temporada 5, episodio 7, «Food Porn».

Páginas 193-194: «Esto es justo la clase de cosas... una cornucopia de manjares porcinos... buena comida tradicional del Nueva York puertorriqueño... ¿A quién no le gustaría?... en Nueva York, si alguna vez he visto uno.» Comentarios extraídos de *Parts Unknown*, episodio 402, «Bronx».

Páginas 191-192: «He vivido, creo, una vida rica y plena... No conozco estos barrios... cada día tengo más claro... Esperemos que para ti no sea tarde... Hacer un chiste sobre Queens... donde está el movimiento. Fideos magistralmente hechos a mano... Las especias aglutinan todos estos ingredientes.» **Páginas 195-196:** «Conocido popularmente como "La Roca"... distintiva como las de sus vecinos... New Asha es como una pequeña patria... especias tostadas... Para tomar una copa no podemos dejar... han hecho mella... Cómo ataqué ese headhunter... mejor persona y mejor ser humano.» Comentarios extraídos de *No Reservations*, temporada 5, episodio 19, «Outer Boroughs».

Página 194: «un barrio que estaba a dos pasos... el Randazzo's Clam Bar... La carta se remonta al día en que... necesitas una brújula». Comentarios extraídos de *No Reservations*, temporada 8, episodio 18, «Brooklyn».

Páginas 196-200: Todas las citas textuales están extraídas de *No Reservations*, temporada 2, episodio 13, «Pacific Northwest».

Páginas 200-205: Todas las citas textuales están extraídas de *The Layover*, temporada 2, episodio 9, «Philadelphia».

Página 205-208: Todas las citas textuales están extraídas de *Parts Unknown*, episodio 1004, «Pittsburgh».

Páginas 209-214: Todas las citas textuales están extraídas de *Parts Unknown*, episodio 608, «Charleston».

Páginas 214-217: Todas las citas textuales están extraídas de *No Reservations*, temporada 8, episodio 11, «Austin».

Página 215: «Se empieza por el desayuno, ¿no? Necesito en este momento... famoso bocadillo de cangrejo y huevo: un bocadillo de huevo frito con cangrejo Dungeness.» **Páginas 220-221:** «toneladas de agua fría... a cuyos mandos se encuentra Renee Erickson. Seattle hacía que a la gente se le antojaran... es la felicidad absoluta. Qué bueno». **Páginas 221-222:** «Canlis, un bellísimo ejemplo... Me gusta mucho... tortellini de alcachofa, steak tartar... mandíbulas de cerdo ibérico con fresa e hinojo.» Comentarios extraídos de *The Layover*, temporada 2, episodio 6, «Seattle».

Páginas 217-218: «Seattle, una ciudad con una identidad colectiva... requerir un compromiso por tu parte. Tiene fama de gris, de lluviosa, de no especialmente amistosa... el ADN de la ciudad a marchas forzadas.» **Página 220:** «La chef es Rachel Yang... ensalada de echalote y cebolleta.» **Página 221:** «El Taylor Shellfish Oyster Bar... desde 1890... saben lo que hacen... muchas ostras.» **Página 222:** «Hierba, grifa, ganja, porro... es extraordinaria.» **Página 223:** «Mientras los ejecutivos corren... y seguiré haciéndolo.» Comentarios extraídos de *Parts Unknown*, episodio 1007, «Seattle».

Páginas 223-227: Todas las citas textuales están extraídas de *Parts Unknown*, episodio 1101, «West Virginia».

FILIPINAS

Página 229: «La historia de Filipinas es larga... profundamente personal en su relación con América... Filipinas pagó un precio muy alto... gigantesca presencia militar estadounidense.» **Página 230:**

«Pues bien, todos los filipinos que conozco en Estados Unidos... yo lo entiendo perfectamente.» **Página 230:** «Para mí, el momento "ven con mamá"... partes de cerdo, ah, sí.» Comentarios extraídos de *No Reservations*, temporada 5, episodio 5, «Philippines».

Página 231: «Careta de cerdo muy caliente... grasa, jugosa y picante no se interpone nadie... Es verdad que le miento a mi hija... allí donde viven filipinos que echan de menos su tierra.» Comentarios extraídos de *Parts Unknown*, episodio 701, «Manila».

FINLANDIA

Páginas 235-237: Todas las citas textuales están extraídas de *No Reservations*, temporada 8, episodio 6, «Finland».

FRANCIA

Páginas 239-242: Todas las citas textuales están extraídas de *Parts Unknown*, episodio 1002, «French Alps».

Páginas 242-245, 248-250: Todas las citas textuales están extraídas de Parts Unknown, episodio 303, «Lyon».

Páginas 250-253: Todas las citas textuales están extraídas de *Parts Unknown*, episodio 602, «Marseille».

Páginas 253-254: «Con París y los franceses... meseros altivos y alta cocina... En realidad la gente es más linda... París sigue siendo una de las mejores... Solo tienes que evitar lo evidente... Cuando uno viene a París... La mayoría tenemos suerte... ¿Ves qué fácil es?» **Página 255:** «Ni siquiera yo... de moverse.» **Página 256:** «De los hoteles de París... llaman el Pasaje de la Roca de la Bruja.» **Páginas 254-255:** «Si se hacen dos cosas... romper, pinchar y chupar.» Comentarios extraídos de *The Layover*, temporada 2, episodio 1, «Paris».

Páginas 256-257: «Ah, París... ritmo de vida parisiense... No es casual... visitamos esta tierra... Yo, por mi parte, siempre voy... que tuvo un final desgraciado.» **Página 257:** «En el mundo angloparlante... una experiencia jubilosa.» **Página 260:** «Una calle oscura, sin ningún letrero grande... con *sel gris*.» Comentarios extraídos de *No*

Reservations, temporada 1, episodio 1, «Paris».
Página 261: «una de las mejores comidas que se recuerdan... Está claro que estos chicos aman lo clásico». **Página 262:** «Dicen que el restaurante en el que más difícil es conseguir reserva... agarrar y untar.» **Página 263:** «En París había restaurantes... las mejores de París.» Comentarios extraídos de *No Reservations*, temporada 6, episodio 21, «Paris».

GHANA

Páginas 265-267: Todas las citas textuales están extraídas de *No Reservations*, temporada 3, episodio 2, «Ghana».

INDIA

Páginas 269-272: Todas las citas textuales están extraídas de *No Reservations*, temporada 2, episodio 10, «Kolkata-Mumbai».
Páginas 272-276: Todas las citas textuales están extraídas de *Parts Unknown*, episodio 301, «Punjab».
Páginas 277-278: Todas las citas textuales están extraídas de *No Reservations*, temporada 2, episodio 9, «Rajasthan».

IRLANDA

Página 283: «Irlanda: no conozco ningún otro... como un derecho de nacimiento. La mayoría de esas historias... ocurrido ayer.» **Página 284:** «es lo que algunos solían llamar un gastropub... servido en Dublín.» Comentarios extraídos de *No Reservations*, temporada 3, episodio 1, «Ireland».
Página 284: «Sale un poco más caro... amar esta ciudad impepinablemente... Aquí ¿qué hacen... trombones celestiales... Este local, al que aquí llaman Gravediggers... coddle, un buen estofado... eso, sí.» Comentarios extraídos de *The Layover*, temporada 2, episodio 3, «Dublin».

ISRAEL

Páginas 287-289: Todas las citas textuales están extraídas de *Parts Unknown*, episodio 201, «Jerusalem».

ITALIA

Páginas 291-295: Todas las citas textuales están extraídas de *No Reservations*, temporada 7, episodio 11, «Naples».

Páginas 291-292: «Enamorarse de Roma, como tantos han descubierto... Roma en la que muchos romanos siguen viviendo ahora.» Comentarios extraídos de *Parts Unknown*, episodio 808, «Rome».

Página 296: «Sea la Roma que sea... espectacularidad de cada pequeña menudencia.» **Página 300:** «Bienvenidos a Roscioli... Joder, qué bueno.» **Página 301:** «Betto e Mary es un restaurante de barrio modesto, típicamente romano... qué bueno.» **Página 303:** «Pizzarium, el restaurante de [Gabriele] Bonci, el lugar que rompe con lo clásico... Pero estaba buenísimo.» Comentarios extraídos de *No Reservations*, temporada 6, episodio 20, «Rome».

Página 296: «a unos treinta kilómetros del centro de la capital de Italia, pero podría ser otro planeta». **Páginas 296-297:** «El aeropuerto de Fiumicino cuenta con la habitual oferta de medios de transporte... Toma un taxi, sobre todo si llevas maletas... El gran intercambiador de Roma... ninguno.» **Página 298:** «Yo recomiendo el Centro Storico... Pero repito: es caro.» **Página 299:** «¿Qué especialidad romana te recomiendo... una jarra de cerveza italiana helada.» **Páginas 303-304:** «Me encuentro en el Freni e Frizioni... y muchos incidentes recordados vagamente o perdidos en el recuerdo.» Comentarios extraídos de *The Layover*, temporada 1, episodio 7, «Rome».

Páginas 304-309: Todas las citas textuales están extraídas de *No Reservations*, temporada 5, episodio 20, «Sardinia».

JAPÓN

Páginas 311-315: Todas las citas textuales están extraídas de *No Reservations*, temporada 1, episodio 11, «Japan».
Página 316: «De Tokio ¿qué hay que saber?... ¿ahora qué hago?»
Página 318: «Para mí, quizá lo más importante... un poco asustado.»
Página 320: «Se dice que la Yakuza... servicios complementarios... Aquí es donde se pone en marcha la vida subterránea... el mejor espectáculo de la historia del entretenimiento.» **Página 321:** «Este es, desde hace tiempo, mi sitio preferido... el tugurio por antonomasia.» Comentarios extraídos de *Parts Unknown*, episodio 207, «Tokyo».
Página 318: «En la zona de Shinagawa hay un ejemplo excepcional... mejora el producto.» **Páginas 318-319:** «Bajando un tramo de escaleras... Y así te lo debes comer.» Comentarios extraídos de *No Reservations*, temporada 4, episodio 11, «Tokyo».
Página 319: «Y luego está el Ginza Sushi-Ko... con muchos huevos de camarón.» Comentarios extraídos de *Parts Unknown*, episodio 806, «Japan».

KENIA

Páginas 323-327: Todas las citas textuales están extraídas de *Parts Unknown*, episodio 1201, «Kenya».

LAOS

Páginas 329-332: Todas las citas textuales están extraídas de *Parts Unknown*, episodio 903, «Laos».
Página 333: «Ya desde mis primeras lecturas sobre Laos... vivían en las montañas.» Comentarios extraídos de *No Reservations*, temporada 4, episodio 12, «Laos».

MACAO

Páginas 335-339: Todas las citas textuales están extraídas de *No Reservations*, temporada 7, episodio 10, «Macau».

MALASIA

Página 341: «Mi amigo Eddie David... el flujo y reflujo eternos.» **Página 343:** «A mí me gusta mucho esta parte del oficio de hacer televisión... Es muy emocionante no saber adónde vas.» Comentarios extraídos de *No Reservations*, temporada 1, episodio 6, «Malaysia».

Página 339: «Kuala Lumpur se erige sobre una de las tórridas... malayos, chinos e indios... cumplir una promesa que les hice hace una década... para ver si el dolor sigue ahí.» **Página 341:** «La encantadora y, por falta de una palabra mejor... Son auténticos manjares... Al término de un vuelo de dos horas... dividida entre Malasia, Brunéi e Indonesia.» **Página 342:** «Kuching, capital del Sarawak malasio... Es una obra maestra del dolor y el placer.» Comentarios extraídos de *Parts Unknown*, episodio 606, «Borneo (Malaysia)».

Páginas 344-345: Todas las citas textuales están extraídas de *No Reservations*, temporada 8, episodio 8, «Penang.»».

MARRUECOS

Páginas 349-355: Todas las citas textuales están extraídas de *Parts Unknown*, episodio 105, «Tangier».

MÉXICO

Página 358: «Ciudad de México... pero de alguna manera lo hace.» **Página 359:** «El secreto de la comida mexicana está en tomarse... Y, sí, están los tacos.» **Páginas 360-361:** «En una cantina... incentivo para generar... Cuando escucho la palabra "cantina"... el desayuno empieza con tequila... carnitas: carne de cerdo tierna, guisada... Es delicioso, es gratuito.» **Página 361:** «Son las 5:30 de la mañana... mucho tiempo sirviendo unas cosas buenísimas... gigantescas marmitas de barro...

vas a querer probar cada una de estas maravillas.» **Página 363:** «En Ciudad de México... para encontrar lo bueno... En Ciudad de México no hay que... estas perversas maravillas todos los días.» **Página 363:** «Las manos de doña Anastasia se tornan más azules... durante los ocho últimos años... Hay salchichas, sesos y carne... Y ni siquiera lleva cerdo.» Comentarios extraídos de *No Reservations*, temporada 5, episodio 2, «Mexico».

Páginas 357-358: «A los estadounidenses nos encanta la comida mexicana... Y entonces,¿por qué no nos gusta México?... los restos de los grandes imperios, no tienen parangón en ninguna parte del mundo.» **Página 360:** «Eduardo García ha ascendido... la inspección de sanidad cierre el restaurante... En este momento, una desafiante, joven y creativa generación... y novedad ultimísima.» **Página 364:** «En Oaxaca, las tradiciones... de una complejidad, refinamiento, sutileza y sofisticación profundos.» **Páginas 365-366:** «Cuando hablamos de Oaxaca... la Central de Abasto, el mercado central de Oaxaca.» **Página 366:** «un apacible pueblecito llamado Teotitlán del Valle... desde que tenía seis años... segueza, una receta a base de mole y pollo... Tradición pura, vamos.» Comentarios extraídos de *Parts Unknown*, episodio 304, «Mexico».

MOZAMBIQUE

Páginas 369-373: Todas las citas textuales están extraídas de *No Reservations*, temporada 8, episodio 1, «Mozambique».

MYANMAR

Páginas 375-379: Todas las citas textuales están extraídas de *Parts Unknown*, episodio 101, «Myanmar».

NIGERIA

Páginas 381-385: Todas las citas textuales están extraídas de *Parts Unknown*, episodio 1003, «Lagos, Nigeria».

OMÁN

Páginas 387-393: Todas las citas textuales están extraídas de *Parts Unknown*, episodio 906, «Oman».

PERÚ

Páginas 395-396: «Un profeta dijo una vez... esos mismos contrastes los que atraen a la gente a esta tierra.» **Páginas 398-399:** «En sus calles, los turistas que admiran los edificios... difícil tarea de respirar a esa altura.» **Páginas 399-400:** «un seminario jesuita de cuatrocientos años... bombear oxígeno puro en las habitaciones». Comentarios extraídos de *No Reservations*, temporada 2, episodio 3, «Peru.».

Página 395: «Perú es un país que históricamente ha vuelto locos a los hombres... dificulta aún más la búsqueda de una materia prima de calidad.» **Página 397:** «Lima es el centro cultural... sabores que no se encuentran en ningún otro rincón del planeta.» **Páginas 397-398:** «La casa solo sirve... Esto no debería estar bueno, pero lo está.» **Página 398:** «Suena tan divertido como una feria del Renacimiento en versión nudista... no hubieran pensado antes.» Comentarios extraídos de *Parts Unknown*, episodio 107, «Peru».

PORTUGAL

Página 405: «Lisboa: una ciudad antigua... acaba por el sándwich de carne.» **Páginas 405-406:** «Siempre que puedo, me gusta comer... vienen en lata... más interesantes bandas de Lisboa.» Comentarios extraídos de *No Reservations*, temporada 8, episodio 4, «Lisbon».

Página 403: «Portugal, un país minúsculo donde los haya, encajonado entre España y el océano Atlántico... desde Brasil hasta África y las Indias Orientales... Todo lo viejo vuelve a ser nuevo... No sospechaba lo que me esperaba.» **Página 407:** «¿Qué hace uno cuando... A los portugueses les gusta... Aquí las comidas... les encanta... Los que me conocen... hot dog mutante.» **Página 408:** «Carne, queso, grasa y pan... Toda una creación.» Comentarios extraídos de *Parts Unknown*, episodio 908, «Porto».

REINO UNIDO

Páginas 411-412: «Londres, Inglaterra, la capital... y otras no sabe hacerlo, hay que reconocerlo... Así que quizá entiendas... cocinar y cenar como un ciudadano inglés.» **Página 412:** «Un abono de un día vale para veinticuatro horas... podrán hacerse amigos.» **Páginas 412-413:** «Tienes que saber algo... que sepan hacia dónde se dirigen.» **Páginas 414**: «La relación que mantienen... ¿Por qué eran tan especiales?.» **Página 414:** «Zapatos de confección manual... Unos zapatos para toda la vida... En Sweetings, según me dicen, te hacen sentir... más larga que algunos matrimonios.» **Página 416:** ««al que llaman tanto Trisha's... auténticas maravillas de la ciudad de Londres». Comentarios extraídos de *The Layover*, temporada 1, episodio 6, «London».

Página 413: «Yo tengo base de operaciones en ciertas ciudades... muchos escritores entre sus clientes... De este hotel debes saber... me gustan de este sitio.» **Páginas 415-416:** «En una llamativa pero dolorosa ironía... Fergus Henderson... Cuando Fergus Henderson abrió el restaurante St. John... infravalorada hasta ese momento... Tuétano tostado... huevos solo ligeramente fritos, por favor. Perfecto.» **Página 417:** «En Edimburgo me siento como en casa... identidad nacional distintiva.» Comentarios extraídos de *No Reservations*, temporada 4, episodio 6, «London and Edinburgh».

Página 419: «Una de mis ciudades favoritas del mundo... Un lugar olvidado por la historia... Al final, el 55 por ciento de los escoceses votaron a favor de permanecer en el Reino Unido... Glasgow le tiene sin cuidado.» **Páginas 420-421:** «Todos tenemos nuestras idiosincrasias nacionales... al arte de los alimentos fritos... Sí, tienen su chocolatina Mars frita... toda la infinita variedad de la vida. *Haggis* frito... la salsa de curry te sacará de tu error... No hay plato en el mundo más injustamente denostado... ¿a ti te sorprendería que las hubiera?.» Comentarios extraídos de *Parts Unknown*, episodio 503, «Scotland».

SINGAPUR

Página 423: Publicado con permiso de *Food & Wine:* «A mí, las ciudades en las que las calles están demasiado limpias... replicar por decenas.» **Páginas 423-424:** «Impoluta, eficaz, segura... "Singapore Incorporated"... Con el primer ministro... Ese es el mensaje... Para ser un estado en el que unos gramos de hierba... O quizá solo son negocios.» **Página 428:** «La mayoría de los puestos de comida son empresas familiares... sangre nueva en generaciones de experiencia.» **Páginas 429-430:** «Ah, helo aquí... no va a ser buena idea... El problema es que si lo pruebas... trabajar después de esto, francamente.» Comentarios extraídos de *Parts Unknown*, episodio 1001, «Singapore».

Página 424: «El aeropuerto Changi de Singapur (SIN) es... el estanque koi.» **Página 425:** «En mi país... Y lo más importante: hace fresco... Te lo digo ya... Me tratan muy bien.» **Páginas 427-428:** «Los *hawker* centers o mercados gastronómicos de Singapur... una cultura tan caótica como generalizada de carritos de comida ambulante... Estos centros son estructuras cubiertas... que le envenenen... Aquí se pueden desayunar muchas cosas buenas... Lo que mejor hacen.» **Página 431:** «De camino al aeropuerto... por experiencia que este lo es... Es una de las cosas que más me gustan... El pueblo ha hablado.» Comentarios extraídos de *The Layover*, temporada 1, episodio 2, «Singapore».

Página 425: «Con todo lo que he venido por aquí... un auténtico imbécil.» **Página 426:** «Nueva York es la ciudad que nunca duerme... bajando los estrechos; cocina malaya; india. Aquí hay para todos los gustos... ni siquiera eso es muy probable que te ocurra.» **Página 429:** «En esta clase de lugares... famoso pastel de zanahoria kampong.» **Página 429:** «Esta gente tiene fama... por la vía rápida.» **Página 430:** «No te lo pierdas... Tan austero, tan simple... Este restaurante está en manos... se llama continuidad.» Comentarios extraídos de *No Reservations*, temporada 4, episodio 1, «Singapore».

SRI LANKA

Página 433: «Allá donde mires... podemos ir donde nos plazca.» **Página 434:** «Entre 1983 y 2009... número de desplazados internos.» **Página 435:** «Estación de Colombo, primera hora de la mañana... Jaffna permaneció prácticamente aislada del resto del mundo... Cerca ya del final del trayecto... sal y a mar.» Comentarios extraídos de *Parts Unknown*, episodio 1005, «Sri Lanka».

Página 433: «Calor. Un calor que no da tregua... la sensación de irrealidad... En alguna parte hay una frase sobre la época del imperio... Aunque no creo que nadie pueda decir eso ahora.» **Páginas 435-436:** «Bajo las ventanas del Hotel Galle Face... los huéspedes y sus desayunos.» Comentarios extraídos de *No Reservations*, temporada 5, episodio 9, «Sri Lanka».

TAIWÁN

Páginas 441-445: Todas las citas textuales están extraídas de *The Layover*, temporada 2, episodio 8, «Taipei».

TANZANIA

Páginas 447-451: Todas las citas textuales están extraídas de *Parts Unknown*, episodio 405, «Tanzania».

TRINIDAD Y TOBAGO

Páginas 453-457: Todas las citas textuales están extraídas de *Parts Unknown*, episodio 907, «Trinidad and Tobago».

URUGUAY

Páginas 459-460: «Se podría decir que la idea de la existencia... sonar las alarmas en la CIA. Con el apoyo, solapado o explícito, de nuestro país... los militares fueron apartados del poder... Es uno de mis países favoritos... votó el 96 por ciento del censo electoral.» **Páginas 462-463:** «Situado en el barrio montevideano de Carrasco... mayonesa y guarnición... El somnoliento Garzón... tranquilas y espectrales calles. Francis Mallmann nació y se crio en la Argentina... con la carne de animal sellada.» **Página 463:** «La comida llega en simples tablas de madera... un poco más precisa.» Comentarios extraídos de *Parts Unknown*, episodio 1102, «Uruguay».

Páginas 461-462: «Fundada por los españoles a principios del siglo XVIII... no es mucho decir). El Mercado del Puerto... de todas las variedades posibles. El mercado actual... una gloriosa y alegre miasma de carne.»

Página 464: «Un arcón de fotos antiguas... remota capital de Latinoamérica. Cuando murió nuestra tía Jeanne, en 1972... Mi hermano nunca dejó de serlo.» Comentarios extraídos de *No Reservations*, temporada 4, episodio 12, «Uruguay».

VIETNAM

Página 475: «vastos palacios, pagodas y mausoleos... el centro de la vida intelectual, artística, gastronómica y religiosa del país. Hue se encuentra situada... hasta el final de la Segunda Guerra Mundial, en 1945... El lugar que Hue ocupa en la Historia cambió para siempre... Hue no tardó en caer.» **Página 476:** «En la jerarquía de los manjares de tazón que se degustan sorbiéndolos... El summum. Realmente.» Comentarios extraídos de *Parts Unknown*, episodio 404, «Hue, Vietnam».

Página 478: «Bún óc: Primera comida en Hanói... Ya estoy en Hanói oficialmente. Mmm. Mágico.» **Página 479:** «En mi opinión, no hay mejor lugar... Y no hay plato más típico y exclusivo de Hanói que el bun cha.» Comentarios extraídos de *Parts Unknown*, episodio 801, «Hanoi».

Páginas 474-475: «Situada en la región central de Vietnam... y eso es lo bueno... En plena ciudad vieja... ¿Tan esponjosas y perfectas por dentro?» **Páginas 479-480:** «Desde el momento en que llegué a este país... una que siempre conduce a algo interesante. La primera vez que estuve aquí... desde cuya azotea podías ver pasar la guerra en otros tiempos. Ahora se diría que casi todo el mundo... El impacto de lo nuevo.» **Página 483:** «A Nguyen Thi Thanh la llaman "The Lunch

Lady" o "la Dama de los Almuerzos"... La magia de una sopa entre sopas.» Comentarios extraídos de *No Reservations*, temporada 5, episodio 9, «Vietnam».

Página 477: «Aquí vivieron durante décadas escritores, espías y personajes de memoria infausta.» Comentario extraído de *No Reservations*, temporada 1, episodio 4, «Vietnam: The Island of Mr. Sang».

Página 479: «Engañosamente simple... atrae a los transeúntes con su olor tentador.» Comentario extraído de *A Cook's Tour*, temporada 1, episodio 4, «Mekong River, Vietnam».

Obra editada en colaboración con Editorial Planeta - España

Publicado originalmente en inglés bajo el título *World Travel. An Irreverent Guide* por HarperCollins.

© Anthony M. Bourdain Trust UW, c/o InkWell Management LLC.

© Traducción: Rocío Valero

«Regreso a Nueva Jersey con Tony» (pág, 174-178), «París visto a través de los ojos de un niño» (pág. 258-260); y «El sueño de Uruguay» (pág. 464-470): © Christopher Bourdain, 2019. Publicado con el permiso de Christopher Bourdain

© 2021, Editorial Planeta, S. A. - Barcelona, España

Derechos reservados

© 2021, Editorial Planeta Mexicana, S.A. de C.V.
Bajo el sello editorial PLANETA M.R.
Avenida Presidente Masarik núm. 111,
Piso 2, Polanco V Sección, Miguel Hidalgo
C.P. 11560, Ciudad de México
www.planetadelibros.com.mx

Diseño de portada: Allison Saltzman
© Ilustraciones de interior y de portada: Wesley Allsbrook

Primera edición impresa en España: junio de 2021
ISBN: 978-84-08-23578-1

Primera edición en formato epub en México: agosto de 2021
ISBN: 978-607-07-7855-1

Primera edición impresa en México: agosto de 2021
ISBN: 978-607-07-7848-3

No se permite la reproducción total o parcial de este libro ni su incorporación a un sistema informático, ni su transmisión en cualquier forma o por cualquier medio, sea este electrónico, mecánico, por fotocopia, por grabación u otros métodos, sin el permiso previo y por escrito de los titulares del *copyright*.

La infracción de los derechos mencionados puede ser constitutiva de delito contra la propiedad intelectual (Arts. 229 y siguientes de la Ley Federal de Derechos de Autor y Arts. 424 y siguientes del Código Penal).

Si necesita fotocopiar o escanear algún fragmento de esta obra diríjase al CeMPro (Centro Mexicano de Protección y Fomento de los Derechos de Autor, http://www.cempro.org.mx).

Impreso en los talleres de Litográfica Ingramex, S.A. de C.V.
Centeno núm. 162-1, colonia Granjas Esmeralda, Ciudad de México
Impreso en México -*Printed in Mexico*